企业竞争力分析进化论

王家彬 编著

企业管理出版社
ENTERPRISE MANAGEMENT PUBLISHING HOUSE

图书在版编目（CIP）数据

企业竞争力分析进化论 / 王家彬编著. -- 北京 : 企业管理出版社, 2019.8

ISBN 978-7-5164-1997-7

Ⅰ.①企… Ⅱ.①王… Ⅲ.①企业竞争—竞争力—研究 Ⅳ.①F271.3

中国版本图书馆CIP数据核字(2019)第172817号

书　　名：	企业竞争力分析进化论
编　　著：	王家彬
责任编辑：	徐金凤　黄　爽
书　　号：	ISBN 978-7-5164-1997-7
出版发行：	企业管理出版社
地　　址：	北京市海淀区紫竹院南路17号　邮编：100048
网　　址：	http://www.emph.cn
电　　话：	编辑部（010）68701638　发行部（010）68701816
电子信箱：	qyglcbs@emph.cn
印　　刷：	河北宝昌佳彩印刷有限公司
经　　销：	新华书店
规　　格：	185毫米×260毫米　16开本　22印张　390千字
版　　次：	2019年8月第1版　2019年8月第1次印刷
定　　价：	99.00元

版权所有　翻印必究　·　印装有误　负责调换

编委会成员

王家彬、邱全成

张 爽、胡显维、白 旭、孔庆成、马宝龙

推荐序 1

企业竞争力的分析单位与发展阶段

这本书可以说是编者及产业智库作者群多年所累积实务经验的结品。这本书不是理论性的创作发明，也不是报导性的产业实例，而是一种企图结合二者的教材；在已搭建的观念架构上，透过案例分析，让学员们能在一种系统性蓝图上，结合实际，学习到如何予以弹性和灵活的应用能力。

本书的理论架构，如书名所示，是以"企业竞争力"为核心，然后从这一核心因素，依照不同层次、性质和功能，分章节进行剖析。这种架构，较为特殊，也是本书重要价值所在，即是每章之后，设有专节，以案例说明该章之主旨内容。

兼顾案例与观念架构

这种安排，作为管理教育的教材而言，是十分适当的。这是基于一个基本观点，即管理学科领域，起源来自现实环境下的一种需求——为任何社会机构创造绩效。因此这学科本身属于一种实务性质，用通俗的话来说，即会捉老鼠的，便是好猫。评论经营者的绩效，也是依成败论英雄的现实标准。在这一观念下，管理教材似乎就只表现在一个个案例上。

换句话说，所谓案例教学，一方面是强调每个案例都有本身客观的环境条件，不同的问题或机会，以及经营者在权力地位与期望上的差异，使在甲案例中有效的对策或做法，一般无法在乙案例中复制。但是，在另一方面，作为一种教材，这些案例又必须建立在观念性或程序性思考与实施架构上，让学习者得以采取全面或有系统地思考与分析，以免见树而不见林，不至于所学到的，只是一个个支离破碎的故事。

就一本经营或管理教材而言，如何结合这两方面的学习和体验，是一大基本挑战。

行动中学习

近年来，由于企业所面临外在环境的变化迅速而复杂，即使在教室中兼顾个案和理论，仍难真正体会到管理的精奥。因此真正的学习，必须在实际参与中去体验，所谓"做中学"（Learning by Doing）而非"谋定而后动"。在此让人想到南宋时期一位大诗人陆游所说"纸上得来终觉浅，绝知此事要躬行"的诗句。

竞争力之分析单位：国家、产业与企业

人们讨论"竞争力"这一观念，由来已久，但所采之"分析单位"（Unit of Analysis）并不相同，除本书所采用的以企业为单位外，一般而言，尚有两种可能。一种是以国家为单位，讨论国家竞争力；在这方面，最为熟知并影响重大的，也可以迈克尔·波特教授在1990所出版的巨著《国家竞争力优势》（*The Competitive Advantage of Nations*）为代表。这是一本厚达855页篇幅的巨著，由20位研究人员花了4年时间，针对至少来自十个国家和百种产业为对象探讨不同国家的竞争力优势，并根据此种优势，用以说明何以会导致适合此种优势之产业。另一种，人们也可以采取某种产业为单位，探讨其应有之优势。强调不同产业建立在不同优势上，如食品产业和半导体产业所依赖的核心优势并不相同。由于不同国家所拥有的核心优势并不相同，因而造成不同国家有其特别适合发展的产业，如计算机或电影产业在美国，机械或印刷产业在德国，钟表或制药产业在瑞士，都和这些国家拥有适合这些产业发展所需要的核心优势有关。

由于本书以企业为分析单位，将"企业竞争力"作为核心观念。因此在此拟就这一观念的演进，尝试加以诠释，以帮助学习者阅读本书。

首先，企业所需要的发展竞争力，代表在市场上同时尚有其他同类企业的存在，产生供过于求的状态。此时，为了获得顾客的选用，必须建立或发展本身的优势，这种优势的大小或强弱，即是竞争力。因此发展企业竞争力，其核心即在于发展企业之核心优势。

运营层次

这种优势的内涵，依历史发展，大致可分为三个阶段。简言之，在19世纪末到1970年这段时期，这种优势主要属于作业（Operational）性质，其核心观念一般称之为质量（Quality）或效率（Efficiency）；以为人尊称"科学管理之父"的

美国工程师出身的泰勒（Frederick Taylor）为例，他所倡议的"动作与时间研究"，以及其后将这种作业技术演变为全面质量管理（Total Quality Management, TQM）的"品管之父"的戴明（W. Edwards Deming），皆为这一阶段中之大师。在这好几十年间，众多企业在建立竞争优势方面的努力与进展，主要依循的，就是这种优势观念。

策略层次

至于第二阶段的竞争力的内容，基本上乃由运营层次提升到策略（Strategic）层次。在此所谓策略层次，其核心观念在于发掘并发展本身在产业中之定位；此即一家企业根据其外在客观形势与本身优劣势，选择某种舞台，从而发展本身最有利之角色。在这方面，人们耳熟能详的竞争力分析方法，包括了"SWOT 分析""五力分析""价值链"等。而开创这一竞争力境界的，首推哈佛大学的迈克尔·波特（Michael Porter）教授。他在 1980 年出版的《竞争策略》（Competitive Strategy）及其后出版的《竞争优势》（Competitive Advantage）为其滥觞。继波特之后，在策略竞争力发扬光大的学者，在此值得一提的，尚有同样出身哈佛商学院的学者，如加里·哈默尔（Gary Hamel）和普哈拉（C.K. Prahalad）等，他们认为支持企业竞争优势的，在于其所拥有或发展的核心资源（Core Resources）。

创新层次

到了 20 世纪 90 年代之后，人们发现曾经在 20 世纪 70 年代与 80 年代叱咤风云不可一世的日本企业陷入失落的 10 年或 20 年。其原因在于，建立于"改善"观念上的经营哲学，已不能适应消费者变化莫测与喜新厌旧的心态。在这情势下，企业的竞争力必须聚焦于创新（Innovation）能力上。这时人们深深感受到，此前由管理哲人杜拉克所说的"不创新即灭亡"（Innovate or Die）这句话的真谛。

在这种情况下，讨论企业经营策略，本质上即着重于讨论创新策略。首先引发人们这方面思维并提出具体主张的，也是来自哈佛商学院的克莱顿·克里斯坦森(Clayton Christensen)教授，他在 1997 年以《创新者之困境》（The Innovator's Dilemma）一书分析许多伟大的公司面临新科技崛起而衰亡的道理。在此以后，众多的策略专著和论文，都在阐述和探讨有关企业创新的策略和问题。

结语：面临数字世界的竞争力挑战

从以上简要说明竞争观念的演进中，显示所谓竞争力的内容，不是一成不变的。尤其进入数字世界以后，企业已不再生存在某种产业的界限内，而必须在一种生态世界中创造本身之生存价值。这种转变，使企业必须面对一种迥然不同的环境谋求生存和发展。

逢甲大学教授

许士军

2019 年 6 月

推荐序 2

新时代下的企业竞争力分析框架重组

本书作为经营管理类书籍，具有以下三大亮点。一是竞争力三维度分析框架：企业战略、商业模式及商业生态系统。二是兼顾案例及理论的篇章结构。三是涉及竞争力分析流程中的各环节技能培养。

竞争力三维度分析框架：企业战略、商业模式及商业生态系统

近年来，伴随互联网、物联网、大数据及人工智能等新技术的出现，产业形态发生了明显变化。消费者、企业和行业之间的连接越来越紧密，改变了传统产业价值创造方式和企业竞争逻辑。同时，得益于技术的快速发展，产业的边界愈趋模糊，各行业跨界现象越来越普遍。在这个创新时代，经典战略分析框架仍旧经典，但需进行某种程度上的元素重组，即补充多维度竞争力分析框架，如引入企业利益相关者的价值链分析及以产业为单位的整体对比，类似于牛顿力学的"相对论"概念。在过去的几十年里，我们可以发现众多学者进行了相关领域的探索。以本书为例，作者提供了一套全面新颖的分析框架予以参考。在本书中，作者由大及小，由宏观到微观，从企业战略、商业模式及商业生态系统三个维度分析价值创造途径。企业战略重点关注企业本身、竞争对手和消费者，运用相关企业策略分析，如SWOT分析旨在从同类企业角度解析企业优势、弱势、定位企业竞争优势及产品定位，波特五力模型旨在分析同行业内现有竞争者的竞争能力、潜在竞争者进入的能力、替代品的替代能力、供应商的讨价还价能力及购买者的讨价还价能力，以此得出该企业在行业内的竞争状况，上述两种分析维度皆与经典的管理战略理论一致，即通过对同类企业进行比较，分析企业自身的优劣势。本书的创新点，即引入了商业模式及商业生态系统两维度，丰富了企业竞争力分析的传统框架。商业模式视角将企业本身放宽到各利益相关者的价值创造力，即价值链分析。具体而言，价值链分析旨在测量企业生产环节中所实现的相对成本优势及差异化优势，即涉及进货、生产、出货、后勤等价值活动。结合价值链分析及SWOT分析，可实现对企业的全面化优劣势分析。

商业生态系统则更进一步将视角拓宽到产业间的对比，回归产业本质，思考企业所在产业的当前价值创造角色，即产业分析。

从企业战略到商业生态系统，代表着战略制定者在不断地改变看问题的视角。同时，得益于三种不同的思考逻辑，企业竞争力分析得以丰富。若分析企业战略本身，即可细化至具体企业的具体竞争对手及竞争优势；若分析商业生态系统，则可将更大范围内的利益相关者纳入，并分析产业本身所具有的独特优势。面对激烈的新技术冲击下，传统企业受到来自不同维度、不同行业的竞争，而非单一产业内的竞争。例如，近年来，国内互联网巨头百度在多领域进行跨界运营，以百度无人车为代表。因此，如今的企业经营者需要合理有效地结合三维度进行分析，以便于全面了解包括产业及企业在内的核心竞争力，提出实际有效的战略方针。

兼顾案例及理论的篇章结构

企业的运营成果，是评定经营者能力的指标。进一步讲，运营成果源于战略的实施效果，因此，理论的现实应用便成为经营者的关注对象。本书作为经营管理类书籍，根据每一章节所搭建的理论架构，辅以相关的案例进行说明，帮助企业经营者提高应用能力。

涉及竞争力分析流程中的各环节技能培养

不同于市面上普遍的竞争力分析图书，本书细化至说明分析流程中的各环节，如引入"企业竞争力分析的逻辑思考""企业竞争信息搜集及解析"。"企业竞争力分析的逻辑思考"包括研究主题的选择及如何发现研究主题等首要环节，帮助企业经营者做好竞争力分析的第一步。"企业竞争信息搜集及解析"包括竞争信息搜集技巧及解析技巧，适用于当今信息充斥时代下的"信息泛滥及筛选"问题。因此，通过本书的指导，企业经营者可掌握企业竞争力分析过程中的各环节所需技能，而非仅仅掌握核心的企业竞争力分析环节（包括产业分析、企业策略分析等）。对企业经营者而言，无疑是更加全面有效的。

北京大学光华管理学院金融学系教授
北京大学金融发展研究中心主任
刘玉珍
2019 年 6 月

推荐序 3

管理科学的一个进化

中国改革开放已经走过了 40 多年，科技发展突飞猛进，企业科学管理的理念和方法也深入人心，并正在被普遍实践。正如数字电视技术，实践必然带来观念的革命、产业的变革和管理的进化。

当今世界正面临百年未有之大变局。未来几十年，新一轮科技革命和产业变革将同人类社会发展形成历史性交汇。这种大时代、长周期的变迁，决定了管理对象地日益复杂、多变，也决定了管理方法必须越来越科学化、定量化，管理理论愈发地需要科学的方法论来指导，需要科学工具来支撑，需要科学实践来验证。进化，既是时代推动下的进步，又塑造着时代的变化。

管理科学的管理对象是一个随着时间不断变化的函数，管理理论隐含着对过去的管理对象总结出的规律，同时又有自身的一些特殊性。企业需要创新，提升竞争力；管理研究更需要创新，实事求是、与时俱进，去适应企业的创新和竞争力变化。进化，这是一切研究方法和理论模型的核心竞争力，也是一种精髓所在。

改革开放这些年来，关于企业竞争力的理论和实证研究汗牛充栋，产生了大量的历史数据和研究成果，为竞争力的定性研究打下了坚实的基础。当前互联网、大数据、云计算和人工智能技术的发展普及，特别是以舆情为代表的软实力直接分析和硬实力侧面分析，竞争力的动态监测和评估已经初步成为可能。新技术的产生和应用，将带来新产业、新企业，也终将带来企业竞争力研究的进化。

关于这种进化的语言的展现，可以称之为企业竞争力分析的进化论。

清华大学教授

2019 年 6 月

自 序

可以说，最近 100 多年中，人们世界观最大的变化，是承认了不确定性。

比如"薛定谔的猫"，如果没有揭开盖子进行观察，我们永远也不知道猫是死是活，它将永远处于活与不活的叠加状态，只有在揭开盖子的一瞬间，才能知道它是死是活。对企业而言，市场也是一只这样的"猫"，信息一定不完备，一切都是有可能发生的。那么，企业还有必要进行判断和预测吗？还能进行战略和业务规划吗？答案当然也是不言而喻的。在不确定性中寻找确定性、创造确定性，这不仅是当代企业经营的本质，也是企业家和决策者的必备本领。企业竞争力分析的核心价值就是在不确定的前提下，找到相对确定的战略与决策支撑。

企业竞争力体现的是企业求生存和谋发展的能力，这种能力是始终动态变化的、也是一种相对的比较结果，因此，对企业竞争力的评价要放在一个持续演化的过程中看。GE 历经 140 多年的成长和发展，企业从最初的电力业务，到拓展无线电业务，到涉足制造业务再到布局数字化业务和数字化转型，企业原有的竞争优势逐步弱化，新的竞争优势伴随着新技术、新产品和新业务的拓展不断重塑，企业的核心竞争力也随之发生改变，实现了不断在发展中创新，在创新中突破，在突破中领跑。

进入数字经济时代，人才、信息、资源等加速流转，企业与外界组织、机构等进行基于物质、能量和信息等方面的共享、交换或合作成为常态，"不求所有，但求所用"的理念被广泛接受。在这种背景下，企业的竞争力也不再仅仅取决于企业自身所拥有的资源和条件，而是更加依赖于企业的开放式平台和产业生态圈的建设和运营能力。以中国的互联网巨头企业为例，在搜狐、网易、新浪引领的 PC 互联网时代，企业自身拥有的网站数、用户数是企业的核心竞争力；进入百度、腾讯、阿里巴巴引领的移动互联网时代，企业在搜索、社交、电商等自身业务壮大的同时，通过投资、并购等方式整合了产业链上下游企业，围绕相关业务建设产业生态圈，并适时进行组织架构调整和资源优化配置，形成了独特的竞争优势。

基于以上的几点认识和思考，我们尝试用一种体系化的方法来展示如何进行企业竞争力分析和决策，这包括了一个方法论（ISVSA）、一套线上系统（竞争力分析系统），以及一系列的分析案例。ISVSA（Issue- 议题产生，Source- 信息来源，

Variable-产业变量，Strategy-策略研究，Action-战术拟定与执行）模型的提出，借鉴了当前咨询行业主流的方法论和工具，同时吸收了我们多年企业经营中进行战略决策的实践经验。竞争力分析系统是将非结构化数据（如海量网络舆情信息和产情信息等）与结构化数据（如产销量与市场占有率等）进行有效融合，并借助波特的五力模型进行分析和展示，以形成对企业竞争力的定量分析和可视化展示，这也是我们将经济管理理论技术化、系统化、产品化的一次探索和尝试。

总体上来说，本书从分析逻辑、范畴、模型、方法、技巧、实例和系统建设等几个方面，论述了开展企业竞争力分析的理论和实践，为企业管理知识的线上化和企业竞争力系统的建设提出了切实可行的路径和模式探索，可以为咨询行业工作人员、企业战略分析工作人员、科研机构工作人员，以及有志于从事产业分析的人士提供必要的知识储备和技能素养训练支撑，是一本兼具理论研究和实际操作的管理工具书。

希望本书能够助力企业不断进入竞争新蓝海，重塑竞争新优势。

王家彬　邱全成

2019 年 6 月

目 录

产业与企业分析发展服务业综述 ·· 1
 一、产业与企业分析服务业发展沿革 ·· 1
 二、产业与企业分析服务业特点与发展趋势 ·································· 3
 三、全球产业与企业分析服务公司简介 ······································ 5

第一章　产业分析提升企业竞争力 ·· 7
 一、产业分析对企业的意义 ·· 7
 二、产业分析方法协助企业决策 ·· 10
 三、产业分析应具备的技巧与特质 ·· 17
 四、产业分析的成败关键 ·· 18
 五、产业分析最重要的工作——企业竞争力分析 ······························ 20
 六、产业分析的效益 ·· 21
 七、案例与研究分析 ·· 23

第二章　企业竞争力分析的逻辑思考 ·· 26
 一、研究主题的选择 ·· 27
 二、发现研究主题 ·· 30

三、解析题目的架构 ································ 39
　　四、段落逻辑与推论 ································ 40
　　五、具体分析与归纳 ································ 42
　　六、结论与策略建议 ································ 44
　　七、案例与研究分析 ································ 44

第三章　企业竞争信息搜集与解析 ···················· 47
　　一、竞争信息搜集技巧 ······························ 47
　　二、竞争信息判读技巧 ······························ 58
　　三、竞争信息的解析技巧 ···························· 60
　　四、突发事件的评论 ································ 63
　　五、竞争信息判读者需具备的素养 ···················· 64
　　六、案例与研究分析 ································ 66

第四章　产业竞争态势分析 ·························· 69
　　一、企业为何需要竞争力分析 ························ 69
　　二、竞争力分析架构 ································ 69
　　三、价值链分析 ···································· 80
　　四、案例与研究分析 ································ 85

第五章　产品的竞争与策略 ·························· 95
　　一、产品生命周期 ·································· 96
　　二、BCG 矩阵分析 ································· 98
　　三、策略群组分析 ·································· 100
　　四、新产品构想与筛选 ······························ 102
　　五、案例与研究分析 ································ 106

第六章　市场竞争态势分析 ·························· 125
　　一、市场规模推估与预测的根本思考 ·················· 125
　　二、市场推估的方法 ································ 127
　　三、市场区隔与目标市场选择 ························ 134

四、市场竞争分析 ·· 137
　　五、案例与研究分析 ·· 139

第七章　企业发展策略分析 ·· **154**
　　一、形势策的企业策略分析 ····································· 154
　　二、SWOT 分析方法 ··· 155
　　三、蓝海策略 ·· 158
　　四、案例与研究分析 ··· 160

第八章　重点产业趋势分析案例 ································· **174**
　　一、虚拟现实头戴式显示设备产业 ····························· 174
　　二、服务器产业 ··· 185
　　三、大数据产业 ··· 194
　　四、我国智慧健康产业 ·· 201
　　五、半导体集成电路产业 ·· 225

第九章　竞争力分析系统设计与架构 ···························· **234**
　　一、使用舆情系统辅助产业分析 ······························· 235
　　二、高并发网络爬虫 ··· 237
　　三、文本清理与结构萃取 ······································· 240
　　四、平行化全文检索引擎 ······································· 243
　　五、主题模型解析与筛选 ······································· 249
　　六、舆情分析服务系统 ·· 252
　　七、舆情延伸分析系统：企业竞争力分析系统 ·············· 253
　　八、案例与研究分析 ··· 256

第十章　舆情分析系统功能漫谈 ································· **264**
　　一、舆情系统功能总览 ·· 265
　　二、舆情专案开设与管理 ······································· 266
　　三、关键词、逻辑与来源设定 ·································· 267
　　四、使用语义聚类获取文本主题 ······························· 272

iii

五、舆情议题仪表板·························273
　　六、舆情主题意见分析·························276
　　七、舆情影响力分析与文章检索·················279
　　八、分析主题与情绪管理·······················281
　　九、案例与研究分析·························283

第十一章　企业竞争力分析系统功能漫谈·············291
　　一、竞争力总览仪表板·························292
　　二、竞争力评分趋势图·························294
　　三、竞争力分析专案开设与管理·················296
　　四、舆情联结与竞争力公式编辑·················300
　　五、显示灯号与交界条件逻辑···················305
　　六、竞争力详细页舆情图表编辑·················309
　　七、案例与研究分析·························313

第十二章　结论与展望·························321
　　一、产业分析服务与顾问行业将蓬勃发展·········321
　　二、竞争分析架构有助企业厘清核心竞争力，达到事半功倍之效·····321
　　三、企业竞争力分析系统可以随时掌握竞争动态，提升决策的效果和质量　322

附录　产业分析师技能培训课程简介·················324
　　一、产业分析的逻辑思考·······················325
　　二、产业分析的资料搜集技巧···················325
　　三、产业分析的模型应用·······················326
　　四、数据判读解析与决策·······················327
　　五、市场规模统计与营销应用···················328
　　六、市场规模预测与评估·······················328
　　七、企业竞争策略观测与剖析···················329
　　八、产业分析的简报制作与表达技巧·············330

后　　记·························331

产业与企业分析发展服务业综述

一、产业与企业分析服务业发展沿革

服务业的产生相当早,随着产业的逐渐成形,服务业的定义也就越加明确,Zeithaml 和 Bitner,以及 Kolter 在 1996 年相继对服务业做了更明确的定义后,服务业被定义为"由一个组织或个人通过特定行为、程序以及表现,将基本上是无形的、也不易或无法产生事物所有权的商品提供给另一个组织或个人的任何活动"。随着经济发展的演变,现今经济结构已经逐渐转向"知识经济","知识型服务业"不是通过大量硬件设备与资金投入以提供有形产品,而是在服务中产生知识、持续使用知识、重复使用知识,从而提供无形产品或服务。

未来经济的发展将如同 Peter F. Drucker 所强调的"未来五十年,在全球经济中属于领导地位的,将是那些最成功地提升知识工作者的生产力的国家和企业"。因此,相关的知识服务产业也将日渐蓬勃发展,而其中与商业发展紧密相关的产业与企业分析服务业的发展也将更加明显。

产业与企业分析服务业主要的工作在于总体经济与个体经济数据的收集、分析、处理与沟通,包括国际形势与国家政策对产业的影响,市场供应与需求的分析预测、技术发展变化,以及产业价值链分析。其中,产业价值链分析又包括供货商竞合关系分析、渠道分析、消费者行为分析、产品供需预测,以及产品价格与规格的分析预测,属于知识经济的一环,为提供方。

初期,产业分析服务属于企业内部活动,企业根据自身业务需要进行总体经济与个体经济资料的收集、分析、处理与沟通。由于早期的商业活动与商业竞争较弱,市场变化缓慢、国际商业交流较少,因此,企业内部提供的产业分析服务已经能够满足需求。然而,随着经济发展日益蓬勃,商业活动与商业竞争大幅增加,市场变化迅速、国际商业交流频繁,单由企业内部员工无法满足大量的产业分析服务需求,而且也有越来越多的企业,尤其是国际企业与大型企业,为适应大量生产时对零部件、出货量和产品价格与规格的预测以及产量与建厂的规划，对于产业信息需求日益迫切，因此需有专责单位进行产业分析，提供专责服务。

当市场需求出现时，产业分析的技能与知识也逐渐形成，相关的产业分析理论也陆续发布，许多原来在公司内部提供产业分析服务的人员相继离开企业进行外部创业，此时供需双方逐渐浮现，并相互进行交易，但是此时市场规模尚小，商业模式尚处于探索中。随后市场供给与需求日益增加，供给与需求双方出现而形成产业聚落，满足该产业聚落的产业也开始逐渐成形，其中包括相关的教育培训与训练机构形成、认证机制出现、研讨会与交流会议召开、产业专有名词出现、特定商业模式出现等，而为了确保服务质量也开始形成监管部门及行业协会以进行厂商行为管理与服务质量控管。

此外，产业网络是形成产业聚落的重要因素，身处在产业网络中心的产业与企业分析服务商必须与产业生态中的各个厂商建立起良好的企业网络，以便在以知识为主要产品的产业中进行信息收集、信息与知识的转换、知识分享、知识再利用、知识重建与创新，以及知识传播工作，进而建立起企业品牌与形象。值得注意的是产业与企业分析服务商对于此知识经济供应链的掌握度必须有所突出，因为不管是顾问公司对产业与企业分析服务商研究的认同与采用或是媒体的大量报道，都能将产业与企业分析服务商的成果加以呈现，并促使知识获取者内部再进行知识的分享、传递、利用与创新，形成正向循环。就目前产业分析服务公司来看，大多是从媒体杂志发展起来的，或者有长期配合的媒体或杂志，也或者常常举办相关的研究成果发表，以建立产业或市场的影响力。

再从总部设立地点来观察产业与企业分析服务商与产业网络的关联，可以发现，产业与企业分析服务商的成立几乎都与区域经济发展有关，如 IDC、Yankee Group、Aberdeen Group、AMR Research Inc、Forrester Research 等公司的运营总部几乎都设立在美国信息通信技术（ICT）产业发源地的 128 公路附近，即使如 Gartner Inc、Giga Information 与 Meta Group Inc 等公司距离 Boston 也仅有 3 个小时的车程距离，推测产业与企业分析服务商将据点设立在产业聚落中，更加具备信息取得、实时反应市场变化与需求、意见交流与就近服务的"地缘优势"。

目前，许多产业与企业分析服务商、市场分析研究服务公司为了能取得"地缘优势"，并与客户形成密切的产业网络，也纷纷在几个重要的经济区域中设立分公司，如硅谷、北京、东京、首尔、新加坡、悉尼等。而欧洲的产业分析服务公司则大多会在伦敦与巴黎设立总部，正如金融证券研究服务公司大多将总部设立于纽约、伦敦、东京等地。

然而，目前尚无完整的研究报告明确指出产业与企业分析服务业的市场规模，推测其主要原因是从事供给面的产业分析服务机构规模不大而且未公开发行，同业间的国际性组织不够完善，另外，则是因为从事供给面的产业分析服务机构与从事需求面的产业分析服务机构间的互动频率较低，加上许多顾问公司在提供顾问服务的同时，也同时提供产业分析服务，所以产业分析服务的市场规模难以估计。

二、产业与企业分析服务业特点与发展趋势

由于产业与企业分析服务业的主要工作是分析与预测国际形势与国家政策对产业的影响、市场供需变化、产品价格与规格变化、技术发展变化，以及供货商竞合关系、渠道、消费者行为等方面，所以需要进行大量的资料收集、分析、处理与沟通，涉及大量的人力与知识投入。

此外，由于技术与商业变化相当迅速，加之各类技术逐渐融合，因此提供分析、预测与前瞻服务的产业与企业分析服务商，必须拥有产业专业知识，和整合多项产业专业知识的能力、学习新知识与运用知识的能力。

除了大量运用信息科技技术之外，还需要研究员或顾问人员的分析与判断。为了确保数据收集的准确度，以及分析与预测结果的客观性，产业与企业分析服务业也非常强调研究中立性，应该避免受到客户或其他团体影响造成的分析与预测偏差。

若再进一步观察产业与企业分析服务业的主要研究工作，掌握可靠的数据来源与良好的资料验证方式，将可以使得资料收集的工作事半功倍且同时有助于了解市场发展趋势与产业变化的动力。目前，国际产业分析服务大厂最引以为傲的是拥有国际大厂与大型渠道商的合作，以及大量且可靠的策略伙伴，可以获得大量准确、可能左右产业或技术发展的数据与讯息。除了表象信息收集外，产业与企业分析服务业还会进一步地深入分析与探讨产业趋势背后的原因与理由。而产业分析研究的最终成果，将协助客户进行中长期新产品或新市场规划，并适时进行企业诊断以对客户状况提出建议。

表 1　产业分析服务与顾问服务工作分类

研究行为的分类	研究公司的工作	客户的目的	研究工作属性
市场调查	市场现象与资料收集	既定新产品或新市场开发等	表象信息收集等
市场调研	市场与产业趋势与原因分析探讨等	中长期新产品或新市场规划等	进行深度分析等
顾问服务	单纯就研究成果提出建议等	中长期新产品或新市场规划等	行为建议等
咨询业务	针对客户状况提出建议等	企业资源分配或策略需求等	企业诊断与行为建议等

资料来源：牡丹集团 IIS（牡丹智能资讯服务中心）整理，2019 年 3 月。

然而，不同行业对于产业分析的应用目的也有所不同，所以，客户会寻求不同类型的产业与企业分析服务商，也会用不同方式来运用产业分析所获得的结果。如银行金融业的企业用户，其使用产业分析服务的目的在于企业金融部门审查征信部门所提供的授信报告参考、了解产业趋势及技术最新发展，以及投资目标相关产业与厂商竞争力的变化。至于一般信息相关零部件厂商与系统厂商，则主要是为了了解世界各地或特定区域各产品生产与销售情况、推测各家出货及市场占有率，并了解市场竞争态势。

值得注意的是 ICT（信息、通信和技术）产业变化速度快、商机稍纵即逝，因此 IT（互联网技术）厂商重视时间反应程度、问题解决能力、资料精准程度，种种因素促使资料收集、分析的难度更高。不过，这种情况下产业与企业分析服务商在专业情报与资料搜集方面的价值反而越能得到发挥，这也是 ICT 产业分析服务业特别发达的原因。

以 IT 产业为例，Gartner 于 2014 年《Best Practices for Working with Global Industry Analysts》一文中提到其调查结果显示：①超过 50% 的 IT 决策者在考虑供货商时会将分析师的意见纳入重要决策考虑；②约有 2/3 的 IT 决策者会订阅 IT 产业研究分析报告；③投资顾问也会寻求顶尖产业与企业分析服务厂商提供咨询，以做投资决策。

所以，产业与企业分析服务业共具有 4 大特性，分别为：人力密集化、知识密集性、研究中立性和产品定制化。

三、全球产业与企业分析服务公司简介

从市场普及度来看，IDC（国际数据公司）是厂商最常购买与使用的产业分析研究公司，其次为 Gartner。另外，就产业类别来看，信息硬件厂商最常使用 IDC，其次分别为 Gartner 与 Forrester；半导体厂商则几乎都有采用 ICInsight 与 IDC，其次为 Gartner；信息软件厂商则偏向使用 Gartner 与 IDC。

IDC 成立于 1964 年，隶属于国际知名的高科技媒体、研究与展览活动的主要厂商 IDG，主要提供高科技产业分析、市场信息与技术发展趋势研判及咨询顾问，其企业客户超过 3900 家，分析师超过 500 位。值得注意的是 IDC 大量投入展览与研讨活动，借以提升企业与分析师的知名度，制造与客户的交流机会。

Forrester Research 成立于 1983 年，是一家提供高科技产业趋势、厂商与消费者行为的市场研究与顾问公司，其主要业务集中于互联网等新兴高科技领域，该公司的愿景是成为新兴技术领域中的情报、分析与策略建议的领导公司。2002 年 Forrester Research 的营业额为 9690 万美元，曾协助过 3500 家企业客户进行策略规划，员工人数为 344 人，客户数为 1125 家公司。

Gartner 成立于 1979 年，是一家专门提供 IT 产业相关研究服务的公司，其在 1995 年并购独立的市场研究、统计与预测的专业公司 Dataquest。2002 年 Gartner 营业额高达 9.1 亿美元，目前以提供产业内的厂商出货情况、消费市场情报、顾问咨询与研讨会议等服务为主，其员工人数在 2002 年达 4039 位，其中专业分析师与顾问则接近 1000 位。

单一产业分析服务公司易满足消费者全面性的需求，但是客户常常需要一次购足，而随着产业多样化、技术变迁快速，公司数据库、产业数据库公司等数据汇总型公司逐渐形成，其中知名的就是 Thomson Corporation 的子公司 Dialog，该公司成立于 1972 年，整合超过 100 家研究公司的各类产业分析资料与相关产业新闻，以及企业运营与财务数据，运用数据库的优势，建立全球在线查询系统，其中又以 DialogPRO 最为业界所常用。

相较于国际产业分析服务的发展历程，我国发展产业分析服务的时间较晚，以我国台湾地区为例，目前仅有少数单位是完全投入在产业分析服务业务，其中较具规模的有工业技术研究院（简称工研院）经资中心（IEK/ITRI）、资讯工业策进会（简称

策进会）产业情报研究所（简称台湾资策会MIC），而中国大陆则是以赛迪顾问（CCID）为代表。

资策会在1984年成立资讯市场情报中心，并在1985年与国际顾问公司ADL共同规划发展事宜，奠定了台湾资策会MIC产业及市场研究的理论基础，而后在1989年设立"资讯法律研究组"，从事智慧财产等相关科技法律研究，并担任和美国智财权谈判重要政策顾问。台湾资策会MIC成立以来拥有会员厂商超过6000家，涵盖中国台湾硬件、软件、通信及金融产业精英，其中主要IT产业相关会员年度产值占中国台湾电子信息行业年产值近80%，此外台湾资策会MIC在美国也有专人从事市场研究与产业分析的工作，目前整体员工人数超过200位。

工研院产业经济与信息服务中心（Industrial Economics and Knowledge Center），又简称经资中心（IEK），成立于2000年6月，由于工研院早期的产业分析服务单位大都隶属于企划或推广部门，与技术部门有着密切关系，各产业研究师可以就近取得技术人员的协助。目前IEK虽然已与技术研究单位分离，但仍地处新竹科学园区，拥有极大的地缘优势，而且同属于工研院的技术研究单位仍能够给予间接性的支持。IEK也提供会员制服务，目前会员厂商有200~300家，该组织通过整合与重整之后，人数超过200位。

赛迪（CCID）成立于2000年7月，为信息产业部所下属的四个事业单位所合并而成，在多个地区设有分支机构，拥有300余名专业咨询人员，业务网络覆盖全国200多个大中型城市，其主要业务为管理及战略咨询服务、市场咨询服务、信息工程监理服务。赛迪顾问已在2002年在香港创业板上市，截至2015年其集团营业额为1.23亿元。

综观产业与企业分析服务业的发展，产业分析服务的出现，是为了帮助厂商了解产业未来趋势以及市场与消费者的最新变化，降低客户风险。现阶段整个经济的发展已朝向知识经济时代，全球化的产品、产业、技术变化迅猛，创新能力也日益重要，因此以知识服务为主的产业分析服务的重要性将更加突出。这将促使产业与企业分析服务厂商更重视知识创新与知识管理工作，其中包含：①运用知识再创造能力、知识结构管理与知识流程管理所形成的创新研发力；②建立一般化、普世化与差异化的跨产业知识，从而突破顾问服务业务的障碍，发挥范畴经济与规模经济的效益，达到降低成本、提升附加价值等目的。

第一章　产业分析提升企业竞争力

一、产业分析对企业的意义

21世纪是一个跃进的时代。企业成功法则不断被翻新和改写,竞争环境与趋势迅速变化,个人与组织都必须适应转变,实时培育多元特质、强化核心竞争力,不断学习增长,才能在瞬息万变的竞争环境中,适时构建竞争基石。要让"计划赶上变化",能够通过学习来协助个人、团队与组织的同步成长,并适应竞争者的快速变化,这已经成为在竞争社会生存的基本素质。

（一）产业分析的对象

产业分析的核心对象是产业,因此在界定产业分析的范畴时,须先对产业有较深刻的了解。产业是一群提供相似产品（或服务）的供应者的集合。用简单的数学方式表达就是：

$$产业 = \Sigma\ 供应者（提供相似产品或服务）$$

这些供应者绝大多数是企业,也会有非营利性的机构或组织,当然也可以是个人工作室。值得提醒的是,这里所说的企业供应者通常不等于企业的全部,大多数是大型企业的某一事业部或事业单元。如笔记本电脑产业,即包括联想、广达、仁宝、华硕、纬创、英业达等笔记本电脑事业部的集合。

产业分析,即是针对一群提供相似产品（或服务）的供应者的分析。因此,凡是供应者的行为及内涵都将是分析素材的一部分,如产品（及产品线）、技术、生产制造、营销、客户、财务、人力资源等,都是产业分析所应涉及的素材。另外,除了供应者的个别行为以外,供应者间的行为,如竞争策略、合并、联盟等,也是产业分析需积极研究的地方。当然,还包括整体社会、经济、政治因素的发展,以及影响产业发展的最关键因素——消费者（或客户）的需求及偏好。因此,就产业分析而言,全球或区域市场的社会、经济,甚至政治形式的发展信息,也是研究人员需要注意的。

（二）产业分析的定位

虽然产业分析的内容包括产业面临的外部环境（包括社会、经济、政治等）、产业内的竞合关系、个别供应者的行为等，但如果深究产业分析与产业政策及企业政策的关系，我们可以发现产业分析对于政府或企业而言，不能解答所有的问题并提供建议。就产业分析的范畴与专业能力，我们的观点如下（见图1-1）。

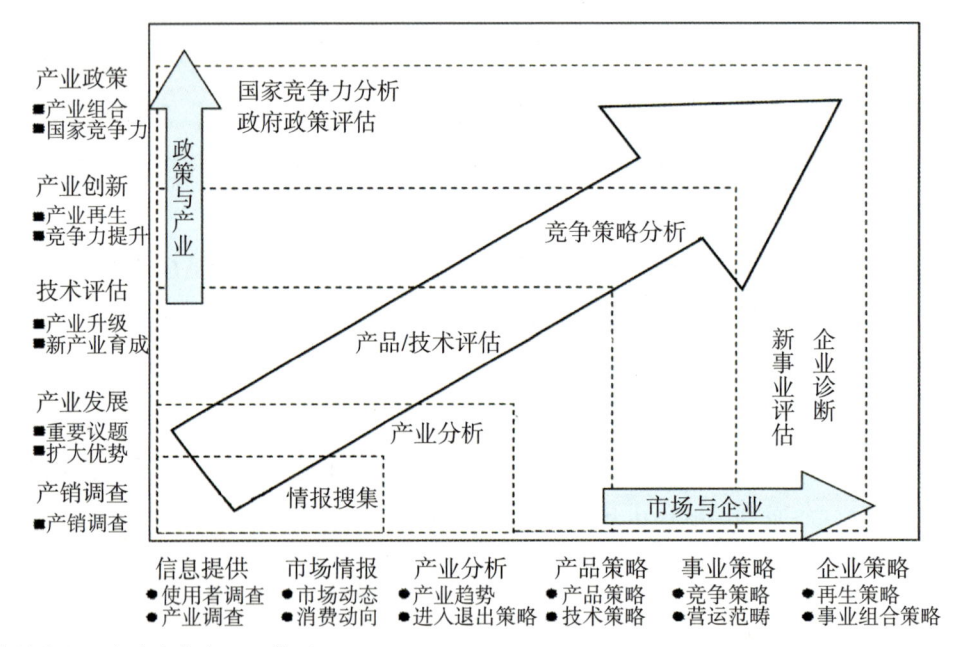

资料来源：台湾资策会 MIC 整理

图 1-1 产业分析的范畴与专业能力

就政策与产业而言，分别需要产销调查、产业发展、技术评估、产业创新及产业政策五个层次的信息需求。这个方向的产业信息及情报的需求，主要来自经营产业的政府及社会、经济等研究机构。

就市场与企业而言，分别需要信息提供、市场情报、产业分析、产品策略、事业策略及企业策略六个层次的信息需求。这个方向的产业信息与情报分析的需求，主要来自企业相关的部门，包括企业决策高层、策略规划部门、营销业务部门、产品开发部门等。

（三）产业分析的目的与主要功能

"知己知彼，百战百胜"。知彼，才能够有效掌握对手的现状并判断对手未来的可能行动；知己，才能够思考如何以本身有限的实力来应对对手的行动而击败对手。由产业分析的对象与定位，可以知道产业分析的内容包括产业情报的提供及未来发展趋势的预测。为此，产业分析的目的也从而分为两个层次，分为基本目的和积极目的。基本目的为清晰界定市场规模、了解企业的市场/产业定位、了解产品/技术/市场/产业特性、了解产品/技术/市场/产业未来发展方向等；而积极目的则为实时发现问题、分析产业群集竞合关系、拟定未来发展策略、转型策略的参考依据等。总之，产业分析的目的就在于掌握环境变化及竞争者的行动，使所拟定的策略更具合理性与可行性，从而提升竞争力。

而企业要提升竞争力，必须掌握内外部环境的变化，并进行分析，而产业分析就是必需的能力。产业分析（Industry Analysis）是指对企业所处的产业进行研究。此处所称的产业，是指一群提供相似产品（或相似服务）厂商的集合，而产业分析就是针对这群供货商所提供的技术、产品、服务，相互间竞争，以及相关的上下游供应链（原材料、零部件、生产设备）与需求链（各级渠道、最终顾客）的分析研究。而为了能够更好地掌握产业的变化，那些对产业影响很大的总体环境因素，包括政治、经济、社会、科技等方面，也是产业分析必须考虑的要素。

在战场上，将领通过情报的搜集，精准掌握敌人的行动而给予致命的攻击；在商场上，企业通过产业分析，协助组织了解产业技术变化、市场特性和顾客需求的变迁，帮助公司优化运营策略。产业分析可以协助公司确认具有吸引力的新技术，并及时的投入资源进行研究开发；产业分析能够帮助公司发觉可能潜在的竞争威胁，包括新标准、新技术、新制程、新材料与新竞争者等；产业分析可以让公司预警和预判，及早采取相应措施；产业分析也不限于外部的竞争策略，对于公司内部中、长期或年度目标的建立、组织绩效的衡量，甚至是公司所面临的内部问题，也可以通过产业分析来让未来所要采取的行动更具成效。

所以，产业分析的主要功能就在于"提升企业运营决策的质量"。

二、产业分析方法协助企业决策

产业分析的主要功能在于"提升企业运营决策的质量"。运用产业分析协助提升企业的运营决策质量,产业分析方法分为:议题产生(Issue)、信息来源(Source)、产业变量(Variable)、策略研究(Strategy)、战术拟定与执行(Action)五个步骤。按照五个步骤的英文名称,可以简称为ISVSA模型(见图1-2)。

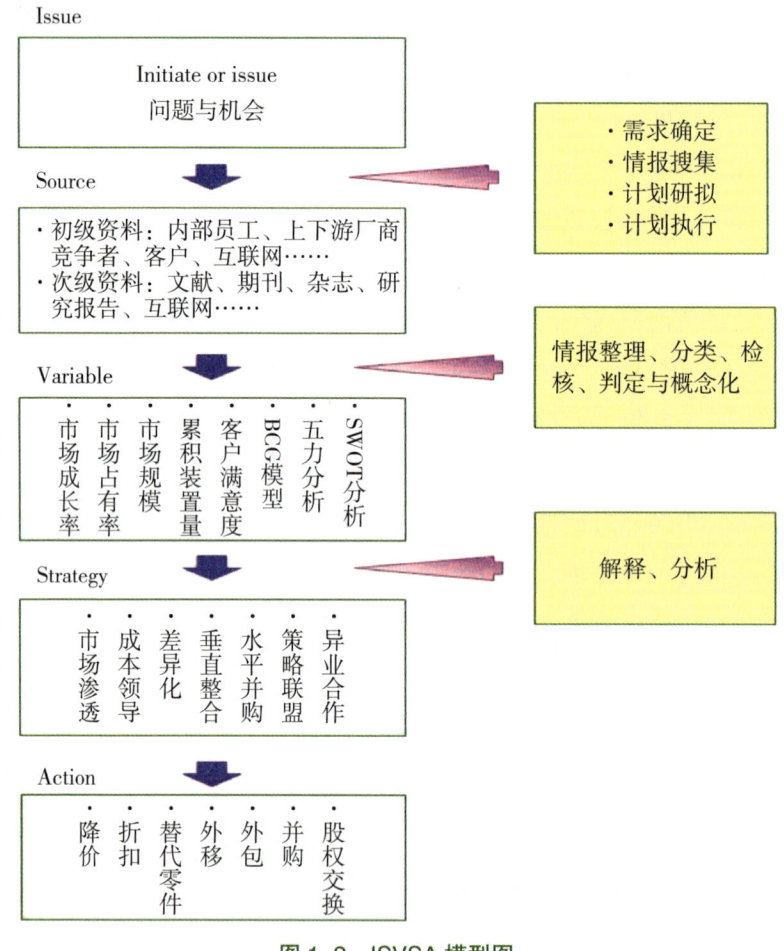

图 1-2　ISVSA 模型图

(一)议题产生(Issue)

大多数企业需要做决策的原因,往往是遇到一个需要解决的议题。这个议题或许是公司遇到的问题，也可能是公司未来的机会。有些议题是公司主动发掘的，例如"并购一家新公司""选择设厂地点""投资新项目""推出新产品""进入新市场"等议题，有些是针对市场突发的事件，公司要必须立即做出反应的，例如"竞争者突然降价""法规突然变化""客户偏好突然变化"等议题。

以竞争分析为例，一般而言，主要涵盖的范围包括重点厂商动态、营销策略（包括产品策略、定价策略、推广策略、渠道策略、目标市场等）、市场概况（包括整体市场规模及各区域市场规模）、市场占有率（各区域市场中的市场占有率）等。未来衍生产品的应用、前瞻技术的进展等趋势方面的问题，通常会是次要的。

另外，在界定议题时可以根据该产品的产品生命周期，做初步的判断，作为沟通讨论的起点。一般而言，处于不同的产品生命周期阶段，所关心的议题也会有所不同。

当议题（Issue）出现时，企业必须决定为了协助决策（Decision）要搜集哪些产业信息作为参考。这个决定就是确认信息需求（Intelligence needs），掌握信息需求之后就可以拟定信息搜集计划，再依照计划执行。在执行计划之前，产业分析可还以协助企业再次判断议题的重要性，对于未来是否具有冲击力，如果答案是肯定的，那么公司就值得进一步投入资源，来执行信息搜集的计划。

（二）信息来源（Source）

公司执行信息搜集计划，主要应用两种方法向各类数据来源（Source）搜集情报，一是初级资料研究（Primary Research），二是次级资料研究（Secondary Research）。

所谓初级资料，就是第一手的数据。研究者可以通过人员访问、问卷调查、电话调查、小范围调查、展览会场观摩等方法进行初级数据的搜集，每一种方法都有其优缺点和应用诀窍。

以"人员访问"为例，情报搜集者要有记者的特质。对于专家或企业负责人所发表的意见有疑问，要具备能够当面问出来、向他们请教的能力。同时，也必须与受访者建立良好的关系，才能够有机会获得深度的情报。日本知名的顾问公司野村综合研究所（NRI）对这种调查方法，制订了"三七"原则，在访谈过程中，访问者必须是问三给七。访问者在访谈过程中也要有付出，让受访者感觉从访谈过程得到回馈，这样，受访者才会乐意不断地交流。

所以，凡是过于基本的问题，或是自己就能够找到答案的问题，就不适合在访谈中提出，否则所提出的问题会出现轻重大小不分，不但虚耗时间，也会让受访者感到不悦，甚至会影响访谈资料内容的搜集。要避免这样的情形发生，就要在面对受访者前，将功课做足，把背景资料全部都读过。

再以"电话调查"和"邮寄问卷"为例，访问者提出的问题越简易，访问就越容易。所以在设计调查问题时，必须在能够获得所需要的分析数据的前提下，尽量把问题设计得让受访者能够以最轻松的方式阅读、理解、认知。如果能够在电话调查前就将提问内容让受访者浏览，还能产生事半功倍的成效。通常邮寄问卷的数据搜集方式，回收率只有2%~3%，回收的比例和问卷长度经常是成反比的。通过适当的催收则可能将回收率提升到10%~15%，但是如果要提升到50%，则往往要花费较多的催收人力。

小群体调查是个值得推荐的方法。一般而言，从问卷调查所取得的数据内容往往不够精确，深度也不足，再通过小群体调查（Focus Group）则可以弥补此方面的不足。小群体访谈在使用者调查中经常被使用，主要是邀请7至12位具有代表性的受访者，聚集在一起共同讨论议题的方法。

小群体调查的主要功能，在于提供产品改良或开发的创意，并可据此来了解潜在客户或现有用户对产品功能、价格或设计的意见。访谈者可以根据市场区域选定适合的对象，不论是意见领袖（Opinion Leader）、重度使用者（Heavy User）还是先驱者（Pioneer），都可以对产品提供意见。此方法的主要优点，是讨论过程中可激荡出不同的创意，而且由于受访者具有代表性，可作为产品改良或市场策略拟定的重要参考。

小群体调查也有使用上的限制。主要缺点首先就是成本较高，需要准备场地、安排座位、支付费用等；其次是邀请参加的成员要具有代表性，否则所归纳得出结果的可用价值就不高；再次就是讨论的主持人必须要有经验，除了营造气氛及带领讨论外，还要能够让这个过程处于相当融洽且热烈的环境中，最后尤其需要让所有参与的人都能畅所欲言，而且不能误导参与者的讨论方向。

在产业研究过程中，参观展览会活动是得到第一手情报的重要方法。在展览会场中可获得多方面的情报，包括客户情报（客户态度、客户需求、市场趋势）、产品情报（产品趋势、技术趋势、价格走势）、竞争者情报（营销策略、产品策略、推广策略、定价策略）。而且许多产业中的参与者经常会参加展览会活动，包括使用者、潜在使用者、竞争者、上中游供货商、经销商等，研究员可以利用这个机会进行厂商访谈、用户调查或产品数据搜集等工作。

参观展览会场的经验显示，参观展览可以学到新产品的定义，了解竞争者是否有策略的改变、有无任何价格层面的改变、有无重量级的新公司出现，获得最近产业上的各种资料、找到产业的领导者等信息。特别是在展览会场中所举办的产品、市场、或技术趋势演讲或研讨会，更是搜集信息的好时机。

一般而言，受资源与时间的限制，大部分的公司经常运用次级资料来协助决策，这些次级数据包括文献、期刊、杂志、研究报告、互联网搜索等。搜集次级数据，最好能建立一个数据库，把所有的次级数据做适当的分类。以牡丹电子集团为例，为企业提供情报与竞争策略分析是目前的一项主要工作，因此经常需要在事件发生的第一时间，立刻进行多角度的评估与分析。牡丹集团之所以能够快速地提供情报服务，就是有赖于平常不断地搜集、累积与整理分类资料，信息内容包括产品、技术、市场、竞争等方面。

因此对企业而言，平常就应该建立专属的产业情报数据库。把所属产业领域的各类情报，做成一份完整的目录索引，准确地将平日从各种渠道搜集的产业数据的存放位置加以记录，从而能够在最短的时间取得资料。其他如公司信息、产品数据、网站内容或期刊，也都同样需要建立目录索引，以便在必要时知道可以从何处取得正确的情报信息。

一般来说，运用次级资料时，第一必须考虑研究信息的来源、数据出版的目的、数据的质量、计量单位、分类定义、搜集数据的方法、出版日期等方面，第二要考虑次级资料与决策需要的符合程度。

如前文所述，在产业信息搜集过程中，次级资料的搜集经常扮演相当重要的角色，但是次级资料有先天的限制。Robert W.Joselyn 曾提出一个如何使用次级资料的流程，可以作为使用次级资料的参考（见图1-3）。

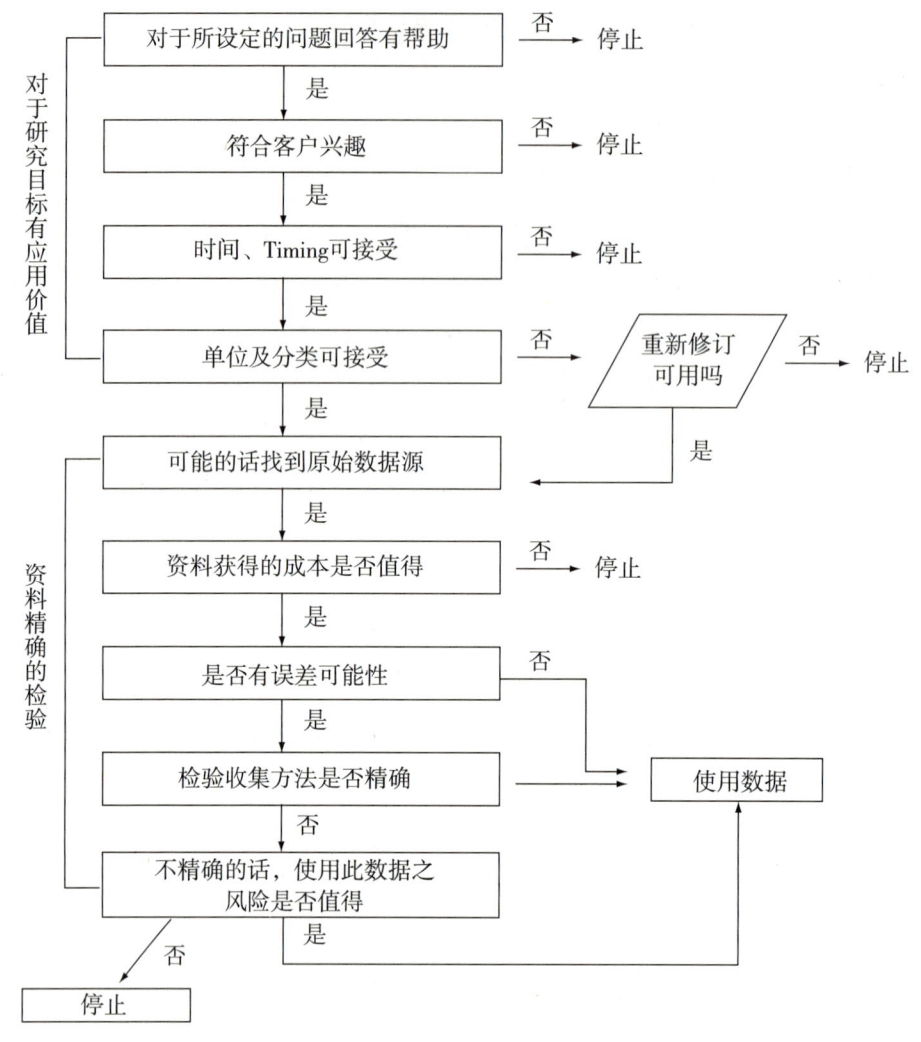

```
对于研究目标有应用价值 ┌─ 对于所设定的问题回答有帮助 ─否→ 停止
                    │         │是
                    ├─ 符合客户兴趣 ─否→ 停止
                    │         │是
                    ├─ 时间、Timing可接受 ─否→ 停止
                    │         │是
                    └─ 单位及分类可接受 ─否→ 重新修订可用吗 ─否→ 停止
                              │是                    │是
资料精确的检验 ┌─ 可能的话找到原始数据源 ←───────────┘
            │         │是
            ├─ 资料获得的成本是否值得 ─否→ 停止
            │         │是
            ├─ 是否有误差可能性 ─否────────┐
            │         │是                │
            ├─ 检验收集方法是否精确 ──────→ 使用数据
            │         │否                ↑
            └─ 不精确的话，使用此数据之    │
              风险是否值得 ─是───────────┘
                        │否
                      停止
```

图 1-3　次级资料使用流程图

（三）产业变量（Variable）

经过修正、验证、分类整理后的信息，即可成为产业变量并进行判读和解析。所谓的产业变量可分为市场参数（Parameter）与分析模型（Model）两类。

1. 市场参数（Parameter）

所谓参数是指单纯的市场变量，如价格、市场规模、产品替换率、产品生命周期等，属于较为单纯的决策需求，可以通过参数的搜集与解读来协助策略的制订。比如，一家汽车厂为了制订公司新年度的运营目标，必须搜集新年度该产品的市场规模参数，作为设定目标的依据。若市场规模为50万辆，公司就可依参数来决定新的年度在此市场上的占有率，积极的决策者或许订20%，保守的决策者可能订10%，不论最后的目标值设定为多少，公司都可以依据此目标，制订为了达成此目标所需要的生产、营销、研发等运营策略。

再以产品生命周期为例，所谓的产品生命周期，指的是产品在市场上的发展阶段，跟人的一生很类似，也有所谓的初生、少年、青壮、老年及死亡等阶段。企业不能期望所推出的产品永远畅销，就好像我们无法期待自己永远健康有活力，因为产品所面对的市场将随着时间的推移而发生变化，这种变化会让产品经历所谓萌芽、成长、成熟与衰退的过程，最后退出市场，就如生物的生命历程一样，所以称之为产品生命周期。

一般典型的产品生命周期可分为"萌芽期、成长期、成熟期、衰退期"四个阶段。产品推出市场，会率先进入所谓的萌芽期，此时顾客对产品还不了解，除了少数追求新奇或对技术狂热的顾客外，几乎很少人会购买该产品。此阶段顾客注重的是基本需求，重视功能或实用性，而且需要市场教育，才能让顾客了解接受。由于成本不低，产品销售量不高，此时企业通常处于亏损阶段。

产品进入成长期后，市场需求快速增长，市场规模迅速扩大。一般而言，此阶段企业的生产成本，由于规模经济的释放而大幅降低，因此开始获利。不过为了扩大市场占有率，巩固顾客忠诚度，此阶段需要对品牌形象及相关营销与渠道的大量投资。随着产品逐渐渗透至各类消费者区域，市场开始呈现饱和，产品进入所谓成熟期的阶段。此时，销售额增长速度放缓，甚至趋于停滞，而且由于竞争加剧，导致广告费用再度提升，价格战一触即发，因此利润又再度开始下滑。

最后，随着科技的持续发展，新产品与替代品出现、消费习惯改变等因素，使得产品销售量与利润持续下降，产品因此进入衰退期。此时成本较高的企业就会由于无利可图而陆续停止生产，该类产品的生命周期也就陆续结束至完全撤出市场。当然，也有部分企业因能够及早规划而延长了产品生命周期，或是通过产品功能、目标市场的改变而重新赋予产品新的生命力。

这个市场参数说明，首先，产品的生命是有限的，企业必须未雨绸缪；其次，产品的发展历程会经过不同的市场增长速度，此时所对应的营销4P策略（产品、定价、推广、渠道）也将有所不同；最后，产品生命周期在各阶段所呈现的产业结构截然不同，竞争的本质也大不相同，这对经营者在组织上的调整是一种很大的挑战。

2. 分析模型（Model）

所谓模型，是指产业或市场分析工具，如 SWOT 分析、五力分析、价值链分析等。有些较复杂的企业决策，单纯的参数无法提供足够的参考，因此需要搜集较多的参数，再导入分析模型中进行分析解读。例如要并购一家公司，或者投入新市场，就需要借助产业分析模型来辅助判断。

以五力分析模型为例，此模型对商学院的人来说，耳熟能详。它是由迈克尔·波特（Michael E. Porter）于 1980 年在《竞争策略》一书中提出的。由于深具实务操作价值，很快就在全球各地掀起风潮，不仅在学术界引起热烈的讨论，更在产业界受到广泛的欢迎，许多跨国公司的全球策略都受到该理论一定的影响。

（四）策略研究（Strategy）

企业为适应竞争者的挑战，所进行的策略规划，统称为"竞争策略"。而此类竞争策略的规划层次上，由小而大，大致可区分为下列四种层次。

（1）产品策略（Product Strategy）指产品的经营者，针对特定产品或服务，以市场的存续为目标，所制订的策略规划。

（2）业务单元策略（Business Unit Strategy）指特定业务单元，针对旗下相关产品线，以产业竞争胜出为目标，所制订的策略规划。

（3）企业总体策略（Corporate Strategy）指企业总部，针对旗下多元化经营的业务单元，以资源分配的效益与互补综合效益的发挥为前提，所制订的策略规划。

（4）网络定位策略（Networking Strategy）指企业内的各层级，为支持上述各层级的业务，而与外界各企业、组织或个体，以维系相互关系的网络为前提，所制订的策略规划。

产业信息经过分析与解析之后，就可以依据信息内容来拟定策略。例如竞争者突然宣布降价，在公司搜集内外部信息之后，充分掌握竞争者降价的动机与幅度，以及可能对市场产生的冲击，甚至包括对使用者的吸引力，或者对本身产品占有率的负面影响等信息后，再根据这些制订相关的反击策略。此外，若企业想要买下另外一家公司，就需要一些相关的参考信息，经过产业前景、产品竞争力等各种市场参数的搜集，以及模型的分析（如五力分析）之后，决策者就能够较有把握的决定，是要购买或放弃。

（五）战术拟定与执行（Action）

基于已经确定的策略，公司再来拟定相关的战术和行动。如面对竞争者的降价行动，内部经过分析之后，在策略上决定要全面反击，则反击行动的制订与执行，就是这个阶段需要进行的工作。

三、产业分析应具备的技巧与特质

（一）产业分析的基本技巧

（1）带着问题找答案。产业分析除了结论与建议要考虑周详之外，信息掌握的时效性尤其重要，为了在有限时间内，有效地找出问题的症结、制订出可能的策略建议，就必须带着问题去探寻答案，才能达到事半功倍的效果。

（2）广布人脉网络。产业分析面临的问题，往往非一己之力能够完成，所以平时就应建立完整的互联网与产业人脉情报系统。

（3）零散资料窥全貌。产业分析过程中，资料搜集不会像想象的那样顺利而完整，如何通过有限的数据或观察到的蛛丝马迹来拼凑事件的全貌，找到主导发展的核心要素，是必须具备的基本技巧。

（4）积极创新推模型。产业分析面临的产业问题，未必有一定合适的分析模型来应用，产业分析人员应积极主动地尝试建立新模型、创新推论。即使初期模型可能有许多需要修正之处，但对产业决策仍将会有很高的参考价值。

（5）第一时间给情报。情报的价值几乎与时间平方成反比，如何在掌握信息的第一时间将信息扩散到需要该信息的人，是产业研究必备的本领。

（二）产业分析应具备的特质

（1）敏锐的数字观念。产业分析人员对数字应该相当敏感，市场规模、产销现况与发展、金额、数量、各国经济情况、相关指标及统计数据或者指标与指标彼此间的关系都应保持相当高的敏感度，才能在必要的时候做出准确的判断。

（2）灵敏的动态嗅觉。产业分析人员应对产业及市场的动态，有灵敏的知觉及洞察力，才能对大环境及趋势的发展脉动有所掌握。

（3）精博的产业技术。产业分析人员除了需要精通所关心产业领域知识及分析技术之外，还需要广泛涉猎社会、经济、政治及科技等领域的知识，以便能触类旁通，提升分析及洞察的视野。

（4）紧密的人脉网络。拥有完整且反应迅速的产业人脉网络对于产业分析工作相当重要，不管是信息收集、事件查证、冲击分析、策略建议等，都能使分析人员达到事半功倍之效。

（5）精确的逻辑分析。产业分析人员需要常常分析问题的背景、成因、未来发展脉络及对产业的影响及冲击，若想对这些问题有正确且深入的分析，拥有精确的逻辑分析能力应是最重要的关键能力。

（6）优越的表达能力。此处所指的表达能力包括口语表达及书面表达。即使产业研究做得再好，若无法辅以卓越的表达能力，将使研究成果的影响力度大打折扣。而且一个成功的报告，不只是研究成果的精彩，报告前的充分准备，报告过程中的口语及肢体表达，也都是影响报告效果的重要因素。

四、产业分析的成败关键

产业分析的过程与目的主要在于对产业的结构、产业的市场与生命周期、竞争态势、发展趋势、价值链以及产业关键成功要素进行了解探讨，借由理论模型的分析结果，全面且精确地解读产业内的各个竞争者，进而提升企业的竞争力。因此，产业分析的成败关键，在于对收集到的信息、资料与情报，进行分析、判读、推论与预测。现在分别说明如下。

（一）资料分析与判读

资料收集后需要进一步的处理与分析才能使用，这包括样本数据的查验、选取、编码与归类及统计分析。就资料统计判别与解析而言，包括统计工具、抽样方法、样本数据的分类与分析、图表制作、数据判读、事件的解读、信息的解释及分析等。在产业分析上，除了统计判别与解析外，最重要的是判读数据背后隐藏的数据不准确性。媒体报道存在厂商利益纠葛及欺骗动机；直接访谈则普遍会有商业竞争（例如受访者会认为竞争厂商的产品竞争力不足）及争功诿过（受访者会认为公司成功的关键与他息息相关）的情况。这些都是产业分析过程中，资料的搜集与判读应该多加小心的地方。

因此，资料信息在被解释的过程中，信息解读者应从不同交换立场或从不同角度切入来分析问题。例如某一个资料信息可以从厂商经营的角度来思考，也可以从政府产业政策的角度来判断，当然也可以从产业上中下游的不同角色或地位来分析。若信息判读者是一般厂商，在分析事件时也应从不同角度、立场来说明。例如从客户的角度、客户的客户或是客户的老板的角度来分析诠释，如此内容才能更为周全。

数据取得并加以判读后，就可将所得的数据加以分类归档，以便未来做推论及预测之用。分类归档的方式，可依所关心的产业本身厂商的信息、上游关键零部件、下游客户、潜在竞争者、替代性产品产业、替代性产品/产业上游关键零部件、产业发展环境等加以分类。

（二）推论

推论与预测是产业分析研究回答问题最为关键的地方，因为要对现在发生的产业现象提出解释，并对未来可能的竞争动态或趋势演变提出观点。

就产业面的发展，以竞争策略相关的分析模型最为重要。常用的模型可以分为三个层次来探讨：生态层次、产业层次及企业层次。基本上，生态层次从宏观的视野谈产业发展；产业层次从竞争、合作的观点谈策略；企业层次从核心资源的竞争谈优势。

生态层次的观点强调是从超然的视野来观察产业的发展，像个产业历史学家一样，以"长时间、宽视野、远距离"的角度看未来的发展，并从中寻找策略点。其主要的论点有二：物种的诞生与灭亡、适者生存。物种的诞生与灭亡，看的是产业族群势力的消长（如晶体管到半导体、映像管到液晶显示器），并在其间选择进入与退出产业的时机；适者生存，看的是产业中个别厂商的竞争力来自配合环境演化，每一个时间具备竞争力的厂商，其竞争力来自产业发展环境的配合（例如戴尔PC利用互联网抢占市场）。这个层次相关的产业分析模型主要为产业族群生态理论、BCG模型、产品生命周期模型、技术生命周期模型等。

企业层次的观点强调以效率的方式建立竞争力并获取利润。其具体的来源包括：规模经济（来自生产、采购、广告、研发、管理等）、经验曲线（来自学习效果、科技进步、产品改善）、范畴经济（来自销售渠道、设备、管理）等。

（三）预测

预测是为了掌握市场机会与产业策略转折点，以便能抓准机会与危机的时间点，并作为发展策略的决策依据。预测分为市场预测与技术预测，两者虽然同为预测，但由于目标物主体的不同，有相当大的差异。市场预测的关键在于社会、经济、政治的发展及消费者习性的改变；技术预测的关键在于技术成熟度的评估及商业化的可行性。

从预测的方法来看，市场预测的方法主要分为定性与定量两种。定性的方法包括经验判断法、专家意见法、销售人员意见法、市场试销法。定量的方法包括时间序列法、因果关系法等。

技术预测的主要方法则分列如下。

（1）直觉预测法（Intuitive Forecasting）。包括委员会法（Committee）、德尔菲法（Delphi）、名义团体技术（NGT; Nominal Group Technique）。

（2）趋势外推法（Trend Extrapolation）。包括基本技术（Basic Techniques）、成长曲线（Growth Curve）。

（3）形态分析法（Morphological Analysis）。

（4）目标导向预测（Goal Oriented Forecasting）。包括关系树分析（Relevance Tree Analysis）、任务流程分析（Mission Flow Analysis）。

（5）专利分析法（Patent Analysis）。

（6）动态模型法（Dynamic Modeling）。

（7）情境分析法（Scenarios）。

五、产业分析最重要的工作——企业竞争力分析

产业分析是指针对一群提供相似产品（服务）的供应者的分析。因此，凡是供应者的行为及内涵都将是分析素材的一部分，如产品、技术、生产制造、营销、客户、产业政策等，都是产业分析所应涉及的素材。

在进行产业分析时，再运用前述所收集的素材，进一步针对产业的结构、产业的市场与生命周期、竞争态势、发展趋势、价值链以及产业关键成功要素进行了解探讨，借由理论模型的分析结果，全面且精确地解读产业内的各个竞争者，进而提

升企业的竞争力。

所以说，产业分析的主要功能就在于"提升企业运营决策的质量"。

工欲善其事，必先利其器。要提升企业运营决策的质量，就需进行产业分析最重要的一环，即企业竞争力分析。因为，产业分析最重要的工作之一，就是把企业放进环境中考虑，并使企业在产业中找出有力的竞争位置。

所谓竞争力，是一种相对的指标，需透过竞争比较后才可表现出来的。要测定竞争力需要确定一个测定目标时间。要评价竞争力，需要确定一个比较竞争力的群体，根据目标时间在竞争群体中的表现评价它。

所以，企业竞争力分析是指通过产业、产品、企业三层面的探讨，针对一群提供相似产品或服务的供应者所提供的技术、产品、服务，相互间竞争，以及与其相关的上下游供应链与需求链，进行分析，再配合运用五力分析、SWOT分析等理论模型，以明确认知该企业的核心竞争力。

因此，若能善用企业竞争力分析架构，无论是确立研究主题、厘清主题报告架构乃至信息收集皆有事半功倍的效果。

六、产业分析的效益

（一）行业的规模与前景

从事产业分析的研究团体、机构、企业和分析师，已经自然形成一个产业分析服务业，产业分析服务业主要的工作在于宏观经济与微观经济数据的收集、分析、处理与沟通，其范围包括国际形势与国家政策对产业的影响，市场供应与需求分析与预测、技术发展变化，以及产业价值链分析。

根据专门从事产业研究服务的国际性组织 ESOMAR 所发布的数据，全球产业分析服务市场的规模随着历年经济增长而增长，在 1998 年时产业分析服务市场规模仅有 135 亿美元，1999 年增长率达到 8.3%，随着经济不景气，虽然增长率下降但仍维持正增长，2001 年时即达 158.9 亿美元，2002 年在经济复苏曙光初现下，增长率超越经济增长率而达到 4.5%，市场规模也扩充至 166 亿美元，平均每年仍维持在 5% 左右的增长率。2014 年的市场规模已达 438.61 亿美元。

根据 ESOMAR 的数据分析，北美地区市场规模一直保持正增长的态势，并在

2001年成为产业分析服务的主要市场，其规模达65.77亿美元，而欧洲则居于第二大的区域市场，市场规模达63.16亿美元。不过，2002年欧洲地区由于遭受经济冲击幅度小于北美地区，所以欧洲市场快速增长并超越北美而成为全球最大的区域市场，其规模达到68.2亿美元。

发展至今，北美与欧洲的市场规模依然占比最多，达到全球约80%，规模达到351亿美元，其中美国占到全球42%，仍是全球第一。亚太地区只有14%，市场规模达61亿美元。其中中国占全球4%，市场规模达17.8亿美元。

（二）成果与效益

符合竞争环境的要求，创造企业的竞争优势，这正是企业可以短期内在产业中立足，并获得竞争胜利的关键要点。产业分析的主要功能在于提升企业运营决策的质量，如果能再加上五力分析模型，则可明确认知该企业的核心竞争力。因此，以增强企业竞争力为目标的"企业竞争分析与决策辅助系统"，是十分必要和必需的。也就是说，该系统是一套智能化的企业竞争分析决策平台，提供谋划企业成长的策略武器，达到协助企业提升竞争力、据此提升整体决策绩效和质量的目的。

"企业竞争分析与决策辅助系统"也称"企业竞争力分析系统"，将分别从总体环境分析、产业竞争分析、企业行为分析三大角度进行剖析，根据舆情系统的信息并套用五力分析模型，以确保企业主及相关管理人员在面对环境及竞争分析时，能够获得更有效的信息参考为目标，提升整体决策的绩效和质量。因此，"企业竞争力分析系统"即是通过产业、产品、企业三层面的相辅相成，针对一群提供相似产品或服务的供应者所提供的技术、产品、服务，相互间竞争，以及与其相关的上下游供应链与需求链，进行分析、掌握产业动态，解析问题背后的细微信息，再加上个案演练与顾问指导，通过理论与实务的交互演练，推导出具有合理性与可行性的策略，提升职业经理人的洞察能力与决策质量（见图1-4）。

因此，企业竞争力分析系统，提供团队与组织解析产业所需要的模型架构与方法论，经过理论与实务的交互演练，提升职业经理人的决策能力，协助团队快速学习实用的知识与技能，增进洞察能力，掌握产业动态，解析问题背后的细微信息。

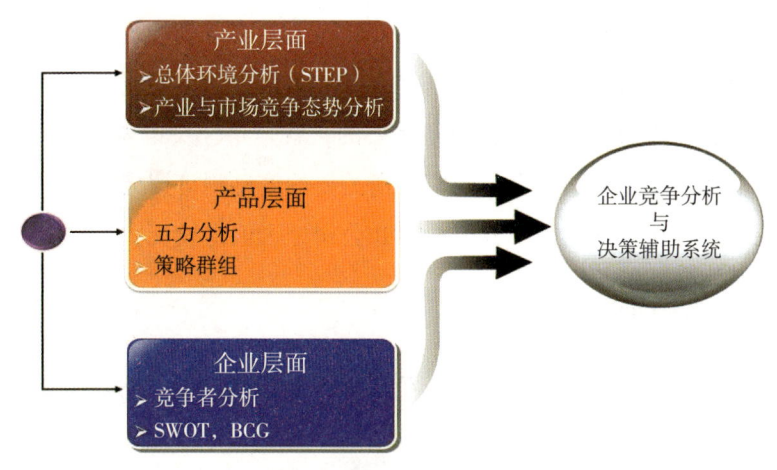

图 1-4 企业竞争力分析系统以三个层面来相辅相成

（三）企业竞争力分析系统的效益

在实际操作中，企业竞争力分析系统可带来如下效益。

（1）观测产业环境的变化，来解读环境变化并预知市场需求的改变。

（2）解析竞争对手的动向、观测替代产品的威胁，来随时掌握竞争动态。

（3）延伸企业核心能力，拓展既有市场或切入新市场，来探寻成长机会。

（4）拓展学习者前瞻视野与经营智慧，规划企业中长期的发展蓝图。

（5）培养内部产业分析人才，掌握市场状况，分析清楚竞争态势。

（6）培育产业分析与经营投资的洞察力，来提高企业的获利能力。

（7）建立企业中长期运营规划能力，来引导正确运营方向。

（8）分析产业信息，正确响应产业瞬息万变情势。

（9）掌握企业转型的契机，拟定中长期运营规划，制订发展策略。

七、案例与研究分析

以实际的产业案例来说明 ISVSA 方法的应用。

A 公司为从事电子信息产品的企业，该公司董事长在某次创新创业国际论坛中，得知在德国致力于研发物联网（IoT）技术的 B 公司正寻找策略伙伴，产生了想投资这家公司的兴趣，并想评估此投资案的可行性。

案例解析：以 ISVSA 模型来分析，A 公司正面临一个议题（Issue），这个议题的决策需求为"是否要投资从事物联网开发的 B 公司"？为了协助判断是否应该投资这家公司，要思考哪些产业信息是重要的，就是将"决策需求"转化为"产业信息需要（Intelligence needs）"，再根据所需要的信息制订搜集计划。

一般而言，可从以下的几个方面观察 B 公司是否值得投资。

（一）企业所处产业的市场前景

要了解企业所处产业的市场前景，可以从产品生命周期、市场规模、未来年复合增长率、供应链成熟度、累积装置量、政策支持度等方面加以观察，这是 A 公司必须搜集的情报内容。

（二）公司拥有的产品或技术能力

公司拥有的产品或技术能力，包括产品开发与系统整合的技术能力与经验、工程能力、技术与产品或系统专利、新产品及新服务推出能力、研发投入、整合能力深度与管理等。如果该产业前景好，公司的产品或技术能力不理想，也很难在市场上与其他公司竞争。因此，A 公司如果想投资 B 公司，就要对该公司的技术能力与投入进行更深入的了解。

（三）经营管理团队的实力

经营管理团队的实力包括高层主管、中层主管的能力与经验，管理团队流动率、明确责任与分工、团队凝聚力、董事会阵容、对市场的响应速度、规划能力等。从实际观察中得知，公司的成败主要取决于领导团队，因此投资公司应对经营团队的实力进行审慎的评估。

（四）企业的财务规划

财务规划内容包括财务架构、偿债能力、经营能力、获利能力、现金流量及特定分析，如生产性分析、盈亏平衡点、资金分析等。多数刚成立公司的财务规划，多半是基于市场与产品竞争力的假设，这部分也需要评估其合理性。

该案例的信息需求包括公司所处产业的市场前景、公司拥有的产品或技术能力、经营管理团队的实力、企业的财务规划等四个方面，每个方面都涵盖许多的变量。A 公司就依据这四方面着手拟定产业信息搜集计划，并根据不同信息的特质，选择不同的信息来源（Source）进行搜集。通过各种信息来源获得相关的信息之后，将这些信息放入产业变量（Variable）中分析，就此案例而言，可以运用企业竞争力分析模型－五力分析作为辅助决策的工具，经过资料搜集分析评估之后，再做出是否投资 B 公司的策略（Strategy），并根据此策略方向采取相关的行动（Action），如应该投资多少，如何进行投资等相关细节。

第二章　企业竞争力分析的逻辑思考

产业分析的目的在于企业必须对所处的产业进行分析，掌握环境的变化及竞争者的行动，使所拟定的策略更具合理性与可行性，从而提升竞争力。而企业竞争力分析可以让企业决策者借由产业分析的结果，运用竞争力分析模型，如SWOT分析、五力分析、价值链分析等，来分析企业本身与竞争者的实力消长，以进一步拟订竞争策略。

因此，进行企业竞争力分析工作时，除具备产业相关知识和产业分析技巧外，最重要的能力莫过于逻辑分析。所谓逻辑分析能力，就是能够在找到研究问题后，再进一步解析回答问题的架构，并且不断地进行有效推论，直到最后获得结论为止的能力。选出适当的产业研究题目是相当不容易的事，除必须对产业本身有深入的观察外，还要深切地了解产业界的需要与问题，再根据产业界的需要与其所面对的问题来进行研究，才能算是一个好的产业研究。当研究者拟定研究题目后，还必须能够根据题目来解析题目的架构。

拟定题目架构有两个目的。第一，审视后续所要研究的内容是否可以完全回答研究问题，如果这个研究架构并不能清楚地回答所选择的研究问题，那这个题目架构就不是好的架构，必须重新拟定；第二，如果所拟定的研究架构是清楚且完整的，其后的研究就可以完全依照所设定的架构进行，直到研究完成为止，即使在研究过程中需要调整部分内容，也只能够进行小幅度的调整。当题目架构已经被清楚拟定后，研究者要能够进行有效的逻辑论述，也就是在每一个段落叙述中，要清楚地从各项前提来推导段落的结论，而前一段落的结论，又将成为下一段落的前提，并协助推导出下一段落的结论，直到最后的结论全部被推导出来为止。而每一段落的推论是否能够深入而扎实，就在于每个步骤的具体分析与归纳，所谓具体分析，就是能够从所搜集的数据中，找出其所代表的意义与结果，再从许多资料所呈现的意义与结果中，充分支持与说明我们所要达成的结论，这就是归纳的能力。当进行有效的论证与具体分析及归纳后，就可以清楚地提出最后的研究结论。若此项研究有清楚的报告对象，研究者还可以从结论中提出进一步的可行方案供读者参考，就是所谓的策略建议。

一、研究主题的选择

（一）研究主题的特质

研究刚开始时最重要部分就是研究主题的选择，研究主题都有以下几个特质，任何一个研究者在进行研究时，务必要随时审视这些特质。第一，确认你的读者是谁。要了解是谁会看这份研究报告，你的研究要针对读者的需要，如此才能吸引读者阅读。研究者必须要确认所研究的内容，是针对哪些层级的读者，同时确保你的研究内容是读者关注的焦点。第二，研究主题要有冲击力，也就是要能够解决不确定性高且影响力大的问题。例如"研究不同消费者对智能穿戴装置功能需求的差异"，这个问题的冲击力较小，而且对厂商而言，可能也不会认为是个重要的研究。若改为"研究未来人类生活模式对智能穿戴装置功能的需求"，则符合不确定性高的原则，研究结果的冲击力也较大。第三，研究主题要具备分析意义和内涵，若研究仅止于搜集和解释数据，数据整理的内容对读者的帮助不大，读者需要了解资料内容，是否可以反映出更深入的讯息。例如，从消费者的消费数据内容，推导出未来可能的产品趋势、技术趋势，或由市场营收的资料内容，分析出各种竞争的情形并提出各种竞争策略。许多研究者在刚开始进行产业分析时，就想要解决很大的问题。例如，想要发现整体产业未来的趋势并提出策略，殊不知，很多研究题目并非凭个人能力就可以解决，有时会受限于资源与时间，而且太大的题目也不容易聚焦，最后所得到的结论也会由于一般性的结论而不够深入，对于读者的帮助不大。真正好的研究是要小题大做，选定一个主题后，聚焦且深入地进行探讨，发现别人没有发现的答案，这才算是好的研究，其价值与贡献也会较为具体。

（二）研究主题与研究问题的确认

虽然要探讨研究主题的选择，但精确地说，其实是在探讨研究问题的确定与否。研究者在选定某研究主题后，就必须更进一步地定义研究问题。例如要研究"顾客关系管理系统"，那就必须先确认是要研究"顾客关系管理系统如何提升企业竞争优势"，还是研究"如何建立顾客关系管理系统"。虽然都是在相同的研究主题下，但所面对的研究问题是不一样的。所以，一旦确定研究主题或研究方向后，就要能明确地叙述所要进行的研究问题是什么，研究问题最好能够以疑问句的形式写下来，如此研究问题才能被明确表达，同时也可以让最后的研究结论再重新验证研究问题，审视研究结论是否回答了研究问题，如果结论没有明确的回答问题，研究者就必须再重新审视，是问题错了呢？还是结论有问题？当确定研究主题后，紧接着就要自问，是谁会有这些问题？他们真的会有这些问题吗？也就是说，所拟定的研究问题确实是值得去考虑的吗？如果你无法找到是谁会有这些问题，或这些问题的解答也不是很重要时，那这个研究问题就不太适合进行了，因为即使有研究结果，也不会有太多人重视，同时对产业的帮助也不大。

当研究问题确定后，紧接着就要探讨研究问题，产生"问题够清楚吗""有探讨到问题核心吗"的疑问。例如，要探讨软件产业为什么萎靡不振的问题，一般会直接想到的是市场或仿冒的问题，但如果再深入点探讨就会发现，可能是软件业对行业别的领域不够专业，以及本身程序与能力发展的问题，所以如果始终围绕着软件业市场问题探讨，就可能会产生没有真正探讨到核心的疑虑。在拟定研究问题时，也要考虑问题被提出的情境，有时候读者在看研究报告时，不一定会清楚你所探讨问题的背景，不同的背景会有不同的问题，因此，一定要清楚描述你所要探讨问题的背景，研究才会有意义。

还要审视问题本身是否合乎逻辑。例如，我国的电子产业报告以观察国内市场居多，因此，探讨电子产业的发展，就一定要探讨国际产业的趋势，如果要以国内市场的状况来观察国际产业的发展，那就犯了逻辑上的错误，因为前提和结论根本是不相关的。若研究者在拟定研究问题时，能够先自行回答这些问题，未来所拟定的研究问题就会是较好的研究问题。

（三）发现研究问题

要如何发现研究问题？一般而言，没有一定的方法和架构可协助研究者发现问题，除了一般研究机构定期性的研究主题外，许多的研究问题均来自研究者对产业的深入了解与观察，研究者对产业的深入了解，则来自研究者平常的大量阅读，包括研究报告、书籍、报纸与杂志。此外，不断与客户接触、了解客户的问题与需求，也是寻找好研究问题的不二法门，只是一般研究者不喜欢经常性地拜访厂商，因此也容易形成闭门造车的情形。研究问题的发现有时会来自研究者之间的经常性讨论，因为研究者对产业都具有一定程度的了解，在讨论过程中，就容易激发不同的想法，创造出新的议题。所以，研究者应该要不吝于和同仁分享想法，同时在分享的过程中，也吸收了其他同人的经验与知识，这是个不错的知识转移与传递的方式，也同时产生知识创造的效果。最后，研究者还要不断地观察产业现况与趋势的变化，从观察中察觉有哪些问题一直得不到解决、从观察中察觉有哪些技术正在变化、从观察中察觉有哪些趋势正在形成。这些模糊点，正是研究者所能着力的地方。在确定研究主题之后，还有个研究者经常会忽略的问题，就是研究者所站的立场是什么？你是站在消费者的立场还是厂商的立场？你是站在政府的立场还是人民的立场？你是站在经营者的立场还是站在员工的立场？有一些研究报告时常会让读者分不清研究者的立场，这样的报告就会令读者无所适从。研究者还要注意的是，题目与时间的关系及题目与特殊事件的关系，不同的时间点会有不同的问题，甚至不同的解答，而特定事件也会有特定的解决方案，这些都是研究者在研究主题选定时就要确定的内容，同时也是要在开始说明研究报告前就要先交代清楚的内容。

前面提到，确定研究问题时也要确定读者，不同的读者有不同的需求。例如，对一般高层管理人员而言，主要的需求在于寻找企业运营的商机，因此，他们所重视的是未来趋势、可能会发生的事情以及为什么会发生，在这样的变化下，有什么机会，以及可能产生多少利润等；对中层管理人员而言，研究问题可能较聚焦于执行面，强调解决问题的程序步骤，如何推广与拓展业务，如何解决问题及掌握产品上市的时间等。读者的区别，当然不仅仅是高层管理人员与中层管理人员，研究者可针对本身的观察与了解来设定读者，这些对象可能包括政府单位、可能包括不同产业的高级经理人、也可能是一般消费大众、也可能是某产业的供货商或零售商等，视研究者的研究问题是什么而定。

要发现好的研究问题，需要对产业有深入的了解与观察，否则研究问题容易停留在一般性的讨论，对产业的实质帮助不大。不过，对于初次要进行产业研究的研究者而言，常常感觉产业中的问题很多，可是真正要进行研究时，又不知道该如何找寻研究问题，其实，找寻研究问题可以将产业中的问题分成几个类别，再从这几个类别中寻找具体问题会较为容易。当然，如何将产业划分为若干类别是见仁见智，而研究问题也不一定要限制在某个类别内，不过，在研究问题要小题大做的原则下，从各个类别中找寻研究问题也不失为是一个很好的方法。一般的产业类别可把迈克尔·波特的竞争力分析当成主要的架构，分别为进入障碍、替代品、供货商、购买者及业内竞争。研究者再从每一个类别里寻找可能研究的议题。例如，可以探讨可能的潜在竞争者，潜在竞争者的进入障碍是什么；或可以谈替代性产品与现有产品的优劣比较，也可以谈技术变化与改善可能带来的替代效应等。在某一类别内寻找研究议题比较能够聚焦，而聚焦的研究议题则能够形成较好的研究问题。除了产业本身的类别外，我们也要注意影响产业的外在问题，一般我们可分为总体环境的问题、社会环境的问题及政策的问题。另外，产业中突发的重大事件也是产业分析师可以着力的地方，如果研究者从这几项类别中仔细观察，一定可以发现很好的研究议题。以下将以STEP作为发现问题的依据进行说明并提供案例参考。

二、发现研究主题

研究主题的选择一般是采用STEP分析方法，现就分别针对STEP分析的历史、STEP是什么、四大环境的影响因素及STEP分析的优缺点等加以说明。

（一）STEP分析的历史

STEP最早出现在哈佛学者Francis Aguilar所著的 *Scanning the Business Environment* 一书中，当时称为ETPS，是作者对于四种企业环境因素（经济、科技、政治、社会）的一种简称。该书发行之后，人寿保险协会的Arnold Brown将之称为STEP。之后一些学者及企业人士重新定义为"STEEP分析"，增加了生态因素（Ecological）。

20世纪80年代，许多学者加入了各种不同的分类，而有了PEST、PESTLE、STEEPLE等不同的排列法。由于"Pest"在英文中意指"害虫"，含义负面，因此依然有人沿用"STEP分析"来称呼。

（二）STEP分析是什么

STEP分析指的是组织用来分析外部整体大环境的一种方式，通过分析外部社会（Society）、技术（Technology）、经济（Economic）、政治（Politics）四大方面，帮助了解组织目前及未来的处境，并进一步思考组织的发展策略。

每个企业都必须面对其带来正面或负面影响的内部和外部因素。这些因素可能会刺激组织成长，也有可能会加速组织衰退。因此对于一个企业而言，有效地辨识这些因素不是一个可有可无的选项，而是一个必备的步骤。

一般来说，可能影响企业的内部因素在程度上多少能被控制，但是绝大多数的外部环境因素是企业无从去控制或规避的。然而，企业通过对于这些信息的掌握，就可以降低这些因素可能造成的影响，或是找出合适的应对之策。

分析组织外部环境的做法很多，许多学者提出不同的分析途径与内容，但最经典的做法还是进行 STEP 分析，也就是针对政治、经济、社会和科技等四大环境进行分析和探讨。

此分析工具属于外部的大环境分析，提供不同总体环境因素的综述，能在企业想要进入某地区经营或进行市场研究时，作为了解市场兴衰、自身业务定位、运营前瞻以及方向指引的分析方法论。此方法可以帮助企业有效地了解市场的成长或衰退、企业所处的状况或位置，以及未来发展潜力与运营方向，是一种有效判断趋势的方法。

（三）四大环境的影响因素

STEP 分析的四大环境（见表 2-1）面向是由许多不同的次要因素所构成，这些次要因素结合起来就成为 STEP 分析的具体架构；不同的企业应当依照其产业特质，选择与其相关的次要环境因素。以下列举出一些经常被使用的参考性指标。

表 2-1　STEP 分析的四大环境

社会 Society	技术 Technology	经济 Economic	政治 Politics
城市化程度	技术突破	人口比例	劳动法贸易法规
语言文化	标准形成	劳动力比例	新制度实施
生活形态	关键组件	GDP、CCI、PMI 指数	市场开放时间
公用设施	产品地图	景气循环	政府优惠、奖励或补助措施
教育程度	竞争技术发展	政治形势	贸易政策
消费者态度与意见	研发补助	利率、汇率	国际压力团体
媒体观点	相关技术发展	本国经济发展	政府政策
法律的制定影响社会因素	替代性技术发展	国家基础建设	选举
品牌与公司形象	技术成熟度	特定产业发展要素	跨国关系
消费形态	产能	采购驱动力	外交状况
流行趋势	知识产权	失业率/就业率	恐怖主义
人口统计	专利权	通货膨胀	政治动态
人口增长速度	创新发明	关税	国际政治动态
人口流失或迁入	新能源技术	进出口比例	企业与政府关系
多样化	科技的普及性	消费者信心指数	环境保护法规
移民		信贷宽松程度	产业政策
生活水平		季节性波动	区域协议
居住形态		相关税务规定	
		特殊产品/服务税法	

续表

社会 Society	技术 Technology	经济 Economic	政治 Politics
宗教信仰 种族/族群 人民健康意识 家庭结构 劳动力 伦理道德议题 价值观的转变		市场/贸易周期 油价/原物料价格 消费者保护法规	

资料来源：牡丹集团 IIS 整理，2019 年 3 月。

S 是 Society，指的是社会环境，这一点着重在文化层面。文化是由共同的语言、价值观及生活经验或生活环境的群体所构成，不同的群体有不同的社会态度、喜好和行为，从而表现出不同的市场需求和不同的消费行为等。形成社会环境的要素还包括人口结构、人口分布、教育发展、社会价值、族群文化、宗教信仰、风俗习惯、价值观念、性别角色等。

T 是 Technology，指的是技术环境。技术环境不仅仅包括那些引起革命性变化的发明，还包括与企业生产相关的技术发展变化，像是新材料、新技术、新机器或是新软件的出现、发展趋势以及应用前景。此外，也应该要及时了解以下几个要点：国家对于科技开发的投资与支持重点、该领域技术发展动态和研究开发费用总额、技术转移与技术商品化速度、专利与其保护情况等。

E 是 Economics，指的是经济环境，是指一个国家的经济制度、经济结构、资源状况、经济发展水平以及未来的经济走势等。构成经济环境的关键要素包括国民所得、市场机制、市场需求、生活水平、通货膨胀程度及趋势、失业率、汇率水平、能源供给成本、市场需求状况等。由于企业是处于宏观大环境中的微观个体，经济环境决定和影响其策略的制订，经济全球化还带来了国家之间经济上的相互依赖性，因此企业在决策过程中还需要关注、搜索、监测、预测和评估本国以外其他国家的经济状况。

P 是 Politics，指的是政治环境，是指对组织经营活动具有实际与潜在影响的政治力量和有关的法律、法规等因素。当政治制度与体制、政府对组织所经营业务的态度发生变化时，当政府发布了对企业经营具有约束力的法律、法规时，企业的经营策略必须随之做出调整。法律环境主要包括政府制定的对企业经营具有约束力的法律、法规，如反不正当竞争法、税法、环境保护法以及外贸法规等，政治、法律环境实际上是和经济环境密不可分的一组因素。处于竞争中的企业必须仔细研究一个政府和商业有关的政策，如研究国家的税法、反垄断法以及取消某些管制的决定，同时了解与企业相关的一些国际贸易规则、知识产权法规、劳动保护和社会保障等。这些相关的法律和政策能够影响到各个行业的运作和收益。

（四）STEP 分析的延伸和变体

传统上，STEP 的分析面向在于政治、经济、社会和技术四大环境。随着社会的多元化，越来越多人意识到法律、环境和文化因素的重要性，因此有些学者会加入其他因素一同分析，以期能更全面地帮助企业进行环境扫描。

PESTLE——政治，经济，社会，技术，法律和环境。

SPECTACLES——社会，政治，经济，文化，科技，审美，顾客，法律，环境，部门。

PESTLIED——政治，经济，社会文化，科技，法律，国际，环境，人口统计。

PEST-C——C 代表文化。

SLEEPT-C——社会，法律，经济，环境，政治，科技和文化。

STEEP——社会，科技，经济，环境，政治。

LONGPESTLE——PESTLE 的本地，全国和全球版本。

不同的企业可以依照自身需要，选择合适的项目进行分析。

（五）STEP 和 SWOT 之间的关系和差异

STEP 分析通常用于探索新商机、新事业及市场评估，SWOT 分析则是用来评估某个产业、企业体的内部能力与外部竞争力。

一般来说，SWOT 分析的对象是产业、企业体，而 STEP 评估的对象是市场潜力和趋势，特别是关于成长或衰退，就像是市场吸引力、企业潜力和渠道替代性。换句话说，也就是市场潜力与合适性。

在进行 SWOT 分析之前，先做 STEP 分析是有帮助的，通常不会反过来。因为 STEP 有助于辨识 SWOT 的因素。STEP 分析通常与 SWOT 分析相关，两者之间虽有重叠且具有类似的因素，但它们仍是两种不同的观点。两者的关注点有所不同：① STEP 分析着眼于可能影响决策、市场或潜在新业务的"大局"因素，是从特定主张或企业角度评估包括竞争对手在内的市场。② SWOT 是对于某个企业或产业的评估，无论对象是自身公司或是竞争对手。

策略规划并不是准确无误的科学，没有任何工具是非用不可的，而是要选择最有助于辨别和解释问题的方法。

整体来说，对于越大或越复杂的企业或主张，STEP 会越好用，且越合适。但是即便对象是小型的地区性企业，STEP 分析仍旧可以提供一两个容易被忽略的重要问题。

STEP 四个环境面的重要性会依照企业的类型而有所调整，例如，对于一家消费型企业或者位于供应链尾端、靠近消费者的 B2B 企业而言，社会因素显然具有较高的相关性。然而对于一家全球军火供货商或喷射推进器制造商来说，政治因素就具有较高的相关性。

（六）STEP 分析的优、缺点

一家公司或许拥有关于自身基础建设质量、资金规模以及可用的员工人才的所有信息，但可能并不完全了解其运营或推出的新项目的外部环境。它可以通过 STEP 分析来预测项目或产品的未来前景。

1. STEP 分析的优点

（1）是一种简单好用的分析架构。

（2）帮助组织了解外部环境。

（3）有助于刺激战略思维的构想。

（4）可以提高对于潜在威胁的认识。

（5）可以帮助组织预测未来的困难并采取行动来避免或减少其影响。

（6）可以帮助组织识别和运用机会。

2. STEP 分析的缺点

（1）使用者可能会过于简化这些影响决定的信息。

（2）组织取得优质外部数据的渠道时常受制于有限的时间、人力和经费。

（3）这种分析若要有效，必须定期地进行，但组织有时不愿意为此投入资源。

（4）快速的社会发展可能使这个方法越来越难以预测未来可能影响组织的变化。

（5）大量搜集资料可能有见林不见树的危险，因而导致对数据麻木、难以分析。

（6）STEP 分析只考虑到外在的环境因素，但其结果又需要与其他因素结合，如组织本身、竞争对手以及组织所在的产业。因此势必需要使用其他工具和技术才能涵盖这些范畴。

（七）案例与研究分析

1. 以华为企业的发展为例

华为是一家生产销售通信设备的民营通信科技公司，总部位于广东省深圳市。其产品主要涉及通信网络中的交换网络、传输网络、无线及有线固定接入网络和数据通信网络及无线终端产品，为世界各地通信运营商及专业网络拥有者提供硬件设备、软件、服务和解决方案。

面对社会价值观的转变，政策和外交局势的变化，以及科技的普及化与自动和智慧化的发展。运用 STEP 分析可以帮助华为更周全地辨识四大环境，进而制订出有效的发展策略。

（1）社会 Society。

①人们的生活方式趋向于个性化、休闲化。

②国民教育发展快速，文化普及率逐年升高。

③人们消费习惯由现金支付，改变为手机支付，且贷款人数增加。

④人们视线转向本土品牌，消费者开始关注主打性价比的品牌，而非一味地崇尚奢侈品。

⑤人民收入存在差距，且仍会持续一段时间。

⑥以家庭为单位的消费品需求量增加。

⑦人们越来越注重产品的高效和环保。

（2）科技 Technology。

①科技发展质量提升，产品和服务的成本都提高。

②技术发展速度加快，产品生命周期明显缩短。

③高薪聘请日本、韩国等国，以及中国台湾地区的科技人才进入中国大陆。

④专利申请数量明显上升。根据世界知识产权组织公布的 PCT 国际专利申请量的排名，2016 年世界排名前五名的国家分别是美国、日本、中国、德国、韩国。

⑤2016 年，4G 用户呈现爆炸式增长，全年新增 3.4 亿用户，总数达到 7.7 亿用户

（3）经济 Economic。

①人民币持续升值，将提高华为的海外销售成本，从而降低净利润收入。

②国内地区间的收入和消费习惯差异比较大，东部明显高于其他地区。

③中国国民生产总值持续稳定增长。

④中国就业率逐渐稳定，最低工资持续上涨，社会整体经济转型还未结束。

⑤通信市场容量增长，劳动力及资本输出门槛降低。

⑥物价上涨很快，居民的可支配收入水平持续稳定地快速增长。

（4）政治 Politics。

①中国宏观经济政策的基本取向是积极稳健、审慎灵活，实施积极的财政政策和稳健的货币机制。

②受益于国务院对软件企业的鼓励，新一代信息技术的应用：云计算、物联网、移动互联网、人工智能等新技术和新应用成为软件企业的重点发展方向。

③"十三五"期间，下一代互联网建设、政府信息化的大力投入、农村教育投入的增加、全面的医疗信息化升级，将成为网络市场需求的主要推动力。

④2015年"互联网+"行动计划，推进互联网进入各行各业，促进与各行各业的深度融合。

⑤2016年3月，国务院发布"十三五"规划纲要，明确提出《中国制造2025》：将"新一代信息技术"作为十大重点发展领域之首。

⑥电信运营企业逐步实现政企分开。

2. 以中国台湾农业生物科技产业为例

Y集团的生物科技公司是中国台湾最早投入生物科技领域的集团之一，该集团自1998年开始投入生物科技事业，于2000年成立生物科技公司。以开发有机农业需求的有机肥料、微生物制剂、有机农业作物栽培技术、特殊作物与中草药种苗开发与应用等为发展目标。目前，该集团以经营蔬果宅配、有机食材商店和餐厅为主，是中国台湾种类最多、规模最大的有机蔬果宅配商。

受到中国台湾经济发展及气候变迁影响，以及粮食供需与基因改造议题的出现。同时，伴随种植技术的改进与消费者健康意识的崛起，传统农业已逐步转型为重视永续发展、改善生产效率的绿色农业。Y集团的生物科技公司面对这样的趋势，需要制订新的发展策略。

表 2-2　中国台湾农业生物科技产业 STEP 分析

社会 Society	技术 Technology	经济 Economic	政治 Politics
• 新生活形态：减少化学肥料、化学农药和抗生素的使用，生产无污染、无药物残留的优质农产品 • 人民健康与生活质量意识的提升 • 增加粮食生产，解决粮食短缺问题 • 农村人口老龄化、年轻人外移问题	• 运用电子技术（RFID）及纳米技术至农业生物科技产业 • 发展战略性新兴产业，并利用 LED 技术及半导体 IC 设计，研发新技术运用至生物科技产品开发 • 新兴基因编辑技术如 ZFNs、TALEN 和 CRISPR-Cas 系统，为育种开辟出另一条路 • 网络平台及电子商务的发展打破过去封闭的农业产销链	• 2005 年中国台湾农委会调查发现，台湾农业生物科技产业总产值为 282 亿元，到 2015 年农业生物科技产值将增长一倍 • 实施奖励措施：内容包括应用生物科技生产的产业投资，符合奖励办法规定者可申请租税减免 • 加强知识产权保护：增修订《植物种苗法》《畜牧法》《渔业法》等法规 • 建立优良产品认证体系：辅导厂商建立优良植物种苗、水产种苗及种畜禽的认证体系，以提升全球市场的竞争力	• 中国台湾通过六年期 100 亿元农业科技风险投资计划 • 中国台湾发展"农业生物技术科技计划" • 2004 年中国台湾农委会成立屏东生物科技园区筹备处 • 中国台湾的农业技术是唯一被全球认定为前 12 强的地区 • 2016 年，中国台湾提出《新农业创新推动方案》

资料来源：台湾交通大学，台湾资策会 MIC 整理，2019 年 3 月。

3. 以银行业面对数字金融的发展为例（此案例以 STEEP 分析）

T 银行是中国台湾民营银行，成立于 1990 年，目前与 D 银行、T 票券金融及 T 综合证券共同以股份转换方式设立 "T 金融控股股份有限公司"。T 银行属于中型银行，分行家数约计百家。其财富管理提供的产品服务包含所有台外币存款、金融投资商品、短中长期保险计划、消费性贷款，并搭配税务与资产配置规划。

近年来，随着支付工具越来越多元化，零售业、电信业、科技业、电子商务，甚至物流业等新兴的支付服务崛起，T 银行为避免在资金流动中被边缘化，积极迎向数字化浪潮，应重新认识数字客户、制订发展策略。

表 2-3　中国台湾银行业面对数字金融的 STEEP 分析

环境面向	影响因素	影响内容
社会 Society	·少子化严重影响经济发展，高龄化严重（倒金字塔） ·高资产客户由个人理财转变为家族理财	·老龄化/少子化客户日益重视资产传承 ·量身订制客户家庭理财规划
技术 Technology	·互联网金融掀起浪潮，不同行业跨界合作（行动支付） ·Bank3.0 兴起，加速数字化渠道部署，改变银行 O2O 经营模式 ·BigData 科学与技术的快速发展且应用渐趋广泛	·与非银行厂商进行策略联盟合作 ·分行面临转型需求/内部流程电子化 ·与不同行业合作发展的新商业模式 ·新科技投入成本持续增加 ·实时互动与跨渠道多元化营销模式 ·大数据的数据科学人才培育
经济 Economic	·自由经济示范区，台商回流 ·文创产业兴起，创业资金需求增加	·新产品及服务需加速推出
环境 Environment	·竞争者海外布点越来越快 ·客户对虚拟渠道依赖程度凌驾实体渠道 ·新世代崛起，忠诚度低、对社交媒体依赖度高	·满足高资产客户海外需求 ·服务内容需由金融拓展至非金融，形态须由实体转化虚拟
政治 Politics	·主管机关期许金融机构跨足亚洲市场 ·其他银行开始重视年轻群体 ·主管机关推动金融 3.0 政策	·银行海外获利比重提升 ·建立新一代客户经营模式 ·新产品/流程研发速度须加速

资料来源：台湾资策会 MIC 整理，2019 年 3 月。

表 2-4　中国台湾银行业面对数字金融的策略作为

环境机会	策略含义	T 银行的策略
实体分行的去功能化	·顾客分流、顾客体验 ·随时随处的金融服务	·全天候金融服务 ·ATM 跨行存款
手机银行的兴起	·从被动转换为主动营销。跨虚实共同打造 O2O 生态圈 ·虚实整合，无缝接轨	·成为消费者/企业最信赖的支付平台品牌 ·手机号码转账功能/账务小帮手、ATM 无卡取款
云端与大数据的蓬勃发展	·依据客户行为提供客户定制服务 ·差异化经营	·未来理财专员可随时随地，为客户量身规划家庭财富管理方案

续表

环境机会	策略含义	T银行的策略
便利与安全之间取得平衡	·安全为前提，持续创新	·所有创新功能的开发，都以严谨的七大安全控管防护机制为基础 如"装置认证""网银随行码"技术 ·直觉式的操作接口
顾客忠诚度维系变难	·深耕客户，让客户变粉丝。	·装置认证技术。如ATM无卡取款

资料来源：台湾资策会MIC整理，2019年3月。

三、解析题目的架构

确定要研究的主题或研究问题后，我们就需要考虑如何呈现研究的内容，此内容必须有顺序、有逻辑地呈现，读者才能看得懂并对研究成果表示认同。因此，拟定研究架构就会非常重要。所谓解析题目的架构，就是指如何将题目拆解成题目的大纲。

研究者可应用以下三个基本原则随时检查。第一，架构必须能够回答文章的主题，此原则似乎理所当然，但是仍有许多研究者一开始在拆解架构时，并不能完全掌握此原则，导致所拟定的架构并没有真正回答文章的主题。第二，架构是具体分析基础工作，这个原则告诉我们，没有好的分析架构，具体分析也容易偏离主题。也就是说，即使具体分析做得好，它不见得适合在这个研究主题内，而两个具体分析之间的串联也无法连接得很好，所以说，架构是具体分析的基础工作。第三，架构层级必须周全而完整，这个原则是最重要且最难的，在安排分析架构时，除了注意要能够回答文章的主题外，还要考虑这个架构的逻辑次序及完整性，初学者在安排架构时，对于回答主题的次序和逻辑通常较无法掌握，因此也就无法真实地回答研究问题。

我们更具体地来谈拆解题目的要点，首先当然是要将题目拆解成具体章节，然后选定适当的章节名称，这些章节名称，就反映着你要研究的逻辑及是否能完全的回答研究问题，所以，反过来讲，我们也可以检查章节，看看章节是否包含题目所有内容并回答问题。检查的方法可以使用自问自答的方式，这时，研究者应该问：研究的主题总共要谈哪几部分？这几部分都包含在所拟订的章节内容吗？最后的几个章节可以回答这个研究所要得到的答案吗？如果答案是肯定的，那么你所拟定的章节应该是恰当的，否则，必须重新拟定。例如，有一个研究主题为"华为公司策略解析"，那么，这个问题应该谈华为的现况与问题，也要谈华为现行策略，然后有策略解析的过程，最后应该告诉我们，经过解析之后，华为的策略应该做什么调整。那么，你所拟订的章节，应该包含这些部分，而题目要回答的，即是华为的策略是什么？是好是坏？应如何调整等。如果你的章节没有这些内容，那么，就没有清楚回答研究的问题。内容是需要逻辑安排的，我们可以这样问，这个研究主题，可以从我所拟定的第一章节谈起吗？所搜集的数据可以推导第一章的结果吗？第一章节的结果可以当作第二章的前提吗？第二章的结果，是从第一章的结果来的吗？然后再看第一章和第二章的结果，可以当第三章的前提吗？可以由这些前提，推导出第三章的结果吗？依此类推，直到最后能把结论推导出来。这就是逻辑的推论，也是所谓有效的论证，文后会再进一步说明。例如，要谈"华为公司策略解析"，我们搜集数据可以说明华为的现况与问题吗？可以找出华为现行策略吗？当这两件事确定了，就当成是我们解析华为策略的前提，协助我们找出华为现行策略及问题，以推导出华为可行的策略等，而章节的安排就可以依此次序来进行。

最后，要提醒研究者的是，每个章节分量应均衡安排，这也是许多初学者常犯的错误，任何一个研究主题，要均衡的分配你所要表现的内容。前提的陈述、分析的过程及最后的意义与结论，要能够平均地分配，才不会产生头重脚轻或头轻脚重的现象，例如，有些人在陈述其报告时，一直停留在背景的说明，久久无法进入主题，也无法解释其分析的依据，这都是没有将报告的分量安排均衡所产生的问题。

四、段落逻辑与推论

在解析题目的架构章节中，已经运用本章所要谈论的逻辑与推论技巧。研究者在解析题目架构时，必须要段落分明、条理清楚、思路前后保持一致性。而在确认题目架构后，要进入每一章节的研究内容时，则更需要段落分明、条理清楚、思路前后保持一贯性，完整地表达单一章节的内容。段落分明、层层说理的过程，其目的就在于能有逻辑的推导每一章节的结论，一般常用归纳与演绎的方式。归纳法为研究者根据所搜集的资料内容，片片断断地拼凑、整理出完整的结论。此类由个别现象的整理推论到概念整体的方式，称之为归纳法。演绎法即是根据某理论，或我们所认定为事实的理由，来解释目前产业整体的现象，然后说明目前的个别状况符合理论或产业的整体现象，加以解释产业的个别状况。此类由概念的整体出发，再解释个别现象的方式，即称之为演绎法。当谈到归纳与演绎，就需要提及逻辑的基本概念，了解这些概念，对于解析题目的架构、清楚地说明段落内容，以及推论都有很大的帮助。

要了解何为论证？所谓论证，即是由一组语句所组成，其中一个或多个语句为提供来支持另一个语句，此为所有研究最基本的条件，研究的内容就是搜集资料，然后用语句加以叙述，再由这些叙述，推导或支持我们所要的结论，这就是论证的过程。通常会以数学符号来表示论证形式，如 p-->q（若 p 则 q），p 和 q 分别代表一组语句的形式，每个语句都是论证，研究者要说明的就是如何由 p 的前提推导到 q 的结论。也就是说，若 p 为真，则可以说明 q 必定为真，这就是所谓的论证，用符号表示即是论证形式。但并非所有的语句组都可以形成论证，有些语句只是说明现况或者是一种描述，并不能构成论证。例如"今天天气热，请给我一杯水"，我们无法用今天天气热来推论，一定要给我一杯水，只能推论"天气热，口渴了，想喝水"。又例如，中国气象局表示"有三场台风要来，但应该没这么快吧"，这种语句也是完全无法构成一种论证。另外要注意的是，即使语句构成一种论证形式，也可区分为"有效"的论证形式与"无效"的论证形式。所谓有效的论证形式，是指没有其他的替换例，具有真前提与真结论的论证形式。换言之，就是要具备真前提与真结论的情况。例如"科学证明有水则代表有生物存在"，这是论证的前提，而且为真，另"在某个地方发现有水"也是个论证的前提，根据这两个前提就可以推论出，这个地方一定有生物存在。这种具有真前提与真结论的论证，就是有效的论证形式。而无效的论证形式，是指具有一个或多个前提为假的替换例的论证形式，虽然在逻辑上这样的命题为真，但是，在研究上却不具意义。也就是说，如果你要证明一件事情为真，但是你拿了错误的数据，虽然你要证明的事情本身可能为真，但是，你无法用这些数据来加以说明，所以，即使是结论为真，在前提为假的情况下，它仍然是一种无效的论证形式。例如"如果是春天则鸟会歌唱"是一个前提，而"现在不是春天"也是一个前提，但是却无法依这两个前提就推论"鸟会不会歌唱"，当然也就不能说"所以鸟不会歌唱"了。

在论证形式中，还可再区分为"演绎论证"与"归纳论证"两种方法。演绎论证，即是在论证过程中，所提出的前提都为真，且充分保证与支持结论为真，也就是其前提非常强，无一例外，只要有一情况符合前提，即保证结论为真。例如"所有的人都会死，苏格拉底是人，所以苏格拉底会死"。"所有的人都会死"的这个前提很强，充分保证为真，所以"苏格拉底是人"，符合这个条件，因此充分保证了"苏格拉底会死"这件事。归纳论证，即是在论证过程中，所提出的前提都为真，但与结论的关联性仅强调足以使人相信前提能够支持结论为真，换言之，归纳论证并没有很强的前提来支持结论，但就目前有的资料和证据，大致上都符合结论，使得我们就目前为止能够相信结论为真。例如，在已知的石棉中都不具导电性质，因此可以推断石棉不具导电性，虽然后来证明石棉在某个绝对温度下会导电，但是在还没有发现这个状况之前，仍然是接受石棉不具导电性的特质。又例如"某演员主演的电影是好看的，现在他有新的作品，应该也是好看的"，在无法证明这位演员的电影都是好看的情形下，仅能以之前的实例来推论为"应该也是好看的"，而这个结论就不是很强而有力的结论。在进行段落说明与推论时，主要就是依据这两种论证的方法，研究者只要了解论证的形式，并善用演绎与归纳，就一定可以做出具有水平的研究。

五、具体分析与归纳

任何研究报告的呈现，若没有遵循一定的规则，那么看报告的人必定无法理解。这些规则，从最基本的标点符号至报告的外观风格，都必须遵守一定的规范。有些规范是大家必须遵守的，有些规范则视报告撰写单位的规定。无论如何，对研究者而言，就必须遵循一定的格式，这些是基本训练，如果没有做好，就不能称为是好的研究人员。首先谈到定义与单位，在任何的报告里面，名词定义或单位的使用，在文章一开始就要加以说明，整篇文章中，定义与单位的使用也要一致，否则必定会让读者产生混淆的现象，缺乏定义与单位的清楚呈现，读者会不知道作者所要表达的内容。

若有专有名词，不能将专有名词用错，要充分了解与掌握才能使用，若稍有用错，则专业能力就会受到质疑。同时要非常熟悉使用的分析工具，选定适当时机使用才能突显效果。最后，谈到文字撰写与标点符号的运用，文字撰写取决于研究者语言掌握程度的高低，非一蹴而就，但研究者要经常反复练习，才能在语言的表达上产生好的效果。至于标点符号的使用，和定义及单位的使用道理一致，也是基本训练，研究者应当谨慎与熟练地使用。当研究者对于所搜集的资料或观察的现象做一番说明后，即完成了具体分析的工作，此时就必须对这些工作进行演绎与归纳，并得到应有的结论。从这些结论中，研究者可进一步衍生一些个人的看法，也就是一般所称的观点。虽然有些观点来自研究者主观的看法，但研究者不可以不假思索或不提任何立论根据，一定要有其立论的基础，而这些立论的基础，应该都是来自前面研究的结果，简言之，就是要能自圆其说。观点的提出，一定要有其独特性，同时研究者对于一些别人所没有观察到的现象也要具有敏感度，如此才能提出不一样的看法，与他人不一样且有立论基础的观点才具备价值。

通常从批判的角度较容易提出不一样的观点，研究者要常常对于现况或者大家认同的观念提出质疑，而这些质疑的依据，则来自研究的内容，或研究者用一种讨论的态度，探讨可能的情形或变化，让读者能够掌握一些后续发展的可能性，也都是不错的方式，不论是批判或讨论，其论证的过程还是要根基于演绎与归纳的方法。使用批判或讨论方式提出观点时，可以使用反复论证、对照、模拟及交换立场的论证方式。反复论证是一种正反合的论证方式，也就是对所要讨论的事件提出正面的看法，接着对同样的事件提出反面的看法，不管正面或反面的看法，其基本的论证方式都是演绎与归纳，当正反两方的意见都提出以后，研究者必须做一个综合的分析，提出一种"合"的看法，这种合的看法当然不是正反两方的折中看法，而是要提出一种更超越正反两方不一样的观点出来，这种超越的过程，通常会激发不一样的观点。"合"的观点相当不容易找到，通常需要研究者尝试不同的理论且由不同的角度观察，才可能找到"合"的观点。一旦"合"的观点提出后，仍然需要不断地利用正反合的方式再继续加以论辩，直到其结果在现阶段还算满意为止。正反合的论证方式，是在批判或讨论现有认知常用的方式，当然有时候研究者在提出观点时，不需要做这么深刻的讨论，可以将研究的结果对照目前的状况，就可以看出一些差异，然后就这些差异提出解释或看法，这样的方式较为简单，也不失为一种好的方法，也是许多研究者经常采用的方式。在某些情况下，或在进行正反合论辩的过程中，研究者会以交换立场的方式来进行，这种方式可以让正反两方体会对方的状况及其所关心的议题，较容易取得某种协调与认同某一种解决方案。例如，讨论电子制造产业是否在东盟的国家设置厂房，讨论者必需兼顾厂商的立场及一般民众的立场及政府的产业政策，此时候提出的观点就较为中肯，也较能为三方所接受，这样的论证方式也经常被研究者采用。

六、结论与策略建议

研究的最后阶段就是要提出结论与策略建议,这部分非常重要,对于整体研究而言,若没有适当的呈现结论与建议,那整体的研究就会产生缺陷,研究者不可不慎。研究的最后,就是要提出研究的结论,结论的呈现是研究的总结,所以,结论就是要简练地说明文章的立论与发现,此时研究者要小心,在结论的陈述中,不应再加入新的议题或看法,或者提出在前面的研究中所没有提到的结论,否则将会完全失去该研究的意义,所以,结论应该要简要地陈述研究背景与问题,然后将研究的结果及研究者的观点再次以摘要的形式呈现,一是可帮助读者再次整理研究结论,二是可以让不想看推论过程的读者先行了解最后的研究结果。

其实研究到这个阶段就可以告一段落了,但因为产业研究有特定的对象,为了让读者有进一步的做法,通常研究者会根据其研究结论再提出一些建议,让读者可以有更清楚的方向或实质的做法。不过在提出建议时,要针对所设定的对象提出建议,否则其建议就会变得没有意义,建议的内容包括策略与战术两方面,一般而言,策略较为顶层,仅指导方向和初步的做法,而战术部分就要更详细地将可行的做法提出。不论是策略或战术的提出,都要考虑其可行性与特殊性,如果研究者提出的策略或战术很难达成,那这个建议就是没有作用的;如果所提出的建议只是一般性的认知,例如"要积极培育人才""要专注于技术研发"等,这样的建议都过于一般性叙述,对读者根本没有帮助,所以在提出建议时,研究者也要考虑是否有其实质的价值再提出。希望研究者能够充分了解前面所述产业分析研究时的思考要点,总结出符合读者期待与逻辑清晰的研究报告。

七、案例与研究分析

以下举两个例子来说明,如何根据题目来拟定大纲,借以审视架构及段落的安排是否符合逻辑。第一个案例的题目为《中国在线教育发展方向》,初步的大纲见表2-5,请先研究此题目和大纲是否有需要改进之处?一个好的题目必须心中有读者,要具冲击力,具有分析意义且小题大做,另外问题本身要条理分明,问题本身是否合乎逻辑。以《中国在线教育发展方向》题目所拟定的初步大纲来看，初步合乎这些原则。

表 2-5 《中国在线教育发展方向》初步大纲

在线教育的发展现况
中国在线教育产业现况分析
中国发展在线教育的问题
中国发展在线教育的机会
中国发展在线教育的策略
结论

资料来源：牡丹集团 IIS 整理，2019 年 3 月。

但是若仔细思考，仍能够发现题目还不够明确，读者无法明了此题目是要谈市场还是谈产业；若从大纲来看，在现况的谈论上占了不少分量，因此，若将题目改为《中国在线教育产业现状与发展方向》，则似乎更为贴切。大纲部分至少存在两个问题。第一，原有的大纲在现状的谈论上占了太多的分量，反而对于主题—方向—问题没有着墨；另外，既然谈的是方向，大纲的最后竟然是谈策略，这两者的内容是不相同的，有点文不对题的感觉，因此，我们将大纲进行部分修改（见表 2-6）。规划第一和第二节谈论现况，并推导出此产业的问题点，第三节着重在分析，从现况与问题探讨产业是否存在机会，依所存在的机会，推导出第四节所要谈的产业发展方向。这样不但合乎题意，且在章节的逻辑上也会较有次序，章节的分配也较为平衡。

表 2-6 《中国在线教育发展方向》修改后大纲

在线教育的发展现况
中国在线教育产业分析
中国在线教育产业发展的机会
中国在线教育产业的发展方向
结论

资料来源：牡丹集团 IIS 整理，2019 年 3 月。

第二个案例的题目为《智能音箱产品发展趋势》，请先研究此题目和大纲是否有需要改进之处（见表 2-7）。这个题目谈的是"智能音箱产品发展趋势"，题目的问题不大，可维持原来的题目，但是大纲的问题就比较明显了，首先要思考的是，题目既然谈产品趋势，应先确定谈哪些产品趋势，虽然产品趋势可以认定为更具体的内容，在大纲上不需要呈现，不过，研究者必须要胸有成竹，才不会在往后的数据搜集与分析过程产生偏离。同时，要思考可以从哪些现有资料推论未来的趋势，因此我们认为，从市场现况，智能音箱厂商现况及智能音箱平台服务的研发现况，可以看出未来的产品趋势。因此，我们将大纲拟定为如表 2-7 的内容，先谈智能音箱市场发展现状，接着为智能音箱厂商概况和平台服务现况，最后谈论智能音箱产品规格演进趋势。

表 2-7　《智能音箱产品发展趋势》初步大纲

智能音箱市场发展现况与展望
智能音箱产品的分析
智能音箱厂商的分析
智能音箱平台服务的分析
结论

资料来源：牡丹集团 IIS 整理，2019 年 3 月。

经过这两个问题的说明，相信大家对于大纲的拟定都有基本的认识与了解，提醒您，资料搜集与分析可不能偏离主题！

表 2-8　《智能音箱产品发展趋势》修改后大纲

智能音箱市场现况分析
智能音箱厂商概况
智能音箱平台服务分析
智能音箱产品规格演进趋势
结论

资料来源：牡丹集团 IIS 整理，2019 年 3 月。

第三章　企业竞争信息搜集与解析

一、竞争信息搜集技巧

资料搜集是产业分析的基本功，基本功没有练好，就算逻辑再强也是无从发挥。很多人懂得"垃圾进、垃圾出（Garbage in, Garbage out）"的道理，而要如何避免"垃圾进"，就是数据搜集的讨论重点。一般而言，数据搜集的方法可分为初级（Primary）资料搜集与次级（Secondary）资料搜集两类。简单来说，初级数据就是无中生有的数据，是产业分析师为了特定目的而直接搜集或创造出来的，例如经由人员访谈、问卷调查、座谈会或观察展览活动所搜集的资料；而次级数据则是他人已经发表的数据，也是产业分析师平时吸收信息的素材，例如厂商的公开说明书、运营计划书、报纸、杂志、市场研究报告或政府出版品等。从研究的角度探讨，初级资料具有新鲜度与定制化的特性；相对的，次级数据则比较省时与经济，但是运用次级数据时，需要特别考虑数据的适用性、可靠性与时间性的限制。

（一）初级资料搜集

常用的初级数据搜集方法包括问卷、访谈、座谈会与展会调研。问卷通常用来回答比较明确的问题；访谈则希望能够挖掘更深的数据；座谈会可以回答比较模糊的问题；展会调研则希望能够前瞻未来趋势。以研究智能手机为例，若想要了解我国智能手机产业产值、产量、市场占有率，以及厂商人力配置等产业现状，则可以使用问卷的方式；若想进一步了解这些数据变化的原因与未来的预测，就需要通过访谈；若想找出智能手机产业的发展方向，举办专家座谈会可以让不同意见交流或产生共识；而参观德国汉诺威展览，则有助于观察产品未来发展趋势及厂商的布局。以下分别说明此四种方法的使用重点、技巧与限制。

1. 问卷调查

问卷调查可以分为"设计""执行与回收""检讨"三个阶段。在问卷设计时需要考虑的问题包括以下几项。

（1）梳理清楚什么是要搜集的，什么是要分析的。一般而言，先想清楚要分析什么，再思考如何转换为浅显易懂的问卷内容。例如，想要分析产业产值变化，可以直接针对该产业进行调查，搜集个别厂商营业额或生产能力的数据，也可以间接针对下游厂商进行调查，搜集对该产品的采购金额。

（2）根据调查方式决定问卷类型。调查方式可分为街访、邮寄、电访与网络，随着网络的发达，邮寄的方式逐渐式微，通常改用电访或电子邮件进行；若受访对象不能事先确认，特别是消费者的研究，则采用街访或网络问卷。

（3）设计个别问题的内容与项目。需考虑问题项目的必要性，例如，已经问厂商明年的营收增长率，就不需要再问其明年预估的营业额。因为从今年的营业额与明年的增长率，就可以推算明年的营业额。此外，问题内容必须是受访者容易、愿意且不用花很多心力即可答复的问题。

（4）决定采用开放式或封闭式以描述问题。开放式问题通常比较难回答，填答者要花较多心思，容易造成问卷回收率低。因此，设计的原则尽可能将开放式问题转化为封闭式问题，再搭配人员亲访的方式以开放式问题取得深度的信息。

表 3-1　封闭式问题的类别

类型	说明
二分别法	问题分为两种可能的解答
多重选择法	问题存在三种或三种以上的解答
李克特尺度法	询问受访者表示对问题的同意或不同意的程度
语义差异法	对两个相反词给予尺度，要求受访者依照感受方向与强度做选择
重要尺度法	对某种特性的重要赋予尺寸，从非常重要至非常不重要
评价尺度法	对某些特性赋予评价从不好到非常好

资料来源：牡丹集团 IIS 整理，2019 年 3 月。

表 3-2　开放式问题的类别

类型	说明
自由作答法	受访者回答的方式不受限制
词汇联想法	每次提出一个词，请受访者提出最先想到的词

续表

类型	说明
语句填空法	提出未完成的句子，请受访者填空完成
故事完成法	提出未完成的故事，请受访者接续故事的发展
漫画解释法	提出两人对话的漫画情境，其中有一个人说话，另一句话由受访者回答
直觉测验法	展示一张图片，请受访者根据图片编故事

资料来源：牡丹集团 IIS 整理，2019 年 3 月。

（5）问卷的用词明确且不会引起误解。问卷题意要尽量做到浅显易懂、使用肯定的描述、避免主观的字句、避免诱导或触及隐私等敏感问题。

（6）调整问题的顺序。通常会由简单或容易回答的问题开始，并且保持答题的连贯性，避免受访者思考中断。如果是隐藏式研究目的或网络问卷，可以将问题打散以避免不实的作答。此外，将较机密的问题编排在后面，以及将受访者数据放在最后一页，也是问卷设计的重点。

（7）问卷测试及修改。测试的样本至少需 3 份，受访者必须与研究对象相同，填完问卷之后，可以请教受访者那些不容易填答或有疑问的题目，做几次回馈后，即可定稿。问卷执行与回收阶段的重点在于提高问卷的回收率，常用的技巧包括。

表 3-3 问卷设计检查表

1	问卷问题是否清楚	□是□否
2	问卷的定义是否明确	□是□否
3	问卷字句有无错误	□是□否
4	问卷中所用单位、数量是否有定义	□是□否
5	问卷是否考虑调查方式不同，而有不同设计	□是□否
6	问卷的设计是否考虑日后数据录入、分析的便利	□是□否
7	问卷设计是否参考单位组织内的标准格式	□是□否
8	问卷问题的编号与问卷页码是否正确、一致	□是□否
9	问卷设计是否经过试访，修改程序	□是□否
10	问卷是否太长，问题回答困难	□是□否

资料来源：牡丹集团 IIS 整理，2019 年 3 月。

①说明主办单位或研究目的的正当性。
②选择适当的时机发送问卷。

③如厂商问卷需避开连续假期，而消费者的问卷则可利用连续假期。

④提供问卷填写回复诱因，如对消费者提供赠品，对厂商提供研究结果或免费参加研讨会的权益。

⑤持续的问卷跟催，在发出问卷一周内以电话跟催确认受访者是否收到问卷，第二周则进行第二次跟催，确认问卷已交给谁填答，若填答者就是跟催确认的对象，回卷的概率将会大幅提高。

⑥掌握样本数。

消费者研究需要尽可能地扩大样本数以降低抽样误差，而厂商的问卷则需检验市场上的主要厂商是否已有回卷。在问卷回收后的检讨阶段，需要统计回卷率、废卷率、未填答的原因，以及持续更新的受访厂商名单，让下次的问卷调查更为精进。

表 3-4 问卷设计技巧

1	除非必要，不要使用开放问卷
2	适时加入过滤的问题，避免回卷者乱答
3	问卷经过严格的测试与修改
4	问卷中所设计的答案选项让人易于理解
5	问卷内所提的问题无法经由其他资料搜集
6	避免问到需要使用记忆的问题
7	避免不明确、重复或错误的引导问题
8	问题要越容易回答越好，多用选择题或是非题
9	提供选择的答案应该包含所有可能的答案
10	问卷设计可让回卷者正确的表达自己

资料来源：牡丹集团 IIS 整理，2019 年 3 月。

2. 访谈

访谈可区分为电话访谈与人员亲访两类。电话访谈的优点为经济、省时，容易访问到平常不容易接触到的人，以及较具隐秘性，谈话内容可以触及敏感问题。缺点为有时间压力、对谈必须紧凑、过程容易被中断，以及不易营造良好的访谈气氛等。有经验的产业分析师会定期拜访厂商，彼此建立友谊并随时补充产业的第一手数据，特别是对于所研究领域的主要厂商，在时间许可的前提下，通常会以人员亲访方式以搜集深度的数据。一般来说，问卷调查只能搜集表面资料，而人员亲访则能够更进一步地搜集操作性数据及诠释性数据。例如，想要了解主要厂商对于市场前景的看法，通过问卷调查只能知道乐观与悲观（表征性数据）；而通过人员亲访就可以深入探索受访者乐观背后的理由（诠释性数据），以及观察是否有相对应的扩大投资行为（操作性资料）。人员亲访的技巧包括前—中—后三个阶段：人员亲访前，需要事先规划访谈厂商的优先级、访谈大纲的差异、确认访谈对象、层级，搜集厂商背景资料，以及了解受访者的工作经历。人员亲访中，可依照"起承转合"的访谈技巧与受访者交流。刚开始先介绍（起）访谈目的、预期成果及闲话家常，然后从访谈大纲（承）挑一个最容易发挥的问题，让受访者轻松地打开话匣子，并且建立彼此的谈话关系。访谈者需要适时地响应受访者的观点，让彼此的谈话关系成为双向沟通，而非只是依照访谈大纲进行连续性的问答，在双向对话的情境下，双方的信赖程度会逐渐提高，此时就可以抛出（转）几个敏感性或关键性的问题，以探索对方的谈话底线，最后再回到访谈大纲（合）的问题，并且适时地做个结束。俗话说，交浅不言深。搜集访谈大纲的答案虽然重要，但是通过访谈，以本身的专业性以提高彼此的信赖程度，则更为重要。若有深厚的友谊当基础，随时一通电话就可以知道产业界的最新动态。因此，访谈过程切忌执着于访谈大纲，应该注重当下的对谈气氛，以及未来的长期友谊建立。人员亲访后，尽可能在最短时间内完成以下三件事。首先是一封简短的致谢信以表达感谢，撰写致谢信时切忌流于形式，需要用心地去提炼访谈过程中的交谈重点来铺叙这封信；其次为完成访谈记录，内容除翔实记载访谈大纲内容之外，还可以记录分析师对于此厂商或受访者的一些看法，这些看法一方面可以作为未来累积产业人脉的基础，一方面可以帮助分析师提出批判性的观点；最后则是将个别厂商的访谈记录，有系统地汇总整理为市场分析报告。电话访谈通常使用在较为熟识的厂商，谈话内容的结构性比较弱，重点在于维系人脉或针对产业临时发生的重大事件，提供立即的信息回馈。若是首次电访，则需要两次以上的联系，第一次先确认时间，避免在上班繁忙的时段进行，第二次才是正式的访谈。电访的对象最好是通过关系引介，可以增加彼此的信赖感，若是陌生电访，则需要先进行个人介绍并说明访谈目的，以取得对方的信任。

在研究过程中可交替使用人员亲访与电访，决定哪些厂商用亲访、哪些厂商用电访。假设需要在短时间内搜集多样本数据的情形下，可以采用下列简要原则：初次访谈以人员亲访为主、再次访谈再考虑用电访；主要厂商以人员亲访、次要厂商则用电访；既有厂商用电访、新兴厂商用人员亲访等原则，进行研究设计。同时也可以运用新兴传播工具，如实时通讯（Instant Messenger）来取代电话，目的在于协助访谈顺利进行。

表 3-5 人员亲访和电访的比较

	人员亲访	电话访谈
使用时机	获得深度信息，建立人脉	取得立即信息，维系人脉
访谈时间	1~2 小时	20 分钟
访谈内容	结构性访谈	非结构性访谈
应对技巧	适时回馈，发表分析师观点	通常都在发问，搜集定量资料

资料来源：牡丹集团 IIS 整理，2019 年 3 月。

3. 座谈会

座谈会顾名思义就是以会议的方式进行数据搜集，通常用来解决定性的问题。例如产业发展愿景与推动策略、产品或技术创新策略等。常见的形式包括头脑风暴、专家座谈与焦点团体。头脑风暴通常可以在最短的时间内搜集最多创新的想法或可能的解决方案。一般而言，需有 5~10 位各领域的专家参与，并分为两阶段进行。第一阶段为创意构想阶段，尽可能让参与者各抒己见、畅所欲言，同时需避免批评，以免扼杀了创意。第二阶段是创意收敛阶段，参与者需要将这些创意尽可能组织起来，并且讨论出可能的几组结论或方向。专家座谈通常比头脑风暴来得严肃，当研究进行到某一个阶段或形成初步成果之后，举办产、政、学、研专家会议，进一步征询大量的专业意见，目的在于形成最后的专业共识。焦点团体通常用在用户的市场研究，集合一群用户或潜在客户，在面对面的环境下，共同讨论他们对于产品或服务的需求、感觉或评价。在彼此交流的过程当中，将可能获得有趣的信息或意想不到的结论，甚至可能意外地挖掘出潜在的需求。为了提升焦点团体的效果，通常会有特别设计的会议设施，最典型的就是通过一些视听设备，让另一端的观测室，可以观察整个焦点团体进行的过程，甚至可以从远程实时给予会议主持人提示，希望主持人适时穿插相关问题。

表 3-6 常用的座谈会类型

	头脑风暴	专家座谈	焦点团体
参与成员	5~10 位专家	产、政、学、研代表	（潜在）使用者
使用时机	搜集大量创见	形成专业共识	探索未来需求
成员背景	跨领域的专家	该领域的代表	使用群体的代表
应用案例	找出产业发展愿景的可能描述	针对产业发展策略形成共识	探索智慧家庭未来可能服务的需求

资料来源：牡丹集团 IIS 整理，2019 年 3 月。

4. 展会调研

展会调研可用来搜集最新的市场情报，就资料的类型大致可以分为用户数据、产品数据以及厂商数据。在用户资料方面，通过观察参展摊位上使用者与厂商间的对谈，可以了解使用者的想法或需求，也可通过产品的被询问度以确认该产品的市场性。在产品数据方面，通过参与厂商的新产品说明会、客户体验营或产品使用经验座谈会等，可以窥探厂商产品的布局方向、发展愿景、技术趋势、价格变化与产品功能的演变等重要产品情报。若能同时跟产品开发人员或技术人员访谈，更可以了解技术的门槛，或整个技术发展蓝图，以及新产品开发过程所遭遇的问题，如何克服等更具深度的信息。在厂商的数据方面，除可以搜集到该领域知名厂商的最新情报外，还能够借机发掘部分新兴的小厂商。参加展览的厂商通常会尽力展现对产品的信心，并利用此机会包装与营销该公司的愿景与策略布局，同时也很乐意能跟产业分析师分享他们的想法。此时，研究员若能事先做功课，将该公司过去的发展轨迹、重大事件、竞争策略、产品定位，以及策略转折点等信息进行盘点，在与厂商的双向互动谈话过程中，厂商会感受到你的专业度，在认同你是行家后，不仅会特别地对待，并且有机会安排更高层的主管来与你交流。由于展览会同时将厂商、潜在使用者，以及相关厂商都聚集在一起，因此通过展会调研搜集资料，可以节省许多的时间与金钱。多数的展览会都会有一个官方网站，翔实记载参展厂商的类型、主题、预期举办的研讨会，以及过去的成效等信息内容。研究员通常需要分析网站内容后，再选择想要研究的重点，并依此规划展会调研的行程与可能的访谈对象及问题。

表 3-7　展会调研准备工作

展览时程	准备事宜
展前	分析官方网站内容或厂商参加理由，归纳观展重点
	规划观展行程、确认访谈对象与问题
	与展览会的媒体负责人联系，表明身份，争取必要协助
展中	进入展览会场、搜集展览现场与厂商类型，与展览厂商做更深入的交流
	与熟识厂商联系，约定访谈时间与内容
	参加厂商所举办的公开媒体或分析师活动，并可与专业媒体或其他研究机构分析师互动
	参加展览研讨会，可与演讲者做适度的交流
	每日展后整理观展资料，包括访谈、研讨会与展会现场

续表

展览时程	准备事宜
展后	对展会期间给予协助的媒体负责人、接受拜访的厂商写信致意，由此维系关系
	完成正式研究报告，可分享给协助完成此报告的相关人士

资料来源：牡丹集团 IIS 整理，2019 年 3 月。

当然，除了直接观察、实地参与展览会之外，也可以运用展览会，来进行问卷调查、人员亲访或座谈会等形式的资料搜集。例如在东京电玩展入口发放问卷，针对使用者进行游戏玩家行为的调查；在展览会的某一个摊位，进行潜在玩家的焦点座谈；甚至跟举办单位事先协调，在研讨会中安排一场产品发展趋势的高峰论坛等，也都是可行的方式。在一个研究当中，问卷、访谈、展会调研与座谈会可能是交叉使用的，特别是较长时间的研究。例如，以一年的时间研究网络购物的发展趋势，在研究架构的设计上，需要同时兼顾供给面与需求面，并且取得产业专家的共识，因此会在研究开始的时候开一个专家座谈会，针对研究的构面与想要解决的问题进行讨论，然后再进行供给面的厂商访谈，一方面搜集可能的产业趋势，另一方面搜集厂商关心的市场问题，然后再将这些厂商或政府关心的问题，设计为调查问卷，进行网友的购物行为调查。在调查进行的过程中，如果时间与经费允许，就可以参加研究所需的国际性研讨会与展览，并搜集厂商动态信息，然后再进行供给端与需求端的个别分析与交叉分析。最后，则可能再召开一次专家座谈，以讨论研究的初步成果。

（二）次级资料搜集

次级数据研究是通过市场公开的信息来做研究，在研究程序中扮演次级的角色，用来提供研究的背景资料、佐证研究成果，或回答一部分与研究相关的基本问题，很难完全符合研究目的。一般来说，次级数据比初级数据容易完成，有效率的次级数据研究，只要两三周的时间，有经验的分析师，通常只要两三天，就能完成次级数据的汇总整理。刚开始进行次级数据搜集时，分析师通常想要搜集最多、最完整的数据。但是一旦陷入次级资料搜集的大海，恐怕就会迷失在其中，最后发现数据很多，但是没有时间分析，导致本末倒置的情形，无法达到研究的预期成果。因此，有经验的分析师在进行次级数据研究时，通常不会贸然投入，而是事先进行规划，并且明确订定数据搜集截止时间，而且在数据搜集的同时，快速的过滤与分类，知道哪些数据是要详细阅读的，哪些数据只要参考某些部分，哪些资料跟这次的研究主题并不相关。俗话说，山不再高，有仙则灵。次级资料不是越多越好，而是跟研究主题越能契合越好。有经验的分析师，通常能够很快地根据研究问题，判断需要从哪里找出那些次级数据。

1. 确定所要搜集的资料内容

根据研究问题，决定需要什么资料。例如，研究题目若设定为厂商发展策略，可能需要的数据内容即包括厂商基本数据（如成立时间、经营者等）、最近五年的财务资料、策略联盟或子公司资料、市场占有率等资料。此时，可用来分类的构面包括企管的"产销人发财"，营销学的 4P（Product、Price、Promotion、Place），竞争力分析的五个方面，常用的市场参数，如价格、价格性能比、市场规模、市场增长率、市场占有率、市场饱和度、市场集中度、市场潜量、销售强度、客户态度、质量满意度、产品生命周期、产品普及率、产品更换率等更细致且精确的项目来规划次级数据搜集的内容。有经验的分析师通常会运用心智图法画出数据的大致轮廓，然后再按图索骥。其他市场研究主要搜集的数据类型包括以下几项。

（1）市场供需的数据，如厂商生产与销售数字。

（2）行为的数据，如购买行为、使用者消费行为、生活形态。

（3）意图的数据，如厂商发展布局、产品发展策略。

（4）认知的数据，如我国台湾地区厂商对于《两岸直航》的看法。

（5）社会经济特征的数据，如印度 PC 消费群体的年龄、职业、教育、程度、人均收入。

（6）态度或意见的资料，如品牌知名度、对经济前景的乐观程度。

（7）动机的资料，如我国台湾地区厂商到大陆设厂的根本原因。

2. 决定可能的数据来源

关于经济发展的资料如国民所得、厂商数量、进出口统计等，可能的数据来源包括中国国家统计局、商务部等政府机关。关于产业发展的资料如产值、产量、产业趋势、产品趋势、竞争分析等，而可能的数据来源包括赛迪、艾瑞咨询、奥维咨询、Gartner、IDC、Forrester、Ovum 等国内外知名的研究机构。关于产业动态的数据如厂商动态、经营者观点、市场现况、重大事件等资料，可能的来源包括第一财经日报或厂商的官方网站。另外，这些数据也可以通过网络来搜集，例如百度搜索引擎、达人微博以及微信公众号。

表 3-8　次级数据来源与特性

渠道	优点	缺点
公司网站	提供完整的产品信息，具参考价值	可能隐瞒负面消息
新闻网站	内容以报道性质为主	缺乏分析的观点深度
市场研究报告	深度足够	须注意其研究方法及论点是否具有完整的逻辑性。其内容未必全然正确，研究人员须具备判断是非的能力，且能了解各项数据的假设基础，才能提炼这些报告内容的精华
专业丛书	对单一企业或事件提供的信息深度足够，甚至可弥补初级数据不足	实时性不足，且仍须多方求证，避免接受偏差的情报

资料来源：牡丹集团 IIS 整理，2019 年 3 月。

表 3-9　液晶显示屏产业研究的可能来源

分类	数据来源
公司网站	京东方、华星光电、熊猫、惠科等
新闻网站	第一财经日报、中国经营网、显示网、中华显示网
行会组织	中国电子视像行业协会、中国光学光电子行业协会液晶分会、深圳市平板显示行业协会
市场研究报告	群智咨询、奥维咨询公司、IHS Markit、IDC、
入口网站	百度、知乎、搜狐
书籍或杂志	第一财经周刊、财经

资料来源：牡丹集团 IIS 整理，2019 年 3 月。

3. 预估所需要的时间与预算

次级数据虽然比初级数据经济，但是有些市场研究机构的数据价格昂贵，需要仔细评估是否需要进行采购或有其他的数据来源。另外，由于数据无限、时间有限，妥善安排找数据的时间，分析数据的时间才能游刃有余，不会落到捉襟见肘的窘境。一般而言，搜集数据的时间不应该超过分析数据的时间。随着产业分析经验值的增加，花在搜集的时间会大幅降低至分析数据时间的 1/5 以下。

4. 进行数据搜集并且快速分类

根据上述步骤，运用思维导图可以完成次级数据搜集的规划。然后就是着手进行数据搜集，搜集数据的同时仍可以快速地浏览数据大纲与相关图表，同时将数据加以分类。通常可将数据与研究主题的相关性分为直接相关与间接相关，再将直接相关的数据根据数据重要程度分为 ABC 三个等级。A 级的数据需要全篇翔实研读，B 级的数据只需研读部分内容 C 级数据可能只需引用某个图表。判断 ABC 级的原则，包括数据的可用性、准确性、可靠性，例如数据的来源、数据出版的目的、出版日期、市场或产品区隔的定义、出版品的质量、搜集数据的方法等。至于间接相关的资料，在时间允许的范围内，能读多少就算多少。在此阶段，最忌讳的就是漫无目的地搜集数据，特别是通过网络搜集，分析师可能因为意外发现重要、有趣，但是跟研究不怎么相关的资料，而模糊了次级资料搜集的原意。

5. 数据分析、汇总整理、建档与分享

在数据分析阶段，刚开始可能先提取次级数据中有用的信息，并利用各种文字处理软件制作成各类文件，然后将次级数据的精华内容，有系统的汇总整理为图表，如果研究题目较大，需要多人同时进行次级数据搜集，那么汇总整理为图表的次级数据，对于团队成员的数据分享就可以发挥事半功倍的成效。在汇总整理数据时需要特别考虑的事项包括以下几项。

（1）各项数据资料的定义，不同的数据定义可能产生分析上的偏差。

（2）解读前需了解该来源对该预测、统计资料的准确性。

（3）从数字中分析发展趋势。例如，手机通话分钟数逐年提升，每位使用者贡献的营收却下降，此数字对产业发展的意义是什么？

（4）判断其他数据来源是否和研究人员搜集的资料或是分析的结果有相同的结果。例如，其他研究单位对 3G 发展抱持乐观态度，当与研究人员分析的结果不同时，则有必要进行深入的分析。

（5）确认数据正确性，通过不同数据来源以确定数据的正确性。

（6）强化数据内容的深度，通过专业的新闻网站与研究人员的人际网络，搜集更具深度内容，以强化对事件的了解。

（7）完整的分析事件始末的原由，配合相关资料的分析，了解其发生的原因与结果，对产业产生的意义与影响。例如，从 NTT DoCoMo 发展 3G 未能达到目标，

来探讨未来 5 年内 3G 在全球的商机与我国可能面临的挑战。

最后，我们举一个范畴比较大的研究做说明。假设研究题目定为《中国"文中所提及的中国市场（暂不包含港澳台地区）"数字内容市场发展趋势》，其研究程序大致如下。

首先，研究者会根据研究目的，设计研究重点与产出。其次，研究者会制订出研究架构，将数字内容分为数字娱乐、数字学习与数字广告及网友行为等四个研究主题，前三个主题属于供给端的分析，第四个主题属于需求端的分析。再次，组织一个研究小组，各成员分别负责不同的研究构面，如项目管理、数字娱乐、数字学习、数字广告、网友行为等。再其次，是设计初级数据与次级数据的研究，初级资料部分包括厂商访谈、问卷调查、焦点座谈及专家座谈。次级数据部分包括整体市场规模、主要厂商动态、市场焦点议题、消费行为趋势、经营模式转变，以及可能的新兴服务等。最后才是数据的分析、推论，以及撰写研究成果。

二、竞争信息判读技巧

就信息对用户的重要性而言，可分为两类，一类是不可或缺（Essential），另一类是可有可无（Nice to Have）。Nice to have 的信息就像是名人的八卦，你知道也好，不知道也没关系。但如果你明天就要到莫斯科去旅行，却还不知道当地的气温是零下 17 度，而缺少这个信息就可能会对你的旅行产生重大影响，因此这个信息就绝对是 essential 的信息，因为当地气温的信息，将会决定你要穿什么样的衣服、带什么样的行李。企业经营也是如此，当进行运营决策时，没有 essential 的数据，完全靠直觉，将会产生极大的风险，但是若已经搜集到正确且重要的信息，却无法正确地解读信息意义和内涵，也仍然会产生负面的效果。

以下说明该如何对所得到的信息进行判读与解析。

（一）信息内容项目的定义与范畴

若所搜集的信息来自次级数据，则首先要注意这个信息所呈现的项目内涵，是不是与决策所需要的信息相同，因为有了定义之后，才会有范围，也才会有比较的准则。有许多例子是因为名词相同，但定义不同，反而可能误导了决策方向，例如"全球服务器市场规模为 5000 万台"，这句话初步看起来市场相当乐观，但进一步分析发现，服务器的定义与范畴在不同的顾问公司之间并不相同，有些公司将采用服务器等级的中央处理器的高效能个人计算机都纳入服务器的范畴；有些公司则将工作站（Workstation）以上的市场计算在内，所以如果不能确定定义的内容以及涵盖的范围，就会造成比较上的困难度，而决策也可能因而造成偏误。

（二）调查目标的单位

调查目标的单位包括年度、量与值，经常看到许多报告在陈述市场状况时，因为没有标明单位而可能降低其参考价值。例如在进行区域产业调查时，指出中南部省份机械产业每家平均年产值为500万元人民币，这项信息中所谓的中南部意指哪些省份？哪一年的产值？若无法明确交代，则在信息运用上就会产生极大的困扰。

（三）信息的调查方法

由于方法的不同，所得出的结果就可能大相径庭。例如对中国大陆市场的观点，十个人可能有十一种看法，主要是因为抽样或观察的角度不同，造成如瞎子摸象般的现象，而从产业供应端所做的调查与从使用者端所做的研究，显然也会有落差。因此在运用相关信息之前，应该对取得信息的方法先进行充分的了解，并对各种研究方法的优缺点有所掌握后，才能做出正确的判断。举例来说，如果要进行中小企业的现状调查，由于中国中小企业多达6000万户以上，除非进行普查，否则任何抽样都可能会有误差；如果要进行失业率的调查，每个国家的调查方法都不尽相同，而且国情也不同，受访者对失业调查的排斥度也不相同，因此所得出的调查结果，可能无法真正反映出实际的情况，如果就直接进行跨国比较，恐怕也会失于主观。

（四）调查目标

调查目标越具体，所呈现出的结果会越明确。若调查目标越模糊，则不同受访者将会产生不同的解读，进而影响研究产出。例如请受访者针对某品牌或某型号的笔记本电脑功能进行描述与比较，由于目标非常清楚，受访者可以很容易地回答，但如果是抽象或私密的问题，恐怕就较难获得正确的答案了。例如，经常有媒体进行企业影响力的调查，由于每个人对影响力的解读并不相同，因此在作答上就会天马行空，事实上就会很难得到有意义的结果。

（五）调查的对象

在信息搜集的过程中，受访对象非常关键，其关系信息质量的好坏。例如，在进行用户调查时，应以目标市场区隔为抽样的目标。若是新产品发布，则应以技术狂热者或先期采用者为邀约的对象；若是进行"小群体访谈"，则产品或服务的重度使用者或意见领袖就是邀请的重点。

（六）信息提供者的动机

由于商场上各公司存在着不同的利害关系，因此常会出现信息提供者，刻意提供特定信息来影响信息用户的情形。例如，公司发言人为了维持股价的发言、业务人员利用宣传效果来争取商机、研发部门主管向公司负责人争取资源，这类型的发言，通常会发布较乐观的业绩增长、企业排名、产业前景等信息。至于财务部门向税捐机关报税、业务人员与主管讨论年度目标的达成度与未来计划，则会倾向于运用比较保守的市场统计数字。因此，在使用该类信息时需要特别小心分析，必要时需再做进一步的检核与交叉验证。

三、竞争信息的解析技巧

若信息通过前面所述判别阶段的质量审视后，接下来就需要进行解读的工作，也就是要了解这个信息呈现什么样的意义？有什么影响？事实上，由于每个人的成长历程、背景、经验以及认知上的不同，在信息的解读上，就可能会产生南辕北辙的情形。以下提供一些实际操作的经验供读者参考。

（一）信息的解读应深入探究原因及解决之道

在营销学中有一个非常重要的例子，是一个卖鞋到非洲的故事。美国一家制鞋公司派遣调查人员前往非洲考察鞋子市场，第一位调查人员回传的消息相当悲观，因为他发现非洲当地的人都不穿鞋子，因此在评估报告上写下"机会渺茫"的结论，该公司为了能够更清楚地掌握状况，于是再派遣第二位调查人员前往非洲，这位二号调查员则相当乐观地将好消息回传总部，他认为非洲鞋子市场"一片大好"，因为他发现非洲人目前尚未开始穿鞋子，市场潜力相当可观。

相信大家都有相同的经验，对于同一事件会有正反两面的观点，不过，要提醒读者的是："能帮助决策的信息才是好信息。"若以此标准来检验前面所述二位调查员的评估报告，这两位的报告分数是完全不及格的，因为报告结果对决策完全没有帮助。事实上，信息搜集应不仅止于描述表象，而应再深入去了解这些信息背后所代表的意义，以及所引导出的可能行动方案，而非悲观或乐观地描述市场状况。这个故事的结尾是，这家制鞋公司的董事长决定送他最好的调查人员去非洲进行第三次的考察。一星期后，这位三号调查员做出了评估，他说，这里的人虽然不穿鞋，但是他们因为不穿鞋而引发的脚疮，却可能因为穿鞋而受益。不过，若公司想营销鞋子至非洲，那么公司必须重新设计鞋子的版型，因为他们赤脚在大草原上跑惯了，非洲人的脚型与原来公司针对文明世界所开发的样式并不相同。而为了配合非洲人的脚型生产鞋子，则可能要大幅调整工厂的生产线。此外，公司必须在教育非洲人了解穿鞋的益处上投资，这对于公司鞋子的拓展将会大有帮助。他还说，而且，在公司着手开拓非洲市场之前，最好先取得与当地族长的合作，才能避免可能的阻力。至于定价方面，这里的人没有钱买鞋子，但是他们种出我从来没吃过这么甜的菠萝，公司可以考虑用鞋子来交换菠萝，再将菠萝销售至当地的罐头工厂或欧洲的超市连锁店。我估计未来三年发展，可能的销售额和我们所有的成本，如报告所附的评估表。此市场拓展计划我认为我们能有 30% 的投资报酬率，因此建议公司可以考虑进行投资。若从信息帮助决策的角度而言，第三位研究人员的评估报告对公司是否进军非洲市场的决策才有帮助，研究人员应在搜集信息的过程中，时时以决策需求为念，才能搜集到 essential 的信息。

（二）信息解释应从交换立场或不同角度切入分析

信息在被解释的过程中，信息解读者应从不同交换立场或从不同角度切入来分析问题。例如某一个信息可以厂商经营的角度来思考，也可以从政府产业政策的角度来判断，当然也可以从产业上中下游的不同角色或地位来分析。若信息判读者是一般厂商，在分析事件时也应从不同角度、立场来说明。例如从客户的角度、客户的客户或是客户的老板的角度来分析诠释，如此内容才能更为周全。

（三）因果关系应分辨清楚

企业问题的解决或策略建议的发展，首先要能找出问题的症结，而问题所以产生常是许多因素互相纠葛产生的结果，何者为因，何者是果，应该分辨清楚，才能对症下药，提供决策者正确的方向指引。举例而言，许多人武断地说中小企业之所以积弱不振，主要是因为研究发展投入过少，但深入了解，中小企业研究发展资金投入本来就少，这是果而非因。若无法梳理清楚因果关系，就很难提出正确的对策。

（四）信息的解释以比较为基础并反复验证

信息的呈现若仅止于单一的数字，对于信息接收者恐怕很难留下深刻的印象，若能使用比较的方法，则更能突显所要表达的内容。比较的基础可用时间的观点与自己比较，或是与同业比较，或与国内外相关的产业或厂商比较，甚至于是跨行业的比较，都会让信息接收者更能体会。当然，若能从理论或产业史的发展来作推论，则会更具有说服力。

（五）对信息的解读应同时采纳正反意见并综合分析

对于同一事件，因为观点或角色的不同，经常会有不同的解读，若要对一个事件有较严密周全的判断，常需要做正反面的思考。例如老龄化与少子化已是全球无可避免地发展趋势，而劳动成本越来越高已是不可逆，这个趋势对餐饮业的影响是什么？例如对餐饮业而言，经营者必须思考如何减少人力或是提高人力使用效率。基于餐饮业有上述需求，因此餐饮业可透过流程改善，如透过数字广告牌（Digital Signage）或是平板自助点餐，节省柜台人力，而这对产业又有何影响？分析如下。

1. 正面影响

对于POS机行业（Point Of Sale, POS）的从业者，若POS要具备自助点餐和结账的功能，必须得面临消费者要如何取得认证以及付费方式。

中国基于移动支付相当普及，是发展自助机的必要条件。另外，自助机若要让整体使用感受更为便民、快速，现已规划纳入脸部辨识机制协助认证。过往POS机的设计是给餐厅人员使用的，针对餐厅人员的运用需求进行设计。然而，现阶段是提供给来店顾客使用，产品设计核心则必须以消费者使用情境为关键。POS机的技术核心是在于软件系统与操作接口，此部分原先就因应客户需求，在产品设计上就非常客制化。对POS机业者而言，必须与时俱进响应市场需求，除了上述技术条件外，也必须整合其他感测、辨识乃至系统后台数据分析技术，需理解点餐顾客会如何运用自助点餐机以及建构良好的使用体验，而需跳脱过往的产品设计思维，才不至于将市场拱手他人。

2. 负面影响

对 POS 机从业者而言，若能跟得上自动化市场需求趋势，转换产品设计思维，依旧能够保有业务机会。对于政府而言，各产业的自动化程度日趋提升可协助从业者解决老龄化或少子化造成的缺工问题；但同时要关注的是失业问题对整体经济产生的冲击与后续对社会的影响。

随着运算成本大幅降低、数据大量增加以及人工智能算法日益精进，使得人工智能应用空间指日可待。此次人工智能革命所取代的工作将与工业革命不同，将不仅止于蓝领阶级，对某部分以数据运算且重复性高的白领阶层工作也将有机会为人工智能所取代，例如税务助理或个人信用评估专员。若人工智能可能会剥夺人类工作机会已是可预见的问题，政府除了短期必须有相应措施对应失业问题；但长期来看，则必须着手教育科目革新或转型，例如会计系、法律系所设计的课程，必须思考未来工作上若有人工智能的辅助，培育人才的课程重点应在于如何与人工智能共存、一同处理工作所面临的工作状况。

同样是老龄化与少子化所衍生的问题，POS 机产业若能早日嗅得市场先机，则不至于被淘汰。但对于政府而言，却常要面临双面刃的情境，通常解决了一个问题，却会发生另一个问题。人工智能即是一个最好的例子，它可帮人类解决缺工问题，但同时也存在失业问题。因此，中国人常说的祸福相倚，也同此意。当一个事件发生时，对从业者自身或是政府运作皆没有绝对的好坏，皆需正反思量，找出最大利益。

四、突发事件的评论

信息的搜集及分析需要花费许多时间，但若失去时效，再多的信息也是枉然。尤其在高科技产业，信息价值常在第一时间，如何在掌握的第一时间内就将信息做好分析工作，尽速呈报决策主管，将是信息分析人员成功的关键。事实上，要对刚发生的事件做结构性的分析，需要一些经验与练习。以下的架构可供读者作为评估突发事件的参考。

①首先应陈述事件本身，也就是什么时间？什么地点？发生什么事？可以运用 what、when、who、where 等方法来说明。

②接着分析事件发生的可能原因或动机，这对于相应对策的提出非常重要。

③事件的可能演变，可以多种情境进行分析。

④事件的可能冲击状况与理由。冲击到的目标、如何冲击及为何冲击到如此程度（where、whom、what、how、why）。

⑤公司如何回应及提出策略建议，短中长期的做法，或者大中小型厂商的不同应对策略、上中下游不同业态的应对措施，政产学研的行动方案等。

五、竞争信息判读者需具备的素养

（一）信息判读者应具备的基本技巧

问题导向。从实务面而言，信息搜集主要是在协助决策，因此除了分析结果要考虑周详之外，时效的掌握尤其重要，而为了在有限期间内，有效地找出问题的症结及发展出可能的策略建议，就必须带着问题去探寻答案，才能真正达到协助决策的效果。

天罗地网。企业在市场上面临的问题相当复杂，有时并非信息搜集者一己之力就可完成，尤其当要验证一些事件、想法或假设时，若没有适当的信息网络，恐怕将要走很多的冤枉路。因此每个人平时就要建立完整的信息系统，对您的信息分析将会有莫大的帮助。

旁敲侧击。许多信息搜集牵涉到很多的人员访谈，也常需要了解一些产业或公司的敏感问题，如何旁敲侧击来获得所需要的信息，需要读者多培养察言观色和平行思维的能力。以询问某公司高层管理人员目前困难或发展瓶颈为例，若换一种问法可能比较容易得到回答，例如"您认为贵公司未来若想进一步发展所需要努力的方向是什么？"

拼凑还原全貌。对于许多决策议题而言，搜集信息的过程并非如想象般顺利，有时能搜集到的数据非常少，如何通过有限的信息或观察到的蛛丝马迹来预测问题并还原事件的全貌，也是信息分析人员必须具备的基本技巧。

无中生有。在信息搜集的过程中，在一定的假设前提下有许多模式（Model）可以参考运用，如产品生命周期模式、BCG矩阵、五力分析、SWOT分析等，但产业问题不一定可以找到合适的模式来应用，产业分析人员应尝试建立新模式，创新推论，初期模式可能有许多需要修正之处，经过不断的修正，相信对决策者会有很高的参考价值。

因果关系。企业问题的解决或者策略建议的发展，首先要能找出问题的症结，而问题的产生常是许多因素纠葛而产生的结果。应该分辨清楚，何者为因，何者是果，才能对症下药，提供厂商或是政府相关单位正确的方向指引。

切中要害。对于错综复杂的决策问题，有时会无法简要的说明清楚，在分析时也常会有无从下手之感，读者应训练自己有效地掌握重点，舍弃枝节，才能在有限时间内完成分析的工作。而面对所要服务的决策主管也要把握这个原则，才能在主管心中建立起专业形象。

自圆其说。对于分析的问题，背景、成因、未来发展脉络及对产业的影响及冲击都是企业决策者常需要面对的挑战，如何让自己的思考能够逻辑连贯，清楚合理，是需要不断自我训练的课题。

第一时间。信息的搜集及分析需要花费许多时间，但若失去时效，再多的信息也是枉然，尤其在高科技产业，信息价值几乎与时间平方成反比，如何在掌握信息的第一时间，就可以将其扩散到需要知道的人，并在最短的时间内做好分析的工作，也是信息分析者必备的本领之一。

引导决策。目前的世界，信息相当泛滥，如何寻求、过滤、搜集必要而且能协助及引导决策者下决定的信息，而非一般泛泛的知识，是信息分析人员在搜集过程中必须时刻考虑的问题。所搜集的信息应该是 essential 而非 nice to have。

（二）信息判读者应具备的条件

敏锐的数字理念。信息分析人员对于数字应该相当敏感，市场规模、产销现况与发展、金额、数量、各国经济情况、相关指针及统计数据、指针与指针彼此间的关系，都应该保持相当高的敏感度，才能在必要的时候做出准确的判断。

敏捷的逻辑分析。在信息分析基本技巧中提到，信息分析人员需要常常分析问题的背景、成因、未来发展脉络及对产业的影响与冲击，若想要对这些问题有正确且深入的分析，拥有敏捷的逻辑分析能力应是最重要的关键能力。

精博的产业技术。信息分析人员应具备相关领域的专业知识，除了自己负责研究领域的精通之外，尚需具备产业分析技术，这些知识包括信息分析方法、竞争分析、预测技术、产业规划等理论模式的熟悉。

广泛的市场动态。身为信息分析人员不仅应对本身研究的专业领域的产业变化有所了解，也应对相关的市场动态有广泛的知识及掌握，才能对大环境及趋势的发展脉动有所掌握。

优越的表达能力。此处所指的表达能力包括口语表达及书面表达。即使信息分析做得再好，若无法辅以卓越的表达能力，恐怕无法获得主管的信任，也使研究的成果大打折扣。

积极主动的心态。对于信息分析工作的执行，若无积极主动的心态、追根究底的精神，则将很容易草草了事，而只能达到见人所见、言人所言的水平，没有独到的看法与建议，也就无法提供产业决策者策略方向的指引。尤其在搜集信息时，更需要积极主动。举例而言，若早上在报纸看到某产业领袖 A 君发表对某事件的看法，您觉得这些看法对您的分析相当重要，但由于报纸的篇幅无法提供详细的内容，身为一个称职的信息分析人员，就应锲而不舍地，想尽各种办法与 A 君联络上，以获得更多的数据。

灵活的适应能力。在从事信息分析的过程中，需要花很多的精神进行初级及次级数据的搜集，过程可能很顺利，但也可能相当不顺利，甚至遭到拒绝或遇到很多的挫折，信息分析者在工作的心态上，就必须能够灵活地自我调整，否则相当容易阵亡。

良好的人脉网络。拥有完整且健全的产业网络，对于信息分析工作相当重要，不管在意见及信息搜集、事件查证、冲击分析、策略建议等方面，都能让研究者达到事半功倍之效，因此读者应细心经营产业人脉，以使信息分析工作有效地进行。

总体而言，正确的信息需要有效的解读才能发挥其效果，而其中的关键就在于对信息的判读能力，这是个需要长期培养与训练的能力，更需要不断地思考与练习，读者若能持之以恒，相信很快就能具备相关的素养与能力。

六、案例与研究分析

2013 年"三星电子入股夏普事件评析"可以说明产业事件评析的可能做法。

自 2012 年起，夏普即面临巨额亏损，在降低拥有 10 代线的新界公司持股比例之后，在鸿海入股夏普集团未定之时，夏普除向银行团寻求资金支持之外，并于当年 12 月引进美国通信芯片大厂高通近 47 亿日元资金之后，再于 2013 年 3 月 6 日宣布三星电子将以 104 亿日元取得 3.04% 股权，成为夏普第五大股东。

2013年3月6日，夏普宣布发行35804000新股，三星电子则以每股290日元的价格购入，取得夏普约3.04%股权，并于2013年3月28日完成交易，成为夏普的第五大股东。该笔资金将应用于高精细度面板技术以及投资高精细度平板装置与笔记本电脑面板的生产设备。

就夏普财务状况而言，截至2012年年底仍有1643441百万日元的流动负债需偿还，其中主要组成项目为银行借款及商业本票。此合作有望增加夏普对于三星电子的供应业务，并通过面板技术与设备的投资，改善经营状况，进一步提升公司价值，以向银行及债权人证明其业务前景。此外，夏普的股东股权结构在合作后将更为稳健，也有望降低未来银行借款及商业本票利息与借款成本，以减轻其财务压力。夏普大尺寸面板生产集中在龟山8代线与新界10代线。龟山8代线生产IGZO（Indium Gallium Zinc Oxide, IGZO）、非晶硅（a-Si）面板。在IGZO面板方面，终端产品应用主要为平板计算机，但因占主要美系客户出货比重降低，夏普也规划将IGZO面板应用扩大至笔记本电脑与商用高阶显示器，可满足终端应用产品显示规格的高精细度要求。夏普IGZO技术虽领先台厂与日厂，但因良率提升不易，生产成本过高，又得面临a-Si面板价格竞争压力，造成夏普获利不易，仍有资金缺口压力。在a-Si面板方面，以生产液晶电视面板为主，其尺寸包含32寸、46寸与52寸。位于堺市的10代线生产a-Si面板，主以供应大尺寸液晶电视面板，其尺寸包含40寸与60寸。鸿海董事长郭台铭以个人名义投资堺市10代线后，并通过多元渠道，如代工业务、电信商或实体渠道等，积极推出低价60寸液晶电视，有效提升了产能利用率，并将液晶电视显示规格推向大尺寸发展。

另一方面，则可从三星电子的立场分析为何会投资夏普。基于三星电子旗下显示应用装置，除平板装置于全球市场坐二望一，液晶电视与智能手机都居市场首位。三星电子具备的终端产品市场竞争优势，也是集团子公司——三星显示器业务基础的来源。三星显示器成功以AMOLED面板协助旗下智能手机产品差异化，而后也有延伸AMOLED至电视应用产品的规划，而集中资本支出于AMOLED面板开发。然AMOLED面板未来若仍仅以蒸镀制程较为成熟，其面板精细度发展将会面临瓶颈，无法与TFT液晶面板竞争。因此，健全旗下产品线是此次注资夏普的主因。从未来采购夏普面板方面考虑，夏普在8代线的32寸、乃至10代线的40寸与60寸，都仍是有利三星电视产品布局的尺寸，因此通过注资夏普，可强化双方合作关系，确保各尺寸面板供给充足。

三星电子采用AMOLED面板的Galaxy系列智能手机已获得市场肯定，但在采用蒸镀制程的 AMOLED 面板，不易提升精细度的状况下，将会不敌 LTPS 面板。因此，未来三星电子在智能手机的产品布局，仍得倚赖高精细度进行差异化，但三星显示器中小尺寸面板集中开发资源于 AMOLED 面板的情况下，更凸显三星电子得向其他面板厂商采购高精细度面板的必要性。

三星电子平板装置现以采用 a–Si 面板为主，也搭配自家 PenTile 模拟技术达到高精细度。但未来其在平板装置产品规格需进一步差异化，达到真实高精细度，夏普的 IGZO 面板将可助一臂之力。此外，笔记本电脑未来也会有高精细度面板规格需求，但在高精细度面板拥有高市场占有率表现的乐金显示器，向来为三星排除在外的采购对象，而提供三星与夏普进一步合作的基础。观察三星电子过往的采购策略，入股夏普并不会降低三星电子采购自家面板的比重，但却有助三星面板产品选择与供应来源更为完善。如果夏普的高精细度技术可助长三星电子终端产品的市场竞争力，对其他品牌构成竞争威胁，就能影响台湾地区零部件以及系统组装厂商业务。长期而言，夏普将以技术规格作为差异化竞争手段，客户组合若能更加完善，其需求规模将有助夏普面板技术改进和利润增长，从而使中国台湾面板厂商与夏普之间的技术差距拉大。所以日本、韩国厂商都在思索如何在日趋成熟的液晶显示技术中寻求差异化，中国台湾厂商也需尽早提出对应差异化的策略。

第四章　产业竞争态势分析

一、企业为何需要竞争力分析

竞争力是一种相对的指标，需通过竞争比较后才可表现出来的。要测定竞争力需要确定一个测定目标时间。要评价竞争力，需要确定一个比较竞争力的群体，根据目标时间在竞争群体中的表现评价它。

二、竞争力分析架构

根据哈佛商学院教授麦克·波特（Michael E. Porter）与1980年在《竞争策略》（*Competitive Strategy*）一书中，提出了五大作用力的架构（见图4-1），可以了解影响产业竞争的各股潜在作用力。也如波特所言，此架构同时可适用于制造业与服务业，也可分析国家或国际市场的产业竞争。

谈及五大产业作用力之前，先理解波特是如何定义"产业"。产业为"一群产品替代性极高的公司"。而且，波特对于产业竞争的判读有其观点基础，产业内部竞争会影响资本投入报酬率，而若接近经济学家所谓的完全竞争产业的报酬水平，可将此设一下限，必须高于此下限，才具有吸引新企业投入或既有企业扩大投资的条件。因此，波特提及的五大产业作用力的强度，则会决定资金流入的多少、报酬率能否高于上述的报酬水平下限以及公司报酬能力能否高于平均水平。

因此，波特认为影响产业竞争不仅限于既有的参与者，而是对产业内的所有公司，包含购买者（购买者议价能力）、供货商（供货商议价力量）、替代品（被人取代的威胁）和潜在进入者（新公司的加入），以上所述都为"竞争者"。竞争在上述的定义下，则可比较广泛地根据"延伸而来的对抗态势（Extended Rivalry）"而来。以上五股竞争作用力的加总评估，即可判断产业竞争激烈强度及获利能力。

另外，针对各个不同产业，波特也认为各个作用力的影响性程度也有所不同。如晶圆代工产业而言，此产业最大的作用力为"IC代工客户"与"竞争对手"，而影音串流服务厂商，则是"服务使用者"与"竞争对手"。

竞争力分析属于外部环境分析中的个体环境分析，主要用来分析本产业的企业竞争结构，以及本产业与其他产业之间的关系。以下逐一简要说明。

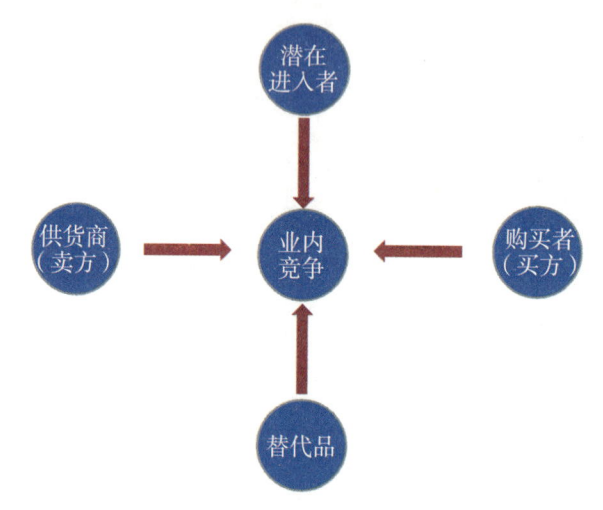

图 4-1 产业竞争的五个作用力

（一）潜在进入者的障碍

所谓潜在进入者，可能是一个新创立的企业，也可能是一个采用多元化经营策略的企业，潜在进入者会带来新的产能，并取得一定的市场占有率。

产业的潜在进入者是产业竞争的一股重要力量，这些新进入者大都拥有新的生产能力和某些必需的资源，期待能建立有利的市场地位。新进入者加入该产业，会带来生产能力的扩大，并争夺市场占有率，这必然引起与现有企业的激烈竞争，使产品价格下跌；同时，新加入者会争夺生产资源，从而可能提高产业生产成本，这两方面都会导致产业的获利能力下降。而潜在进入者对本产业的威胁强度，取决于本产业的进入障碍以及进入新产业后原有企业反应的强烈程度（见图 4-2）。

图 4-2　进入障碍

在判断何为市场进入障碍，是指某些需由新进厂商所负担的生产成本，不必让既有厂商负担。进入障碍也是使厂商不愿意进到一个似乎有利好的产业去投资的一股力量。进入障碍应可分类为两种，分别是经济性的进入障碍与制度性的进入障碍。根据哈佛学派的经济观点，经济性的进入障碍是可以通过时间的改变、厂商的学习能力、规模等加以克服的差异性，长时间必会达到均衡；制度性的进入障碍则无法由厂商能力、时间来克服。

制度性进入障碍主要是由地主国和母国文化上的差异与地主国政府的政策法规所造成的。在文化方面，小至饮食文化、颜色使用上的差异，大至宗教信仰上的冲突、语言上的差异，都会使外来企业感到陌生与掣肘，难以与当地的企业站在相同立场的基准竞争。在政策法规上，地主国政府的司法公正性、法律的变动与透明性、政策的可预测性、对外资的经营上的要求与限制等都属这个范围。这两种障碍都是一种使外资企业难以以本身的特质来克服的进入障碍。

经济性进入障碍的来源则与制度性进入障碍不同，主要是厂商的成本优势、产品的差异化、厂商的研发能量、产业所需的知识含量、资本密集度、品牌、顾客的转换成本、价格牵制、原物料与渠道的掌控、研发等造成的。据芝加哥学派的看法，经济性的进入障碍是可以通过后进厂商的蚕食鲸吞、策略性的干扰、差异化的商品来加以克服，长期会达到市场上的均衡。

表 4-1　进入障碍的来源与意义

进入障碍	意义
1. 规模经济	规模经济意指某一产品（或投入生产的作业或功能）在某段期间内，绝对数量增加时，单位成本下降的现象
2. 产品区隔	既有企业凭借着过往的促销、服务、产品特色或因最早踏入产业，已获得客户认可，新进者必须花大量资金才得以破坏并取而代之
3. 资本需求	必须投注巨资，才足以竞争
4. 转换成本	从一家供货商更换至另一家供货商所产生的"一次成本"（one-time cost）
5. 取得渠道	产品的销售渠道已被产业内既有企业占有
6. 与规模无关的成本劣势	·独家产品技术 ·原料取得条件 ·地点有利 ·政府补贴/政府政策 ·学习曲线或经验曲线

（二）现有竞争者之间的竞争

现有竞争者之间的竞争是企业所面对的最强大的一种力量，这些竞争者根据自己一整套的规划，运用各种手段（价格、质量、造型、服务、担保、广告、销售网络、创新等）力图在市场上占据有利地位和争夺更多的消费者，对产业造成了极大的威胁。

产业内各企业的竞争激烈程度主要取决于以下八个因素（见图 4-3）。

（1）竞争者数目与实力。一个产业内的企业数目越多，产业竞争越趋于剧烈。若一个产业内企业数不多，且各个企业都处于势均力敌的地位，也会导致激烈竞争。

（2）产业成长速度。产业成长速度放缓，企业会将重点放在占有率的抢夺，有可能导致竞争加剧。

（3）固定成本和仓储成本。固定成本高的产业迫使企业要尽量利用其生产力。当生产力利用不足时，企业宁愿降价扩大销售量也不愿让生产设备闲置，因而使企业间的竞争加剧，如液晶显示屏产业。在仓储费用高或产品不易保存的产业中，企业急于把产品卖出去，也会使产业内竞争加剧。

（4）产品差异化与顾客的转换成本。若产业内顾客的转换成本较低，则竞争就会比较激烈。反之，若顾客转换成本较高，产业内各企业的产品各具特色，那么，竞争就不会那么剧烈。

（5）产能上涨空间。若由于产业的技术特点和规模经济的要求，产业内的生产能力大幅度提高，这将导致一段时期内生产能力相对过剩，造成竞争加剧。

（6）竞争者多元化。竞争者成立的基础、背后的母公司或本身的背景，这些都会对企业的定位有所影响，即会对产业行为产生影响。

（7）策略风险高。若要在该产业拥有一席之地，其策略本身应拥有很高的风险。

（8）退出障碍高。所谓退出障碍是指该产业所要付出的代价，它包括以下几项。

①未用资产——退出该产业时，企业将蒙受重大损失。

② 退出的费用——包括人员安置，库存物品处理的费用等。

③策略性影响——如企业形象对企业营收、财务方面的影响等。

④心理因素——如经理人员或员工不愿退出该产业。

图 4-3 业内竞争

（三）替代品的威胁

广义上说，产业内的所有厂商都在和生产替代品的产业竞争。替代品限制了一个产业可能获得的投资报酬，限制了产业内的厂商能够获利的定价空间。替代品若在性价比方面提供的替代方案越充足，对产业利润的限制就越大。

所谓的替代品，是寻找和本产业产品功能相同的其他产品，但如今并非那么单纯且容易。除了本身产业外，也必须了解其他行业，如替代性服务的出现。

如何判断替代品很快进入该产业？①替代品的性价比较原先产品有优势。②替代产业的利润较为丰厚。该产业基于竞争导致价格降低或性能提高，替代品往往会很难进入本产业竞争。

替代产品是指与那些与本产业产品具有相同或相似功能的产品，如镁合金可替代工程塑料用于笔记本电脑的机壳，液晶显示屏或PDP显示屏可替代CRT显示器，洗衣粉可部分代替肥皂，钢笔代替毛笔。某一产业有时常会与另一产业的企业处于竞争的状况，其原因是这些企业的产品具有相互替代的性质。替代产品的价格如果比较低，它投入市场就会使本产业产品的价格上限只能处在较低的水平，这就限制了本产业的收益。本产业与生产替代产品的其他产业进行的竞争，常常需要本产业所有企业采取共同措施和集体行动。

来自替代品的压力主要有以下三个因素（见图4-4）。

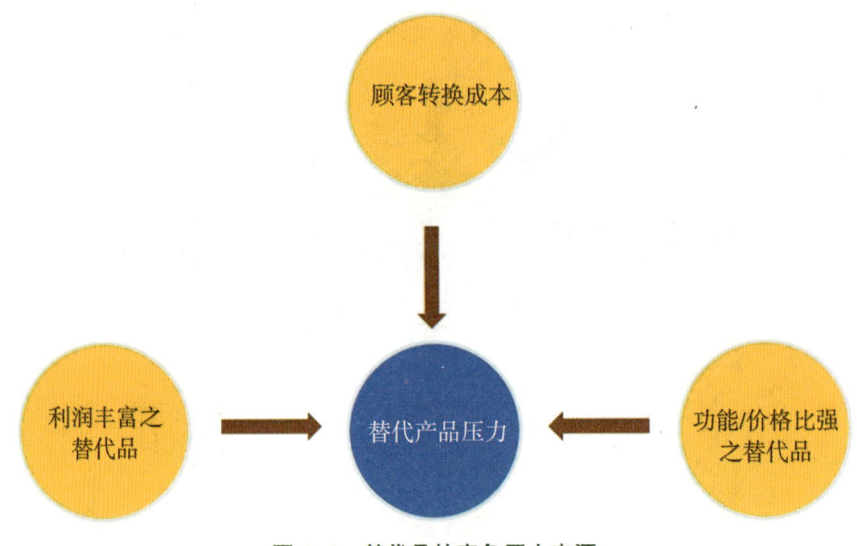

图4-4 替代品的竞争压力来源

（1）替代品的获利能力。若替代品具有较大的获利能力则会对本产业的原有产品形成较大压力，它把本产业的产品价格约束在一个较低的水平上，使本产业企业在竞争中处于被动地位。

（2）生产替代品的企业所采取的经营策略。若它采取迅速增长的积极发展策略，则它会对本产业构成威胁。

（3）顾客的转换成本。顾客改用替代品的转换成本越小，则替代品对本产业的压力越大。

（四）购买者的议价能力

购买者对产业竞争的影响体现在，设法用越低的价格取得产品或服务或是争取更高的质量或更多的服务，其结果是使得产业的竞争者们相互残杀，导致产业利润下降。不过，产业内重要客户的议价能力仍受到该市场的多项特性的影响，也需和该客户的采购能力相比。买方若能符合以下准则（见图 4-5），就已具备相当的议价能力。

图 4-5 购买者的议价能力

（1）相较于卖方的销售总额而言，买方群体集中度高。若该产业产品集中供应给少数几个购买者，而且少数购买者的购买量占了企业产量的很大比例，更凸显少数客户的重要性。若该产业的巨额固定成本是其产业特性，如液晶显示屏产业，可大宗采购的客户更是有着举足轻重的地位。面临高固定成本，产能利用率也就益显重要。

（2）买方从该产业购买的产品占其成本比重高或是采购量占卖方相当大的比例。若买方采购该产业产品在其成本中占很高比重，则他们在购买时对价格、质量等问题就更为挑剔；反之，他们在价格上是不敏感的。

（3）买方向该产业购买的产品的标准化程度。产品标准化程度越高，代表买方随时可找到替代卖方的厂商；相反地，买方对差异性越高的产品反而不易施加压力。

（4）转移成本低。买方的转移成本越低，对该产业的压力越大。

（5）买方获利能力。若买方获利能力低，则在购买时对价格敏感；反之，则较不敏感，但也要采购的产品占其成本比重低。

（6）买方向后整合的可能性（Backward Integration）。向后整合意指买方往上游进行整合；若买方有向后整合的可能性，也就意味买方成为该产业的竞争者，进而提高该产业的竞争压力。

（7）该产业产品对买方产品质量的影响程度。若该产业产品可左右买方产品质量，则买方对价格不敏感，对该产业企业的压力较小。

（8）买方掌握情报能力的强弱。若买方对于整体市场需求、市场价格乃至卖方成本相关信息掌握度高，也就提高了买方的议价能力。

（五）供货商的议价能力

供货商对本产业的竞争压力表现在要求提高原材料或其他供应品的价格，减少紧缺资源的供应或降低供应品的质量等。对某一产业来说，供货商竞争力量的强弱，主要取决于供货商产业的市场状况，以及他们所提供产品的重要性。供货商的威胁手段有两种：一是提高供应价格；二是降低相应产品或服务的质量，从而使下游产业利润下降。

供货商的议价压力主要从以下几个构面分析（见图4-6）。

图4-6　供货商的议价能力

（1）卖方是由几家公司支配，与卖方相比，力量更加集中。简言之，即是买、卖双方集中度的比较。如卖方的集中程度较高，买方家数则相对分散，则卖方通常可在价格、质量和交货条件上对买方施展较大的影响力。

（2）在销售市场上不需和其他替代品竞争。若存在着合适的可替代品，即使卖方再强大，他们的竞争能力也会受到牵制。

（3）该产业对供货商的重要性。如果本产业是供货商的重要顾客，供货商的命运将和本产业密切相关，则来自供货商的压力就较小。反之，供货商会对本产业施加较大的压力。

（4）供应品对该产业生产的重要性。如果供应品对本产业的生产起关键性作用，则供货商会提高其议价的能力。

（5）供应品的特色和转换成本。如果供应品具有特色，并且转换成本很大时，则供货商议价的能力就会增强，会对该产业施加较大的压力。

（6）供货商向前整合能力（Forward Integration）。如果供货商有可能向前整合，也就是往下游整合，如此一来，将增强它们对该产业竞争压力。

（7）该产业内的企业向后整合的可能性。如果该产业内的企业有可能向后整合，这样就会降低他们对供货商的依赖程度，从而减弱了供货商对本产业的竞争压力。

（六）竞争力分析架构下的策略思维

在理解竞争力分析架构的轮廓后，可从上述架构基础针对企业的经营策略进行剖析。

1. 潜在进入者——提高进入障碍

面对潜在进入者所造成的威胁，可分别通过供应端或客户经营达成，提高进入障碍的目标。

（1）供给面。

①掌握关键资源／创造独特技术。苹果推出 iPhone 时，为能在显示规格做出差异化，而积极推动液晶显示屏厂商开发结合触控功能的液晶显示屏，并通过专利申请让其他智能手机厂商不能同时取得具备触控功能的液晶显示屏。

②创造规模经济利益，提高进入资金需求。凡是需要大幅资本投资的产业，都具规模经济特质，进而可构筑竞争门槛，如晶圆代工产业、液晶显示屏产业。

③有效运用经验曲线，建立成本优势。一般电子产业在克服生产良率问题后，

即可稳定生产成本,并在未来有机会调降成本。

(2)需求面。

①尽量满足各市场区隔的需求。若以价格作为市场区隔条件,三星电子从功能型手机(Feature Phone)进入智能手机市场时,在产品策略上与苹果单一机种策略截然不同,而是采取低、中、高阶机种全线布局。

②通过策略提高顾客转换成本与忠诚度。现阶段以提供服务的中西厂商,包含中国的阿里巴巴、腾讯或是美国的亚马逊或谷歌,现阶段无论是通过提供支付、购物、影视或通信服务,都已累积相当规模的用户数量,足以证明用户离开服务提供厂商成本相对高,而愿意黏着在大公司所提供的服务平台。

(3)降低对手进入意愿。

①减少账面利润。压低在市场能获得的利润,降低竞争对手进入市场的意愿。最具体的例子非美国电子商务厂商亚马逊莫属,其 CEO 贝佐斯曾提及亚马逊的策略,就是用最便宜的价格提供产品,让利润低到竞争对手不想加入。

②提高预期报复的可能性。智能型手机市场竞争日趋白热化的同时,如 Apple 就曾针对 Samsung 提出专利侵权诉讼,并曾向美国法院提出要求在美国禁售三星智能手机。

2. 业内竞争——卡位原理

提高业内的竞争优势,无疑是采取抢得先机或缩小与竞争厂商差距的策略。企业要寻求具有优势的竞争位置,可寻求链接政府资源或取得进入特许行业的经营权。或可依赖自身判断,去建立难以被取代的条件、立于不败之地,如占有稀有资源,但其前提则是自身必须拥有采购规模的条件,才得以取得稀有资源,可有以下策略选择。

(1)选择政府/执照保护。

(2)占有稀有资源。

(3)寻找局部独占优势。

3. 替代品的威胁——替代品防御策略

替代品的防御策略如下,以智能手机市场竞争为例,说明如后。

(1)产品本身。①降低成本或改善产品。②提高产品形象。

(2)客户。①提高转移成本。②直接对下游的客户推销。

企业必须思考如何套牢消费者。提高产品本身的吸引力，可从价格或质量着力，或是提高客户的转移成本。以智能手机为例，基于产品规格差异化空间不大，且操作系统选择仅以安卓或 iOS 为主。因此，品牌厂商可有两种截然不同的策略思维吸引客户，一是降价，二是针对主要硬件规格不断进行提升，包含芯片、显示屏、摄像头或内存容量等。安卓阵营以三星最具代表性，而苹果向来作为智能手机规格的领头羊，且在推出 iPhone X 之后，更是将智能型手机的价位区隔往上抬升。

如前所述，现阶段智能手机的选择以操作系统为主，也就意味消费者虽然在品牌的选择是多的，但就操作系统而言，就仅能 2 择 1。因此当消费者选定之后，代表未来要进行转换并不容易。安卓系统原先是谷歌免费开放给手机品牌厂商进行运用，但谷歌现阶段也推出自有品牌智能型手机 –Pixel，也收购了台湾宏达电智能型手机研发团队，代表谷歌想自行跨足硬件产品的经营外，也想直接面对使用者，更可在自身手机添加未来新颖的应用功能。

4. 购买者的议价能力——提高对客户的议价能力

与替代品的策略类似，例如提高产品本身的吸引力，或是提高客户的转移成本等。若延续智能手机案例，Apple 除了在产品本身之外的精益求精外，现阶段 Apple 也希望通过服务的提供，如 Apple Music，以提升对客户的价值。

（1）产品本身。①增加产品特性。②使产品学习时间长。③产品规格不明确。

（2）客户。①增加对客户的价值。②选择议价能力较低客户。③降低顾客价格敏感度。④提高顾客转换成本。

5. 供货商——提高对供货商的议价力量

面对供货商，提高议价力量无非是让自身的采购规模扩大，可通过不同途径扩大采购规模。另外，鸡蛋不要放在同一篮子里，以降低风险。

（1）需求。作为采购端要提高议价力量，无非即是扩大自身的采购规模。①建立向下整合能力。②扩大运用独占力。③向下游整合。

（2）产品。降低对供货商的依赖，当然就是不要依赖单一供货商，必须扩充来源。以苹果为例，为实现 iPhone 规格的差异化，在 iPhone X 开始选用 OLED 面板。但对苹果而言，一是希望产品有所区隔，基于 OLED 的成本也较高；二是现阶段 OLED 面板的供货商仅有韩国三星显示器与乐金显示器两家，若将显示面板来源仅锁定上述两家，对于苹果而言的风险过高。①分散来源，寻找替代品。②使用标准产品，降低转换成本。③发展相关产品，运用既有优势。

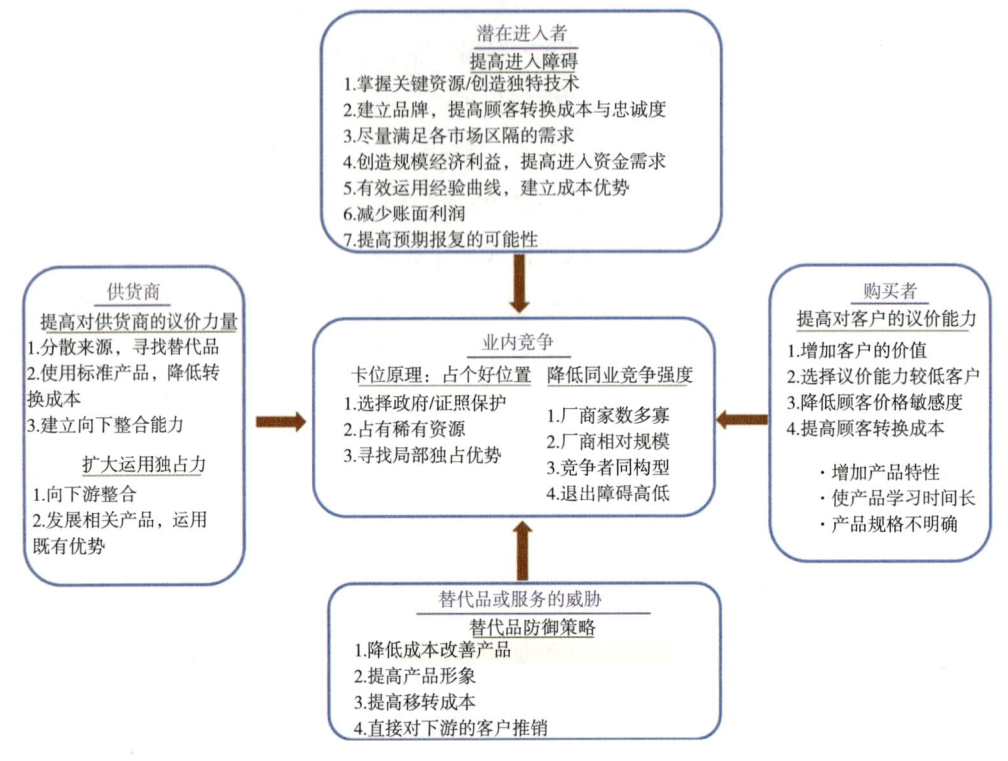

潜在进入者
提高进入障碍
1. 掌握关键资源/创造独特技术
2. 建立品牌，提高顾客转换成本与忠诚度
3. 尽量满足各市场区隔的需求
4. 创造规模经济利益，提高进入资金需求
5. 有效运用经验曲线，建立成本优势
6. 减少账面利润
7. 提高预期报复的可能性

供货商
提高对供货商的议价力量
1. 分散来源，寻找替代品
2. 使用标准产品，降低转换成本
3. 建立向下整合能力

扩大运用独占力
1. 向下游整合
2. 发展相关产品，运用既有优势

业内竞争
卡位原理：占个好位置
1. 选择政府/证照保护
2. 占有稀有资源
3. 寻找局部独占优势

降低同业竞争强度
1. 厂商家数多寡
2. 厂商相对规模
3. 竞争者同构型
4. 退出障碍高低

购买者
提高对客户的议价能力
1. 增加客户的价值
2. 选择议价能力较低客户
3. 降低顾客价格敏感度
4. 提高顾客转换成本

· 增加产品特性
· 使产品学习时间长
· 产品规格不明确

替代品或服务的威胁
替代品防御策略
1. 降低成本改善产品
2. 提高产品形象
3. 提高移转成本
4. 直接对下游的客户推销

资料来源：牡丹集团 IIS 整理，2019 年 3 月。

图 4-7　竞争力分析架构下的策略思维

三、价值链分析

（一）价值链分析是什么

价值链（Value Chain）是迈克尔·波特在 1985 年，于《竞争优势》一书中所提出的概念。波特指出，企业为了发展其独特的竞争优势、提高其商品和服务价值，必须将企业的经营流程分解成一连串可增加附加价值的过程，而这个流程就是所谓的"价值链"，因此，价值链分析可说是分析企业内部作业活动与企业竞争优势的研究工具。

这个分析方法是通过分解企业从投入（Input）转换成产出（Output）的每一项活动，

以帮助企业了解其成本特性以及现有与潜在的差异化来源，因此价值链也被称为"分析竞争优势来源的基本工具"。从另一个角度来说，企业也可以通过与竞争对手的价值链的比较中，看出决定其竞争优势的关键是什么。

（二）价值链分析的架构

根据波特的理念，价值链所呈现企业的总体价值是由各个价值活动和利润所构成。价值活动是企业进行各种物质和技术上的活动，也就是企业为客户创造有价值产品的基础。利润则是总体价值和价值活动总成本间的差额，它可以通过不同方式来衡量。

价值活动包含两大类：主要活动和辅助活动。每一项价值活动都是企业创造竞争优势所需的基础；每一项活动的表现和它所带来的经济效益决定了企业的相对成本。这些价值活动的表现也影响了企业能否满足客户的需求，进而形成差异化的可能性。

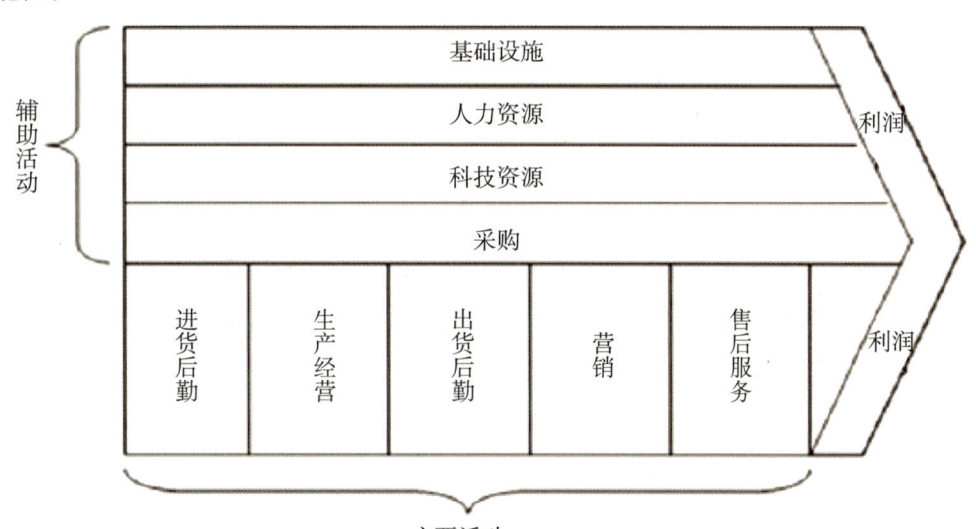

辅助活动：
- 基础设施
- 人力资源
- 科技资源
- 采购

主要活动：
- 进货后勤
- 生产经营
- 出货后勤
- 营销
- 售后服务

利润

资料来源：迈克尔·波特，《竞争优势》，1985。

图 4-8 价值链分析的架构

表 4-2 价值链活动

	活动项目	活动内容
主要活动	进料后勤	与接收、存储和分配相关联的各种活动，如物料的运用、仓储、物料的存货控制、运输排程及退货事宜等
	生产作业	将原料及零件投入并转换成产品的活动，包括加工、包装、装配、设备维护、测试、印刷及设备运作等
	出货后勤	与集中、存储和将产品发送给买方有关的各种活动，包括制成品的仓储、物料的运用、运货作业、订单处理及排程等
	营销	与提供买方购买产品的方式和引导他们进行购买相关的各种活动，包括广告、促销、销售力运作、报价、渠道选择及订价策略等
	售后服务	与提供服务以增加或保持产品价值有关的各种活动，包括设备安装、维修、训练、零部件的供应及产品改良等
辅助活动	基础设施	一般行政事务、规划作业、财务运作、会计作业、法律活动、质量管理及政府往来公务等活动
	人力资源	人员的招募、雇用、训练、发展及福利津贴等管理活动
	科技资源	产品与制程的发展与改良等活动
	采购	取得各种投入因素的活动，包括与供货商议价、搜集相关信息及寻求各种投入因素的来源等活动

资料来源：牡丹集团 IIS 整理，2019 年 3 月。

上述价值链各项活动之间通过链接与其他活动相连，每项活动的进行方式都会影响另一项活动的表现或成本。因此价值链能反映出企业为取得整体成效时，在各项活动之间所做的权衡取舍。

（三）价值链分析的重要性

价值链分析是通过辨识内部活动具有最高价值，并且可以进而强化使其成为企业的竞争优势。换句话说，价值链分析帮助公司了解它能如何为某件事物或活动增加价值，使顾客愿意为其产品支付超过其所有价值活动的成本金额去消费，从而增加企业营收和竞争力。此项分析的优点包括以下几项。

（1）有助于认识企业本身、竞争对手以及彼此在产业中的相对位置。

（2）通过发现成本优势和差异化优势帮助企业诊断并创造自身竞争优势。

（3）通过价值链分析比较自身企业与竞争对手的经营模式可以更加认识自己的优势和劣势（结合 SWOT 分析）。

（4）适用于各种类型的企业。

（四）如何应用价值链分析创造竞争优势

进行价值链分析来为创造企业竞争优势的方式通常有两种，视公司希望得到哪种类型的竞争优势（成本优势或差异化优势）而定。表 4-3 所列出的就是操作这两个途径的具体步骤。

表 4-3 应用价值链分析创造竞争优势的方式

成本优势	差异化优势
能帮助企业了解自身的成本优势或劣势以及影响其成本的因素	适用于企图以生产更优质的产品或服务为其目标的企业
步骤一，辨别公司的主要活动和辅助活动 步骤二，通过分析产品的总成本，建立每项活动之间的相对重要性 步骤三，辨别每项活动的成本动因 步骤四，辨别每项活动之间的链接 步骤五，辨别降低成本的机会	步骤一，辨别创造顾客价值的活动 步骤二，由增加顾客价值的角度来评估加强差异化策略 步骤三，辨别最能持续发展的差异化优势

资料来源：Ovidijus Jurevicius，牡丹集团 IIS 整理，2019 年 3 月。

1. 定位产品的成本优势

通过降低单一价值链活动的成本或重新配置价值链的方式帮助企业达到竞争优势。

步骤一，辨别企业的主要活动和辅助活动。所有为了完成生产商品或提供服务所进行的活动都必须要被清楚地辨识且分别出来。要完成这个步骤必须对于企业内部运营具有一定的认识，因为价值链活动的组织方式并非与企业本身相同。

步骤二，通过分析产品的总成本，建立每项活动之间的相对重要性。制造产品或提供服务的总成本必须被分解，并且归类至所属的活动中。成为重要成本来源或者执行不太有成效的活动必须先被标明出来。

步骤三，辨别每项活动的成本动因。经理人唯有通过了解影响成本的因素，才能知道如何进行改善。高度劳动力活动的成本与工作时数、速度和薪资等关系密切。

步骤四，辨别每项活动之间的链接。一项活动的成本降低可能会导致其他相关活动的成本随之降低。

步骤五，辨别降低成本的机会。当企业了解其效能不高的活动成本影响因素时，他就可以规划如何进行改善。过高的薪资支出可以通过提升生产速度来改善,像是外包给低劳动成本的国家,或是装设更多自动化系统。

2. 定位产品的差异化优势

通过提供能满足顾客需求的特殊化产品或服务,使该企业具有区别于其竞争对手的独特性和差异化的竞争优势。由于此优势是通过生产满足顾客需求的优质产品或是增加新功能而达成,因此通常会增加企业的开销。

步骤一,辨别创造顾客价值的活动。在辨别出所有价值链的活动后,经理人必须聚焦在对于创造顾客价值最有贡献的活动上。

步骤二,由增加顾客价值的角度来评估加强差异化策略。经理人可以使用以下策略来加强产品的差异化和提升顾客价值。

(1)增进更多产品功能。

(2)加强顾客服务。

(3)增加定制化项目。

(4)提供赠品/辅助品。

步骤三,辨别最能持续发展的差异化优势。好的差异化和顾客价值通常是通过使用许多不相关的活动和策略得到。因此若能将各活动和策略之间的结合优化,将可取得持续发展的差异化优势。

(五)价值链系统

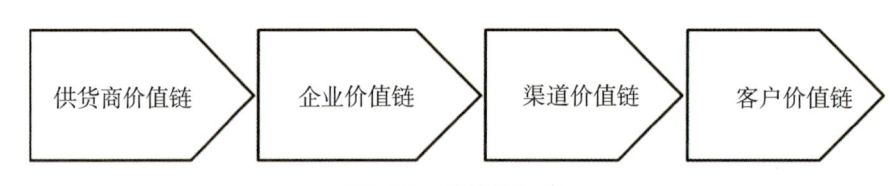

供货商价值链 → 企业价值链 → 渠道价值链 → 客户价值链

图 4-9　价值链系统

由于一个企业不是处在真空地带,其价值链上与供货商价值链相连,下与销售渠道和客户价值链相接,同时还受到市场价值链与竞争对手价值链的影响,因此它们共同形成了一个价值链系统。

而系统中每一链接之间的相对位置和强度都直接影响着参与者获取利润的高低;企业在价值系统中的相对力量则决定了企业在所属产业中是否能比其他公司得到更高的获利。

介于供货商和公司价值链之间的链接就是企业增强竞争优势的机会所在，通过影响供货商价值链的结构来优化相关连的活动，或是改善彼此价值链的配合模式，就能通过链接创造使双方互惠的竞争优势。

四、案例与研究分析

（一）企业竞争分析架构的运用范例

为更加具体地展现产业竞争分析架构的应用过程，以下将以液晶电视面板产业为例进行演练。基于液晶电视面板因大小尺寸差异，有着多元应用，包含液晶电视、液晶监视器、笔记本电脑、平板计算机或智能手机等。因此，本节将以左右全球液晶显示屏产能面积与液晶显示屏厂商生存的液晶电视面板分析为主。

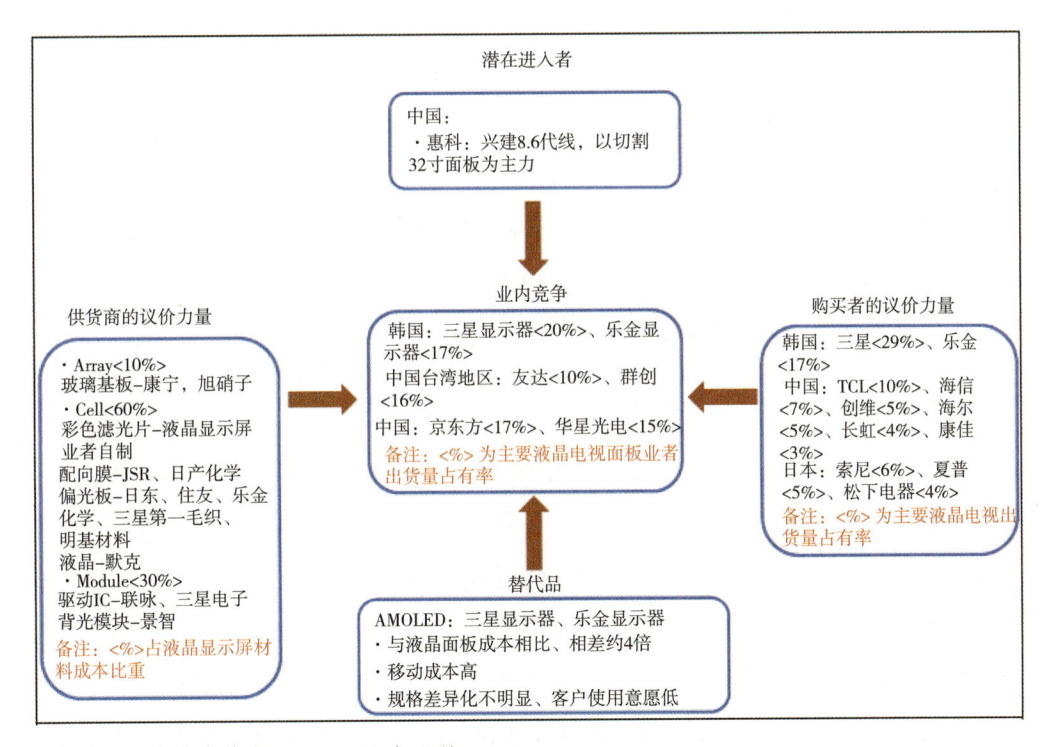

潜在进入者
- 中国：
  - 惠科：兴建8.6代线，以切割32寸面板为主力

供货商的议价力量
- Array<10%>
  玻璃基板—康宁、旭硝子
- Cell<60%>
  彩色滤光片—液晶显示屏业者自制
  配向膜—JSR、日产化学
  偏光板—日东、住友、乐金化学、三星第一毛织、明基材料
  液晶—默克
- Module<30%>
  驱动IC—联咏、三星电子
  背光模块—景智

备注：<%>占液晶显示屏材料成本比重

业内竞争
- 韩国：三星显示器<20%>、乐金显示器<17%>
- 中国台湾地区：友达<10%>、群创<16%>
- 中国：京东方<17%>、华星光电<15%>

备注：<%>为主要液晶电视面板业者出货量占有率

购买者的议价力量
- 韩国：三星<29%>、乐金<17%>
- 中国：TCL<10%>、海信<7%>、创维<5%>、海尔<5%>、长虹<4%>、康佳<3%>
- 日本：索尼<6%>、夏普<5%>、松下电器<4%>

备注：<%>为主要液晶电视出货量占有率

替代品
- AMOLED：三星显示器、乐金显示器
- 与液晶面板成本相比，相差约4倍
- 移动成本高
- 规格差异化不明显、客户使用意愿低

资料来源：台湾资策会MIC，2018年4月。

图4-10　液晶电视显示屏产业的竞争力分析

具体分析如下。

1. 潜在进入者

液晶电视面板产业竞逐的是更高世代的产线，基于母玻璃基板面积越大，将在玻璃利用率最佳的状况下，可切割越大的尺寸。例如，在 10 代线产能开出后，最有效率的切割尺寸为 65 寸，进一步推动液晶电视尺寸规格可往越大尺寸发展。然而，建设越高世代的产线，必须依赖充沛的资金条件，而且必须确保有足够的应用出口。因此，不难发现，夏普虽于 2009 年率先量产十代线，但时隔 8 年，才有我国京东方 10.5 代线接续投产。原因是液晶显示屏技术相对发展成熟，产线的设置前提除需要庞大的资金外，在整体液晶显示屏产能供过于求的环境下，若未确定有稳定的产能出口，贸然投产将因产线固定成本需分年进行摊还，而导致亏损。因此，现阶段加入液晶显示屏产业，不仅有官方政策大力扶持而且有相当的内需市场基础，才使得中国面板厂商具有液晶电视面板产线的投资意愿，如以制造液晶监视器业务起家的惠科，也将加入液晶显示屏的供应行列。

2. 现有竞争者

中国台湾地区与韩国的厂商都是液晶显示屏产业的后进者。中国台湾地区自 90 年代末期获得日本 TFT LCD 技术转移开始量产液晶显示屏；而韩国三星电子与 LG 投入面板开发则是领先台湾约 4 年的时间，基于韩国与日本厂商发展较为相似，采取财团型发展模式，都以垂直整合模式发展为主。

在中国台湾、韩国面板厂商相继加入液晶显示屏供应行列之后，加上中国台湾地区在全球笔记本电脑与液晶监视器供应链占有重要地位，有利于面板厂商发展。日本面板厂商最早放弃相关计算机应用面板市场的经营，而转向液晶电视面板业务发展，并且充分利用日系家电品牌为主，有如波特提及的以供应自身品牌产品使用为主，进行向前整合，如夏普、东芝或日立皆是。然而在韩国厂商乐金电子携手欧洲厂商飞利浦，日本品牌厂商松下电器、东芝与日立联手于 2004 年之后也相继投入 6 代线、7 代线与 8 代线生产，同时配合集团家电品牌业务发展。在向来以日系为首的全球电视市场，垂直整合液晶显示屏资源的韩国厂商，包含三星电子、乐金开始在全球液晶电视市场逐渐崭露头角，并且以高性价比、产品线完整，导致日本品牌在液晶电视市场节节败退。近年来，我国政府扶持面板产业发展，加上国内市场需求成为扶持我国液晶电视品牌最好的养分，同时也可成为我国液晶显示屏产能出口的基础。

总之，波特的企业竞争力分析架构的确可快速梳理清楚个别产业结构，但仍得随时关注最新会牵动产业结构的相关信息，因此可通过下一节结合网络舆情分析系统的企业竞争力分析系统辅助观测并提供预警机制，协助实时信息的搜集、判断以及预警。

3. 替代品

面对全球 TFT LCD 面板产能始终处于供过于求的情况，全球液晶显示屏厂商（除了我国外）纷纷调整之前的扩大产能策略，转而专注于制程改进与显示规格改善。基于此，也可发现三星 Display 因同时拥有 AMOLED 面板业务，其营收表现并不受景气循环影响，而是能维持增长态势。因此，若新兴显示技术的量产良率高，的确有助产品组合优化，提高厂商获利能力。与此同时，中国台湾地区液晶显示屏厂商因长期处于亏损状态，投资新技术不仅面临资金问题，也没有终端品牌客户的强力支持，新兴显示技术的量产历程也相对延长。

以三星电子为例，先前也是从事电视代工业务起家，但基于集团自有品牌发展策略，早期除积极布局平面映像管关键技术与零部件之外，还从 2000 年起投入新世代平面显示技术 –AMOLED 开发。但是开发 AMOLED 技术量产并不成熟，直到后 PC 时代来临，显示效能才成了后 PC 时代产品规格差异化重点。三星电子擅用 AMOLED 自发光的特性，如轻薄、广视角以及高色彩饱和度都符合智能手机规格需求，也让三星电子自 2011 年起稳居该产品市场宝座。而三星显示器与乐金显示器都计划将 AMOLED 显示屏的应用范围拓展至电视，但现阶段因产品单价仍过高，未获得市场回响。

4. 购买者议价能力

2017 年全球液晶电视市场前五大品牌占有六成以上，排名依序分别为三星电子、乐金、TCL、海信与索尼，而且前三名的品牌厂商，都拥有自身的面板产能，除了韩国两大厂商外，TCL 也是我国液晶显示屏厂商华星光电的重要股东之一。整体而言，在液晶显示屏产业处于供过于求的情境下，液晶电视品牌客户对于液晶显示屏厂商的议价能力都是较好的，而且分别观察三星显示器、乐金显示器与华星光电，供应给自身集团客户的比重，都占有近五成的比重，但仍有五成比重需对外寻求其他品牌客户的采购。因此，产能未具备液晶电视品牌出口的专业液晶显示屏厂商，如台湾地区液晶显示屏厂商，其在对购买者议价能力相对弱的情况下，必须善用多元产线世代，充实面板尺寸组合，以满足我国液晶电视品牌的布局需求，并加速引导显示规格的发展，与系统产品厂商建立更紧密的合作关系，例如高分辨率4K2K或是广色域技术，建立产品区隔，以争取客户青睐。

5. 供货商议价能力

液晶显示屏组成有诸多关键材料与零部件，以下列举若干材料与零部件来进行说明。其中在前段制程最为重要的母玻璃基板，其技术与产能条件都有其进入门槛，因此全球生产厂商数量并不多，仅有美国康宁、日本旭硝子与等。加上搬运不易、运输成本高，因此多半有高世代面板产线兴建，母玻璃基板厂商多半会在附近与面板厂商共同兴建熔炉，以就近提供。采取合资模式，可协助母玻璃基板厂商分摊供过于求的风险。而在于相关膜材，无论是韩国或我国台湾地区皆寻求自行制造，但仍旧以日本厂商供应为大宗，韩国液晶显示屏厂商的确为能减少受制于人的状况发生，在膜材产品或市场表现方面皆较我国台湾地区好。特别是韩国两大厂商皆是以集团式经营为主，都有三星第一毛织或是乐金化学投入膜材的开发。

我国液晶显示屏产业虽较晚踏入，却也表现出向上整合关键材料的企图心，包含母玻璃基板、膜材等。由于关键材料的开发，除了影响液晶显示屏的成本高低，也是影响规格表现的关键，而且多数的关键材料呈现垄断现象，因此上游供给商对于液晶电视面板厂商的议价能力也是相对高的。现阶段以液晶电视面板的材料成本结构看来，液晶电视面板前段制程材料成本的占比高达七成，因此面板厂商为能控制成本，而寻求自制彩色滤光片与偏光板。然而，占有三成材料成本比重的后段模块，反而吸引购买者（液晶电视品牌客户）采取的策略则是向后整合（Backward Integration），只向液晶显示屏厂商采购完成前段制程的 Open Cell，而要求液晶电视组装厂商负责后端模块的组装，除可控制成本外，也基于液晶电视薄型化设计，可一同进行处理。

6. 液晶显示屏产业策略分析

随着2007年液晶电视占全球电视市场超过五成比重的同时，也让液晶电视市场需求表现主宰面板厂商运营。但自2007年以来，各国液晶显示屏厂商寄望传统映像管电视的淘汰换新需求以及液晶尺寸的增长而积极布局8代线，乃至到10代线。然而，全球液晶电视市场需求量虽有增长，但因主流尺寸仍以32寸为主，使其需求面积发展未如当初预期乐观，全球液晶显示屏处于供过于求的状态。特别属于消费性电子产品的液晶电视遇上 2008 年金融海啸，品牌厂商为了刺激市场需求，不惜流血竞争更让液晶显示屏厂商经营陷入困境。然而拥有自品牌的韩国面板厂商，可通过降低对外采购比例，而提供集团面板运营基础；相形之下，以专业面板厂商自居的中国台湾地区厂商相形之下，面临市场需求疲弱时，其产能运用较无弹性调整空间。此外，伴随曾占有中国台湾地区液晶电视面板出货比重最高的日系液晶电视品牌在全球市场逐渐式微，且中国政府官方致力提高液晶显示屏自给率，也将瓜分中国大陆地区面板业务，更加凸显中国台湾地区液晶电视面板面临产能出口瓶颈。

  基于全球液晶电视市场仍有成长空间，各家液晶显示屏业者无不以扩张投资的策略为主，产线世代的投资与否将决定自身产能条件，也对尺寸组合产生影响。然而，若以韩国厂商三星显示器为例，与全球其他业者最大的不同在于近年来对液晶显示屏产能投资呈现放缓，而是选择将资源集中于有机 EL 面板的开发，包含提升精细度或是朝向可挠式发展，希望能够透过显示技术精进，进一步替代自家终端产品，如智能型手机，做出差异化空间。三星显示器已意识到若同样执着于液晶显示屏的产能投资，将无可避免面临供过于求之情境，而且随着中国在全球液晶电视市场中已跃居第一，三星显示器也难把握三星电子是否能维持全球领先地位。因此，希望透过开发有机 EL 技术，能跳脱液晶显示屏低价竞争的泥淖，有助维持显示屏产品单价，避免销售额下滑。

  而且三星显示器无论是在液晶显示屏或是有机 EL，在设备、材料或是关键零部件的自给率都相当高。特别是在有机 EL 的部分，三星显示器在设备设计或材料配方都不假他人之手，也使得这方面的量产经验不易扩散出去，也可了解现阶段有机 EL 量产良率仍以三星显示器为首。

  在确认竞争者之后，通常不会只和同业单纯比较，皆可针对竞争者的五力状况进行了解，包含上下游关系、同业竞争或下游客户等，将可知自身企业的相对位置。

  我国台湾地区面板产业厂商现仅存友达、群创以经营大尺寸面板业务为主，而华映与瀚宇彩晶都已转型生产中小尺寸面板为主。现阶段中国台湾地区液晶电视面板业务仍旧未具有液晶电视品牌，面临产能出口瓶颈。面临上述处境，中国台湾地区厂商因较早投入液晶显示屏产业经营，相较于我国其他地区面板厂商或是韩国业者，并加以擅用多元产线世代、充实面板尺寸组合，以满足全球液晶电视品牌的布局需求，并扮演引领显示规格发展的先驱者，借此与液晶电视厂商建立更紧密的合作关系，例如高分辨率 4K2K 或是广色域技术。中国台湾地区面板业者透过产品差异化策略，突破未具出海口的垂直整合劣势，建立起在液晶电视客户心目中无可取代的地位；并有助液晶电视面板平均销售价格于因产能供给变多而迅速跌价。

（二）价值链分析的运用范例

案例一：戴尔计算机

戴尔股份有限公司（Dell Inc.）是由迈克尔·戴尔于1984年创立，总部位于美国德州，是专门研发、销售提供计算机及相关产品服务的企业。戴尔以生产、设计、销售家用以及办公室计算机而闻名，不过它同时也涉足高端计算机市场，生产与销售服务器、数据储存装置或网络装置等。其他产品包括软件、打印机及智能型手机等计算机周边产品。目前，戴尔的全球员工已经超过9.6万名。

2010年，戴尔入选美国《财星》杂志每年评选的全球最大五百家公司排行榜的第38名。《财星》同时也将戴尔列入科技业中全球第五大最受尊崇的公司。

价值链主要活动

- 进料后勤

戴尔在这方面与超过16.5万名渠道伙伴合作，并提供每年1.25亿美元作为奖励。

戴尔最为知名的策略是他们采用"零库存"的方式作为进货备料的机制。其运作的方式是与供货商配合，使其将组装个人计算机所需的零部件每隔数小时配送至工厂，接着再由双层输送带发送至每个作业点上。让戴尔致力于降低库存量的原因就是计算机零部件汰旧换新的速度很快。相较于当时（1998年）业界的领头羊——康柏，其库存量是23天。戴尔的库存量才7天，就是这个机制成功的最好证明。

- 生产作业

在1997年以前，戴尔的每位作业员在线工作只负责一项任务。然而，在公司重组之后，他们转变为"小组生产模式"，也就是由一组作业员依照客户的需求来组装一整台个人计算机。但为了提升生产线的效能，这个模式后来也被取代。因为每个客户对于配备的要求可能只差在几个零部件，因此戴尔后来采用的新机制就是以一套常被订购的规格作为基础配备，并预先组装好。

- 发货后勤

在完成组装后，计算机会被转送到出货部门进行包装和发货前的准备。派送这些计算机大概需三到五个工作日的时间。

- 营销

戴尔的业务营销策略是一种混合"直销"（直接将商品贩卖给消费者）和通过零售商贩卖的模式。他们让顾客通过官网和免费电话直接订购商品。后来当他们的

"直销"策略失败后，戴尔改为在电子产品贩卖店设置小摊位，让客人可以亲自确认商品规格，然后下订单。有别于其他的制造商，戴尔将其营销的主力对象设定在终端消费者。他们主要的营销方式是广告宣传，包括通过电视、杂志和网络等。

·售后服务

戴尔对于他们的客户提供售后服务和支持一向不遗余力。他们的服务包括页面更新、产品设计服务、客户加值服务和售后服务等。

价值链辅助活动：

·企业基础设施

为了提供顾客实时的现场服务，戴尔与当地相关厂商早已建立起深厚的同盟关系。他们也与Lexmark形成策略联盟，使其打印机和墨水闸也应用在戴尔的品牌下。

·人力资源管理

戴尔在全球共有101800员工，其中57%的员工负责直接面对顾客和第一线工作。

·技术发展

2008年，戴尔的技术发展部门总计有4000名工程师以及60亿美元的经费。他们对于自己所培植的技术进行高质量标准的控管，通过各种测试和质量管理流程来检查各个配件、零部件和成品。

戴尔与他们供货商紧密的配合以确保零部件的质量。而他们与其供货商长期配合的关系也为自己带来优势，例如高质量的零部件供应、准时的发货、供货商工程在公司驻点协助产品开发和新产品发布，同时他们也不断尝试新方法来降低供应链的成本。

竞争优势分析

·新产品进入市场的时间。戴尔与其供货商采用"零库存"的方式配送物料，使其不会产生大量的库存。这个方法让他们可以在推出新产品前，能够更快地清空现有存货。

·提供的不只是产品。戴尔直接将产品贩卖给顾客，因此他们拥有不同的业务和营销团队，可以针对不同顾客的需要制订策略。也就是说，他们能更有效地了解自己顾客的需要，并且满足他们的期待。

·低成本。他们的企业结构为其省下不少成本。这也使得他们能够提供顾客低成本且有效的解决方案。

结论

在瞬息万变的IT产业界，戴尔若要与其竞争对手同步，应当重新拟定未来的发展策略。沿用过去驻厂生产的策略，戴尔在成本优势上一直以 6% 的幅度领先其他竞争厂商。然而，由于生产成本提高，他们将个人计算机的生产线转移至亚洲代工厂。戴尔未来的策略若要朝向降低成本和扩增产品，势必需要同时考虑到质量管理问题以维持优良的市场声誉。

案例二：笔记本电脑产业价值链

根据麦克·波特的理论，每个企业都处在产业链中的某一环节，一个企业要取得并维持竞争优势不仅取决于其内部价值链，同时也与该企业在其产业价值链中与其上下游厂商的相对位置有关。以下案例可以说明这点。

半导体	零组件	组装代工	品牌
CPU - Intel - AMD - NVIDIA - Rockchip **CPU** - AMD - NVIDIA **DRAM** - 海力士 - 美光 - 三星 - 南亚科 **Audio Codec** - Realtek	**电池芯/模块** - 顺达科　- 新普 - 加百裕　- ATL - LG Cheminal - Samsung SDI **键盘** - 精元　- 达方 - 群光　- 昆盈 **面板** - 友达 - 群创 - 京东方 **硬盘/SSD** - Seagate　- WD - Toshiba - Kingston **枢轴** - 新日兴 - 兆利	- 广达 - 仁宝 - 英业达 - 纬创 - 和硕联合 - 蓝天 - 微星 - 鸿海 - 精英 - 比亚迪	- HP - Lenovo - Dell - Acer - ASUS - MSI - Samsung - Fujitsu - Apple - VAIO

资料来源：台湾资策会 MIC，2017 年 5 月。

图 4-11　笔记本电脑产业价值链

表 4-4　笔记本电脑产业重要厂商

厂商	重要技术发展及其影响
半导体 Intel、AMD、Microsoft、Google、Samsung 等	・CPU 以 Intel 占绝对领导地位，AMD 居次 ・在降低能耗市场需求下，Microsoft 在 2013 年推出支持 ARM 指令集架构 Windows RT 版本，使 NVIDIA、Qualcomm、TI 等 ARM 架构处理器厂商进入笔记本电脑产业，但由于消费者接受度不高，Windows RT 版本操作系统逐步退出市场 ・在教育市场渐露头角的 Chromebook，因其操作系统使用 Google 提供的 Chrome OS，可搭载 ARM 架构的处理器，加上 Samsung 推出的 Chromebook 搭载自家的 Exynos 处理器可降低系统成本，故随着 Chromebook 的销售增长，将对于 ARM 处理器在笔记本电脑的发展有所帮助
液晶面板 Samsung、LG、友达、群创、京东方等	・Samsung Display 自 2008 年起陆续关闭 TFT LCD 面板厂，退出中小尺寸 LCD 面板市场。2016 年 Samsung Display 关闭一座 7 代厂且 2017 年关闭一座 5 代厂，LG 也陆续关闭 5 代厂以下产能，使得笔记本电脑面板供应量下滑。尤其中国大陆面板厂商京东方受惠于大厂的转单带动笔记本电脑用面板出货量明显增加，接收包含 Dell、HP、Apple 及联想等重要客户 ・Samsung Display 退出 LCD 业务，也对广视角面板（IPS/PLS）供应产生影响，因 Samsung Display 是广视角面板的主要供货商之一，仅次于 LG Display，品牌厂因而必须寻找其他供货商，以确保供货
电池 Sony、Panasonic、新普、顺达等	・原有日系厂商 Sony 及 Panasonic 逐渐退出笔记本电脑电池芯供应，目前以 Samsung SDI、LG Chemic al 等韩国厂商与 ATL、Coslight 等大陆厂商为主 ・ATL（中国新能源科技）自 2012 年起开始供应 Apple iPhone 电池并成为三星手机的供货商之一 ・许多国外电池芯大厂同时生产电池模块，如 Samsung SDI，新普、顺达等台湾地区厂商则专业于电池模块供应，本身虽无生产电池芯，但配合进口电池芯与其电路板的组合，成为市场上稳定的供货商
组装代工 广达、仁宝、纬创、英业达、和硕、鸿海等	・通过与品牌厂商于研发上的概念传递及合作，并在订单争取时也提供部分自行研发的产品原型与规格，来进行技术规格与价格的竞争 ・ODM 厂商根据客户实际订单出货，通过 ODM 厂商中心控管，得以快速准备生产所需料件，组装生产完成的成品或半成品，出货运送至品牌客户手中

续表

	厂商	重要技术发展及其影响
品牌客户	HP、Acer、Dell、Levono等	·持续通过渠道商、零售商贩卖商品给消费者 ·在售后服务阶段，各品牌厂商除了经由各区域性服务网点或经销合作对象负责支持，也会委托其代工厂商给予协助

资料来源：台湾资策会MIC，2018年9月。

由上述资料可知，位于产业链中各家厂商的市场发展不仅在于其自身的研发技术，同时也与其他软硬件相关厂商的技术发展和产品销售有着密不可分的关系。

以半导体厂商为例，尽管因为Microsoft开发出Windows RT版本，使得NVIDIA, Qualcomm, TI有机会再次进入市场。但由于消费者对于Windows 8作业平台的接受不高，Windows RT仍旧无法生存。另一方面，Google提供的Chrome OS搭载ARM处理器却因为Samsung推出Chromebook搭载自家Exynos处理器的助力，带动了ARM处理器在笔记本电脑的发展，使其在市场上占有一席之地。

因此，厂商即使拥有创新独特的核心技术，没有其他相关技术的配合，仍无法在市场上生存。

随着创新技术的快速发展、信息的普及化，以及厂商之间学习效应的趋势，现今世代的产业链不断地扩大和延伸。而产业价值链中的各个企业相互联动和影响的关系，使得彼此产生更紧密的依存关系。因此，企业若能通过产业链中的链接关系相互合作、共同推进，建立起超越单一企业优势的竞争优势，并与上下游厂商协同，以更快速有效的方式将技术转换为产品、推入市场，为整个产业价值链与其中的各个企业创造多赢的局面。

第五章　产品的竞争与策略

根据营销大师 Philip Kotler 的定义，"产业"是由一群提供类似且可相互替代的产品或服务的企业所组成。在产业的体系中，企业以营利为目的，通过产品（服务）的提供，满足客户与社会的需求，进而获取相对的利润，其后再通过利润的累积，扩大产品阵容与企业规模。

Kotler 指出，企业经营唯一不变的原则，是满足顾客的需求，同时也认为顾客满意会增加企业的获利率。在顾客需求导向的今日，顾客的满意是企业追求的目标，同时也是取得竞争优势与成长的关键。

然而，在自由开放的市场中，企业除了须妥善处理共生者（供应链、渠道）及客户的关系外，也不可避免地要面对规则制定者（政府、工会组织）以及竞争者（提供相同或类似商品者）的种种规范与挑战。如何通过比竞争对手更灵活而卓越的手段，满足消费者的需求，进而取得竞争优势，存活于市场，并获取超额利润，是所有企业经营者关心的生存课题，也是产业分析人员在掌握产业发展情况时，不可忽视的重要环节。

上述企业为应对竞争者的挑战，所进行的策略规划，统称为"竞争策略"。而此类竞争策略的规划层次上，由小而大，大致可区分为下列四种层次。

1. 产品策略（Product Strategy）

指产品经营者，针对特定产品或服务，以市场存续为目标所进行的策略规划。

2. 事业单元策略（Business Unit Strategy）

指特定事业单元，针对旗下相关产品线，以产业竞争的胜出为目标所进行的策略规划。

3. 企业总体策略（Corporate Strategy）

指企业总部，针对旗下多元化经营的事业单元，以资源分配的效益与互补综效的发挥为前提所进行的策略规划。

4. 网络定位策略（Networking Strategy）

网络定位策略指企业内的各层级，为支持上述各位阶的业务，而与外界各企业、组织或个体，以维系相互关系的网络为前提，所进行的策略规划。

以下所将探讨的主题，聚焦于产品层级的竞争策略之上。通过此一基础元素的策略解读，产业分析人员可以深入了解企业在因应时局的基本态度与取向，进而逐步延伸并扩大为对整体产业的发展脉动与趋势的认知。

一、产品生命周期

创新产品的开发过程往往需要耗费庞大的企业资源，但产品上市后的挑战也不少。虽然任何产品终有走到尽头的一天，但唯有妥善经营每一阶段的产品发展策略，方能为企业累积更多的资源与经验，进而迎接每一个新市场的挑战。

产品生命周期的概念不是仅针对某个单一品牌的产品，也泛指某一类型的产品。在产品生命周期的描述上，一般来说会利用钟形曲线来说明。有时候产品的销售量会因为需求的转变而急速减少，但相对地，有时也会通过新促销或新用法的诞生，而再创高峰。

产品生命周期的演进，并非都是平顺的，相对地，消费者也未必都会死心塌地地接受新产品。特别是高科技产品，对某些消费者而言，往往需要花时间才能掌握使用的技巧，因此学者 Geoffrey A. Moore 便提出了产品生命周期中会存在鸿沟（Chasm）的观察，根据产品生命周期的各阶段竞争态势不同的特性，企业应采用的营销策略也不尽相同，然而厂商要如何才能跨越鸿沟？领导者要耗费多少资源才可以顺利让早期大众接受新产品技术呢？图 5-1 说明了企业与产业分析人员在面对产品生命周期演进时，应关注的焦点议题，有助于掌握相关商机。

第五章　产品的竞争与策略

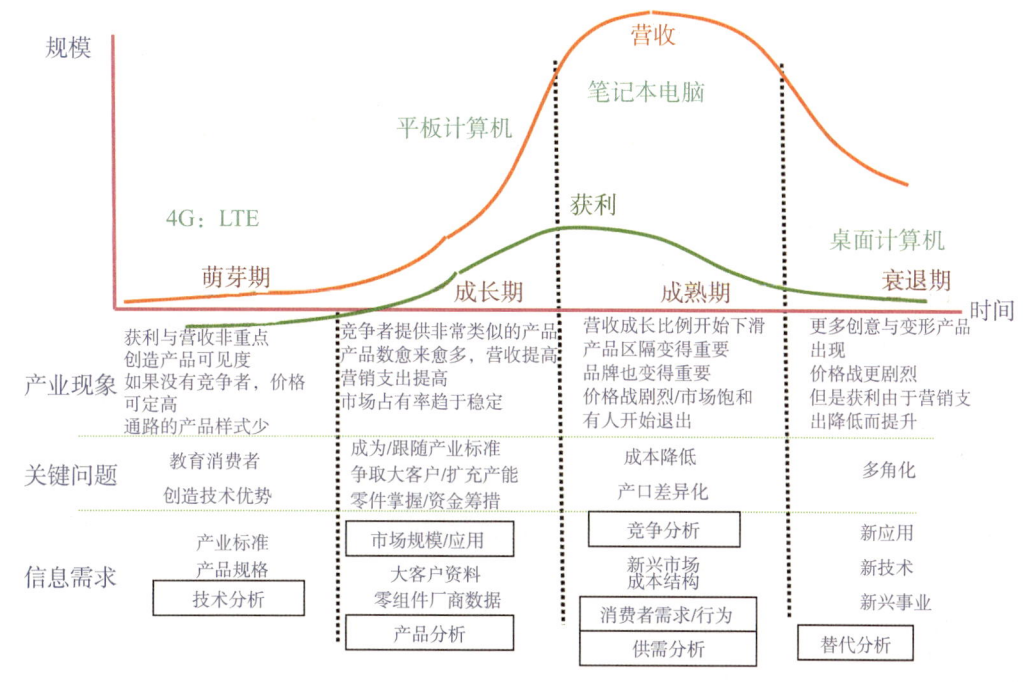

图 5-1　产品生命周期与产业分析议题

	萌芽期	成长期	成熟期	衰退期
产业现象	获利与营收非重点 创造产品可见度 如果没有竞争者，价格可定高 通路的产品样式少	竞争者提供非常类似的产品 产品数愈来愈多，营收提高 营销支出提高 市场占有率趋于稳定	营收成长比例开始下滑 产品区隔变得重要 品牌也变得重要 价格战剧烈/市场饱和 有人开始退出	更多创意与变形产品出现 价格战更剧烈 但是获利由于营销支出降低而提升
关键问题	教育消费者 创造技术优势	成为/跟随产业标准 争取大客户/扩充产能 零件掌握/资金筹措	成本降低 产口差异化	多角化
信息需求	产业标准 产品规格 技术分析	市场规模/应用 大客户资料 零组件厂商数据 产品分析	竞争分析 新兴市场 成本结构 消费者需求/行为 供需分析	新应用 新技术 新兴事业 替代分析

一般而言，在产品发展的初期（萌芽期），市场上呈现百花齐放的态势，许多领导厂商或新创厂商抢入市场，此阶段想要采购相关产品或服务的消费者多为科技爱好者，抢先一探新兴科技的样貌。在萌芽期中，市场上通常缺乏统一的标准、规格，因此多数厂商进入市场的目标为抢占产业标准、规格，一旦其产品成为产业标准规格，将可在成长期或以后的阶段取得最大利益。因此，在萌芽期阶段，发展的关键议题在于教育消费者、创造技术优势。对产业分析而言，信息的需求在于产业的标准、产品或服务的规格与技术相关分析。

在萌芽期进入成长期的过程中，经常会出现所谓的鸿沟，这就是当产业标准、规格日趋统一时，非主流标准的厂商将落入鸿沟之中，甚至退出市场。此外，也可能出现该新兴产品在萌芽期阶段就陨落的情况，可能的因素包括消费者需求过低、规格无法统一、法令规范无法配合等，如过去 Intel 主导推出的随身上网装置就是一个例子，在尚未进入成长期前就消失了，数年后才以 Apple 推出的 iPad 重新带动平板计算机的市场。

在成长期期间，主流的消费者逐渐进入市场，此阶段市场成长曲线最为明显，厂商纷纷通过大量生产、成本降低、促销等方式抢占市场占有率。这个阶段中，产业的关键议题在于标准的确立、产能的扩充、供应链的掌握、渠道的掌握。因此，对于产业分析人员而言，信息的主要需求在于市场规模、市场区隔、渠道、消费者行为、渠道供应链分析与产品规格及价格的分析等。

当多数主流消费者都进入市场后，相关产品或服务的安装率（Installation Ratio）已接近最高点，市场增长将趋于缓和，产品进入成熟期阶段。该阶段的产业特征在于厂商数量开始减少，新进入者少，甚至有部分厂商因此开始退出。此时品牌的形象日趋重要，同时，价格竞争将更为激烈，厂商进入绝对厮杀的激烈竞争阶段，产业从完全竞争逐渐走向寡占。该阶段的发展关键议题在于成本竞争力、差异化竞争力等。对于产业分析人员而言，在此阶段需特别关注竞争分析，包括在成本、差异化、利基市场等的竞争能力，并进行供给与需求的分析。

当消费者大多都已进入市场后，该产品将仅剩下换机需求（Replacement），此时市场将进入衰退阶段。在此阶段中，厂商数量将大幅减少，产业结构进入寡占甚至是独占的阶段，价格将跌至谷底，最终呈现低稳定的状态，但厂商的获利也趋于稳定。此时多数企业将寻求新的增长动力，通过新市场、新应用、新技术的开发，希望开启另一个成长周期。因此，这一阶段的关键议题在于企业的多元化经营，新兴市场、技术与应用的开发，成为产业分析人员的关键信息需求。

对于产业分析人员而言，需根据消费者、客户进入市场的状况，判断所分析的对象产品或服务处于产品生命周期的哪一阶段，并根据其生命周期不同阶段的议题进行信息搜集与分析，由此提供企业发展所需的关键信息，拟定相对应的产品发展或竞争策略，有助于企业掌握在不同生命周期阶段下的核心竞争力。

由于高科技产品发展速度极快，产业分析人员对于产品生命周期相关分析需更为实时且灵活，方能协助企业与时俱进，掌握关键成功要素。

二、BCG 矩阵分析

当一企业有许多产品、事业部门时，为理解相关产品或事业部门在该企业集团中的相对定位，管理顾问公司 Boston Consulting Group 发展出 BCG 矩阵的分析方法。因此，产业分析人员经常使用的 BCG 矩阵，是属于公司层级（Corporate Level）的分析模型，由此观察分析集团内各事业部的地位。同时，对于各事业部所处环境及竞争态势仅以市场成长性及市场占有率表示。这样的分析模式，无法显现策略性事业部的功能性及事业部间综效的关系，产业分析人员在使用此分析模型时，需特别留意此限制。

BCG矩阵主要是以各事业部的市场占有率及市场成长性,将各事业部加以定位,以作为企业思考企业事业部策略的基础。BCG以市场成长性的高低与市场占有率(或市场排名)的高低将企业所有的事业部分成四类,分别是明星(Star)、问号(Question Marks)、金牛(Cash Cow)及狗(Dog)。从资金的需求而言,这四类事业部各不相同,明星(Star)在资金上可以自给自足,又可为企业创造增长;金牛(Cash Cow)需求资金投入低,而且可以创造现金以投入其他事业;问号(Question Marks)发展空间大,但需要提供资金以期培养成为明星;狗(Dog)获利低,但相对的资金投入量也低。

	高	低
高 市场成长率	明星 Star	问号 Question Marks
低	金牛 Cash Cow	狗 Dog

市场相对占有率

图 5-2　BCG 矩阵分析架构

发展过程完整的事业部,一般而言会依序经历问号、明星、金牛、狗四个阶段。而企业对于其旗下的各个事业部则可以实行三个基本的策略。这三个事业部的基本策略,分别是成长策略(Growth)——积极扩大市场占有率;维持策略(Maintain)——不做大量投资,维持市场占有率;收割(Harvest)——放弃投资,提取现金,并准备脱离。

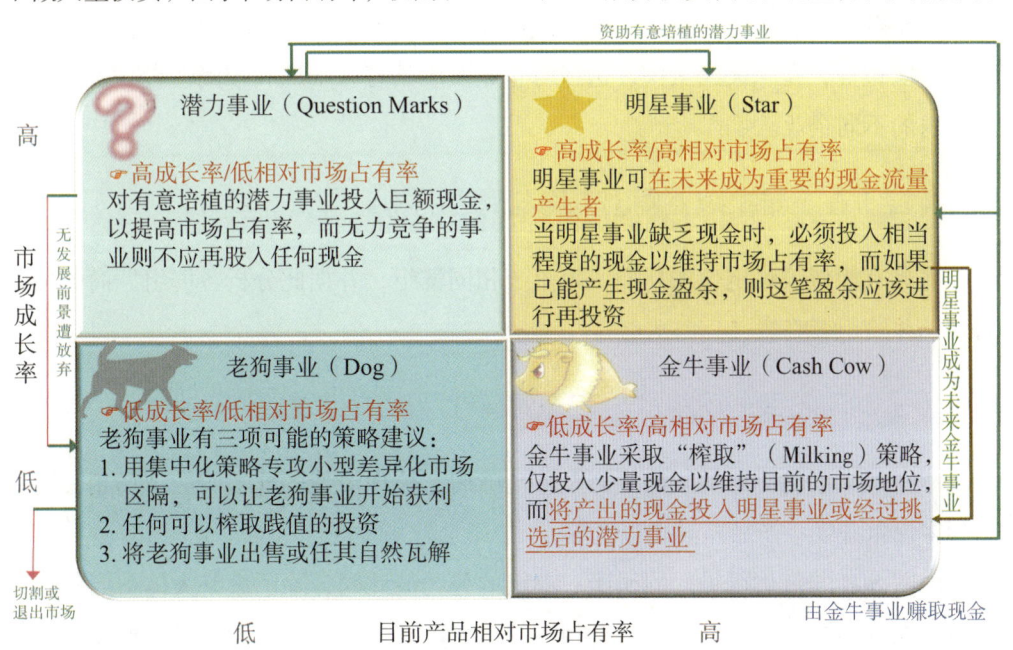

资助有意培植的潜力事业

潜力事业(Question Marks)
☞ 高成长率/低相对市场占有率
对有意培植的潜力事业投入巨额现金,以提高市场占有率,而无力竞争的事业则不应再投入任何现金

明星事业(Star)
☞ 高成长率/高相对市场占有率
明星事业可<u>在未来成为重要的现金流量产生者</u>
当明星事业缺乏现金时,必须投入相当程度的现金以维持市场占有率,而如果已能产生现金盈余,则这笔盈余应该进行再投资

老狗事业(Dog)
☞ 低成长率/低相对市场占有率
老狗事业有三项可能的策略建议:
1. 用集中化策略专攻小型差异化市场区隔,可以让老狗事业开始获利
2. 任何可以榨取残值的投资
3. 将老狗事业出售或任其自然瓦解

金牛事业(Cash Cow)
☞ 低成长率/高相对市场占有率
金牛事业采取"榨取"(Milking)策略,仅投入少量现金以维持目前的市场地位,而<u>将产出的现金投入明星事业或经过挑选后的潜力事业</u>

无发展前景遭放弃　　切割或退出市场　　低　目前产品相对市场占有率　高　　明星事业成为未来金牛事业　　由金牛事业赚取现金

图 5-3　BCG 矩阵与对应策略分析

99

三、策略群组分析

策略群组分析指的是一群在制订主要决策变量上遵循共同策略的厂商，在同一产业内，于各个策略构面上采取相同或相似策略的厂商群。在群组内的公司会有相同的价值和成本驱动力，同时，相关公司都会发展资源和能力，以服务不同消费者的独特偏好，因此，在群组内的公司有一套类似的竞争方法。

策略群组形成的原因，主要在于厂商追求的目标不同，如厂商可能追求利润极大化、收入极大化、增长极大化、管理效用极大化等不同目标，在追求目标不同的情况下，所采用的策略形态也有所差异。此外，厂商对目标及风险看法不同，即使追求相同的目标，也可能会采取不同策略去达成所设定的目标。而厂商对未来的假设不同，也会造成采用策略或做法上的差异。也可能因为产业结构的改变，如需求的增长或衰退、技术改变等，使厂商采用不同的产品策略。而厂商体质上的差异，如其所拥有的技能和资源上的差异，也可能导致策略上的差别。

对产业分析人员而言，若想要描绘产业内的策略群组，可遵循以下步骤。

（一）构建具有区别性与预测性的策略构面

策略构面的选取，可依据产业关键成功因素（KSF），包括产能、质量、技术、资金、区位等，在相关因素中，选择对企业发展具有区别性和预测性者，由此分类产业内的不同企业。

（二）在二维象限上画出本身与对手的相对位置

将具有相似策略定位的厂商，聚落于相同群组，并据此分析各群组厂商的经营特性，并给予策略意义。

（三）评估每一策略群组在面对替代品时的相对地位

分析每一策略群组的策略距离及移动障碍，梳理清楚各群组间的市场相关度、目标客户重叠度、产品差异化程度等。

由图5-4的范例可见，同属于一群组的公司彼此间，除了策略大体雷同外，通常也会在许多方面类似。它们会有相近的市场占有率，也会被产业里的外在事件或竞争行动所影响，而且响应类似。

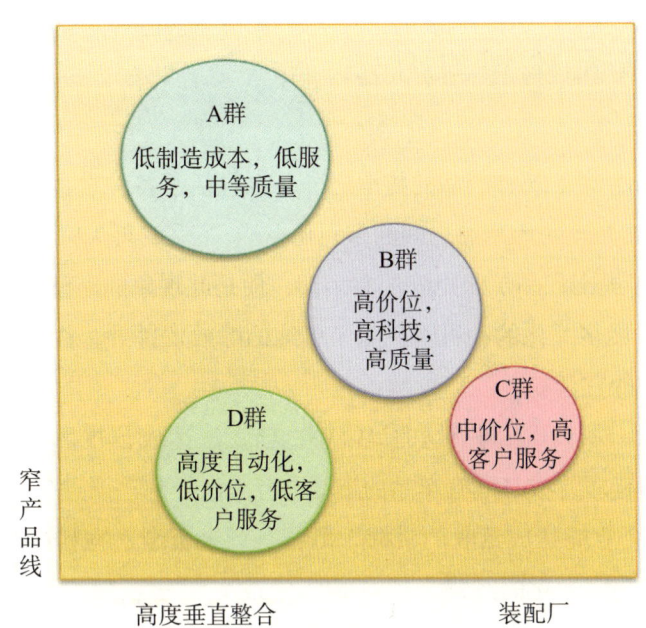

A群 低制造成本，低服务，中等质量

B群 高价位，高科技，高质量

C群 中价位，高客户服务

D群 高度自动化，低价位，低客户服务

窄产品线

高度垂直整合　　　　装配厂

图 5-4　策略群组分析示意图

由图 5-5 可见，一般常用的厂商策略群组分析案例，根据年度增长率、厂商市场占有率等运营表现将厂商分群，可分为高市场占有率与高增长率、高增长率与低市场占有率、低市场占有率与低增长率等三群厂商。从中可进一步分析不同群组的厂商实行的竞争策略与行为。

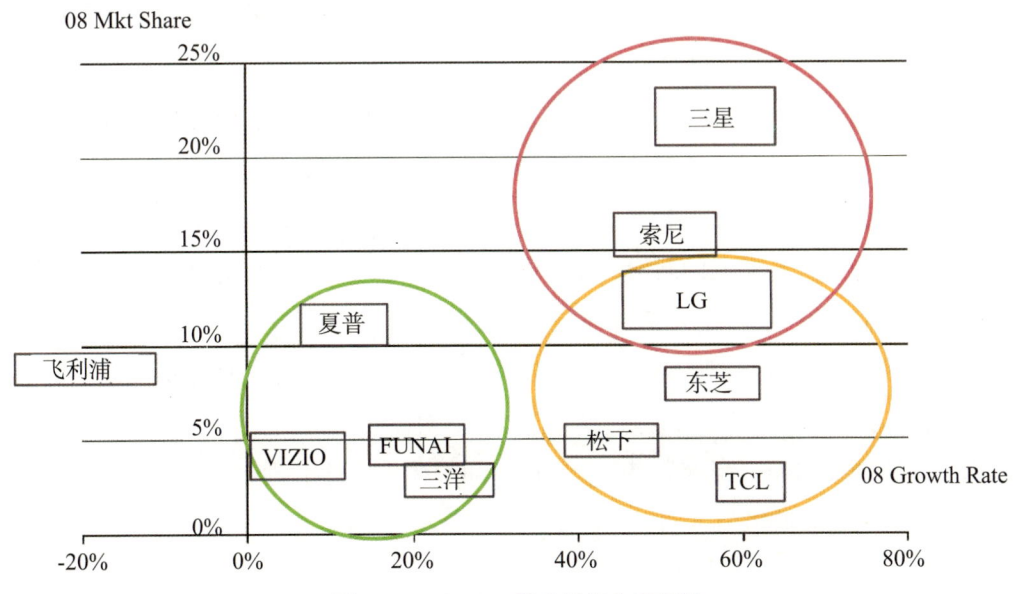

08 Mkt Share

三星　索尼　LG　夏普　飞利浦　东芝　VIZIO　FUNAI　三洋　松下　TCL

08 Growth Rate

图 5-5　LCD TV 策略群组分析案例

四、新产品构想与筛选

新产品的衍生除了既有产品的传承之外,也包括了各种垂直与水平方向的扩张(产品延伸策略),乃至跨界产品之间的多元化布局。策略管理大师安索夫博士(Ansoff, H. I.)于1975年提出产品扩张矩阵的右半部,便是此现象的完整诠释。产业分析人员在考察企业发展多元化的动机时,除了单纯的综效发挥外,往往还须搭配下述情境,方能进一步探究全貌。

(1)企业在现行产品与市场的局限中,已无法达成营收目标时。例如既有产品市场的增长率趋缓,或是既有产品的市场占有率已经到达顶点等。

(2)即便企业能达成营收的目标,但若有剩余资金、物料或人力等未利用的资源,则也会考虑多元化的经营。

(3)基于企业的吸收与并购而连带产生的产品线增长。

由于产品线的经营,往往已超脱前述单一产品的层级,是以多半出现于事业单元或企业总体的规划。

不论是已经存在的企业或新创立的公司,为了让公司能够朝向永续经营发展,每个企业都必须针对市场的需要,提供各式各样的新产品(或服务)来满足客户的需求,以获取足够的营收来支持公司的成长。然而什么是新产品呢?不同的公司会有不同的定义与想法。一般来说,新产品是指要推出的产品对公司本身或对所要拓展的市场而言,必须是新颖的。

所谓新颖,对目标市场而言,可能是完全崭新的概念与功能或是原有的产品新增功能、原有产品功能的改善、新的设计与样式、原有产品价格成本的降低;对公司运营而言,新颖的产品可能是推出一个目前在市场上完全没有类似概念或功能的全新产品或通过产品功能的新增、提升或降低成本进入一个已经存在的产品及市场区隔或以原有的产品进入一个尚未开发的市场。

参考图5-6中对新产品的分类与描述,虽然在九个象限中的产品都被称为是新产品,但不同类型新产品的选择、设计与推出,对公司而言是截然不同层次的挑战,有些产品需要技术与工程上的突破,有些产品则在于设计工艺上的努力,而有些产品则在于营销与品牌能力上的提升。

新产品分类示意图

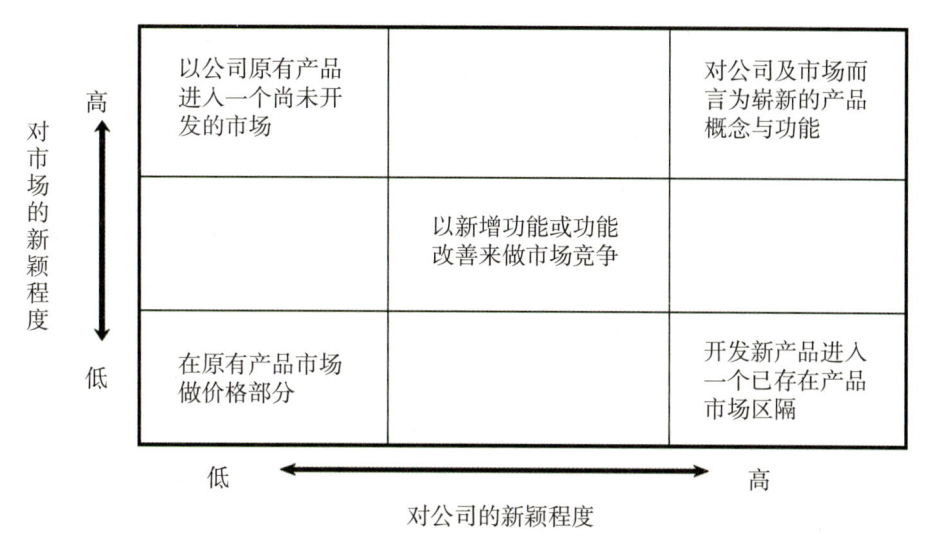

以公司原有产品进入一个尚未开发的市场		对公司及市场而言为崭新的产品概念与功能
	以新增功能或功能改善来做市场竞争	
在原有产品市场做价格部分		开发新产品进入一个已存在产品市场区隔

纵轴：对市场的新颖程度（低→高）
横轴：对公司的新颖程度（低→高）

图 5-6　Ansoff 的产品扩张矩阵

就经营实务而言，如果公司不从事新产品开发或推出新产品速度落后竞争者，将会面临极大的经营风险。不过，推出新产品不一定就一帆风顺，不仅是小公司推出新产品不易，即使是资源丰富的大公司，新产品失败的案例也不少，因此如何提升新产品的成功率，是许多企业最为关心的议题之一。

一般而言，企业在新产品发展过程中将会面临几项挑战。

（1）如何寻求良好的产品创意。

公司是否塑造具有创意的环境或鼓励内部创意提案的制度，让公司员工能够勇于提供创意与想法；或有完善的环境监测机制，能够随时顺应环境的变化，提出具有潜力的新产品构想。

（2）如何筛选可能的产品创意。

假使内部创意提案很多，但公司资源有限，就需要聚焦以集中力量，统一全公司努力的步伐。因此企业应当要有一套系统化的产品筛选机制，以作为公司选择优良产品创意的架构，以及公司全体上下沟通的共同语言。

（3）如何在时效内完成产品开发。

市场机会稍纵即逝，如果没有充分的时间开发，产品的设计与质量将无法获得良好的保证。但若无法在时效内完成开发，则将失去市场商机而白忙一场。因此，如何在时效内完成产品开发将考验着公司研发团队的能力与速度。

（4）如何有效控制产品开发成本。

有时候产品创意深具潜力，但开发过程因缺乏管理或相关经验，使得产品开发成本居高不下，这将会影响产品未来的售价与回收年限。

（5）如何确保产品的生产质量。

努力开发的产品创意虽好，但其质量是否能满足顾客的需求？生产过程中如何确保产品质量的水平？是否在设计时间就将质量的要求融入？都是不能轻视的议题。

（6）如何降低产品的生产成本。

产品的制造成本直接影响上市后的产品定价，以及对公司盈余的贡献。基本上，生产成本包括资金、机器设备、相关工具、人工及原物料的费用，如何在维持一定质量水平的要求下，更有效的降低生产成本，是新产品开发过程中的关键议题。

（7）如何有效将产品推出市场。

如何成功地将新产品进行市场定位并拟定有效的产品定价、渠道及推广策略，让市场接受度能够提高，与公司本身的营销能力有关。

公司在推出新产品的过程中，将面对许多困难的挑战，但不推出新产品，又无法取得成长动力，因此如何降低新产品的开发风险，提高新产品上市的成功概率，几乎成为每家公司亟待解决的关键议题。

要解决这样的问题必须先从根本处着手，就是要审视新产品开发过程中，每一个阶段的价值活动，从产品创意的构想、筛选、评估、开发、生产及上市规划等流程，提高每一个价值活动的运作质量与精准度，这将有助于提高新产品的市场接受度，而其中最关键的议题就是新产品的筛选与评估。

新产品选择与评估方法的第一个阶段，要根据公司的监测系统产生众多的创意与构想，之后根据第一阶段的筛选准则进行筛选。举例来说，若有100项的新产品创意，经过第一阶段的筛选之后，可能会只剩下20项新产品创意。

第二阶段要对入选的20项新产品创意进行更细致的资料搜集，包括发展该产品所需的技术能力要求是什么？国际市场上该产品的竞争开放程度如何？国内产业发展状况对该产品的开发有何利弊？与公司及国家政策方向的配合度如何？公司目前的SWOT分析情形是什么？公司长期目标是否适合开发该产品等数据内容。通过这些数据的搜集以完成每个产品的产品轮廓（Product Profile），之后再开始根据第二阶段的评估准则进行筛选。经过第二阶段筛选后的新产品创意大约会留下10项，也就是说有50%的新产品创意要被筛选去除。

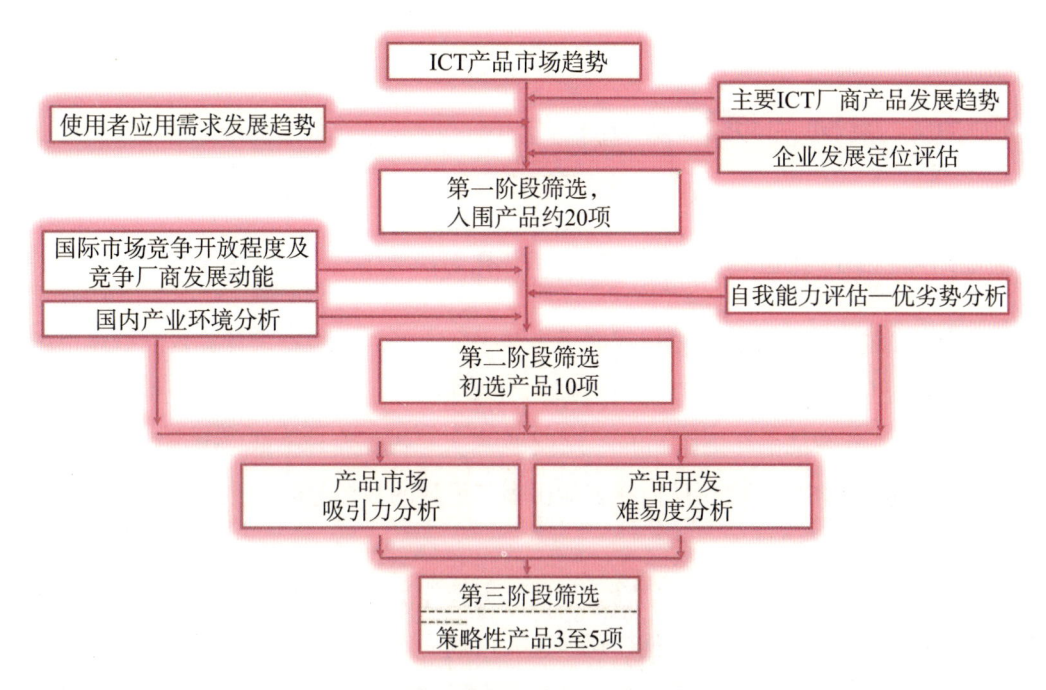

图 5-7 新产品筛选与评估方法的架构与逻辑

第三阶段则根据该产品目前在市场上的竞争力强弱、开发产品所需的技术难易度、国内产业对该产品的相关技术能力及零部件供应配合程度、公司对策略性产品的发展期望及资源分配原则等因素进行信息搜集。之后再根据搜集结果描绘出"产品市场吸引力矩阵图",通过此矩阵图进行新产品发展策略的选择(见图 5-8)。

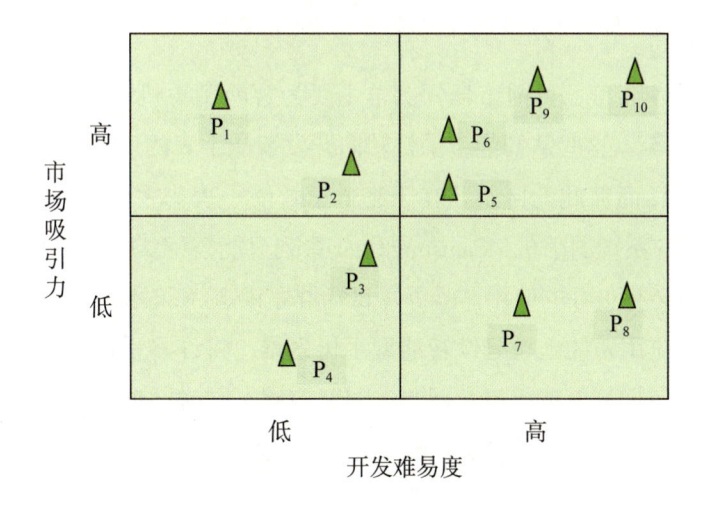

图 5-8 产品市场吸引力矩阵图

五、案例与研究分析

（一）全球智能手表与手环主要厂商发展概况

虽各领域厂商纷纷进入全球智能手表与手环市场，但根据统计，目前整体市场的销售市场占有率仍被少数厂商所占据，为寡头市场，如智能手表市场由 Apple 占据将近五成，而智能手环则由 Fitbit 与小米两家大厂占据全球七成以上市场占有率。因此，本节将从各领域主要厂商在智能手表与手环的布局策略与市场占有率方面，来分析大厂的发展现况。

智能手表与手环市场百家争鸣。目前占据智能手表与手环市场的厂商仍以智能手机与新创厂商为主，其中新创公司因进入市场时间较早、专注单一产品发展（以智能手表或手环为其主力产品）且产品组合布局完整，所以销售量表现较为优异。近年来，由于智能型手机与其他 ICT 大厂先后进入智能手表与手环市场，对主要新创厂商造成不容小觑的威胁，甚至传统钟表大厂也于 2016 年纷纷布局智能手表与手环市场，使智能腕带式装置市场进入新战国时代。下面将对各领域厂商在智能手表与手环的布局策略展开分析。

1. 手机厂商：穿戴式产品绑定自家手机，做互补效应

就智能手表而言，目前市场领头羊主要为智能型手机厂商，如 Apple、三星、Motorola 与 LG 等。这些从智能型手机转向开发智能手表的厂商，与自始就专注于开发智能手表的厂商彼此的区别，在于将自家智能手表与手机绑定，如 Apple Watch 需搭配同为 iOS 系统的手机，Samsung Gear 系列只能搭配 Android 高阶手机，并强调搭配自家手机会有更好的使用体验等，目标群体锁定 3C 尝鲜者。

此外，在应用功能上也延续智能型手机思维，将许多手机上的功能与智能手表做结合互补，如拨打电话、讯息回复、APP 应用。同时，近年手机厂商也陆续尝试推出高阶智能手环，用来和自家手机互相结合，相辅相成。

2. 新创公司：专注单一产品，逐渐增加产品组合

新创公司的产品策略则较专注，一开始锁定研发智能手表或手环单一产品，如

Pebble 专注研发智能手表，Jawbone 则是智能手环。值得关注的是，智能手环龙头 Fitbit 于 2016 年 4 月发布了首款智能手表 Fitbit Blaze，以扩增产品组合并以平价策略锁定目标群体。

3. 其他 ICT 厂商：利用本身优势做差异化布局，如 GPS

其他 ICT 大厂，目前主要为 GPS 厂商，如 Garmin、TomTom 与 GOLiFE（台湾 GPS 厂商研鼎崧图创立的品牌），以布局智能手表为公司下一波主要成长动能，主要锁定运动专业人士与爱好者。此外值得注意的是，Google 与 Philip 也正研发自家智能手表，并增加新的应用功能，未来可期盼为穿戴式装置增加更多元的应用情境。

4. 传统钟表厂商：开始进军智能手表市场，以维持既有客户忠诚度

为了不让各 ICT 厂商独吞市场，传统钟表品牌也纷纷加入战局。从 2015 年第四季开始，Fossil、Casio 与 Tag Heuer 等钟表厂商前后进入智能手表市场，以搭配基本感应功能试探市场水温，主要目的为留住用惯该品牌的老客户。

5. 运动品牌：强调运动时尚，手环为必备产品布局

同样的，各大运动品牌为了维持其运动市场地位，在这几年和各大科技公司共同研发各类穿戴式装置，以补齐产品组合的完整性。例如 Under Armour 与 HTC 合作研发智能运动手环，以及 New Balance 与 Intel、Google 等运动科技新创公司，合作开发智能手环与各类穿戴式装置等，目标客群主要为追求运动时尚的年轻人。

	手机厂商	新创厂商	其他ICT厂商	钟表时尚厂商	运动品牌厂商
智能手表+手环	索尼、华为、三星、LG、小米	fitbit	GARMIN、GOLiFE	Fossil	阿迪达斯、纽巴伦
智能手环	微软、宏碁	JAWBONE			安德玛、耐克
智能手表	华硕、苹果、摩托罗拉	果壳电子、Pebble	谷歌、飞利浦、TomTom	泰格豪雅、卡西欧	

图 5-9 2016 年全球腕带式装置主要厂商布局

（二）全球智能手表与手环产品发展趋势

对于消费者而言，智能手表与手环是否具有实用性或必需性，仍存在不少疑问。但不可否认，目前已有不少厂商积极布局此市场，不仅研发最佳的产品规格，也尝试各种腕带式装置产品可能的使用情境。

智能手表如同精品，不只以功能或规格定价，也看外观设计与材料。

目前智能手表产品要求，不仅是生理信息测量、运动状态监测记录以及接收手机讯息等功能，也开始导入独立通信（Cellular Connectivity）与行动支付功能，并注重产品的外形设计与材质，创造产品的差异化及实用性，提升用户购买产品的欲望。

观察目前的领头羊 Apple 在产品策略上，不以规格定价，而是将产品依外观材质的不同做价格上的明显区分。同样的，三星也实施此产品定价策略，市场销售超过 1 万美元的镶钻智能手表，使腕带式产品也可像传统名牌钟表一样，定位为精品，不同于以往智能手机产品发展方向。

观察同样有推出 400 美元以上高阶智能手表的 Garmin，其产品发展仍主要朝感应规格与运动侦测功能发展，以规格区分价格。例如其高阶手表 Fenix 3 提供全方位运动模式，包含高尔夫、滑雪与登山等，并搭载领先各大厂的双卫星定位及三颗心率侦测芯片等高阶感测规格。

LG 则是推出全球首款可使用 LTE 行动网络的手表 LG Watch Urban 2nd（可插 Sim 卡），如同 Samsung Gear S2 3G（e-Sim 卡），都有独立通信功能。但须面对消费大众已惯于使用手机通话，且不想花费更高价格以及额外预算购买另一个行动上网方案，再者，行动通话耗电量大也是问题之一。但不可否认，穿戴装置的解放双手特色如再加上独立通信，在未来有望创造更多应用情境。

此外还值得注意的是，行动支付功能已逐渐普及在各规格区间的穿戴产品上。目前除了高阶的 Apple 或 Samsung 等智能手表有 NFC 支付功能，属于低价位的 Asus ZenWatch 2 也推出搭配悠游卡功能的表带，甚至 Garmin 也推出一卡通支付功能的智能手环，各厂商想普及自家行动支付功能产品以布局台湾智能手表市场的企图由此可见。

第五章　产品的竞争与策略

图 5-10　2016 年上半年全球智能手表主要厂商产品价格分布

相较于智能手表，智能手环的应用目的较为专一，主要针对个人运动与健康管理，因此产品价格多数以感测功能配置的多少作区分，如主流智能手环新创公司 Fitbit、Jawbone 与 GPS 大厂 Garmin，他们分别以 GPS、心率侦测及气压感测（爬楼梯统计）等感测功能，做价格区分。

此外，观察 2016 年上半年全球主要智能手环厂商的产品布局，发现 200 美元左右的高阶智能手环所提供的功能和规格与智能手表渐趋重叠。近期大部分的高阶智能手环都搭载触控屏幕，以进一步做手机讯息浏览、回复或音乐控制。部分甚至提供更多元的应用功能，如 Jawbone UP4 的 NFC 行动支付、Microsoft Band 2 的 Cortana 语音助理以及华为 TalkBand B3 的手环屏幕可拆下当蓝牙耳机通话的功能等。

最后，将图 5-10 与图 5-11 的各厂商分类来看，也印证了前面章节的叙述，得出新创公司以产品布局完整，配合各类消费者预算及感应功能需求。手机厂商将产品与手机互补，多数搭配高阶屏幕，可接收/回复手机讯息或控制手机。其他 ICT 大厂以本身技术优势，在 GPS、传感器或软件功能等，做产品差异化。

109

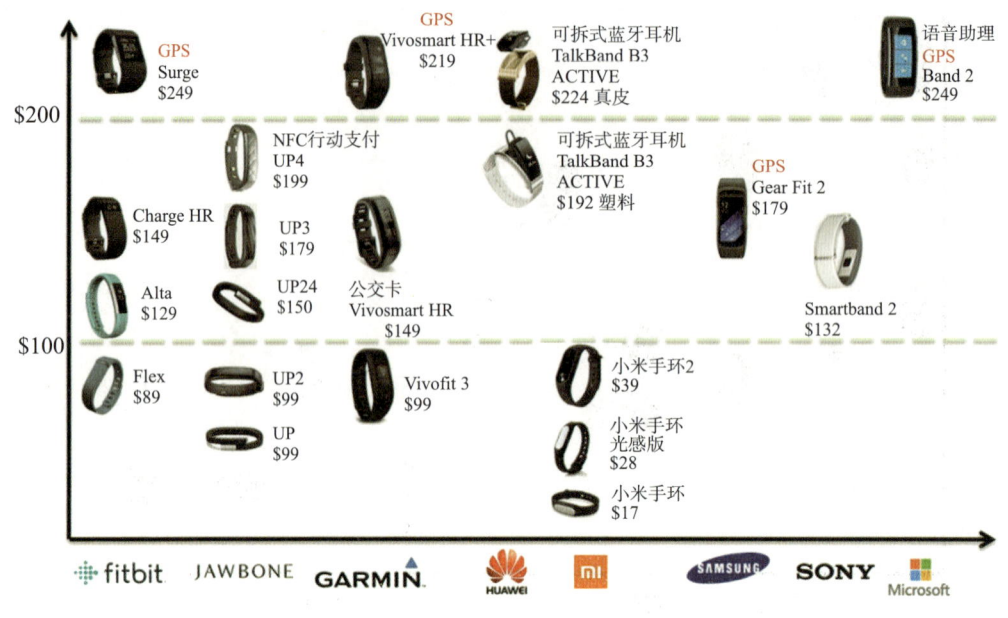

图 5-11　2016 年上半年全球智能手环主要厂商产品价格分布

（三）新产品构想与筛选案例

M 公司是一家以研发、制造及营销信息科技产品至全世界的公司，年营业额超过 10 亿美元，企业愿景是要成为全球数字家庭的领航者，期望通过其研发制造的数字化 3C 产品，让消费者能够享受更好的生活质量。

为了规划公司未来三年的新产品发展策略，特成立新产品策略规划小组，期望通过此小组的运作，协助公司提出未来的新产品发展构想。该小组采用了新产品筛选与评估的思考逻辑，并依实施步骤逐项搜集相关的信息，以此来激发新产品创意，并运用相关的评估准则进行三阶段的新产品创意的筛选与评估。

1. 环境监测

为产生新产品创意，需要审视三方面的信息，包括用户应用需求、ICT 产品市场趋势及主要 ICT 厂商产品发展趋势，M 公司的新产品策略规划小组针对此三方面进行了如下分析。

使用者应用需求。人们在家庭中会有许多应用需求，通过数字家庭的产品可以提供各种服务以满足使用者的需求，例如通过互联网获得许多服务，或在家中利用不同的装置自由地转换各种媒体格式，以满足用户对加强家庭环境的方便性、简易性、舒适性、效率性、安全性、自主性及隐私性等的需求。以下分为家庭应用需求形态及家庭生活需求情境两部分来分析。

（1）数字家庭网络应用需求形态。

一般消费者在家庭中会有通信、信息与娱乐等各类型的需求，进而衍生出家庭的各种应用形态，主要可分为数据（Data）、娱乐（Entertainment）、语音（Voice）与控制（Control）四大类。

数据（Data）应用主要是通过桌面计算机与笔记本电脑等设备，进行联网、数据处理与运算以得到各种数据。如同一般人在公司上班已经习以为常的局域网络运作模式，家里拥有多台 PC 的人越来越多，而家里装有 ADSL 或 Cable Modem 宽带上网的人也越来越多，这种情形其实是造就家庭网络快速普及的重要驱动力。

娱乐（Entertainment）是数字家庭网络中最热门的话题，但是在各方势力较劲之下，也导致这个领域成为发展路线最为错综复杂的领域。其实以架构来看，家庭娱乐型网络包括两个方面，一种是现有的视听娱乐网络升级或加强，另一种则是在因特网盛行下，通过宽带接取方式获得在线多媒体娱乐内容。最值得关注的议题就是信息背景的厂商与消费性电子背景的厂商，在家庭多媒体娱乐应用上的竞争。

语音（Voice）在家庭应用随宽带网络的普及、通信网的 IP 化急速成形，预估 2010 年一般室内电话将大幅从原先的 PSTN 转换为 VoIP，VoIP 与一般室内电话不同，不受有线通信网的限制，与移动电话一样拥有可移动的优点。因使用宽带网络，无区域之分，以低廉的价格提供语音、数据及影像通信等服务。VoIP 可促进电话网络的 IP 化与宽带汇流网络（Broadband Convergence Network）的架设速度，依需求可选择不同电信服务类型。使得沉静如水的 PSTN 电话市场面临新的竞争对手，而为促进竞争，也可以将语音通话为主的电信运营模式，提升至以数据为主的服务模式，活跃内容（Content）服务市场。

控制（Control）应用的功能是通过控制装置，取得相关讯息进而传输控制讯号给家庭相关设备。除了串接家中的计算机和相关的接口设备，提供信息型的网络应用，以及利用 PC 或视听娱乐产品所构成的网络以提供家庭多媒体娱乐应用之外，家庭网络还能够提供家庭中各式各样的家电产品或电气产品的联网或自动控制服务，例如电灯的开关、家电设备（如空调、冰箱、洗衣机等）的开关与设定、管理水电表数据、控制燃气侦测器等。

随着信号与家电装置的数字化趋势，各种应用信号流可通过单一网络传送，将连接在家庭中的每个装置，包括 PC、家电与通信等装置，形成数字家庭网络。从另一个角度而言，数字家庭网络扮演着串联孤岛，连接起家庭各个家电装置，使一般消费者能够摆脱线路与装置的藩篱，随时随地得到所需要的数字信息，并可进行各种数字信息的互传。

（2）数字家庭生活的应用服务需求

根据需求调查显示，一般人在家里的应用服务需求，依其应用的内涵可分为视听娱乐应用、工作应用、教育应用、安保应用、控制应用、医疗保健应用、商务应用及通信应用等八种。以下运用模拟情境的方式来分别阐述这八项应用内涵。

①视听娱乐应用情境。可随时通过手机（在外面）、控制面板或遥控器（在家里）将电视节目（电影、运动竞赛等）录起来。拥有一套如中央空调系统概念（一个主机搭配发送系统）的视听系统（包括电视与音响），家庭中每位成员都能在家里的每个房间（客厅、厨房、浴室、卧室、书房）享受视听服务。可以利用家庭中的电视游戏机连接互联网，不仅可作为在线游戏使用，也能作为收发电子邮件（Email）及即时消息应用（如ICQ、MSN等）的媒介。

②工作应用情境。通过视频会议系统直接在家里工作，并直接从公司的数据库中取得需要的信息。对于在家工作者，拥有一套整合设备，可以让书房（工作室）成为小客厅，以家庭网络串接，整合电视、电话、计算机等功能。

③教育应用情境。通过视频会议系统直接在家学习。学生为完成某特定主题的报告，可在家里应用设定主题的方式，让家中录像设备如PVR等自动搜寻并录下特定的片段，以充实报告内容或用多媒体简报方式呈现。

④安保应用情境。在家庭的出入口等位置安装监视系统，不仅可将影像储存在主机内，也能通过计算机、电视屏幕、控制面板及手机观看监视画面，同时还能控制监视器转动。

⑤控制应用情境。用一个手机（在外面）或控制面板（在家里）就能控制家中所有电器用品，例如空调开关及设定（定时、定温）、电灯的开关与亮度、电视开关与设定（选台、画面设定）、音响开关及设定（播放选单、音量等）及监视器的控制（切换、调整角度等），上述控制也可通过声音方式来操作。

⑥医疗保健应用情境。将家中的血压计、血糖仪或尿酸计等测量仪器所测得的数值直接传送给家庭医师或医院，一旦有异常状况（未定时回传、数值异常等），家庭医师或医院将会主动来电询问确认。

⑦商务应用情境。通过家中的计算机或电视，与超市或特约商店店员进行互动交谈，直接在线完成买卖，货物则由宅配方式送货到家。家里的电冰箱具有存货管

理功能（新购入产品时可扫描条形码），可随时通过计算机确认冰箱中物品的数量，链接网络购物系统或网站确认是否要购买，并于物品用尽时以短信或其他方式通知，或冰箱能自动从各大合作卖场数据库中搜寻出最低价商品，用户只要直接在冰箱面板上点选就可购买。

⑧通信应用情境。每个人可以在家里的任何一个房间，通过装置在此房间的显示屏幕与不同房间的家庭成员，外面打电话进来的朋友或门口的访客进行视频通话。家中的电话总机可以储存家庭成员的视频留言，当被留言者回家后，将可通过手机或是各房间的相关终端设备收听留言。

2. 数字家庭网络产品市场趋势

针对数字家庭网络中 Data、Entertainment 与 Control 三大应用，家庭网络需扮演连接家庭中各个装置的角色。在产品技术需求评估方面，首先将根据不同的应用属性差异，提供合适的影音压缩技术，并在足够的传输带宽下，提供稳定的传输质量保证。其次是 PC 与 CE（Consumer Electronic）产品间的互通，由于家庭存在着 PC、家电与通信三大类系统产品，此三大类产品各有其系统架构，彼此互通不易，故须确保各种产品的相互操作性，以利于信息的互传。最后，再探讨各种应用产品的功能需求。

（1）PC 平台需求探讨。

根据美国消费性电子协会（CEA）针对美国家庭 PC 所做的多媒体应用调查显示，消费者在家庭中使用 PC 相关的多媒体应用中，以刻录 CD 及播放 DVD 为最有兴趣的项目，其次是 PC 的多声道环绕音响，最后才是录像功能，而其中消费者对于整合电视接收器至 PC 中的想法，有兴趣的人只占 4%。

（2）CE 平台需求探讨。

2004 年美国上网家庭中拥有 CE 新产品的比例，以 DVD 为最高，超过半数，其次是 PVR/DVR，再来是薄型电视，并且交叉通过以 WLAN 渗透至各种 CE 产品来看，未来 CE 平台联网的需求极高。

目前家庭 CE 产品内建 WLAN 或 Powerline 等其他通信模块的比例低于 3%，但是未来一旦有换机需求，一些原本外接通信模块的 CE 产品将随着 WLAN 等通信芯片的价格下滑，而整合进 CE 产品，此为下阶段的产品整合趋势。未来家庭里可能会内建通信功能的消费性电子产品包括 DVD Player、PVR、DVD Recorder、TV、音响、家庭剧院、Game Console、Digital Radio、冰箱、洗衣机、微波炉与空调等。

2005—2006年首先兴起的内建无线通信模块的产品中,预期为 DVD 相关产品及 PVR/DVR,这项结果与家庭中拥有家庭网络的用户,目前所拥有的 CE 产品比例不谋而合。此外,DVD 及 PVR/DVR 这类产品在 TV 与 PC 间的连接趋势越来越明确后,由于这类产品可扮演它们的桥梁,所以未来这两类产品将会由数字广播所推升的数字内容普及,进而引发储存与分享的需求,最后将引领上述这两类平台的需求。

（3）PC 与 CE 间产品互通需求探索。

在互操作性方面,许多内容及设备都朝向数字化发展,而在数字化后,将会发生一个很重要的趋势就是汇流（Convergence）,面对数字家庭网络在技术方面最重要的影响将是 PC、CE 及 Mobile 产品的互通问题。有鉴于此,许多大厂已经针对这点开始发展许多解决方案。如 DLNA、OSGi、ECHONET 等标准组织纷纷规划出互通平台。

在 CEA 的一项调查中显示,PC 与 CE 其他产品的互通需求中,约有 28% 消费者有兴趣购买从 PC 传输视频到 TV 的相关产品,27% 有兴趣购买从 DVD 传输视频到各个房间 TV 的相关产品,24% 有兴趣购买从 PC 传输音乐到模拟音响的相关产品,21% 有兴趣购买 CD 及 MP3 播放器传输音乐到模拟音响的相关产品。

2004 年数字家庭网络产品需求调查中,调查了 4000 个宽带家庭的样本,并且在价格与购买交叉分析下发现,有 15% 至 20% 的宽带使用者想要购买低于 100 美元以下的产品,以便能够使 PC 与 TV 相互连接。并且已使用 PC 与 CE 互通产品的类别调查中,使用最多的应用类别是从 PCs 传输音乐到模拟音响。

此外,75% 的家庭想要使他们的 PC 与家庭的 CE 产品能够互相连接,从 PC 播放多媒体影音,尤其是数字音乐。40% 的家庭希望能够在电视机前欣赏他们所拍摄的数码相片。

分析消费者对于各种家庭网络相关应用的喜好程度,可提供开发产品时作为参考；其中除了宽带分享之外,主要需求来自数字音乐、数码相片及影片,显示未来 Mulitmedia Centric 的需求概念,也就是"未来多媒体"是除宽带分享之外的最高需求,家庭多媒体应用类别中,以照片与音乐通过网络传输的需求最高,而根据 Video,Gaming 等应用的调查结果显示,对数字家庭网络使用需求仍不算高,而对数字家庭网络使用需求最低的是网络相机（Camera）的应用。

而在数码相片的分享需求方面,其中仍以计算机为主要分享设备,其次是电视这项设备,其中尚未安装家庭网络的用户,有兴趣的比率高出家中已经安装家庭网络的用户约 20%,而 Mobile Phone 及 PDA 等小尺寸显示屏幕的设备使用者中,仅有

14%及5%有兴趣去分享照片。

有关Networked Video，已经看到许多类似Networked PVR产品的推出，其中TiVo近三年的销售已经突破300万台，SA等厂商每年销售将近40万台给服务提供商，全球市场中以北美市场发展最快，这类产品将在北美地区的卫星广播及Cable TV服务厂商带领下，创造另一波网络产品的商机。而这类产品的功能需求分析，显示这类Networked PVR产品，消费者最大的功能需求为跳过商业广告及录下电视节目的功能，至于其他暂停功能、全功能节目窗体及部分On Demand Access的服务需求都是可有可无（Nice to Have）的功能。

3. 主要数字家庭产品厂商分析

M公司在数字家庭领域设定了几家必须监测的领导型企业，包括Intel、Microsoft、Sony、Samsung等，以下针对Intel、Sony作简要分析。

（1）Intel。

Intel事业核心是以计算机系统重要零部件为主，包含微处理器、芯片组和主板等硬件产品，营收比重始终超过整体营收的85%。由于通信事业群营收比重从2001年的10.7%逐步增长至2004年的14.7%，其对整体营收的影响力也逐渐增加。

若分别从Intel事业群营收表现来观察，通信事业群仍处于亏损状态，相对来看，IA事业群的税前净利表现除2001年和2002年受到全球计算机系统市场不景气影响，使其税前净利较不理想外，2003年后逐渐回升，同时带动了整体税前净利的成长表现。

若从事业群的营收增长率表现分析，IA事业群所包含的微处理器、芯片组和主板，因受到全球计算机系统需求影响，从2002年的低增长至2003年达到高峰，而2004年则逐渐趋缓，此趋势也影响到Intel整体营收表现。

相对来看，Intel通信事业群出现大幅震荡的情形，从2002年超越60%的增长掉落到2003年接近负10%，而到2004年又提升到近30%，起伏很大。

针对数字家庭，Intel，Microsoft和全球品牌系统大厂陆续推出Media Center PC呼应，但由于雷声大雨点小，销售量始终无法提升。再者，由于Media Center PC缺乏与其他家庭影音设备连接的整体规划，因此Intel于2005年年底决定发布新一代数字家庭VIIV平台技术，希望能构建出由网络和家用设备互连的数字家庭架构。

在平台技术的支持下，使用者可运用遥控器在个人计算机或其他家庭影音系统上同步进行电影欣赏、玩游戏及下载音乐、视频等数字内容服务，将可提升使用者家庭娱乐经验，也可降低操作的困难度，减少推广时的使用障碍。

VIIV 平台技术依旧采用 Intel 的双核心处理器、芯片组、平台软件及网络功能，为方便家庭不同地点播放影音内容，因此搭载可转换不同数字内容格式的数字媒体配接器（Digital Media Adapter，DMA），以连接与 VIIV 平台技术兼容的各种家庭媒体播放装置。

由上述兼容于 VIIV 平台技术的产品，通过 PC 和 DMA 的连接，将可建立三种应用模式。

①远程操控。用户将可摆脱键盘与鼠标，仅需通过遥控器就能控制 PC 进行电影欣赏、玩游戏及下载最新音乐、影片或录制电视节目与家用录像带，不仅简化使用者的操作便利性，并延长使用者操作 PC 的距离。

②远程播放。用户不需要直接操控 PC，通过数字媒体配接器（DMA）等连接设备，指定播放预先储存在 PC 中的音乐、照片与影像等数字多媒体内容，达到在家庭内不同地点选择性播放数字内容的功能。

③行动传输。通过 VIIV 平台技术兼容 PC，将 PC 内所储存的数字内容同步传输到可携式媒体播放器，如 PDA 或 PMP（Portable Media Player）等产品，以便于用户在不同地点或外出行动时播放。

由前面所述得知，Intel VIIV 平台技术所构建下的数字家庭不再是依赖单一 Media Center PC，而是在各种家庭多媒体装置间建立连接与互操作性，并且支持可随时随地下载或播放的可携式设备装置，为消费者建立完整并全面的数字内容体系。

（2）Sony。

Sony 公司成立于 1946 年 5 月 7 日，60 年来由战后废墟的小型家电修理厂，凭借各式精巧的电子产品与相关服务的搭配，逐步发展为年营收规模七兆日元，Fortune Global 500 排名第 47 位（2005 年）的国际级大型企业集团。

相较于排名在前的信息电子（相关）厂商如 IBM（20）、Siemens（21）、Hitachi（23）、松下电器产业（25）、HP（28）及 Samsung（39）等。Sony 近年的衰退（2004 年度的排名为第 30）固然令人印象深刻，但回顾诸如晶体管收音机、Walkman、Batamax 录像机、CD、Trinitron TV、V8 摄录放影机、Play Station 或 Vaio PC 等明星商品的相继问世，则又不得不令人为 Sony 在商品创新上的傲人成果感到折服。

为了一窥 Sony 在前述成就背后的发展思维，并兼顾当前 3C 整合的时代趋势，以下将以 1995 年 4 月出井伸之就任 Sony 社长后起算，到 2005 年 9 月交棒为止计十年的"出井时代"，作为探讨 Sony 产品策略的分界点。

相较于前任领导人大贺典雄以独排众议之姿,确立了 Sony 的游戏机事业,进而为日后 Sony 集团的整体运营打下雄厚的获利基础,出井伸之在任上显然相对欠缺此类"为万世开太平"的机会与表现。

但若从喊出"Digital Dream Kids"的号召,进而将 Sony 的研发资源与产品技术由"模拟"转往"数字"发展;乃至配合数字时代追求快速反应,短期获利的产业生态,进而将企业组织由过往倾向"地方分权、自由竞争的 Portfolio Company"调整为强调"中央指导、凝聚综效的 Value-Chain Company"等两项而言,出井伸之在 Sony 的产品发展史上,终究还是有其不可抹灭的价值与影响力。

伴随组织的调整,Sony 在 1995 年至 2000 年的出井政权前期,在 Vaio PC 与 Play Station 电视游戏机等两大主力商品的相继推升下,集团营业额由既有的四兆快速攀升至七兆日元的规模,Sony 的事业版图达到空前的盛况。然而受到互联网泡沫化和电子产业微利化的双重冲击,横跨 3C 产业的硬件、组件、软件与内容、金融服务事业的漫长产品线,反而构成了 Sony 腹背受敌,首尾无法兼顾的困局。

Sony 以游戏机的技术,结合行动视听与网络通信应用,在行动游戏机与随身听之间,开拓 PSP(Play Station Portable)的新区隔,并通过综效与串联的理念,让 PSP、PS2 在电视游戏机、家用音响、摄录放影机、无线 STB、家庭计算机、电子货币包、影音内容等产品之间,产生无可替代的使用体验,进而强化消费者持续接纳 Sony 产品以享受链接综效的采购动机,这种不断进行产品差异化,以相互串联的综效来包裹系出同门商品的做法,便是出井时代所苦心经营的"Value-Chain Company"基本思维。

4. 新产品创意的产生

根据用户应用需求、数字家庭产品市场发展趋势及主要数字家庭厂商产品发展趋势等环境的观察,M 公司的新产品策略规划小组总结归纳了一些产品的可能发展,以下以数字家庭中的家庭的媒体网络产品为例进行简要说明。

新兴发展数字家庭多媒体网络分享产品,区分为以下几种产品设计概念,分别为 Networked DVD、Standalone Adaptor/Reciever:DMA/DMR、Networked MP3 Player、Networked DVR/PVR、Networked Media Center PC、Netwoked Game Console。Host 端扮演 Media Hub 角色,可以归纳成三种主要的产品设计概念,分别是 PC(Media Center PC 与 Standard PC)、Networked DVR 及 Networked Game Console 等三类。以下分别针对传输目的、传输技术、控制方式、支持媒体格式与售价等加以比较分析。

（1）PC 扮演 Media Hub 角色。

以 PC 扮演 Media Hub 角色共有两种模式，分别是搭配 Media center PC 的模式及搭配 Standard PC 的模式。

- **搭配 Media Center PC 的模式**

Media Center PC 搭配 DMA 的捆绑销售方式，其中软件主要以 Microsoft Media Center Edition 为主要，并搭配 Microsoft Media Center Extender，相关投入大厂有 HP、Tatung、Wistron、Gateway 及 Samsung 等。

- **搭配 Standard PC 的模式**

Standalone 的 Receiver / Adaptor 产品设计是市场主流，以搭配开放规格的标准 PC 为主。

（2）Networked DVR 扮演 Media Hub 角色。

这类产品有两种分享多媒体数字内容的方式，一种是让 DVR 中的内容分享到房间中的 PC，对于 MSO 厂商（服务提供厂商）而言，销售含 USB 接头的 Security Key 来管制 DVR Program 的分享功能，并且增加另一项收益；第二种途径则相反，因为 DVR 连接电视、音响的模拟 RCA 输出，所以反而将 DVR 当作是数字多媒体接收器。将储存在 PC 里的音乐、照片及影片，通过 DVR 连接电视以分享数字内容。分析 Networked DVR/PVR 产品，主要目的是将 DVR/PVR 作为储存中心，并让消费者享有"Multi-Room Viewing"的功能体验，由于必须让旧租约客户家中的 DVR 也能够使用，所以网络界面采用外接式设计，让消费者可以另外购置 USB 界面的无线网络卡。

（3）Networked Game Console 扮演 Media Hub 角色。

分析 Networked Game Console 的两种模式，其一将 Networked Game Console 当作 Media Hub 角色再搭配 DMA 销售，另一种模式可称为软件厂商的"Free Rider"策略，利用已经渗透到许多家庭的 Game Console 与电视连接的特性，在 Host 端的 PC 安装一种多媒体目录管理工具程序后，便可以从 LAN 或 WAN 端的 Host PC 存取数字内容并播放在模拟设备上，以达到同样 DMA 功能的效果。在 Host 端的 PC 安装这类软件后，便可以从 LAN 或 WAN 端的 Host PC 存取数字内容并在模拟设备上播放。

根据以上的趋势分析，加上公司内部同事的头脑风暴，激发各式各样，总计上百种的新产品构想，本研究择其中 50 项供读者参考（见表 5-1）。

表 5-1　M 公司第一阶段产生的产品创意

编号	产品名称	编号	产品名称
1	Digital Still Camera	26	Virtual Keyboard
2	Camera Phone	27	Voice Recognition Dictionary
3	MP3 Phone	28	Health Monitor Device
4	Handheld Game Machine	29	Mobile on-line Conference System
5	LCD TV	30	e-Book
6	Notebook PC	31	Field Emitting Display
7	VoIP DSL Modem IAD	32	Fuel Battery
8	Dual System Phone	33	RFID Antenna, Tag,
9	Media Center	34	e-Paper
10	Game Console	35	Home Server
11	Audi Server	36	3D Scanner
12	IP Set Top box	37	Smart Robot
13	Projector	38	Organic Light Emitting Display
14	Portable Display	39	Solar Battery
15	Home Gateway	40	4G Phone
16	Networked DVD	41	Information Security
17	Networked MP3	42	Home Care Service
18	Car PC	43	Drug Delivery System
19	Flexibility Display	44	Digital Secretary
20	Portable Printer	45	Universal Remote Controller
21	3D Phone	46	MEMS Battery
22	3D Home Theater	47	Toy Dog
23	Appliance Remote Control	48	VR Camera Glasses
24	Biometric Security System	49	Real Time Translators
25	GPS Phone	50	3D Photo Frame

为便于第一阶段新产品创意筛选评估的参考，每项新产品创意需要一张产业基本概况分析表，M 公司根据概况表的内容，针对这 50 项新产品创意进行基本数据的搜集与描述（见表 5-2、5-3），以其中几项产品创意为例，进一步说明。

表 5-2　M 公司第 18 项新产品创意基本概况分析表

产品编号	18
产品名称	Car PC
产品简介	■ Car PC 产品除原有的 AV 设备、行车控制系统、导航系统外，通信设备、车用计算机、安全感测系统、新型车灯（如 AFS、白光 LED）等都已在各汽车制造商的新车款上出现，未来有望进一步普及化发展
产业概况	■在安全、环保与信息化发展下，汽车的电子化程度持续提高，其中安全性是最受关注的部分，在设计上已由被动安全转向主动安全发展。日、美、德等国的汽车制造商积极投入开发，相继推出配备各式电子化设备的车型。由于关系到使用的安全性，车用电子零件认证流程严格，进入的阻力较大
全球市场规模预估	（柱状图：亿美元，2004(o) 约 740；2010(f) 约 1080；2020(f) 约 1340） ■全球每年生产汽车约 6000 万辆。目前电子设备占一般汽车成本比例约 15%，而部分高级车款比例已高达 50%。电子化程度的提高是市场成长的主要动力

表 5-3　M 公司第 32 项新产品创意基本概况分析表

产品编号	32
产品名称	Fuel Battery
产品简介	■是将储存于燃料与氧化剂中的化学能转化为电能的发电装置，依采用电解质（Electrolyte）的不同，可分为碱性燃料电池、磷酸燃料电池、固态氧化物燃料电池等种类。具备高效率、低污染等特性，且同时适用于分散与集中式发电，可应用于家庭/工商业发电系统、车辆、可携式电子产品等，是被大众看好的新一代能源

续表

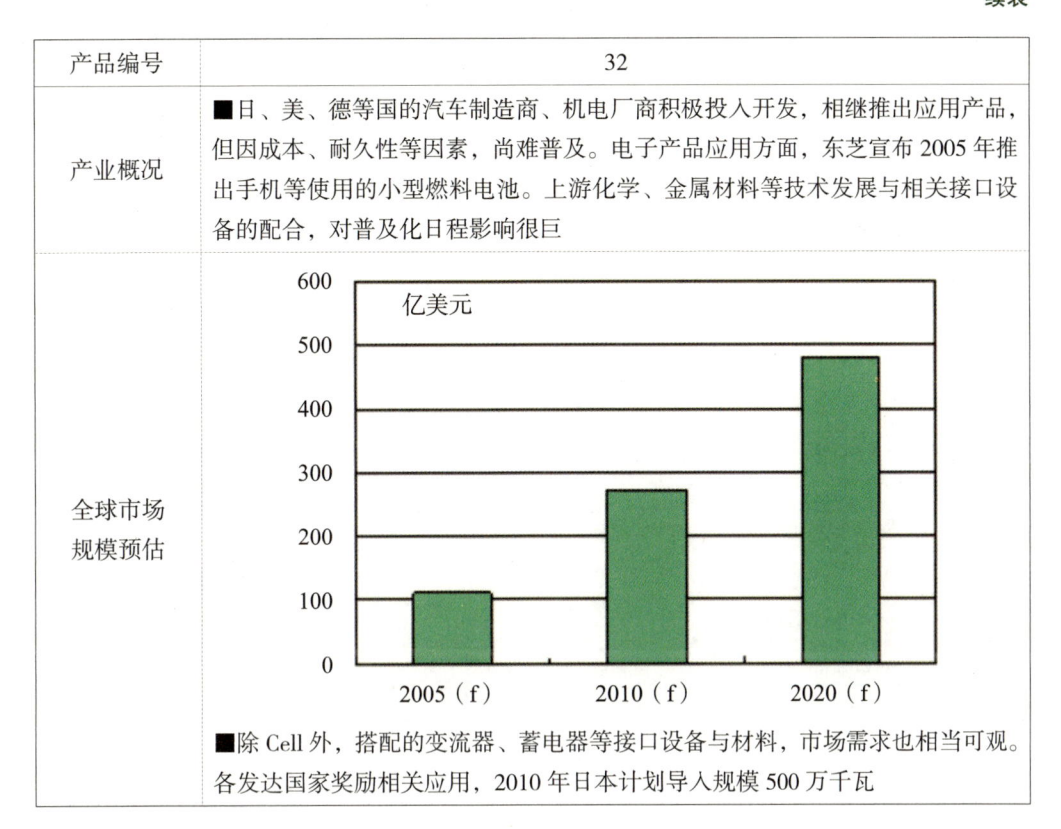

产品编号	32
产业概况	■日、美、德等国的汽车制造商、机电厂商积极投入开发，相继推出应用产品，但因成本、耐久性等因素，尚难普及。电子产品应用方面，东芝宣布2005年推出手机等使用的小型燃料电池。上游化学、金属材料等技术发展与相关接口设备的配合，对普及化日程影响很巨
全球市场规模预估	（柱状图：亿美元，2005（f）约110，2010（f）约270，2020（f）约480） ■除Cell外，搭配的变流器、蓄电器等接口设备与材料，市场需求也相当可观。各发达国家奖励相关应用，2010年日本计划导入规模500万千瓦

5. 新产品创意筛选

当完成50项新产品创意基本概况分析表后，M公司立即根据筛选准则进行评估，M公司在此阶段并没有对任一评估准则加重权数计算，也没有其他新增加的准则（见表5-4）。

表5-4　新产品创意筛选与评估

编号	产品名称	未来市场发展潜力	与公司关联性效果	关键性	符合企业未来发展定位与形象
1	Digital still Camera				
2	Camera Phone				
3	MP3 Phone				
4	Handheld Game Machine				
5	LCD TV				

续表

编号	产品名称	未来市场发展潜力	与公司关联性效果	关键性	符合企业未来发展定位与形象
6	Notebook PC				
7	VoIP DSL Modem IAD				
8	Dual System Phone				
9	Media Center				
10	Game Console				
11	Audi Server				
12	IP Set Top box				
13	Projector				
14	Portable Display				
15	Home Gateway				
16	Networked DVD				
17	Networked MP3				
18	Car PC				
19	Flexibility Display				
20	Portable Printer				
21	3D Phone				
22	3D Home Theater				
23	Appliance Remote Control				
24	Biometric Security System				
25	GPS Phone				
……					
50	3D Photo Frame				

每一位新产品创意评估委员依据其专业领域经验，针对这50项产品进行评分，以A委员为例，其评分表结果如表5-5所示。

表 5-5　A 委员针对第一阶段新产品创意的评分

编号	产品名称	未来市场发展潜力	与公司关联性效果	关键性	符合企业未来发展定位与形象
1	Digital Still Camera	6	5	3	4
2	Camera Phone	6	4	3	4
3	MP3 Phone	7	4	5	4
4	Handheld Game Machine	7	3	3	3
5	LCD TV	8	6	3	3
6	Notebook PC	8	7	6	7
7	VoIP DSL Modem IAD	8	7	7	7
8	Dual System Phone	6	5	6	6
9	Media Center	9	8	8	8
10	Game Console	7	5	5	4
11	Audi Server	7	5	5	7
12	IP Set Top box	9	8	7	7
13	Projector	6	4	2	4
14	Portable Display	5	3	3	4
15	Home Gateway	8	8	8	8
16	Networked DVD	9	8	8	8
17	Networked MP3	7	3	4	5
18	Car PC	9	8	7	7
19	Flexibility Display	3	2	3	4
20	Portable Printer	3	1	2	3
21	3D Phone	4	1	2	3
22	3D Home Theater	8	3	2	5
23	Appliance Remote Control	8	6	5	3
24	Biometric Security System	8	7	6	5
25	GPS Phone	4	2	2	3
……	……				
50	3D Photo Frame	7	4	4	4

注：评分 1 至 10 分，市场潜力越大、关联性效果越大、越具有关键性、越符合公司未来定位的分数越高。

将所有评估委员的评分汇总后，再将所有产品的得分依照顺序排列，再做一次综合讨论，共计选出 20 项新产品创意（见表 5-6），接下来将针对这 20 项新产品构想进行第二阶段的信息搜集与评估。

表 5-6　M 公司经过筛选得到的 20 项新产品创意

排序	产品名称	排序	产品名称
1	Media Center	11	Home Server
2	Home Gateway	12	3D Home Theater
3	Notebook PC	13	Audio Server
4	VoIP DSL Modem IAD	14	Mobile on-line Conference System
5	IP Set Top box	15	Home Care Service
6	Networked DVD	16	Projector
7	Car PC	17	LCD TV
8	Appliance Remote Control	18	Health Monitor Device
9	Biometric Security System	19	Smart Robot
10	e-Book	20	3D Photo Frame

第六章　市场竞争态势分析

一、市场规模推估与预测的根本思考

（一）市场的定义

市场是指某种市场提供物，所有实际与潜在购买者所组成的集合，市场规模就是某种商品或服务的销售金额或数量。市场规模通常为自有品牌厂商关心的议题，地区的市场规模包含了本土及进口产品销售额。一般在进行市场研究时，不仅要关注消费者的行为，也需注意供货商尤其是渠道厂商的动态。

市场分析的概念与产业分析不完全相同，产业分析主要在探讨提供相类似产品或服务的企业的行为，市场分析则包含供、需两端，不但分析消费需求状况，也探讨渠道零售的策略。

（二）市场统计的基本概念

既然市场统计是估计消费者在特定区域的买、卖行为，对于市场推估与预测的分析，也需从买方（消费者）或卖方（供货商）的角度着手。各家研究机构因其研究资源与专业能力的差异，有不同的市场估计方法，会从不同的角度切入分析，调查抽样的对象也不尽相同，导致对于市场规模估计的结果也不尽相同。

举例而言，在 ICT 产业及市场调查机构中，知名的国际机构如 Gartner，是以各大品牌供货商的统计资料为主，其在全球研究的布局上，是以品牌厂商聚集的地区为主要地区考虑。而 IDC 则以渠道调查为主，其主要的调研据点集中在全球各主要地区市场，调查抽样的对象为渠道厂商。中国台湾地区的资策会 MIC 也经常发布全球 ICT 产品研究成果，其调查的对象以中国台湾 ICT 产品的代工厂商为主。我国的 CCID，是近年逐渐具规模的国内调研机构，其调查的对象也以国内的制造厂商与品牌厂商为主。

（三）市场数据的引用

当面对不同市场研究机构所发布的数字时，往往出现众说纷纭的状况，对于数据引用者而言，需审慎筛选。举例而言，在2000年前后网络泡沫初期，市场中对于网络相关市场数据具有高度需求，主要因为当时网络市场充满想象空间，但却没有一家企业真正在当中获利，投资者仅能针对未来的市场推估来进行投资决策。但市场研究机构也缺乏足够的证据、样本来进行合理的估计，因此，市场中浮现各式各样对于网络市场的统计，但发布的机构未必对网络相关产业有足够的涉猎。

因此，当产业分析人员面对多元不一的市场数据时，需先行了解相关数据统计机构的背景，进行初步的筛选，将过去数据发布质量评价不佳、不具相关研究资历的机构先行略过，再根据相关机构的研究背景与一般行业内人士对相关机构的评价，进行选择。

当然，经过初步筛选后，仍可能出现数据差异很高的状况。对于产业分析人员而言，此现象代表目前市场上的信息透明程度很低，相对地，也代表目前市场风险很高。对于决策者而言，也可由此认知所投入者为高风险市场。市场具有高度风险，不代表不值得投入，这取决于决策者的风险偏好。但相关市场信息的提供，仍有助于决策者采用不同的策略模式，部分决策者偏好在市场发展初期投入，以抢占先行者优势。部分决策者则偏好在市场较成熟的阶段投入，采取快速跟随者的策略。二者没有必然的对错，只是反应不同的策略思考逻辑。

（四）常见的数据引用错误

采用次级的市场规模数据时，常见的陷阱，在于数据的完整度不足，产业分析人员则使用多元数据来源去拼凑出心目中理想的数据。数据的完整度不足，常见的情况包括地区区别、时间序列、产品品项的不足。

以时间序列或地区区别的市场数据而言，常见研究人员将不同研究机构的报告，分别引用不同年度或地区的数据，合并为一个完整时间序列或地区的市场数据。但这些研究机构所采用的研究方法、抽样调查的对象、对产品的定义与范畴都不完全相同，因此将不同机构的数据整合，缺乏统计上的一致性，对相关数据的推论容易失真，也缺乏解释能力。

（五）市场分析的层次

在进行市场推估与搜集相关资料之前，必须先对"市场"的基本定义有所了解，区分出所显现的不同层次意义。

在某一地区对特定商品有兴趣的消费者集合，此集合即称为"潜在市场"，在潜在市场中，若再加上具备支付、使用能力的限制条件，则称为"有效市场"。在有效市场中，若根据竞争态势与公司资源的考虑，选择其中特定群体为公司的主要服务对象，则称之为"目标市场"。公司所选定的目标市场，可能由于同业竞争、经费限制、广告有效性等种种因素，而仅有部分会顺利采购公司的产品，此部分已购买公司产品的消费者，称为"渗透市场"。此外，随着消费者实际采购行为的发生，各产业、企业所面临的则是类似 S 型曲线的售出市场。

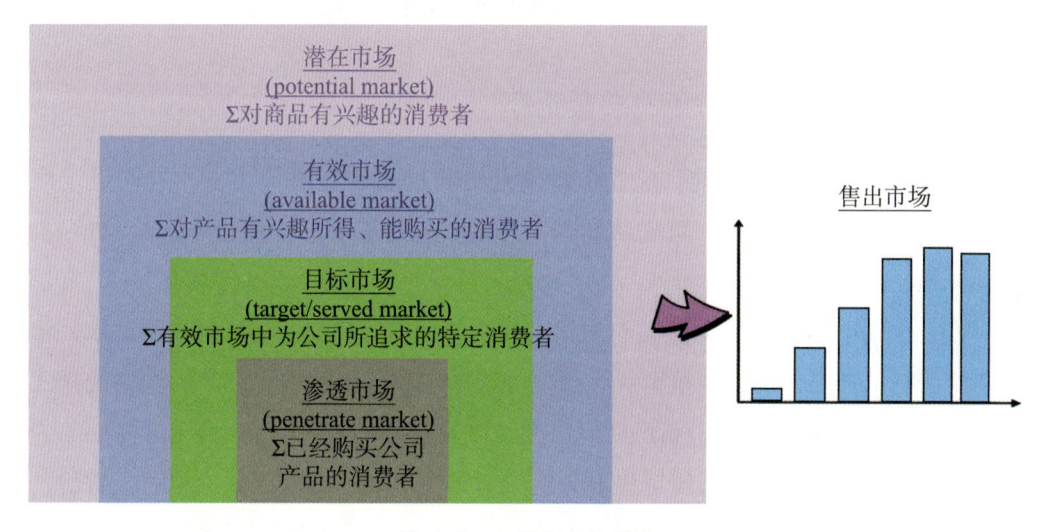

图 6-1　市场定义的层次

二、市场推估的方法

市场推估的方法有许多种，对一般人而言，在选择方法之前，应了解个人能掌握产业人脉的多寡，以及本身（公司）在时间与经费等研究资源上的限制。

首先，我们可从运用产业人脉的多寡，将市场推估方法划分为自行调查、引用次级资料两大类。其次，随着研究资源的多少及所从事决策的重要性，由简至繁依序为平均法、判断法、综合法、费米法、产销法及经销法。

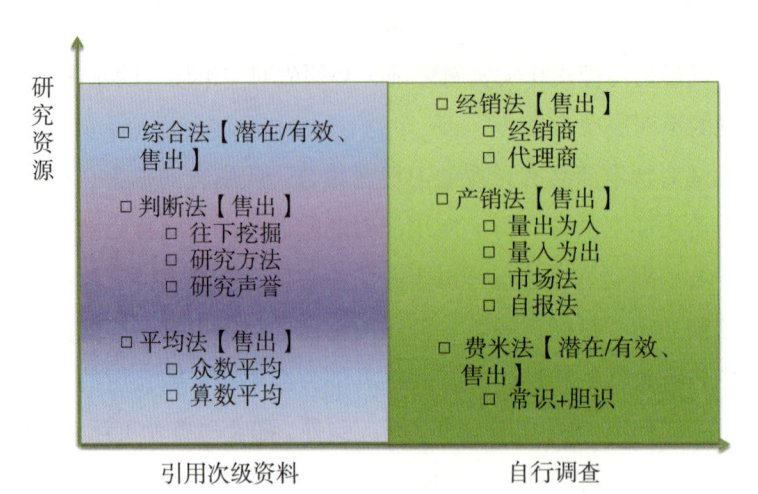

```
研究资源 ↑
    │  ┌─────────────────┬─────────────────┐
    │  │ □综合法【潜在/有效、│ □经销法【售出】 │
    │  │   售出】          │   经销商        │
    │  │                   │   代理商        │
    │  │                   │                 │
    │  │ □判断法【售出】   │ □产销法【售出】 │
    │  │   □往下挖掘       │   量出为入      │
    │  │   □研究方法       │   量入为出      │
    │  │   □研究声誉       │   市场法        │
    │  │                   │   自报法        │
    │  │                   │                 │
    │  │ □平均法【售出】   │ □费米法【潜在/有效、│
    │  │   □众数平均       │   售出】        │
    │  │   □算数平均       │   □常识+胆识   │
    │  └─────────────────┴─────────────────┘→
       引用次级资料            自行调查
```

图 6-2　市场推估的方法

（一）市场规模统计前的准备工作

在进行市场规模统计前，应先梳理清楚分析的目的与决策需求，进而设定调查研究的规格。一般而言，可先从新闻写作的 5W1H 着手，也就是 What、When、Where、Why、Who、How。

What 即指产品的定义、范畴与规格，在进行调查研究前，应针对决策需求，梳理清楚所指的产品定义，并根据后续想要分析的市场区隔，进行产品的规格或样式的分类。When 指的是想要分析的时间序列长度及频率，如周、月、年等。Where 为区域范围，根据决策需求，设定想要分析的对象为全球、地理区域、国家、省份、都市等。Why 意指市场变动的因素，尤其在分析过去一段期间市场规模的变动时，应特别留意市场成长或衰退的因素，或造成出现异常变化的原因。相关的因素分析，可作为后续推论未来市场变动的根据之一。Who 是指针对市场中的主要厂商进行同业比较分析，在市场分析中，许多产业分析人员经常忽略进行同业比较分析，以至于许多厂商都因看好同一市场潜力，而同时抢入，导致形成更激烈的竞争，形成红海市场。How 指未来市场变化的趋势走向，由此协助决策者判断进入市场的时机，以及预估可能的投资报酬率。

此外，常用的市场统计切入角度也包括营销学所提的 4P，也就是产品（Product）、Price（价格）、Place（渠道）、Promotion（促销）等。4P 也可以作为市场统计分析的切入构面。同时，可另加上产品生命周期、产品使用量、区域市场、市场潜量等分析层面用来作为辅助。

一般而言，市场规模的统计方法，不外乎次级资料引用法与初级资料搜集法。以下将分别针对此两种方式进行说明。

（二）次级资料引用法

1. 平均法

当我们面对一个临时交办、熟悉程度不高、研究资源不足的市场推估任务时，最常使用的方法就是利用目前既有的研究资源，取得研究单位的推估结果。不过，除了有取得资料片段的问题之外，还经常面临各研究单位推估结果不同，不知该如何整合的问题。此时，如果您对于各研究机构的质量声誉、研究方法、研究人员缺乏了解，就可通过平均法来推估一个相对中立的结果。

（1）算数平均。

平均法的第一种技巧，即是通过算数平均的做法，将所有对同一产品、同一段时间所估算的数字加总、相除，而取得一个平均数，快速完成推估的结果。

（2）众数平均。

平均法的第二种技巧，则是通过将几个过高、过低的极端数值去除后，以其余推估结果较相近的数字取得算数平均数，以避免看法与多数研究单位偏离过大的风险。

2. 判断法

运用现有研究单位的市场推估数字的方法，固然是因为个人不一定能搜集到完整、众多的研究成果，但从另一方面而言，从众也未必就是正确的选择。综观历史的发展、股市的进出已经不断地告诉我们，有时候说出真相、预测精准的，往往是少数的个人。因此，如果时间许可，我们应该可以找出较接近事实的研究成果。

（1）研究声誉。

如何选择你所要相信的数字，最简单的方法就是通过询问相关专家、使用者，通过口碑效果，以研究单位的声誉作为选择的依据。

（2）研究方法。

通过研究声誉来选择，往往容易犯下"远来的和尚会念经""越贵越好"的错误。事实上，各研究单位由于研究资源的差异，往往会因此而发展出其独特的资料搜集与判读的方法，各种研究方法在不同的应用层次及时机下，将会呈现不同的意义与优缺点。

因此，深入了解各研究单位的研究资源、研究方法、代表意义、优缺点，然后判断、选择个人所认同的研究结果，是在借力、使力的过程中，不得不做的功课。

（3）往下挖掘。

随着环境变迁、人员流动，研究单位的研究质量也可能出现变化。然而，对于一个身在其外的数据用户来说，要察觉这些微妙的变化，实在不是件很容易的事情。要随时确认自己的选择是否仍是正确的，相对有效的一个方法，就是利用与研究单位分析人员接触的时机，通过将市场切割的技巧，以自身相对有把握的部分，检验其推估的正确性。

3. 综合法

利用次级数据从事市场推估的过程中，我们更经常遇到的状况是所需要的数据遍寻不着（通常研究单位的报告也要衡量其市场价值，作为是否投入研究资源的评判依据），或是没有足够的研究资源来采购昂贵的报告。此时，就必须自行利用各类统计指针来从事市场规模推估。

（1）候鸟理论。

读者可能常会听到这样的说法，"当平均国民所得达到七千美元时，连锁便利商店将开始流行""从中国可推算东南亚个人计算机的普及率"，这样的说法就是在假设发展中国家将复制发达国家发展路线的候鸟理论。其主要技巧在于通过国与国之间的不同所得水平，来估算其可能的产品渗透率。

不过，运用候鸟理论来推估市场规模时，应留意其例外的状况。例如，科技跳跃将使发展中国家省略已开发国家所跑的冤枉路；而由于国情不同，发展中国家的生活形态、消费行为、城乡区域等根本性差异，也未必会完全复制发达国家的发展路线，这是在推估过程当中必须特别留意的部分。

（2）夹缝理论。

这类似于电视综艺节目里猜产品价格的游戏，参赛者从一个可能的数字开始猜价格，经由往上、往下猜测的过程，逐步接近标准答案。我们也可以通过类似的手法来推估市场规模：从顶端（最大需求）与底部（最小需求）来推测实际的数字。

如何应用夹缝理论来推估市场规模，首先应从消费行为出发，了解产品属性，以决定数据搜集的方向。例如，一般电话与手机虽然都属于通信产品，但是由于使用行为上分别以家庭户数、个人为单位，因此在推估市场规模的过程中，推估的基础分别会从家庭户数与人口数出发。再如，我们会利用家庭户数来估算一个国家的电视机市场，但是在估算个人计算机市场时，则会分别搜集国家信息化建设计划、学校信息化教育普及计划、企业家数、家庭户数等资料，分别估算其政府、学校、企业、家庭的需求。

在利用夹缝理论推估市场规模的过程中，所要注意的技巧为利用市场区隔的原理，将整体市场切割成不同的使用群体，必要时应谨记大数法则，以 80/20 的原则，将 80% 的研究资源集中于最重要的 20% 市场，以提升研究效率与效能。

（3）从替代品来看。

当市场上已存在我们所要推估市场规模的相近功能产品时，我们可利用其替代性来估算新产品的市场规模。

从产品生命周期的角度来看，当产品在萌芽期时，我们可搜集替代品的市场规模数字，并从价格与性能比的角度思考新产品取代既有市场的比例；当产品逐步进入成长初期，我们应着重于首购人口的计算；随着成长期进入末期，市场需求逐步由换机需求取得主流地位，应梳理清楚换机人口所占的比重；等市场进入成熟期，市场需求为换机需求所主宰时，应特别留意过去几年市场规模、消费者换机周期的准确性；到了衰退期，则应留意新产品的性能、价格，以推估被替代的比例与速度。

（4）从互补品来看。

另一个借力、使力的市场推估方法则是利用互补品。例如，可利用政府部门公布的门号数，扣除停用、双重门号的部分后，来估算移动电话市场的规模。

（5）从功能相关产品来看。

如果所要推估的目标是具有多重功能的新产品，则可以运用功能相关产品的市场规模，作为有效需求的限制条件来加以确认。

例如，估算国内智能手环市场需求，若假设购买此产品的消费群体对于手表/手环的需求很高，且应已采购智能手机，则可将国内手表市场与智能手机市场交叉比对，即可发现若从功能性的角度来看，国内采购智能手机的用户将有一定比例会出现使用智能手表/手环的需求。

（6）从客户采购计划来看。

也可以从消费者的采购金额与数量来推估市场规模。例如从各地人民的所得与消费结构掌握其食、衣、住、行、育、乐等各方面的预算，若能再掌握相关产品于家庭的普及率、现阶段采购主要目标，确认可能的采购预算总额，并衡量产品价格变化、市场正负面因素对采购内容的影响，即能从消费者采购计划来推估市场规模。

4. 其他外部因素

除了上述方法，观察诸如领导厂商行动、类似创新产品的发展历史、成功与失败典范或理论、策略转折点发生的现象等市场讯号，将有助于我们对市场规模的推估。

（1）初级资料搜集法。

①费米法。

当您面临一个临时且研究资源缺乏的情形时，可使用费米法快速地完成推估工作。其原理在于利用粗略但是量化的计算方式来估计没有想过的问题。费米问题不需要任何复杂的计算，但是考验着个人的常识与胆识。

首要的处理技巧在于对问题的精确掌握，其次是合理的假设与权重的拿捏。接下来只需要通过加、减、乘、除的简单计算，对数字掌握一定的准确度即可，最后则是通过对假设与权重的不断检验与修正，最后再确认推估的结果。

②产销法。

对于因技术发展推动更新频繁，进而造成价格快速下滑的高科技产品来说，由于渠道厂商将尽力避免库存产生，因此可利用品牌厂商或代工厂的出货量作为推估市场规模的基础。

值得注意的是，通过请教产业专家来进行市场规模推估时，应留意三大陷阱。首先，产业专家因公司经营范畴的局限，所了解的市场范畴多半受限于公司本身或定位相近的竞争厂商群组，因此应避免"坐井观天"的陷阱，留意其所认知的市场增长率常常受限于公司本身的增长率，以及由下游经销商、代理商、品牌厂商等信息传递过程中层层调整所造成的扭曲效应。其次，由于各企业单位的绩效考核标准不同，在定义及方法不同的情况下，也常会出现看法相同、数字不同的"鸡同鸭讲"陷阱，因此在沟通过程中，有必要先确认彼此对市场的定义与范畴。最后的陷阱是"别有用心"，也是最常发生的市场推估陷阱，由于个别企业与个人的利益关系，在维持股价、争夺排名（宣传效果）、（研发部门）争取资源等考虑下出现以少报多的乐观派，以及顾虑报税问题、（业务部门）调降工作目标而以多报少的悲观派。

自报法。拜访所要推估市场的竞争厂商，在逐一拜访搜集各家厂商出货数字之后，再经过整理、判读、加总，即可得出一个市场规模的结果。

市场法。为克服个别搜集厂商出货数据时，厂商刻意以多报少、以少报多的问题，在拜访相关厂商的过程中，可通过厂商对同业的评估，作为资料判读的参考依据。不过，必须注意的是，通过厂商间彼此的看法来调整数字，可考虑选择定位相近、共享经销商、关系密切厂商的意见作为参考依据。

量出为入法。由于组装厂商数量相对较少，再加上保护客户信息的考虑，因此从信息取得的角度来说，可谓相对不易。因此，在利用组装出货量来推估市场的过程中，可考虑从代理商的进货量取得相关信息，经过各代理商对个别制造商出货数量的交叉比对，来确认制造厂商对某一市场的出货量。

量入为出法。由于各制造商都须采购相当数量的零部件，因此另一个确认产品（出）货量的手法，则是从为数众多的零部件（入）作为信息取得的来源，如果能力所及，可通过不同特性的零部件，对同一产品的出货量进行交互确认，以提高推估的准确度。

③经销法。

推估市场规模，主要目的在于计算一段时间内，产品在特定区域实际为消费者采购的数量。要避免推估数字有所偏差，从接近消费者的经销渠道来取得销售数字，能降低渠道库存造成的推估误差。

不过，通过经销渠道来推估市场规模，仍然必须留意水货、直销等未经过经销商销售的出货。此外，以大型渠道销售量推估仍有部分渠道库存偏差，而通过经销门市抽样调查，则由于无法做到普查，仍存在着因抽样据点而产生误差。

由大型渠道推算。利用经销渠道所提供的数据来推估市场规模，若从研发成本的考虑来看，从相对上游、数量较少的大型渠道商展开调查不失为良策。

通过经销门市抽样调查。如果公司在区域市场中具备领导地位，由于经销网点分布相对均匀而稠密，即可考虑通过经销门市的协助来从事市场推估的工作。不过，必须留意经销厂商可能因为销售利益的考虑，而故意提供调整过的销售信息，因此有时也可以考虑开放渠道让具备公信力、中立地位的市场研究机构代为进行信息的搜集、整理和分析。

从事市场规模推估工作的过程中，我们应留意几个原则。第一，应确认市场定义与范畴，避免因定义含混不清而造成研究资源的浪费。第二，在搜集资料的过程中，应了解各研究单位研究资源的差异与资料提供者的立场，谨慎辨别次级数据的质量，并避免被数据提供者所操弄。第三，在选择推估方法时，可灵活应用各种技巧，必要时可多种推估方法相互协同进行。第四，在市场推估的运算过程中，应认识到在现今供大于求的年代，消费者是思考的根本。推估者一方面应善用常识，发挥胆识；另一方面则别忘了在大胆假设之余，也应对推估过程中所存在的假设与权重作小心地求证；最后，面对市场推估结果可能因此而影响个人的利益时，应尽量避免为私利而操弄数据。

三、市场区隔与目标市场选择

（一）市场区隔

由于企业通常无法在广泛的市场中服务所有的顾客，因此企业需确认其能够最有效率服务的市场区隔。有效区隔化的条件包括可衡量、足量、可接近、可差异化、可行动。

市场区隔化的方式包括地理性区隔、人口统计区隔、心理特征区隔、行为区隔与多重属性区隔。以下简述不同市场区隔化方式。

1. 地理性区隔化

将市场区分为不同的地理单位，包括地区区域、城市大小、人口密度、气候等。

2. 人口统计区隔化

以基本人口统计变量将市场分为数个群体，包括年龄、家庭人数、家庭形态、性别、所得、职业、教育、宗教、种族、世代、国籍、社会阶级等。

3. 心理特征区隔化

依生活形态、人格或价值观为基础，将消费者划分为不同群体。

4. 行为区隔化

依购买者对产品的态度、知识、使用或反应为基础，将消费者区分为不同群体。包括使用时机、利益寻求、使用者状况、使用率、忠诚度、购买准备阶段、对产品的态度等。

5. 多重属性区隔化

采用上述两种以上的区隔化方式，进行对消费者的类别划分。

市场区隔的划分，关键在于所划分的区隔间，对该产品与服务的需求是否具有明显差异，若不同市场区隔间对产品或服务的需求没有差异，后续发展的市场区隔策略将趋于无效。因此，市场区隔化的工作，最重要的在于观察消费者或企业客户行为的差异，由此选择区隔化的条件，以将消费者、客户进行分群，并在此基础上设计不同的竞争策略。

在市场区隔化条件的选择上，建议多方尝试不同的分类方式，且寻求多重属性的区隔化方法。若产业分析人员能在区隔化条件上，因为对客户、消费者的观察有独到的见解，就更可能找到人所未见的特殊市场区隔，进而提高发掘蓝海市场的机会。

（二）目标市场选择

1. 选择模式

在将市场进行区隔化之后，企业需针对市场区隔进行策略选择。选择的方式有许多类型，包括单一区隔集中化、选择性专业化、产品专业化、市场专业化等。单一区隔集中化系指企业在此区隔取得最专业的地位，如汽车厂商 Porsche，以跑车专攻高收入客群。此种策略选择的优点聚焦在单一市场、单一产品上，企业的研发资源、营销资源、生产资源等都可全力对准于此区隔的消费者。企业容易在此区隔中建立消费者的印象，甚至是品牌形象。缺点是过度集中在单一市场，经营风险相对较高，该市场一旦出现变化，企业的经营就会受到重大影响。

选择性专业化是指选择数个不同的市场区隔，并各经营数个不同的产品。常见采用此种做法者为电视厂商，分别在不同类型的节目都有布局，抢攻不同观众市场。此种做法的好处是风险分散，但坏处是企业的资源也随之分散。

产品专业化指的是企业专攻单一产品，并利用此产品抢攻不同的市场区隔。软件厂商采用此种选择策略。以微软为例，其操作系统软件的目标客户涵盖范围广，从个人、家庭、学校、政府到企业等。微软以同一套操作系统，针对不同的客户对象，制订不同的定价策略。此种做法的优点在于企业的研发与生产等资源相对集中，又能对不同市场区隔客户进行差别定价。

市场专业化指的是专营某一市场区隔的所有需求产品，也就是此类企业对于特定市场区隔具有高度专业化，因此在特定市场区隔中消费者的所有产品需求，该企业都能满足，甚至提供一次购足的服务。当然也有部分如可口可乐等大型企业，尝试满足所有市场区隔的客户对各种不同产品的需求。

产业分析人员对于差异化营销一事，应有清楚认知，差异化营销可能带来更高的运营成本，甚至分散企业的资源。因此，部分企业改采用反区隔化的策略，将同样的产品，提出多种要求。以婴儿洗发水为例，其营销要求不但针对婴儿的需求，甚至尝试开发母亲、父亲对该产品的要求，由此增加潜在客户的数量。

2. 市场区隔选择方式

对企业而言，市场区隔的选择应考虑其策略目标，由于企业最终的目的为获利，因此市场区隔选择的基本条件就是如何协助企业盈利最大化。要提高获利有两个方法，一是增加营业额，二是降低成本或提高售价。以前者而言，企业对市场区隔的选择，需考虑其市场规模的大小或增长性的高低。

对固定资产较高的企业而言，市场区隔体量的大小为关键，唯有足够的规模经济，才能满足其资本设备投入的回收。对小型、固定资产较低的企业而言，则不一定需关注市场现况的大小，而是观察其市场的未来性。未来增长潜力越高者，即使现有规模不大，仍值得投入。

市场区隔的选择也与投入的成本有关，成本与开发及生产难度有关，价格则与竞争强度有关。若某一市场区隔，产品的开发或生产难度高，则其投入成本相对增加，未来的回收期势必加长。若某一市场区隔已有众多竞争者投入，其价格竞争或规格竞争将相对激烈，对企业而言，获利机会相对较低。又或某一市场区隔已经有领导厂商，掌握技术专利、渠道或客户，对新进厂商而言，也形成进入障碍，其市场吸引力相对较低。

归纳总结来说，对企业而言，市场区隔的选择方式，基本要素需观察其市场吸引力的高低。市场吸引力的高低则由市场规模的大小、成长性、竞争强度来决定。技术开发的难易度也影响企业投入的意愿，但不是必要条件。对部分企业而言，虽然可能缺乏该项技术，但可通过自行投入研发、策略结盟、并购等方式，取得相关技术，甚至由此建立进入障碍、门槛。

四、市场竞争分析

（一）市场分析对竞争策略的重要性

市场规模的数据统计，对于企业经营与决策具有重大的影响。一般可从集团、事业部、个人三个层次来探讨市场规模推估的重要性。

1. 集团事业部策略投资方向的决策依据

对于需要统筹跨产业的各事业部门资源，进行最佳配置的集团管理核心来说，如何精确掌握各事业部门所处产业的策略转折点，就是对市场规模推估准确度的期望所在。例如，通过市场规模推估以精确掌握产品生命周期中的商机到来（萌芽期→成长期），危机发生（成长期→成熟期）的关键时刻，将有助于集团在该产业的投资能达到利润最大化的目标。

2. 企业审视策略成败与订定运营计划的基础

对企业而言，市场规模推估是作为审视过去一段时间的策略成败的重要依据。将整体市场增长幅度与公司经营成果相互比较后，才能了解公司在产业竞争版图中的消长。

另外，市场推估是销售预测的基础，而销售预测是企业年度预算的基础。在销售预测完成之后，公司的销售计划、研发计划、采购与生产计划、人力资源计划、财务计划才能据以依序进行。

3. 个人绩效考核与目标设定的依据

对个人而言，市场规模推估的结果，一方面将作为当年度绩效评估与奖惩升迁的重要依据；另一方面则是主管与所在团队设定新年度工作目标的合理依据。

（二）产品定位策略

企业在选定市场区隔后，下一步需拟定其在该市场区隔中的产品定位（Positioning），也就是设计公司产品方案与形象，使产品在目标顾客心中占有独特的地位。产品定位的目标在于成功创造顾客聚焦的价值主张（Value Proposition），也就是通过差异化，追求消费者在该市场区隔中认知的"第一"。

策略规划者可以不同的方式达成产品定位，包括差异化策略与低成本策略。企业塑造产品差异化的方式包括产品性能、品牌、渠道规模、客户规模、投入市场的时间点、渠道地点、服务与产品线等。其中，产品性能、品牌形象、服务质量等都是常见的差异化方式，许多国际知名企业也擅长利用相关方式塑造差异化，如汽车业的Mercedes Benz、BMW、Porsche等。部分厂商也善于利用渠道规模创造差异化，甚至是新兴业务的开发。以零售渠道业为例，便利店体系如7-11即以稠密的实体店布局，制造消费者随处可得的印象，甚至在偏远地区，7-11成为旅游者取得补给的重要据点。利用为数众多且稠密的店面，7-11在中国台湾地区衍生出许多新兴业务，包括物流、代收代付等服务。

投入市场的时间点也可以为企业塑造差异化，尤其是采取先行者策略（First Mover）的企业，塑造在消费者心中技术领先的印象，进而吸引许多科技爱好者。近年来，消费者高度关注Apple的新产品发布会就是一例，显见苹果在科技爱好心目中的地位。许多同业甚至以其产品规格为模仿目标，由此吸引"果粉"以外的消费群体。

产品线也是差异化的来源之一，部分企业通过多元的产品线，塑造消费者可一次购足所需产品的印象，进而成为消费者心目中，在特定领域中应有尽有的印象。许多3C卖场就是此例，过去在中国台湾的光华商场，一趟走下来就可以组装出一台个人计算机；又或是在深圳的华强北路，也给消费者相同的印象。

低成本策略则是另一种产品定位的方式。低成本的决定要素在于规模经济、固定成本、变动成本、研发创新、学习曲线与管理成本。一般而言，中国大陆与中国台湾地区的企业都善于低成本策略，这也造就了中国在世界工厂的地位。

低成本的策略也衍生出另一个议题，也就是产品的定价。对于企业而言，定价的考虑因素很多，成本是其中一个因素，但仍可能有其他因素左右企业的产品定价。在梳理清楚定价的议题之前，得先清楚价格与销售的关联性。一般而言，定价越高，消费者的采购意愿越低，相对的，销售数量将降低。反之，若定价较低，则客户的消费意愿增加，销售数量将增加。因此，定价的高低与销售数量成反比的关系。销售数量变动率除以定价变动率，即所谓的价格弹性。若价格弹性大于一，也就是销售数量变动率大于定价变动率，则降价带来的销售增加比率较高，在新价格下的企业营收将增加，适合采用价格竞争策略。反之，价格弹性小于一，代表销售数量变动率小于价格变动率，降价带来的销售数量增加不成比例，在新价格下的营收将较降价前为低，此时不适合采用价格竞争策略。

一般常见的定价策略有最低价格策略、Skimming 定价策略与抢攻渗透率的定价策略。以最低价格策略而言，企业主要宣示的对象是竞争者，由此遏止竞争者贸然采用低价策略。Skimming 定价策略则是在市场上有竞争者时压低价格，当竞争者不堪低价而退出后，再拉高定价。此种定价策略适用于进入门槛较高的产业，一旦同业退出后，留下的企业则将享有较高的超额利润，已退出的同业或其他潜在竞争者，也无法在短期内加入市场竞争的行列。

在近代高科技发展历史中，DRAM 产业即出现过此类以价格竞争为策略手段的竞争态势。当 2007—2008 年出现金融风暴时，大厂借势采用低价策略，甚至以亏本的价位销售，趁市场景气欠佳之际，利用低价逼使财务能力较差的厂商退出市场。当部分厂商如奇梦达、尔必达、茂德等厂商退出后，再于景气恢复时调高市场价格，使留在市场内的厂商享有超额利润。

总而言之，市场调查与分析是企业拟定各类型策略时的必要过程，需重视基础资料搜集。对企业经营者而言，掌握市场规模是成功的第一步。

对产业分析人员而言，市场研究也是各类主题研究的基础，同时，更须清楚掌握竞争者，通过多次操作各类方法才比较能掌握精髓，建议协同进行多项方法的操作。当进行市场策略研拟时，更需掌握整体与各区隔市场的信息，借以设定产品定位，规划相关发展策略。

五、案例与研究分析

（一）全球平板计算机市场分析

2016 年全球平板计算机产业出货量达到 181261 千台，相较 2015 年下滑 12.2%。整体产值在产量大幅下滑之际，也呈现萎缩的态势，2016 年全球平板计算机产值，相较 2015 年下滑 9.9%，约为 39877 百万美元。

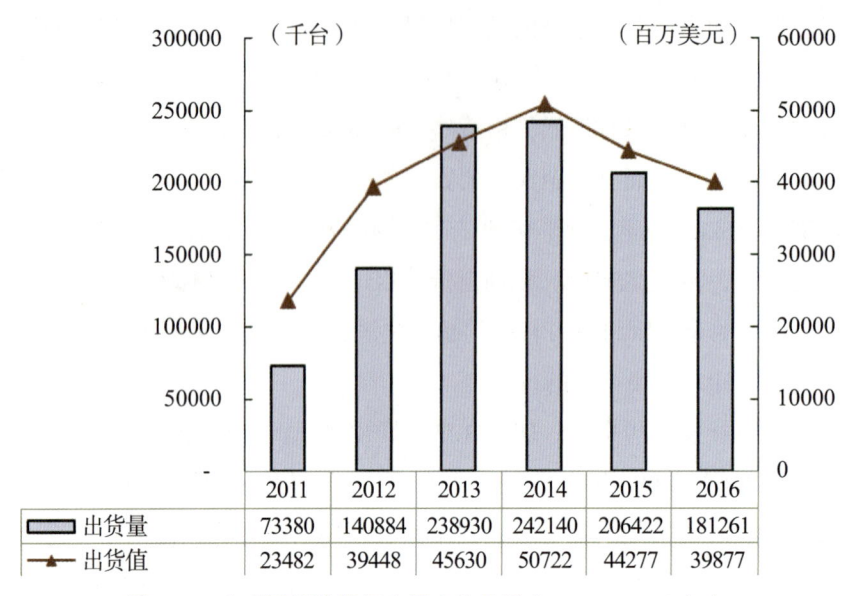

	2011	2012	2013	2014	2015	2016
出货量	73380	140884	238930	242140	206422	181261
出货值	23482	39448	45630	50722	44277	39877

图 6-3　全球平板计算机产量产值分析（2011—2016 年）

1. 成熟市场需求饱和，及大尺寸智能手机取代效应，仍是出货下滑主因

观察全球平板计算机市场的发展脉络，从 Apple 推出的 9.7 寸 iPad 开始，以创新的产品设计，以及弥补智能手机与笔记本电脑之间的屏幕尺寸空缺，刮起市场旋风，而后在 2012 年年底推出 7.9 寸平板计算机，也获得市场好评。直到 2014 年，因为北美、欧洲等成熟市场已趋近饱和，使在这些区域市场销售状况较佳的品牌，包括 Apple 及 Samsung、Amazon、Google 等品牌销售出现疲软，出货量或者衰退，或是不见增长。

除了市场开始饱和，在产品设计方面，由于智能手机与平板计算机同构型日益增高，也开始对平板计算机产生取代效应。

平板计算机本来在菜单上，与智能手机相较就没有显著差异，甚至智能手机还具备平板计算机没有的电信功能。然而，在娱乐应用需求考虑下，平板计算机的大屏幕尺寸带来的视觉享受，对消费者还是有一定的吸引力。问题是，智能手机屏幕尺寸不断放大，自 2011 年 Samsung 推出全球第一款拥有 5.3 寸的屏幕尺寸，介于智能手机与平板计算机之间的移动通信产品（平板手机）热销后，造成其他智能手机品牌厂商跟进采用 5 寸以上的屏幕尺寸，甚至原本对智能手机屏幕尺寸有所坚持的 Apple，也在 2014 年弃守理念，推出搭载 5.5 寸大尺寸屏幕的 iPhone 5 Plus。

随着智能手机屏幕放大（＞ 5~6 寸），以及平板计算机的屏幕尺寸缩小（7 寸），让平板计算机跟智能手机的尺寸界限变得模糊。在尺寸界限模糊的情况下，平板计算机开始失去它在视觉舒适性上的竞争优势，两相比较的下，消费者更倾向采购屏幕略小一点，但具有通话功能的智能手机，成为 7 寸平板计算机销售下滑的重要因素。

面对小尺寸平板计算机销售下滑的颓势，2014 年下半年至 2016 年开始将产品开发重心放在强调具有生产力的 2-in-1 平板计算机上，虽然 2-in-1 平板计算机销售确实有显著增长，2016 年增长幅度达 49.0%，且 2-in-1 平板计算机占整体平板计算机比重，也从 2015 年的 6.5% 上升到 2016 年的 10.9%。但是在 2015 年以前，销售下滑中的 7 寸平板计算机占了整体平板计算机出货超过 5 成以上的比重，因此，即使占比低的 2-in-1 平板计算机销售增长，也难以阻止整个平板计算机市场规模下滑的趋势。

2. 市场重新洗牌，中国品牌厂商表现亮眼

2016 年，全球平板计算机厂商排名前五大依序为 Apple、Samsung、Lenovo、Amazon 及 Huawei。

Apple 依旧是平板计算机市场市场占有率最高的品牌，不过 2016 年出货量较 2015 年下滑了 13.4%，主要因为 2016 年 Apple 的 iPad mini 出货量大幅下滑，衰退幅度近 30%，而 iPad Pro 新品虽然在推出市场时，话题性十足，但因为产品单价较高，影响消费者采购意愿，使出货量增长有限，无法阻止 Apple 整体平板计算机产品销售下滑的态势。至于市场占有率方面的表现则是微幅衰退，从 2015 年的 24.0% 下降至 2016 年的 23.7%。

Samsung 虽然稳居市场占有率第二宝座，但 2016 年出货量相较 2015 年衰退达 21.1%，是前五大厂商中衰退幅度最大的品牌，市场占有率则是从 2015 年的 16.0% 下降至 2016 年的 14.3%，Samsung 近年投入较少资源在平板计算机新品开发或市场拓展，2016 年主要通过集团公司 SDI 的 AMOLED 面板资源，推出几款高阶 AMOLED 机种创造话题，不过由于产品单价较高，对销售增长帮助有限。

Lenovo 自 2014 年开始，超越 Amazon 及 Asus 进入平板计算机前三大，2016 年积极发展平板业务，加强在欧洲、中国、北美及日本等区域市场的销售力度，虽然仍无力阻止衰退的态势，2016 年出货量较 2015 年下滑了 6.1%，但已经是前三大品牌厂商中衰退幅度最低的，市场占有率因而从 2015 年的 5.1% 增长至 2016 年的 5.4%。

Amazon 在自 2015 年第四季推出 7 寸 Tablet 新机 Fire，以 49.99 美元的超低价创造销售佳绩，仅是第四季单季的销售数量就是前三季总和的近 4 倍。这股销售热潮到 2016 年仍然不减，每季平均都有 2000~3000 千台的销售数量，成为低迷的平板计算机市场中令人出乎意料的亮点。2016 年靠着低价平板成功抢市，销售量大幅增

长，增长幅度达 87%，市场占有率 5.4%，仅比排名第三的 Lenovo 略低。

在平板计算机市场一片沉闷之际，市场占有率排名第五的 Huawei 与市场占有率排名第三的 Lenovo 一样，都展现出相对积极的态度，主要通过手机渠道优势，与电信商合作，推出具通话功能的平板计算机，除中国市场外，Huawei 对拓展海外市场也不遗余力，除了长期深耕欧洲、日本市场之外，对于北美、非洲等区域市场也展现强烈企图心，2016 年出货量增长幅度达 102.2%，首度进入前五大品牌。

其他平板计算机品牌厂商，或者直接淡出市场，如 Google 及 Toshiba 等；或者降低对平板计算机的投资，如 HP、Dell 等厂商不再开发纯平板计算机（产品设计本身不带键盘）新品，而将产品开发重心放在 2-in-1 平板计算机上。

甚至是占比达 3 成左右的白牌平板计算机厂商，也陆续退出平板计算机市场，而将资源放在如智能型手表、AR（Augmented Reality，增强现实）/VR（Virtual Reality，虚拟现实）装置及无人机等，市场关注度高的新品开发上。

值得一提的是，市场占有率排名第七的 Microsoft，Microsoft 自 2015 年下半年推出 Surface 系列 2-in-1 平板计算机，取得极佳的销售佳绩。2016 年销售热度延续，虽然其产品线窄，仅依赖高单价的 2-in-1 平板计算机，但仍然吸引一定的消费群体选购，2016 年市场占有率达 2.1%，甚至超越已在平板计算机市场耕耘多年的部分品牌厂商。

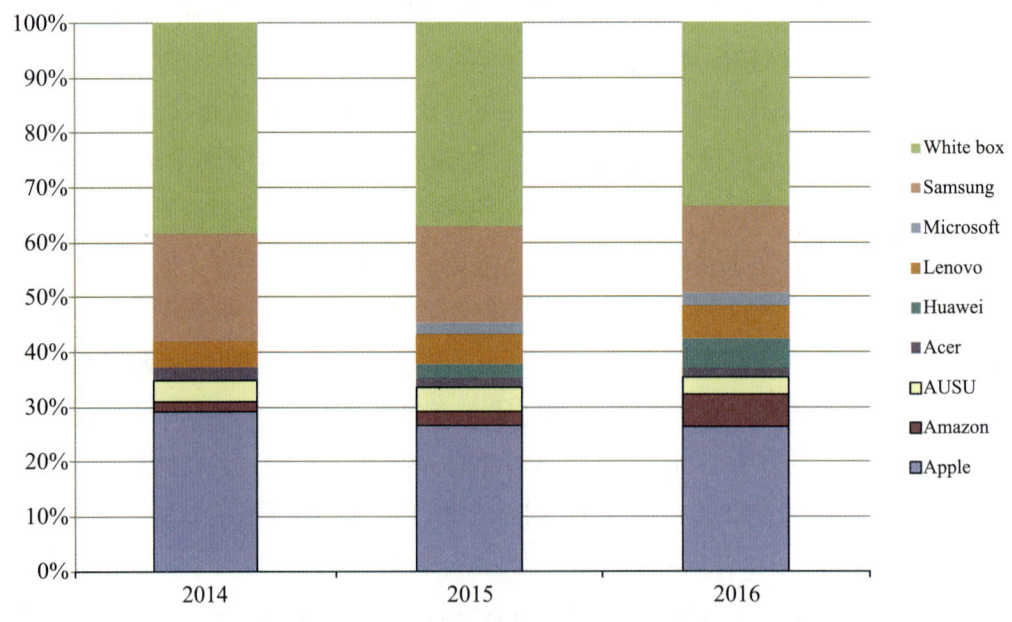

图 6-4 全球平板计算机主要品牌市场占有率（2014—2016 年）

3. 7.x 寸平板占比持续下滑，10 寸以上平板则持续增长

2016 年虽然 Amazon 7 寸低价平板计算机取得销售佳绩，但大尺寸智能手机对 7.x 寸平板计算机取代效应持续发酵，使多数平板计算机品牌及白牌厂商都持续降低 7.x 寸平板计算机开发资源，整体 7.x 寸平板计算机出货量衰退幅度加大，2016 年衰退达 19.4%，占整体平板计算机的比重由 2015 年的 50.5% 下滑至 2016 年的 46.4%。在智能手机大尺寸化的趋势下，且平板计算机厂商也不再将资源放在 7.x 寸平板开发，预期 2017 年 7.x 寸平板计算机出货量仍将持续衰退。

10 寸以上尺寸是平板计算机品牌厂商较积极开发的尺寸规格，包括 Samsung、Lenovo 及 Huawei 在 2016 年推出的平板计算机产品中，就有将近一半是搭载 10.1 寸面板。此外，以 10 寸以上尺寸占大宗的 2-in-1 平板计算机整体需求提升，包括 Apple 及 Microsoft 等 2-in-1 平板计算机主要厂商，2016 年的 2-in-1 平板计算机销售都呈增长态势，使 10 寸以上占比从 2015 年的 19.0% 来到 2016 年的 23.4%。

由于品牌厂商对于大尺寸及 2-in-1 平板计算机开发仍会相对积极，如 Apple、Microsoft 等厂商在 2017 年都有 2-in-1 新品推出，Samsung 则是规划推出搭载 AMOLED 面板的 2-in-1 平板计算机，有望带动 2017 年 10 寸以上平板计算机出货再增长。

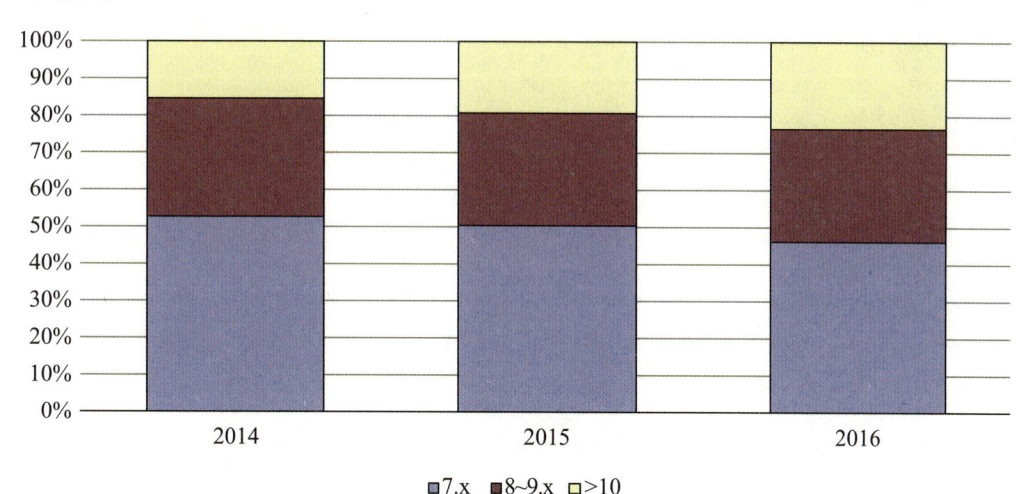

图 6-5　全球平板计算机不同出货尺寸占比（2014—2016 年）

4. 2017 年全球平板计算机产业出货衰退 5.6%

平板计算机市场发展至今，虽然消费者对大尺寸及可上网装置的使用需求仍在，

但是随着智能手机大尺寸化，与 7~8 寸的纯平板计算机市场重叠，取代效应发酵。同时全球经济低迷，使以娱乐应用为主的平板计算机受到冲击，全球平板计算机产业已经连续两年衰退，且衰退幅度都达到两位数。

展望 2017 年，预期 2-in-1 机种因为兼具平板计算机的方便性，以及笔记本电脑的生产性，仍会有一定市场吸引力，如 Apple 及 Microsoft 都将推出新款的 iPad Pro 及 Surface Pro 系列 2-in-1 平板计算机，有望吸引特定消费群体采购。

然而在纯平板计算机方面，虽然中国品牌厂商态度相当积极，喊出平板计算机销售增长的年度规划，然而多数品牌厂商对纯平板计算机开发态度倾向消极，甚至预计在 2017 年推出的新款平板计算机，将延续旧机种，仅做部分更新，以减少开发资源，降低成本。

5. 2-in-1 平板计算机仍将持续增长，但增速趋缓

现阶段各大主要品牌的 2-in-1 产品或市场定位，多在商业或专业应用，并且强调除了娱乐性之外，也具备一定的生产性，即兼具纯平板计算机及笔记本电脑的优势。预期短期内 2-in-1 平板计算机相对于平板计算机尚可以有更丰富的使用情境，以及相对低价笔记本电脑更具携带性及便利性的优势，而吸引特定消费群体，取得一定市场占比。2016 年全球 2-in-1 平板计算机出货增长 49.0%，2017 年 2-in-1 平板计算机预期仍有 24.0% 的增长幅度。

6. 可翻转式 2-in-1 笔记本电脑对 2-in-1 平板计算机的竞争态势值得关注

虽然笔记本电脑厂商为避免自家笔记本电脑市场被其他品牌厂商的 2-in-1 平板计算机瓜分，也积极开发 2-in-1 产品。所谓的 2-in-1 产品，指的是可以在平板计算机及笔记本电脑使用模式切换的一种产品形态，除了可拆卸式的 2-in-1 平板计算机之外（列入台湾资策会 MIC 平板计算机产销统计范围），还有可翻转式的 2-in-1 笔记本电脑（不列入台湾资策会 MIC 平板计算机产销统计范围），2017 年部分品牌厂商如 Dell、Lenovo、ASUS 等都加强可翻转的 2-in-1 笔记本电脑设计。

可翻转式的 2-in-1 笔记本电脑相对可拆卸式的 2-in-1 平板计算机，更具备实用性，特别是在越大尺寸的产品上越显著。譬如以一台 11～13 寸的 2-in-1 产品的使用情境来说，消费者会特意将键盘拔除而携带它外出的机会基本上并不高，且其结构设计使重心在直立的屏幕端上，因此必须能架在稳定的平面上进行键盘操作，对于习惯在沙发或床上等非平面工作台上操作的使用者而言，2-in-1 平板计算机显然并不是合适

的选择。如果不考虑拔除键盘只携带平板计算机的需求，则同样具备可携式优势的可翻转式的 2-in-1 笔记本电脑，甚至还多了站立跟帐篷模式，使用情境更为广泛。

此外，2-in-1 平板计算机因为将主板设计在面板下方，在散热空间有限的情况下，会牺牲一定的效能，反观可翻转式 2-in-1 笔记本电脑，因为维持笔记本电脑的设计，将主板放在键盘下方，较不会有牺牲效能的问题。因此认为可翻转式的 2-in-1 笔记本电脑在使用情境更广泛，且产品设计更为弹性的有利条件之下，如果笔记本电脑厂商加强可翻转式的 2-in-1 笔记本电脑开发资源，则对 2-in-1 平板计算机的威胁是显而易见的。

7. 垂直应用市场预期增长，但占比仍低

平板计算机在消费性市场销售面临瓶颈，主要是因为景气不佳，使消费者对以娱乐应用为主的平板计算机采购意愿受到抑制，如消费者会为了能够与外界联系通信，而必须采购智能手机；为了视听娱乐或数据产出等需求，而去购买笔记本电脑，但是对于平板计算机的应用需求仍然模糊。

因此有越来越多平板计算机厂商或是解决方案商，正试图通过提供平板计算机解决方案，将平板计算机的应用情境更加具体化，为客户设计或搭配适当的硬件或内容服务，以满足各垂直市场，如亲子平板、医疗平板、教育平板、游戏平板、工业用平板等的使用特性。

（二）笔记本电脑

1. 全球笔记本电脑市场回顾

回顾 2016 年全球笔记本电脑市场，2016 年第一季因为渠道库存水位高，市场大幅衰退；第二季末品牌厂商开始回补库存，加上北美市场需求复苏，销量明显增加；第三季 Intel 与 NVIDIA 陆续发布新的处理器，加上 Windows 10 停止免费支持，市场开始回温；第四季商用换机需求浮现，加上传统销售旺季，市场销售达到全年高点。总计 2016 年上下半年笔记本电脑市场规模比例约 46∶54，全年市场规模达 1.56 亿台，年衰退 4.5%。

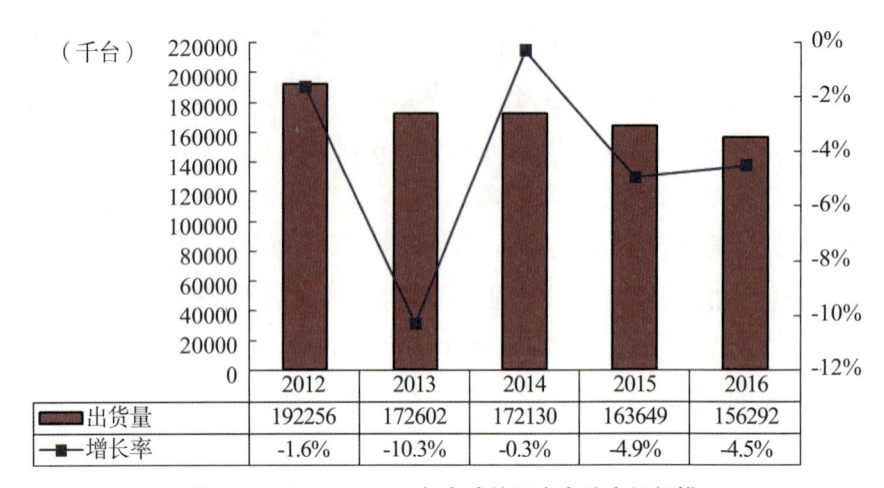

（千台）	2012	2013	2014	2015	2016
出货量	192256	172602	172130	163649	156292
增长率	-1.6%	-10.3%	-0.3%	-4.9%	-4.5%

图 6-6　2012—2016 年全球笔记本电脑市场规模

在笔记本电脑品牌厂商方面，在全球笔记本电脑市场需求由商用产品带动下，使在欧美商用笔记本电脑市场具有优势的 HP、Dell 及 Lenovo 等品牌，市场占有率有所提升。而在消费型笔记本电脑市场衰退之下，以消费型笔记本电脑为主的日系品牌，在经济规模有限下，无法面对市场价格的竞争压力，在 2016 年选择淡出或是转移笔记本电脑业务经营重心。

反观中国智能手机厂商，在全球智能手机市场增长趋缓的态势之下，开始向外扩展。中国厂商华为于 2016 年年初发布首款笔记本电脑 2in1 产品之后，小米在 2016 年 7 月北京自家产品发布会上正式推出首款笔记本电脑产品"小米笔记本 Air"。小米采取一贯高性价比策略，企图抢占对价格敏感，又要求性能与设计的年轻用户。

轻薄为小米笔记本电脑的重要要求，这也是目前笔记本电脑品牌厂商主打的消费型笔记本电脑卖点，如 HP 与华硕在 2016 年上半年都推出超薄笔记本电脑产品，分别为 Spectre 13 与 ZenBook 3，在笔记本电脑产品性能差异化缩小之际，轻薄与高续航力是消费者的重要考虑。小米的笔记本电脑规格对高阶笔记本电脑需求消费者不会造成影响，但对于中、低阶产品将产生竞争压力，尤其是中国本土品牌厂商。

整体而言，日系厂商淡出全球笔记本电脑市场，陆系厂商跨入此领域，也让各区域市场的品牌竞争进入新的战局。

2. 笔记本电脑产业未来展望

（1）电竞笔记本电脑趋于多元。

在全球笔记本电脑市场规模萎缩，但电竞游戏市场蓬勃发展之际，让游戏笔记本电脑成为品牌厂商积极布局的产品线。过往高阶游戏笔记本电脑市场，属于利基市场，投入者少；大多厂商则在经济规模的考虑下，投入规格较低的多媒体影音笔记本电脑。然而，近年来受惠于数字游戏市场成长与电竞赛事增温，游戏笔记本电脑市场潜力看好，加上游戏笔记本电脑属于高单价产品，游戏玩家换机周期短，品牌厂为寻求成长动能，积极推出对应产品。

随着投入游戏笔记本电脑领域的厂商数量增加，在扩大市场规模的期待下，品牌厂推出的游戏笔记本电脑的产品样貌更为多元。除了 CPU 与 GPU 效能持续提升之外，顺应 VR 风潮，在 2016 年陆续推出 VR Ready 的产品；而为扩大玩家群体，提升产品可移植性，厂商进行产品减肥，方便玩家可携出至其他场域与同好对战。此外，为提高游戏影音体验，厂商在 2017 年持续致力提升屏幕分辨率与流畅度，搭载 4K 屏幕并提升反应速度，以减少画面残影与延迟。Acer 的 Predator 21 X 甚至搭载 21 寸曲面屏幕，突显屏幕宽度对于电竞玩家的重要性。

表 6-1　2017 年 CES 展主要电竞笔记本电脑产品规格比较

品牌	Dell	MSI	Acer	Gigabyte
型号	Alienware 17	GT83VR	Predator 21 X	AERO 14
操作系统	Windows 10	Windows 10	Windows 10	Windows 10
CPU	Intel i7－7820HK	Intel i7-7920HQ	Intel i7－7820HK	Intel i7－7700HQ
GPU	GTX 1080	GTX 1080 SLI	GTX 1060	GTX 1080
内存	8~64 GB	64 GB	64 GB	8 / 16 GB
屏幕	17.3"	18.4"	21"（Curve）	14"
分辨率	1920*1080 3840*2160	1920*1080	2560*1080	2560*1440
厚度（mm）	29.9	18.4	—	19.9
重量（kg）	4.4	4.5	8.8	1.89
价格（USD）	$1299~2099	$3299	$9000	—

由于电竞游戏要求高运算性能，使用时处理器及显示芯片会产生较多的热能，但笔记本电脑的内部散热空间有限，故散热设计为游戏笔记本电脑产品设计及制造上的重点。此外，玩家要求沉浸感的游戏体验，对于游戏画面的流畅度、音效及访问速度等都有严格标准。中国台湾厂商具有领先设计及制造技术，在游戏笔记本电脑的代工领域具有领先优势，客户包含一线品牌及区域性二线品牌，故预期在游戏笔记本电脑的重要性提升下，对于台湾代工产业朝高质化发展有所帮助。

（2）Chromebook 结合 Android App 拓展消费市场。

Chromebook 在 Google 及品牌厂商的推广下，由于平价与完整的云端应用服务，在北美教育市场站稳一席之地。在教育市场取得竞争优势后，Google 与品牌厂也积极朝一般消费性及商业应用领域发展。就消费市场而言，Google 在 2016 年让 Android App 得以应用在 Chromebook 上，并增加触控屏幕与 2-in-1 机型，以扩大消费者使用意愿。

在商用市场方面，Google 与 Citrix 及 VMWare 合作，让企业采用 Chromebook 时，利用虚拟桌面仍可使用企业内部 Windows 系统的软件。此外，Google 与 Intel 合作，提高 Chromebook 采用的处理器至 Core i5 等级，使得系统处理绘图或复杂运算更为流畅，以提升商业应用市场使用意愿。

（3）商用机种强调轻薄与安全认证。

因应商用市场换机需求，联想、华硕及 HP 等品牌厂商积极推出商用笔记本电脑新品，华硕在 CES 2017 发布 14 寸商务笔记本电脑 ASUS PRO B9440，要求轻薄（重量 1kg）与窄边框，将 14 寸屏幕置入 13 寸机身中，搭载 Core i5 或 i7 处理器。在制程技术渐趋成熟下，品牌厂相继推出厚度 14mm 以下的轻薄笔记本电脑机种，而且随着 Intel 新处理器大幅降低使用耗能的情况下，Dell、Samsung 与 Lenovo 等品牌厂均推出搭载 Intel Core i 等级的轻薄笔记本电脑，让轻薄产品仍具有高效能。窄边框设计让笔记本电脑更具时尚感，然而，对于生产制造而言，考验厂商模块小型化及结构设计能力。

2016 年第四季 MacBook Pro 新品具备 Touch ID 功能，提供安全保护与支付验证。联想也在 CES 2017 发布第五代 ThinkPad X1 Carbon，除要求轻薄（重量 1.14kg）、长效电力（待机 15.5 小时）外，也主打多重安全认证，包含利用 IR camera 进行脸部特征辨识，并支持 Windows Hello 生物辨识技术；以及运用指纹辨识与加密技术可使用 PayPal 服务等。预期在成本降低之下，运用生物技术进行安全认证功能的笔记本电脑将更加普及化。

3. 市场发展

展望全球笔记本电脑产业未来发展，由于市场成熟，厂商经营越显困难，日系厂商逐渐淡出市场（如 VAIO、Toshiba 等），或采用结盟方式（如富士通与联想），共同发展计算机业务，以期取得综效。预期未来市场将朝集中化发展，二线品牌厂倾向开发利基型产品，以维持利润。

就笔记本电脑成熟市场而言，笔记本电脑市场成长动能来自换机需求，厂商在2016年陆续推出2-in-1机种与轻薄笔记本电脑以刺激消费，然而市场销量并不足以带动整体市场成长。目前一般消费者大量使用智能手机，对计算机的依赖降低，也延长笔记本电脑换机周期。虽然笔记本电脑在消费市场呈现衰退与停滞状态，但是，在商用与电竞市场仍有稳定的增长，得以避免笔记本电脑市场持续大幅衰退。

韩国面板厂自2016年陆续关闭部分面板产线，造成2016年笔记本电脑面板缺料现象。其中，三星显示器聚焦OLED技术，乐金显示器则将产能配置于利润较佳的IPS面板，降低笔记本电脑主流HD TN面板的供应量；然而在中国面板厂逐步提高笔记本电脑面板产能后，已逐渐缓解韩厂造成的供需缺口。此外，固态硬盘（SSD）受到智能手机与服务器分抢资源的情况下，自2016年下半年开始，多项零部件价格已调涨价格，增加笔记本电脑整机采购成本。品牌厂在成本持续增加下，2017年已开始采取不同的策略应对，包含调涨部分机种、新机种推出时调涨价格，以及减少低价产品线，增加高单价产品，以维持获利。在厂商反应成本与调整产品配置的策略下，预期2017年笔记本电脑ASP将有望维持或微幅提升。

整体而言，未来五年的笔记本电脑产业，在市场成熟及替代产品竞争之下，市场呈现持平或微幅衰退态势。就商用市场而言，因为具有Windows 10换机议题，商用需求相对稳定，在北美与日本市场自2016年下半年已陆续换机，预计需求将延至2018年；就消费市场而言，由于成熟国家，用户拥有率已近九成，市场支撑力度为换机需求，在产品缺乏换机诱因且经济前景未明的情况下，消费需求难以大幅提升。

（三）全球IC设计产业

1. 全球IC设计产业概况

半导体是电子产品的上游零件，半导体市场就是终端装置搭载芯片的集合，故半导体市场的发展受到终端产品的市场波动的影响，半导体市场的规模变动也直接反映IC设计产业的产品需求。

2. 全球半导体市场规模

半导体主要三大应用为计算机运算、网络通信及消费型电子，过往主要是以计算机应用产品驱动半导体市场增长，所以在PC市场渐趋饱和下，2009年开始半导体市场即面临主流需求减少而规模衰退，后续虽然计算机相关厂商为了激发市场需求陆续推出超低价产品,但随着消费者对于低价的刺激钝化,也难让半导体市场的需求产生较剧烈的波动。

自 2013 年开始,全球半导体市场开始恢复增长态势,主要受惠于智能手机与平板计算机为主的移动装置产品带动,对半导体芯片需求持续提升,也让网络通信应用的半导体占比逐年增长而超过计算机运算,成为半导体市场的最大宗应用类别。

然而市场需求转移至智能手机及平板计算机等产品,过往以计算机应用为主的半导体大厂,如 Intel、NVIDIA、TI 等积极投入相关芯片开发,加速产品规格进展以及系统价格下跌,反而促使智能手机及平板计算机等产品的市场迅速达到饱和,直接影响到半导体市场的增长性,故 2016 年全球半导体市场在计算机运算需求持续衰退,而智能手机增长幅度趋缓,市场规模缩小至 3359 亿美元,较 2015 年衰退 1.2%。

2017 年半导体市场在 PC 市场衰退幅度缩小,智能手机维持小幅增长,再加上汽车及工业应用半导体需求增长的带动下,预估整体半导市场将小幅增长 2.1%,规模达 3430 亿美元。

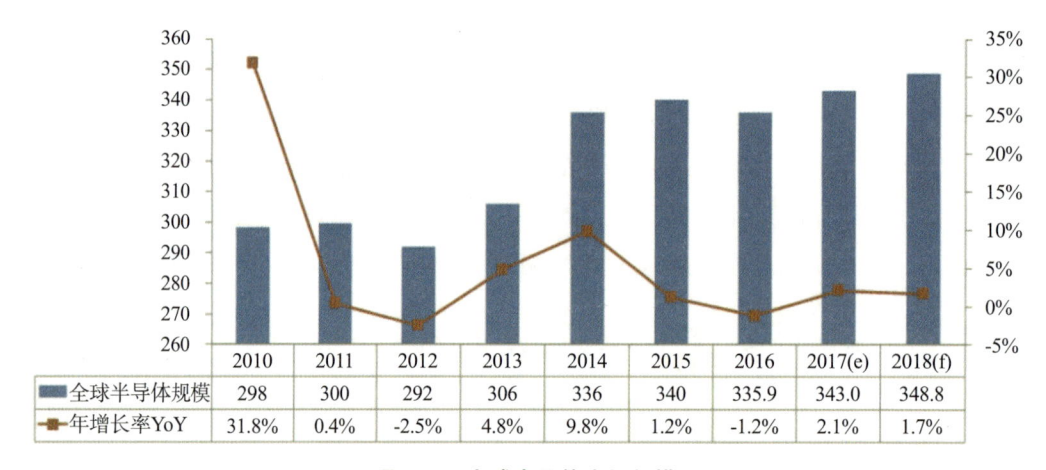

	2010	2011	2012	2013	2014	2015	2016	2017(e)	2018(f)
全球半导体规模	298	300	292	306	336	340	335.9	343.0	348.8
年增长率 YoY	31.8%	0.4%	-2.5%	4.8%	9.8%	1.2%	-1.2%	2.1%	1.7%

图 6-7 全球半导体市场规模

3. 全球 IC 设计产业规模

IC 设计产业为包含仅负责硬件芯片的电路设计,无晶圆相关制造工厂的半导体业者,制造方面委由晶圆代工及封装测试厂负责,后续再自行负责芯片销售业务,也可称为无厂半导体公司(Fabless Semiconductor Company)。IC 设计业者有别于 IDM(Integrated Device Manufacturer)厂商,无需负担投资庞大的半导体制造工厂,仅专注于芯片规格研发及电路设计,而达到规格优化,另一方面,晶圆代工厂商也可透过集中多家 IC 设计公司的订单，大量生产以降低芯片成本。

随着制程更新需要投入的设备成本越来越庞大，对于 IDM 厂来说，开发高规格芯片不仅是需增加设计研发资源投入，也需升级制造设备才能满足制程高阶化的需求，故往往受限于资金而牵制芯片研发，因此在如台积电等专业晶圆代工厂成立后，让 IC 设计公司得以不在制程限制下开发新产品，也让半导体产业的应用层面朝多元化发展。

4. 2016 年全球 IC 设计产业产值逆势增长

虽然 2016 年整体半导体市场规模呈现衰退 1.2%，然而 IC 设计业者受惠于移动通信处理器规格仍持续提升，且在云端服务器兴起下，能发展如物联网、人工智能等新兴应用规格的芯片，使得产品能摆脱主流消费型市场的衰退而能逆势增长；另一方面，在中国晶圆代工产业成型后，业者开始积极投入芯片设计开发，再加上拥有广大的中国市场需求，也带动 IC 设计产业的增长。2016 年全球 IC 设计产业产值为 1051 亿美元，较 2015 年增长 7.6%，高于半导体市场增长幅度。

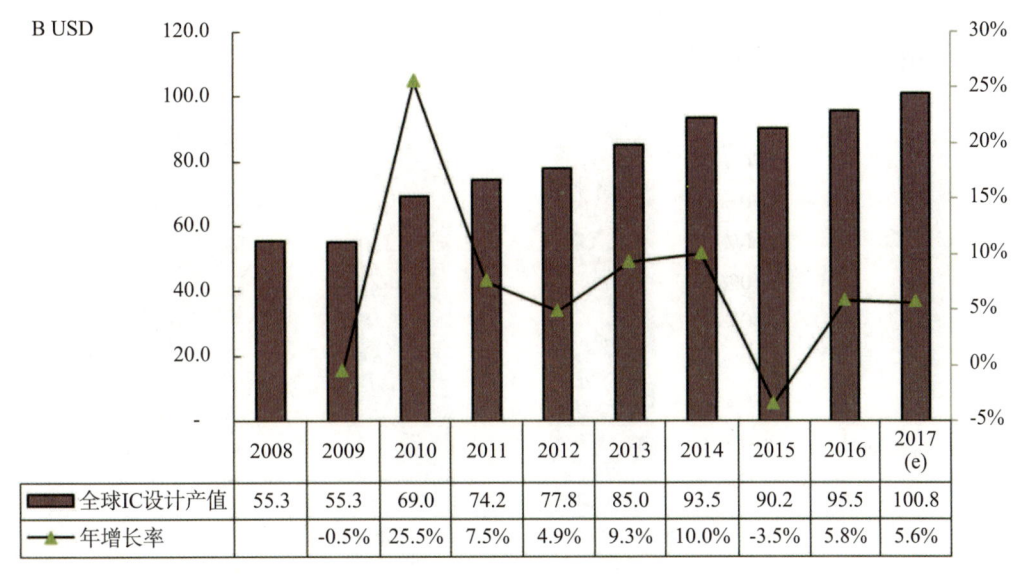

	2008	2009	2010	2011	2012	2013	2014	2015	2016	2017(e)
全球IC设计产值	55.3	55.3	69.0	74.2	77.8	85.0	93.5	90.2	95.5	100.8
年增长率		-0.5%	25.5%	7.5%	4.9%	9.3%	10.0%	-3.5%	5.8%	5.6%

图 6-8　全球 IC 设计产业产值

展望 2017 年全球 IC 设计产业，由于半导体市场需求逐渐复苏，再加上人工智能、汽车电子等带动应用增长，预期 2017 年全球 IC 设计将增长 5.5%。然而后续产业的发展，在 IC 设计第一大厂 Qualcomm 并购 NXP 案将于 2017 年年底完成，因而转型为 IDM 的经营形态态后，将让整体 IC 设计产业的规模大幅缩减。

5. 中国 IC 设计产业占比提升

全球芯片的主要应用终端从计算机系统开始，后续市场需求转移到移动装置及网络通信设备，而产品初期的开发者主要均为美系品牌，如 Dell、HP 等 PC 大厂，到移动通信的 Motorola、Apple 及 Black berry 等，在供应链就近合作下让美系的 IC 设计业者能掌握到关键芯片的开发，使得美国持续在芯片设计领域占有领导的地位。但是，随着中国的网络设备及手机品牌厂商，如中兴、华为等，具备终端产品规格制定能力，加上中国市场让经济规模足够的条件下，朝开发自有芯片的方向发展，也带动中国的移动通信相关芯片的发展，促使中国在 IC 设计产业值快速增长，也压缩到美系 IC 设计厂商的发展空间。

区域的变化看来，2016 年美国 IC 设计产值占比从 2014 年的 60%，降低至 2016 年的 42%，而中国的占比也由 2014 年的 13% 增加至 2016 年的 20%，预期在中国内政府积极扶持半导体产业下，后续中国 IC 设计产业仍具有增长空间。而其他区域的比重变动则主要来自公司并购，新加坡 Avago 于 2016 年并购美国的 Broadcom，也使得美国 IC 设计产值大幅减少。

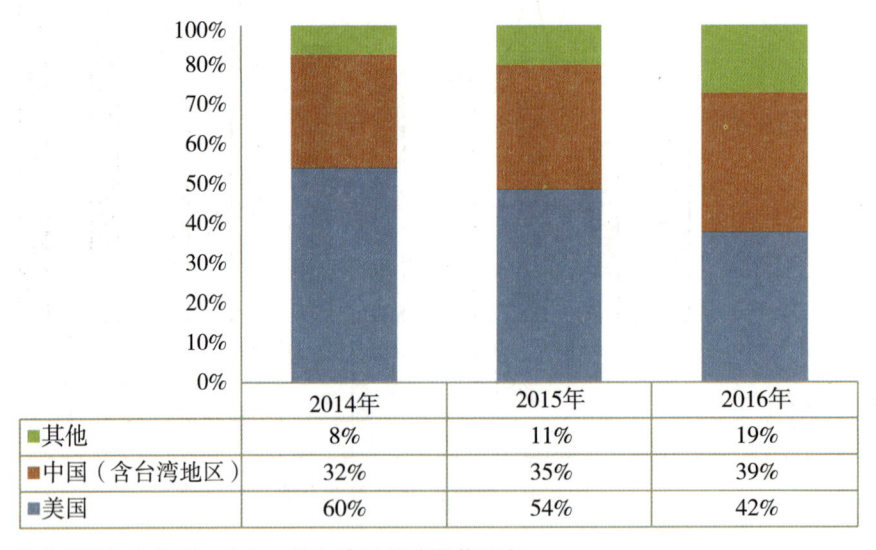

	2014年	2015年	2016年
其他	8%	11%	19%
中国（含台湾地区）	32%	35%	39%
美国	60%	54%	42%

备注：其他地区包含韩国、日本、新加坡以及欧洲等国家。

图 6-9　2014—2016 年全球 IC 设计产业区域比重

6. 大型并购案推升 IC 设计产业集中度

在芯片开发成本随着制程不断提升而增加，以及物联网多元化应用的发展趋势下，经济规模较小的芯片厂商难以维持过往的利润，2014 年陆续开始有较大规模的 IC 设计并购案，如 Avago 并购 Broadcom、联发科并购立锜、展讯与锐迪科合并等，也使得全球 IC 设计大厂前十大厂商的全球占比，由 2015 年的 52.9% 增加至 2016 年的 62.9%，集中度大幅增加。

而从应用的角度来看，随着制程提升也让以运算效能为主要规格的芯片，如移动通信处理器、绘图处理器以及网络芯片等，中小型规模的厂商不堪竞争而退出市场，使高效能应用芯片朝大型厂商集中发展，另一方面也构成竞争门槛，即使是人工智能等新兴应用崛起，由于着重于处理器效能，小厂仍难以进入新市场竞争。

表 6-2　2016 年全球前十大 IC 设计厂商

排名	公司	2016 年营收（百万美元）	2016 年增长率	主要产品
1	Qualcomm	15414	-3.9%	移动电话通信芯片
2	Broadcom	13999	0.8%	网通芯片
3	联发科	8503	27.5%	移动电话通信芯片
4	NVIDIA	6703	42.7%	GPU
5	AMD	4272	7%	CPU 及 GPU
6	海思	3916	20%	移动电话通信芯片
7	Marvell	2726	-5%	网通芯片、储存应用芯片
8	Xilinx	2311	5%	可程序逻辑数组（FPGA）
9	紫光展锐	1833	10.6%	移动电话通信芯片
10	Cirrus Logic	1443	21.1%	行动音频处理芯片

备注：紫光展锐的营收为合并展讯及锐迪科计算；Broadcom 营收合并 Avago 及 Broadcom 计算。

第七章　企业发展策略分析

一、形势策的企业策略分析

策略分析的方式有许多，也有各种分析模型，但最重要的莫过于其中的逻辑是否正确，唯有通过正确的逻辑分析，才能避免显而易见的错误，进而提高企业策略成功的机会。

本书前面章节已探讨了产业分析的逻辑思考，此章不再赘述。但当产业分析人员进行企业策略分析时，有一简单可遵循的逻辑架构，称为"形""势""策"。以下说明如何应用此概念拟定企业策略。

（一）形：现况分析

任何的研究分析都必须从现况的理解开始着手，否则再多的预测都是空谈。因此，在企业策略分析拟定的过程中，首要的仍是对产业与市场现况分析。分析的构面、角度可包括产业形态、规模、数量、产业集中度、进入与退出障碍等。通过对产业形态的描绘，可以梳理清楚该企业目前所处的产业环境、上下游关系。通过对市场与产业规模、厂商数量的理解，可以知道目前该企业的占有率与竞争者状况，分析其产业地位。对产业集中度的分析，则可以知道目前产业竞争强度，是处在完全竞争、寡占或独占的状态。进入与退出障碍的分析，则可作为观察潜在竞争者进入市场的可能性与竞争者退出市场的空间。

（二）势：大势所趋

势，乃是大势的所趋，所论述者包括产品与技术的发展趋势、市场的增长或衰退趋势、产业间的竞合趋势、产业供应链的板块挪移等。当了解企业发展现况后，需进一步预测未来可能的发展趋势，进而从现状与未来之间，找到企业的发展机会或缺口。一般而言，产业分析人员对于预测工作较为保守，并容易将预测与猜测混为一谈。对未来的预测，是在一定事实的基础上，根据影响因子的变动估计，做出符合逻辑的推论与估计。未来可分为三种，不可预测的未来、可预测的未来与可影响的未来。一般只见到不可预测的未来，比如说天然灾害、气候、突发事件等。但仍有部分未来是可预测的，比如说，人口结构的改变，高龄化社会的来临，可根据人口统计进行推估，除非出现重大灾害或战争，否则人口结构的变化为必然的趋势。至于可影响的未来，在策略规划上，常见先设定一个拟达成的目标，再根据目前的状况与目标之间的差距，拟定对应的策略，以求达到影响未来的发展，以达到所设定的目标。

（三）策：发展策略

如前所述，企业或政府往往针对拟达成的目标与现实间的差距，拟定对应的策略，影响未来的发展，以求能在某一个时间点达成所设定的目标。也就是说，当产业分析人员梳理清楚了现状（形），预测了未来（势），再根据形与势的信息比对，可以研讨分析应对策略、发展策略。在此概念下，一个企业发展策略的拟定，至少应该包含三个要素，现有资源、时间与目标设定。同时，在设定相关目标时，更应考虑机会成本，也就是当企业投入资源追求某一目标时，如发展某一特定产品或技术，同时也牺牲了利用该资源去发展其他产品或技术的机会，这就是所谓的机会成本。

二、SWOT 分析方法

面对产业复杂的生态及瞬息万变的发展，我们常会运用理论模型，加以分析解读产业发展趋势与竞争，这些模型可以简约地提供我们作为思考产业问题的分析工具。未来随着科技发展及产业经营手法的演变，预计将会有更多新的模型出现，以作为我们思考分析产业的工具。SWOT 为常用的分析方法，可简要地针对企业所面临的环境及自身的条件加以分析思考，并以此为根据作为拟定行动策略的基础。一般常见的 SWOT 分析见图 7-1。

优势 Strengths	弱势 Weaknesses
机会 Opportunities	威胁 Threats

图 7-1　SWOT 分析

SWOT 分析的主要概念，在于分析企业的优势和劣势，由此掌握外部机会，避免威胁。换句话说，SWOT 分析中，优势和劣势所指的是企业自身所具有的禀赋，机会与威胁则来自外在环境与竞争者。SWOT 主要用于企业层次的分析，因为每一个企业都有其独特的优劣势，少有企业具有一样的禀赋，同时，优势和劣势的概念是相对的，某家企业的优势可能是竞争对手的劣势。因此，一般不易从产业层次进行 SWOT 分析，因为整体产业缺乏明确的比较对象，把所有产业中的厂商优势和劣势加总，即不具比较意义。国家层级的比较则相对具有意义，因各国所拥有的禀赋不同，且有明确的比较对象。

简言之，SWOT 中所提的 S/W 为企业内部能力的盘点，其项目包括技能或专业资产、声誉/品牌、产品线、整合程度、技术、管理能力、客户资源、地理位置等。O/T 为企业外部环境的变迁，包含的项目有市场变动、竞争者、替代产品、技术发展、客户偏好、政府政策、景气循环等。SWOT 旨在分析企业内部能力与外部情况，并规划对应策略。SWOT 是策略规划的起点，也是特定方案的解析工具。

产业分析人员在进行 SWOT 研究时，也可从下图的问题，找到切入的分析点，梳理清楚所分析的内容是否妥当。

第七章　企业发展策略分析

优势	劣势
1. 专业技术/技能领先业界 2. 强有力与广大消费群 3. 有能力获得财务支援 4. 市场领导者取经济规模与学习曲线效果利益 5. 专属技术/专利 6. 成本优势 7. 地理位置/策略联盟	1. 缺乏具有竞争意义的技能技术 2. 缺乏关键人才（基础科学） 3. 过时设备/过多负债/成本过高 4. 产品线太窄 5. 品牌名声不好或缺乏品牌 6. 缺乏营销通路 7. 关键领域里的竞争能力正在丧失
机会	威胁
1. 客户群的扩大趋势 2. 扩大产品线满足较多顾客需求 3. 使用公司技术研发新产品或降低成本 4. 市场进入壁垒降低 5. 贸易障碍解除 6. 有能力满足市场突发需求 7. 并购/联盟 8. 取得新技术 9. 新市场开放或进入新市场区隔	1. 新竞争者进入 2. 新需求减少 3. 替代品/新技术出现 4. 容易受到经济萧条或生产周期的大幅影响 5. 同业利润压缩 6. 市场成长趋缓 7. 汇率变动与外贸政策改变 8. 顾客/供货商议价力量增加 9. 新的规范增加成本

图 7-2　SWOT 分析的 32 问

画出 SWOT 图表并非分析的最终目的，SWOT 分析的目的在于推导出适合企业发展的策略，因此，最终的关键还是要在相关信息中找到企业对某特定主题、产品或技术的相应对策。许多研究报告常于最后一章放上一页 SWOT 图表作为总结，恐怕误解了 SWOT 分析的真谛。

但要如何根据 SWOT 分析的结果进行策略分析？可参考图 7-3 的说明。

		优势 S1, S2, S3…	弱势 W1, W2, W3…
机会	O1 O2 O3 …	维持 扩张	强化 多元化
威胁	T1 T2 T3 …	防御 竞争 整合	放弃 转战 创新

图 7-3　SWOT 分析与策略研拟

根据 SWOT 的各两项内、外部因素，将优势与劣势、机会与威胁分别放在纵轴与横轴，即可形成一个 2X2 的矩阵。在此矩阵中，可思考如何利用企业的优势抢

157

占市场机会或利用企业的优势防御潜在的威胁或如何弥补自身的劣势抢占外部机会等。一个完整的 SWOT 分析，不但需完整地列出企业所面临的外部机会与威胁、内部的优势与劣势，更需根据优势与劣势、机会与威胁的分析，拟定出相应的对策。

三、蓝海策略

《蓝海策略》是由韩国学者 W. Chan Kim 和法国学者 Renée Mauborgne 共同著作，在 2005 年出版的畅销书。该书推出后获得很大反响，主要因为多数产业进入成熟期后，即面临严重的价格竞争，导致企业获利大幅缩减，蓝海策略为企业决策者提供一种跳脱传统竞争框架的思考模式。

基本上，蓝海策略的第一个原则，就是重建市场边界，以便摆脱竞争并创造蓝海。创造蓝海有清楚的模式可循。

红海策略	蓝海策略
在现有市场空间竞争	创造没有竞争的市场空间
打败竞争	把竞争变得毫无意义
利用现有需求	创造和掌握新的需求
采取价值与成本抵换	打破价值—成本抵换
整个公司的活动系统，配合它对差异化或低成本选择的策略	整个公司的活动系统，配合同时追求差异化与低成本

图 7-4　蓝海策略与红海策略的比较

从图 7-4 可见红海策略与蓝海策略的比较。在红海策略中，企业常用的竞争方式是，低成本、大量倾销等，结果或许是企业取得了市场占有率，击退了竞争对手，但也造成获利下滑、产品质量降低等问题。蓝海策略的做法则不同，其目标在于创造没有竞争的市场空间，使竞争变得没有意义，主要因为创造了未被开发的全新市场、创造独一无二价值等。以传统经济学来说，蓝海指的是不完全竞争市场，该市场竞争者少或尚未有竞争者，消费者对于商品价格的敏感性有限，企业得以获取超额利润。

但是蓝海策略说来容易，要如何界定出全新的市场区隔是关键。因此，必须重新定义市场边界，也就是用全新的思维找到人所未见的市场区隔。以下为重新定义市场边界的方式。

（一）思索另类产业

因为顾客在购买时，常会考虑各种能达到同样目的的商品，所以企业的竞争不但来自同产业中的同行，还有其他替代产业的厂商。因此企业应思索顾客在面对众多的选择时是如何作取舍，而跳脱自身产业去探讨其他产业中是否有特点可供采用。

（二）探讨策略群组

在同一产业中执行不同策略的公司，则被划分为不同策略群组，例如奔驰汽车与福特汽车则为两种不同的策略群组。若我们能结合不同群组间其最诱人的因素，并消除与减少顾客较少感兴趣的因素，就能创造出不同于以往的价值曲线。

（三）重新定义顾客群组

能影响购买决策者都属于顾客，但采购者、用户、影响者对于价值的定义都不同，故我们应重新思考产业所锁定的顾客群，并探讨是否能通过不同的顾客群得到启发而设计不同的价值曲线。

（四）开发隐藏的互补产品与服务

思索顾客在使用产品的前、中、后会经历哪些过程，过程中若有困扰会有哪些互补品或服务可以消除这些麻烦？因此从那些会影响产品的互补品上可寻找到新的市场空间。

（五）着重感性定位或功能定位

产业内的企业之所以竞争行为会趋向于越来越一致，不仅对于产品和服务有相同看法，也可能是因为大家对产品该走向什么要求有一致的看法。因此要求理性的产品也就越往价格与功能上竞争，而要求感性的产品也就越随着感觉走。因此越勇于挑战产业内功能或感性要求越能开创出新市场空间。

蓝海策略在问世初期大受欢迎，并成为显学，众多企业为求提升获利能力或寻求转型契机，纷纷利用相关途径寻找其蓝海市场。但每个企业的禀赋不同，蓝海策略无法单独满足企业的转型需求，建议仍须对企业自身的核心竞争力与外部环境有清楚的认知，对市场区隔有详尽的分析，再辅以蓝海策略的思考架构，方能提高成功的概率。

四、案例与研究分析

利用形、势、策与SWOT的分析模式，可从下列Apple发展线上音乐的研究中发现。同时，该研究也隐含Apple取得线上音乐蓝海市场的关键因素。Apple也从线上音乐获得成功后，打开其迈向多媒体、消费性电子巨头的大门，从此翻转其运营至今。此为2004年Apple刚推出线上音乐时的个案研究。

（一）线上音乐定义与产销模式

线上音乐是基于网络的数字化音乐，用户可以非会员或会员的方式，以不同价格通过网络下载或试听。

在传统音乐生产的过程中，音乐生产者包括词、曲创作人，演奏／演唱者，音乐出版公司，唱片公司等，销售渠道为唱片行与邮购目录，音乐的载体主要为CD唱片，以流行音乐而言，一张CD唱片平均收录10～12首歌曲。

因特网出现之后，网络成为另一种销售渠道，早期网络销售的产品仍为CD唱片，不过在网络带宽日益加大之下，再加上压缩技术（如MP3的应用），音乐档案在网络传输的速度加快，传输效率提高，并可保有与CD唱片相当的音质，因此消费者可不再局限于以网络为渠道购买CD唱片，而进一步通过网络直接下载或试听音乐。不过线上音乐内容的取得仍来自传统音乐生产前段的过程，仅在载体与渠道的部分取代传统的CD唱片与唱片行，转为网络与计算机或MP3播放器的结合。音乐生产流程如图7-5所示。

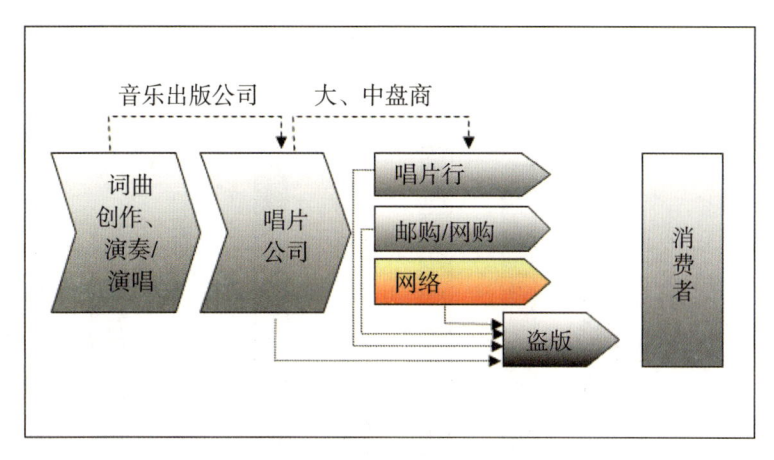

图 7-5　音乐生产流程图

线上音乐压缩的格式主要以 MP3、AAC 与 WMA 为主，MP3 为一般通用的格式，而 AAC 与 WMA 则分别为 Apple 与微软所支持，线上音乐商店在销售音乐时，除了压缩音乐档案外，同时需对音乐档案进行加密管理，避免音乐无限制地大量流通，以维护著作人的权利，WMA 内含有 DRM 功能，AAC 则需另行配合其他著作权管理系统（Digital Right Management；DRM）。

（二）音乐、线上音乐的市场变迁

在唱片市场的景气方面，由于音乐属于娱乐事业，受整体经济景气的影响较高，自 2000 年美国经济进入景气衰退期后，再加上盗版、线上音乐交换等风气盛行，美国唱片市场呈现下滑趋势（见图 7-6），据美国唱片协会（RIAA）的统计指出，2000 年美国唱片销售量出现 7% 的衰退，2001 年与 2002 年更分别呈现约 10%、11% 的衰退，唱片销售金额也持续下滑，不过因唱片单价的提升，总销售金额的下滑幅度较小。

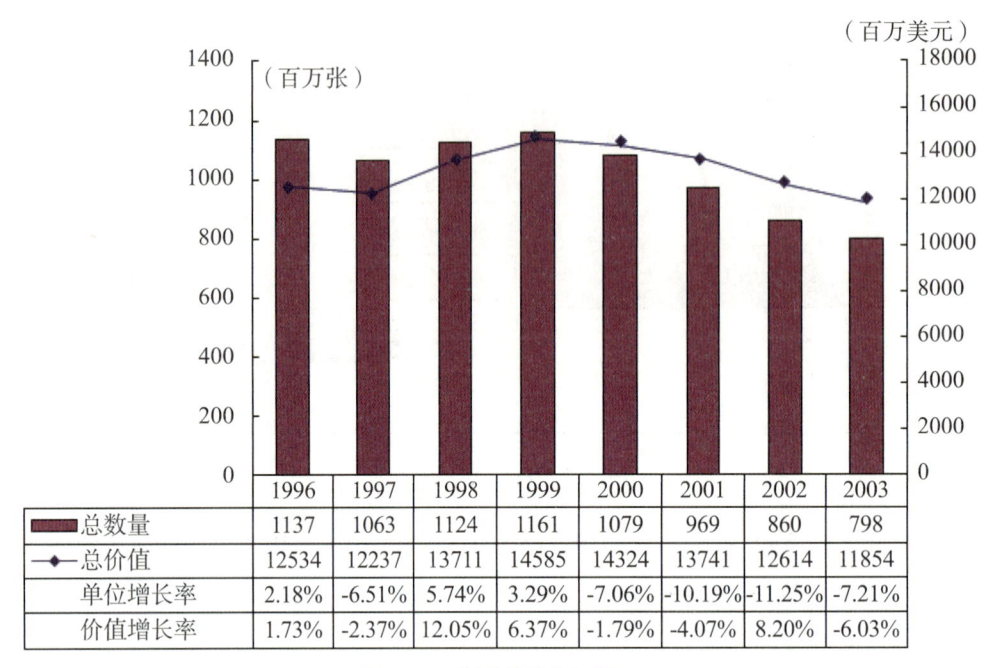

	1996	1997	1998	1999	2000	2001	2002	2003
总数量（百万张）	1137	1063	1124	1161	1079	969	860	798
总价值（百万美元）	12534	12237	13711	14585	14324	13741	12614	11854
单位增长率	2.18%	-6.51%	5.74%	3.29%	-7.06%	-10.19%	-11.25%	-7.21%
价值增长率	1.73%	-2.37%	12.05%	6.37%	-1.79%	-4.07%	8.20%	-6.03%

图 7-6　美国唱片市场概况

虽然美国经济已于 2003 年复苏回升，但唱片市场却仍下滑，主因在于网络音乐交换的风行与线上音乐的兴起，法律诉讼虽已抑制部分 P2P 音乐交换的市场，但线上付费下载音乐却继而兴起，导致消费者并未回流至 CD 唱片市场，实体唱片市场因此缺乏增长力度，传统的零售渠道厂商（即唱片行）大受影响，如知名的连锁店 Tower Record 即因运营困难而于 2004 年年初宣告破产，音乐的产销模式已开始转型。

线上音乐的出现，导致传统音乐产业经营模式出现剧烈变化，而最早提供线上音乐服务的厂商为 Napster。1999 年 5 月美国波士顿东北大学学生费宁撰写完成可让网络用户自由交换下载彼此计算机中储存音乐的 P2P 软件，随后成立了 Napster，开启了线上音乐交换的风潮，Napster 的会员数在成立的首年即超过 4000 万人，其网站流量平均每日可达 50 万人次。

Napster 的兴起，使多数音乐消费者可直接以点对点交换的方式取得音乐档案，以低廉的费用享受大量音乐，但音乐内容的提供者——唱片公司、词曲创作人与演出者却无法从中取得如权利金等报酬，同时，线上音乐交换排挤了实体唱片的销售，使得音乐产业将 P2P 线上音乐交换视为盗版行径，因此 RIAA 于 1999 年 12 月提起对 Napster 的诉讼。

2000 年 7 月，在旧金山的联邦法院听证会中，美国法官初步裁决 Napster "创造了怪兽"，必须停止让会员继续下载或交换受著作权保护的 MP3 音乐，Napster

对此判决提起上诉，上诉法院裁定暂缓其关闭服务的禁制令。

至 2001 年 2 月，美国上诉法院再裁定，Napster 提供的未经授权音乐免费交换服务为侵权行为，认为 Napster 的使用人涉及对著作权的侵害（重制权与散布权），而 Napster 有意鼓励并帮助侵权的行为，辅助侵害（Contributory Copyright Infringement）与代理侵害（Vicarious Copyright Infringement）责任成立，需对著作权的侵害负间接责任，因此上诉法院支持地方法院认定 Napster 违法的结果。不过上诉法院认为原地方法院的禁制令中，要求 Napster 必须确保其系统内没有任何重制、下载、上传、传输或散布原告著作的要求过于广泛，因此要求原告（唱片厂商）告知在 Napster 系统内，有哪些档案享有著作权保护。2001 年 3 月，地方法院即下达新的禁制令。

在法律诉讼程序挫败后，Napster 于 2001 年 7 月停止所有歌曲流通交换的功能，并于 2002 年 11 月被 Roxio 收购。

在 Napster 式微之后，虽仍有部分网站持续进行类似的 P2P 线上音乐交换服务，但同样也被唱片厂商提起法律诉讼，或有胜诉者，虽可继续经营音乐交换服务，但其使用者仍难避免面对唱片厂商提起侵权控告的威吓，使得线上音乐的发展始终未有明确的方向，直到 Apple 宣布推出 iTunes 线上音乐商店，线上音乐的发展进入了新的里程。

Apple iTunes 音乐商店采用单首下载计费的经营模式，与 Napster 采用会员制的 P2P 音乐交换模式不同，用户对音乐档案的下载易于管理与统计，可配合唱片公司计算权利金，同时由 iTunes 下载的音乐仅能于三台计算机与搭配的硬件 iPod 随身听中播放，因此音乐无法自由无限制地大量流通，可保障著作者的权益。Apple 在顺利说服唱片公司授权代理销售音乐后，Apple iTunes 线上音乐商店于 2003 年 4 月开始运营。

由于 Apple iTunes 的音乐下载无法律争议，且价格合理，因此对单纯以音乐欣赏为目的的消费者颇具吸引力，在 iTunes 音乐商店推出后，市场反应热烈，至 2004 年 3 月中旬为止，由 iTunes 下载的歌曲已达 5000 万首，iPod 随身听出货量屡创新高。在 Apple iTunes 此经营模式被市场接受之后，其他线上音乐服务厂商陆续兴起，包括卷土重来的 Napster 2.0、BuyMusic、RealNetwork 与 Wal-Mart 等，多采取单首下载计费制或月费制等模式。Apple iTunes 线上音乐商店的成功，创造了唱片公司、线上音乐厂商与消费者三赢的格局，也将线上音乐的经营模式由 P2P 音乐档案交换推动至授权付费下载制。

就整体音乐市场而言，在美国经济景气强劲回升下，消费者在音乐的支出有望增加，实体 CD 唱片市场也有望于 2004 年恢复增长，预估 CD 唱片的销售值将增长 2.8%，加计线上音乐的整体音乐市场销售值则将增长 4.8%。不过，未来 CD 唱片的销售量仍缺乏大幅增长的可能，整体音乐市场的增长主要将来自线上音乐。

在线上音乐合法经营的模式确立下，后续厂商已陆续加入，消费者对音乐的购买习惯逐渐改变，价格合理的音乐档案下载有望取代部分盗版市场，并替代部分实体 CD 唱片，目前虽然线上音乐仅占整体音乐市场的 1% ~ 3%，但未来线上音乐仍有很高的增长空间。根据 Forrester 的预估，2004 年美国线上音乐将持续大幅增长，线上音乐市场销售额（含单首下载计费与月费制）可由 2003 年的 8300 万美元增加至 2004 年的 3.1 亿美元，年增长率达 273%。至 2008 年，线上音乐销售额可达 45.7 亿美元，年复合平均增长率达 123%，预估整体音乐市场在 2003 年至 2008 年的年平均复合增长率约为 5.3%，线上音乐占整体音乐市场的比重将由 2003 年的不到 1% 增长至 2008 年的 33%。

（三）线上音乐面临的法规问题

在线上音乐市场的发展中，Napster 的盛极而衰，Apple iTunes 的迅速崛起，其兴替之间，唱片公司与 Napster 的著作权诉讼实为一重要分水岭，在此诉讼案后，线上音乐厂商由 P2P 音乐交换模式转为授权付费下载的模式。因此，厘清线上音乐厂商牵涉的著作权问题有助于了解其经营模式变化的客观因素。以下将通过数个案例来探讨线上音乐厂商经营面临的关键法律问题。

除了 Napster 之外，另有数个提供线上音乐服务的厂商经历了与唱片公司的诉讼，包括 mymp3、Grokster 与 StreamCast 等。其中，mymp3 将近八万张的 CD 唱片储存在所设网站，用户在个人使用的计算机中放入合法购得的 CD，在该网站登录，往后无论在何处即可上网聆听，属于虚拟唱片柜的构想，不过该网站不要求消费者将 CD 上传。在唱片公司提出控告后，虽然 mymp3 与部分公司达成和解，但与环球音乐仍因无法达成和解协议而败诉。

Grokster 与 StreamCast 则是 P2P 网络音乐服务厂商胜诉的案例，RIAA 于 2001 年控告 StreamCast Networks 与 Grokster 侵权，美国法院于 2003 年 4 月的判决中援引 1984 年新力公司录像机案，裁定以上二者并未侵权，两家公司不需为使用其软件下载音乐档案的第三者负侵权责任，因为此两家公司属于纯分布式的 P2P 架构，运作时无集中管理的功能，完全由用户自行自主管理，因此难以认定厂商辅助侵权。

另外，在欧洲荷兰法院对 P2P 厂商 Kazaa 的判决中，2001 年 11 月荷兰阿姆斯特丹地方法院原判决 Kazaa 败诉，不过 2002 年 3 月上诉法院则判决 Kazaa 胜诉，认为其软件不依赖中央服务器，Kazaa 无法控制用户的具体使用，因此为使用者直接进行侵权行为，而非 Kazaa。而美国洛杉矶地方法院则于 2003 年 1 月判决唱片公司与电影工作室可继续对 Kazaa 提出诉讼，因其软件已广为美国消费者所用。

由前述判例与 Napster 的经验可知，线上音乐厂商面临著作权侵权诉讼时，法院判决的主要关键在于其采用的技术为分布式 P2P（Pure P2P）或混合式（Hybrid P2P）（见图 7-7），Napster 属于混合式 P2P，需仰仗中央服务器记载用户计算机端的文件，也就是 Napster 提供文件交换平台，使用者下载并安装 Napster 软件，且在 Napster 封闭式的中央服务器注册，使用者所拥有的 MP3 音乐文件，将放在用户计算机硬盘的文件夹中，当另一个用户登入系统后，Napster 软件会搜寻文件夹中符合想要寻找的 MP3 文件，并将该文件名上传至服务器的数据库，以供其下载。由于 Napster 等混合式 P2P 具有文件管理、目录建置的功能，用户因此可更方便、快速地取得音乐文件，因此有辅助侵权、代理侵权的可能。

而分布式 P2P 则较为单纯，因其未使用服务器管理，也无目录索引数据库，因此文件下载速度较慢，注册程序也较为复杂，由于其系统不具管理与目录建置的功能，因此无法认定其辅助使用者进行侵权行为，因此在前述判例中，采用此种技术者多获有利的判决。

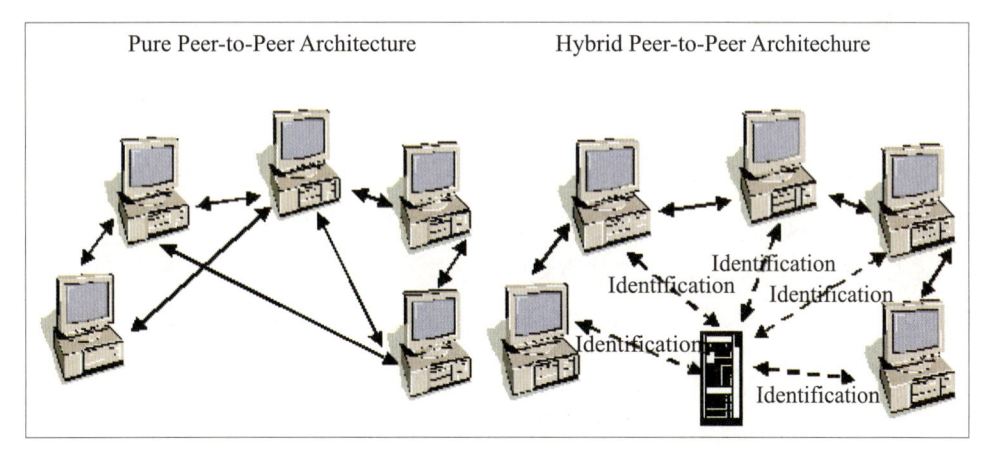

图 7-7 分布式 P2P vs 混合式 P2P

整体而言，混合式 P2P 功能强大，较受消费者欢迎，但在法律上，通过此种系统提供服务却有辅助或代理侵权的可能，而纯分布式 P2P 所牵涉的辅助或代理侵权问题虽然较少，但实际使用上却较不便利。不过重点在于，无论采用何种技术的服务，只要其会员或使用者本人未经唱片公司授权而大量交换音乐文件，用户都有侵犯著作权的可能，虽然过去唱片公司多仅针对 P2P 服务厂商提出诉讼，但近期也开始针对个别消费者提出法律行动。

因此，对消费者而言，要避免卷入法律诉讼事件中，根本之道仍在于使用取得唱片公司正式授权的服务，而唱片公司授权的条件在于能够合理分配利润、进行有效的管理与建立透明机制等，但以 Napster 案为例，地方法院要求其对音乐数据库中的文件进行筛选、过滤，但在庞大的用户音乐文件中，有效管理的难度颇高。不仅不易管理，P2P 厂商也难以取得唱片厂商的授权，因此保守的消费者将逐渐转往如 iTunes 等合法的线上音乐商店。据 Forrester 的调查显示，美国年轻消费者在面临侵权诉讼的威胁下，2/3 以上会停止线上音乐文件交换。

在唱片厂商联合打击 P2P 音乐交换网站，并极力倡导未经授权的线上音乐交换为违法的观念下，部分消费者对以低廉价格大量取得音乐文件的线上音乐模式转持较为保守的态度，并愿意以合理的费用下载音乐，如 Forrester 的调查显示，多数美国年轻人愿意支付每首 0.84 ~ 1.21 美元的费用以下载音乐文件。

著作权观念的推动与著作权法的执行，除了使 P2P 音乐交换厂商生存空间缩小之外，也改变了消费者使用线上音乐的观念，间接为取得唱片公司授权的 Apple iTunes 音乐商店塑造适宜的经营环境。

（四）唱片公司的心态转变

除了法规环境的变化之外，iTunes 音乐商店的兴起另有一个重要的客观条件，即各大唱片公司改变对线上音乐的心态，愿意授权 iTunes 线上音乐商店代理销售其音乐产品，以下将讨论分析唱片公司心态出现转变的主要原因。

对消费者而言，音乐固然为其所好，但唱片公司单张 CD 唱片一律收录 10 ~ 12 首歌曲的形态，却长久令消费者不满，尤其在流行音乐中，消费者常为了 2 ~ 3 首主打歌而必须购买整张 CD 唱片，付出约 12 ~ 15 美元的价格，对只喜爱主打歌曲的消费者而言，平均单首畅销歌曲的价格约为 5 ~ 6 美元，远高于盗版音乐或在线下载音乐文件的价格。

在网络环境日趋便利与普及下，线上音乐的下载排挤了 CD 唱片的销售，依据 Forrester 对美国人民的问卷调查指出，2002 年美国有 2200 万的成年人（23 岁以上）曾在过去一个月于网络下载音乐，占成人人口比重 12%；年轻人中（12 ~ 22 岁），也有 2200 万人于上月下载音乐，占年轻人人口比重的五成。而在这些经网络下载音乐的人口中，一半以上会因此减少购买 CD 唱片的次数。

由于网络下载音乐价格相对于购买整张 CD 唱片低，且购买的音乐曲目组合更具有弹性，因此在网络环境越趋成熟下，消费者使用线上音乐取代 CD 唱片的情况日趋增加，成为一种消费趋势。

对唱片公司而言，盗版始终是其经营上的一大漏洞，盗版的出现，不但排挤了正版唱片的出货量，也推高了唱片的平均制作成本，使得正版唱片的平均售价必须提高，导致正版唱片的消费者负担较高的音乐制作成本，盗版音乐消费者则享受了如同搭便车（Free Rider）般的效益，在正版与盗版唱片的价差扩大下，消费者将更倾向于选择便宜的盗版唱片，导致正版唱片的销售进一步减少，再一次推动平均生产成本的提高，形成如图 7-5 所示的恶性循环。对唱片公司而言，未经授权的音乐就是盗版，无论以 CD 唱片的形式或是以音乐文件形式存在，对唱片厂商形成的不良影响也与图 7-5 所示的恶性循环相同。

因此在新形态的音乐市场中，唱片公司需要解决的是盗版问题，消费者需要解决的是改变音乐产品购买形式与价格的问题，线上音乐厂商需要解决的则是取得合法代理销售权的问题。因此，若唱片公司与线上音乐厂商建立合作关系，发展授权模式，则唱片公司可减少音乐文件通过网络被盗版使用的机会，甚至可因单首音乐文件平均价格较低而减少正版市场与盗版市场的价差问题，进而打破前述的恶性循环，从盗版厂商手中抢回部分流失的市场；消费者则可增加音乐购买的弹性，改变购买整张 CD 唱片的消费形态，以较具弹性的价格享有音乐产品；线上音乐厂商则可解决侵权诉讼的疑虑。

唱片公司过去曾耗费大量法律资源防堵在线盗版音乐的发生，试图扭转消费者的行为，但与其花费大量成本以改变消费趋势，倒不如双管齐下，疏导与防堵并进，配合消费者的需求，与如 iTunes 等线上音乐厂商合作，推出经授权的线上音乐，以合法的销售渠道取代盗版或侵权的音乐文件交换。

在授权合作厂商代理销售线上音乐后，如何避免合法的线上音乐文件被消费者大量复制、传递，仍是唱片公司关注的问题，而数字权利管理系统（DRM）的应用，可使线上音乐文件的使用被有效管理，因此减轻了唱片公司对消费者可能侵权使用其音乐的疑虑。所谓 DRM 系统，是指在数字化环境中，以加密、认证、取得管理者同意及设定访问权限等方式，确保著作权信息的安全传播或防止非法传递的内容权利管理系统。在 DRM 的架构下，使用者必须经过身份确认，系统才能对个别用户进行授权、传送内容等步骤。以 Apple iTunes 音乐商店为例，由 iTunes 下载的音乐，通过加密技术，仅能由经过登录的三台计算机与 iPod 使用。

在经过 DRM 的系统应用下，对违法使用音乐内容与防阻盗版等问题有望有效解决，线上音乐厂商与唱片公司也可经由此项管理系统建立清算权利金的机制。

Apple 向来以结合软硬件的能力领先自居，不过也因此形成其本身系统的封闭性，在 Apple iTunes 音乐商店下载的 AAC 格式音乐，除了在三台计算机收听之外，仅能在其 iPod 随身听聆听，其加密格式并未开放与其他厂商使用，因此其音乐无法经由其他 MP3 播放器使用，使得下载后的音乐被大量复制、无限制流通的可能性大减。

而 Apple 的首席执行官 Jobs，在促成唱片公司授权一事上属于关键角色，在其强力促销 Apple iTunes 线上音乐商店的特色与优点下，Jobs 成功说服主要唱片公司，开放其音乐档案的授权有助唱片公司的运营。

传统 CD 唱片销售模式为在唱片公司压片完成后，通过大盘、中盘商铺货至零售商（即如 Tower Record 等的唱片行），消费者需亲自到唱片行试听选购，或通过目录邮购。在网络日趋普及后，网络购物取代部分唱片行与邮购的功能，而在带宽加大后，消费者更可于网络试听音乐，并利用其数据库索引的功能，搜寻并购买所需的 CD 唱片，线上音乐产品推出后，消费者不但可在网络上试听、购买音乐，更可立即取得所需的音乐，不需经过包装、邮寄的过程，此渠道与销售模式远较传统的音乐销售更具效率，同时可省下 CD 压片与邮寄等成本。

在传统 CD 唱片的生产中，生产成本包括词创作、曲创作、演奏、演唱、录音、压片、包装、营销管理、铺货运送、渠道上架等，而在线上音乐的生产模式中，属于前段音乐生产的部分与传统 CD 唱片相同，不过因为线上音乐产品通过网络传送，不需以 CD 唱片为媒体，因此可省下后段 CD 压片、包装、铺货运送与上架等成本。而线上音乐则新增了网络与数据库管理维护、软件接口开发等成本。不过整体而言，若不计算营销费用的差异，估计线上音乐的平均生产成本仍有望较传统音乐低。

在营销费用方面，由于 CD 唱片多仅有 2~3 首主打歌，其营销费用却由整张 CD 唱片共 10 ~ 12 首歌分摊，因此整张唱片中单首歌曲的营销费用被稀释。而音乐销售若打破 CD 唱片包装销售的形式，改采用单首歌曲的销售，前述营销费用的稀释效果将消失，单首音乐负担的营销费用将提高。不过上述推论的假设前提为线上音乐完全取代 CD 唱片，以目前线上音乐与 CD 唱片同时共存的情形而言，营销费用仍可由 CD 唱片中其他歌曲分摊，因此目前营销费用增加的问题并不明显。

线上音乐增加了唱片公司的营收，节省了部分 CD 硬件的制作成本，在营销费用维持不变的情况下，线上音乐的收入有助于增加唱片公司的获利。

（五）Apple iTunes 的关键成功因素

在法律环境的有利空间下，再加上唱片公司的经营心态转变，Apple 推出 iTunes 音乐商店可谓掌握了"天时"与"人和"两个有利的客观条件。因此，当 Apple iTunes 音乐商店推出后，不但 iTunes 的音乐销售量快速攀高，其搭配的硬件 iPod 随身听出货量更屡创佳绩，市场接受度超出预期，至 2004 年 3 月中旬为止，iTunes 音乐商店音乐文件下载已超过 5000 万首，iPod 于 2003 年第四季度销售量达 73.3 万台，较 2002 年同期增长两倍，并创下历史新高，新款的 iPod mini 未上市也已接获 10 万台以上的订单。Apple 因为 iTunes 与 iPod 等新产品的成功，整体运营出现明显增长。截至 2004 年第一季度来，Apple 预估 iTunes 累计销售量将超过 5000 万首，在推出满一周年的 4 月底前，iTunes 累计销售达 7000 万首至 7500 万首之间。

在客观环境的探讨之后，以下将就 Apple iTunes 音乐商店的成功因素进行分析，由此了解 Apple iTunes 如何掌握有利的客观环境，开创线上音乐成功的经营模式。

1. 技术面创新

Apple 向来以软硬件结合技术见长，而其在影音、图像方面的处理技术也被相关工作者偏好使用，因此在 Apple 推出 iTunes 与 iPod 时，其整合功能与音乐表现均颇受期待。而 iPod 的外观新颖、功能选项多、储存容量庞大、易于使用等特色，使其在推出后就受到消费者的好评。新版 iPod 的三种规格中，储存容量分别达 15GB、20GB 与 40GB，分别可容纳约 3700、5000 与 10000 首歌曲，其功能已超越随身听，成为可供音乐欣赏与音乐文件储存的便携式硬盘。同时，新版的 iPod 也具有记事、游戏等简易 PDA 的功能。2004 年第一季度，Apple 更推出 iPod mini，容量为 4GB，可储存约 1000 首歌曲，上市前即获得超过 10 万台的订单，目前供不应求。

iPod 与 iTunes 的搭配使用相当方便，主因即在于 Apple 的整合技术，如当消费者将 iPod 连接至计算机后，即可自动更新所有音乐数据库中的信息，对消费者而言，省去整理 MP3 播放器音乐档案的时间。在 iPod 与 iTunes 可便利地互相搭配使用下，对已有 iPod 的消费者而言，使用 iTunes 音乐商店下载音乐的概率相对增高，对 iTunes 音乐商店的消费者而言，其采购 iPod 的意愿也较高。

除了二者整合的便利外，iTunes 音乐商店的消费者另有更大的动机采购 iPod，主因在于音乐压缩与加密格式的问题。目前线上音乐经过加密后的格式并未统一，Apple 以 AAC 格式压缩音乐档案，以 Fair Play 软件进行数字权利管理，由于 Apple 未授权其他 MP3 播放器使用其加密格式，因此由 iTunes 音乐商店下载的音乐文件除了在计算机上通过 iTunes 播放之外，仅能在 iPod 使用，无法通过其他 MP3 随身听播放，所以由 Apple iTunes 网站下载的歌曲在使用上具有排他性，导致 iTunes 音乐商店的消费者倾向于采购 iPod 作为随身听播放器。因此当 iTunes 音乐商店的销售节节攀升之际，iPod 的销售量也相对提高，iTunes 先期抢占的线上音乐市场，已为 iPod 提供了广大的潜在用户。

2. Windows 版本的 iTunes 推出

此外，iTunes 的接口软件原本仅支持 Apple 计算机系统，不过从 2003 年 10 月起开放 Windows 版本，使用 Windows 系统的计算机也能使用 iTunes 接口下载与欣赏音乐（原需使用 MusicMatch），由于 Apple 占有北美个人计算机市场不到 3%，因此 iTunes Windows 版的推出，有助于 Apple iTunes 增加客户的广度。由 Apple 公布的统计数字可知，在推出 Windows 版本前，iTunes 的累计销售量约为 1300 万首，Windows 版本推出后，iTunes 的累计销售量提高至 2004 年第一季度的 5000 万首以上，也就是说在近两季度之内，Apple iTunes 线上音乐商店的新增销售量即达约 4000 万首。在 Apple 的整体策略中，Apple 不但由此推广 iTunes 与 iPod，更希望通过 iTunes 与 iPod 的热销，进一步增加非 Apple 计算机用户对 Apple 产品的认识与接受度，未来当消费者向家里采购第二、第三台计算机时，采购 Apple 计算机产品的机会则有望增加，不过相关成效仍待持续观察。

3. 友善的销售平台

iTunes 音乐商店本身在使用接口上的便利性也是其优势之一。iTunes 的软件接口颇为浅显易懂，对习惯 Windows 环境的使用者而言，并无适应上的问题。用户需下载 iTunes 接口至个人计算机，当开启 iTunes 软件后即自动联机至音乐商店，登入后可直接进行音乐的搜索与交易。iTunes 的歌曲搜索功能颇为完善，因为 Apple iTunes 音乐商店获得各大唱片公司的授权，其数据库音乐档案很完整，经过适当的分类后，搜索功能颇佳。而在 Apple iTunes 音乐商店中，也提供目录索引、音乐或专辑介绍、同类型采购偏好等信息，同时在购买该音乐档案前可试听 30 秒，使消费者可在采购之前获得充分的信息。

消费者通过 iTunes 下载音乐后，可以使用 iTunes 接口中的音乐数据库进行管理，不需另外用计算机中的操作系统进行文件管理，同时，由于自 iTunes 下载的音乐已经针对其音乐类型做过初步分类，因此使用者可通过关键词（如摇滚乐、爵士乐等）等创建个人的音乐播放列表，其条件设定可包含音乐类型、使用频率、自行创建的音乐评价板块等，对音乐档案的分类管理很便利。除了由 iTunes 音乐商店下载的音乐文件以外，用户也可将个人拥有的 CD 唱片音乐文件存入 iTunes 音乐数据库，以同样的方式进行分类管理。

在音乐质量的表现方面，以 Apple 的 AAC 格式压缩的声音表现较 MP3 为佳，同时 iTunes 支持的均衡器具有多达 20 种音场模式，用户可针对不同歌曲设定其音场模式，使用弹性较高。

4. 取得唱片公司的授权

由过去 P2P 音乐交换服务厂商的发展历程可知，取得唱片公司的授权为能否合法经营线上音乐的关键之一。在 IFPI、RIAA 等唱片协会积极对可能造成侵权事实的 P2P 使用者采取道德劝说或法律行动时，大众对合法使用线上音乐的意识增强，如根据 IFPI 的调查统计指出，美国消费者对未经授权的线上音乐交换是违法的认知，已由 2003 年 9 月的 37% 提高至 2004 年 12 月的 64%。

在唱片厂商对抗 P2P 音乐交换服务的同时，Apple 却积极说服唱片公司加入此商机庞大的线上音乐市场，由于 Apple iTunes 的经营模式可对音乐文件的使用进行有效管理，再加上 Apple 首席执行官 Jobs 凭其个人魅力成功说服唱片公司，线上音乐可为双方创造可观的营收与获利，因此 Apple iTunes 音乐商店成为获唱片公司授权与认可的线上音乐厂商。

5. 创新的销售模式

随着科技的发展，音乐媒体持续演进，其形态由最早期的黑胶唱片陆续演进至录音带、CD 唱片，商品都为实体的形式，而在网络的蓬勃发展下，音乐终于突破实体媒体的限制，通过网络直接传递给消费者，商品改以单纯音乐档案的形态存在，而 Apple iTunes 更进一步改变了消费者的付费习惯。

初期的线上音乐多以交会员费进行音乐交换为主，所需负担的费用较低，不过使用者本身就可能触犯著作权法，而 Apple 提供经唱片公司授权的音乐文件下载，采用单首下载计费的方式，消费者依照实际下载的歌曲数量计费，改变消费者以往

"吃到饱"的消费心态，但提供了小额多样的采购模式，使消费者不必局限于以往必须购买整张 CD 唱片的模式。

（六）结论

Apple iTunes 的成功可归功于 Apple 掌握外在环境变化的契机与本身有利的条件。在外在环境方面，唱片公司极力以侵害著作权法的诉讼抑制未经授权的 P2P 音乐交换服务厂商的发展，为得到授权的 Apple iTunes 营造了兴起的条件；而消费者对线上音乐的需求高、DRM 系统的应用等因素则使唱片公司改变对线上音乐的心态，由抗拒到合作，使 Apple iTunes 顺利取得音乐的授权；在主观条件方面，Apple 凭借其技术的创新、授权的取得、销售模式的创新与异业策略联盟，初期顺利抢下线上音乐约七成的市场。

1. 线上音乐发展深具潜力

Apple iTunes 线上音乐商店的成功，为唱片公司与消费者的长期拉锯找到了平衡点，通过 Apple iTunes 的线上音乐下载，满足了消费者以低价购买单首音乐的需求，也消除了唱片公司对线上音乐被盗版使用的疑虑，既增加了音乐的销售，也改善了唱片公司的营收与获利，同时满足了消费者对多元化渠道取得音乐的需求，受到排挤的反而是在线未经授权的音乐交换或盗版音乐市场，据 IFPI 统计，至 2004 年 1 月为止，P2P 音乐文件交换的数量已较 2003 年 4 月下滑 18%。

在后续厂商陆续加入，且消费者持续建立付费下载购买音乐的观念下，线上音乐市场具有持续大幅增长的潜力，未来甚至将取代部分 CD 唱片市场，据 Forrester 的预估，2003 年至 2008 年线上音乐销售金额的年复合增长率可达 123%。

2. 取得授权为永续经营的关键

在后续厂商陆续投入线上音乐市场之下，经营成功的前提仍在于取得唱片公司的授权，就美国地区而言，虽然部分单纯分布式 P2P 模式的厂商如 Grokster 等在法律诉讼中胜诉，可继续经营线上音乐交换业务，但用户若使用其平台大量交换音乐档案，用户本身仍将面对唱片厂商的侵权诉讼，在法律诉讼的威胁下，保守的使用者已逐渐转向得到授权的线上音乐厂商。

Apple iTunes 成功地取得唱片公司的授权，形成 iTunes、唱片公司与消费者三赢的局面。经过唱片公司授权的音乐销售，利润得以合理回馈至唱片公司与内容创造、制作者，既可维持音乐产业上游生产创作的动力，也避免了法律诉讼的缠扰；Apple 则受惠于 iTunes 的热卖，连带推动 iPod 的销售；消费者则可享受合法、便利且价格较低廉的音乐。长期而言，取得唱片公司的授权方为线上音乐永续经营之道。

3. 技术与销售模式创新将影响厂商的成败

Apple iTunes 的关键成功因素包括技术上的创新、销售模式的创新与策略联盟的运用。在后续加入的线上音乐厂商的 Me Too 策略下，未来 Apple 能保有的优势将日渐减少，不过 Apple 在软硬件结合技术与加密规格上仍保有领先优势，以其目前线上音乐七成的市场占有率来看，在 Apple iTunes 使用的加密规格尚未开放予其他厂商时，iPod 在争取既有线上音乐客户上具相对优势，不过未来在微软等厂商急起直追下，且其他线上音乐服务厂商多以微软的 WMA 为主，Apple iTunes 与 iPod 的规格优势将面临挑战。

而在销售模式的创新上，各家厂商竞争激烈，iTunes 的销售模式主要为单首下载计费，其他厂商则另发展出月费制与单首下载计费制并行的模式，销售弹性更高。

4. 竞争者陆续进入市场，价格竞争隐现

在 Apple iTunes 抢占初期的线上音乐市场后，后续厂商受其成功的激励，陆续以类似模式投入此市场，目前已知的有 Napster 2.0、BuyMusic、MusicNet、Musicmatch、Wal-Mart 等，其中尤以 Wal-Mart 最受瞩目，由于消费者对线上音乐的价格弹性较高，因此价格竞争势必成为市场的竞争策略之一，大厂可凭其雄厚资金的优势，以低价抢攻市场，目前 Wal-Mart 提出的每首单价 0.88 美元很有竞争力，未来市场恐出现产品价格下滑压力，后续发展值得持续观察。而 Napster 2.0 与 MusicNet 推出月费制与单首下载计费制兼有的模式，使消费者在付费模式上有更多选择空间，对 Apple iTunes 等厂商也将造成竞争压力。

第八章 重点产业趋势分析案例

一、虚拟现实头戴式显示设备产业

(一) 定义与范畴

虚拟现实头戴式显示设备(Virtual Reality Head-mounted Display，VR HMD)为使用者提供的沉浸式影像空间，操作并体验3D立体化影音，这些内容多是设计者为了特定主题所开发与创造出的现实或非现实内容，其重点在于满足使用者身临其境的愿望并延展其想象空间。

其产品可分为三类(见图8-1)，手机型VR(Mobile VR)内嵌入传感器装置并与智能手机联合使用，通过智能手机以及Mobile VR的感测运算提供虚拟现实内容(Mobile VR须内嵌MCU等装置，才会归到此类范畴，如Samsung Gear VR)；一体型VR(Standalone VR)将显示、运算、储存、供电等功能汇集于头戴式显示设备中，产品无需外接任何装置就可提供虚拟现实内容；主机型VR(PC/Console VR)必须连接至计算机或是游戏机装置，并通过有线传输或是无线传输的方式，将虚拟现实内容传至头戴式显示设备。

手机型 (Mobile VR)	一体型 (Standalone VR)	主机型 (PC/Console VR)
须结合智能型手机使用，产品类型可分为"卡榫式"以及"外接式"两类	产品一体成形，包含运算、电池、显示面板等，产品无需外接智能型手机或计算机	须结合游戏机或是计算机使用，主要运算在后端硬件，透过有线/无线方式传输

资料来源：牡丹集团IIS整理，2019年3月。

图8-1 虚拟现实头戴式显示设备定义与范畴

（二）产业现况

1. 虚拟现实头戴式显示设备发展现况

观察 VR 品牌厂商 VR HMD 产品布局现况（见图 8-2），Mobile VR 大多是智能手机厂商与新创厂商，值得注意的是 Google 已经推出 Mobile VR 软硬件产品服务，鉴于在智能手机上的成功，Google 有极大可能成为主导 Mobile VR 软硬件标准发展的厂商；目前 Standalone VR 以我国品牌厂商居多，如大朋、IDEALENS。虽然我国厂商积极推出相关产品，但由于缺乏品牌、技术和内容等，目前整体来说尚未有明显出货量增长；在 PC/Console VR 部分，品牌厂商投入 VR 资源相较其他厂商多，如 HTC Vive、Oculus、SONY 三大厂商，在整体出货上面也小有成绩，Microsoft 预计于 2017 年联合 PC 大厂推出平价化 PC VR 产品，PC/Console VR 产品的竞争态势将更加白热化。

表 8-1 虚拟现实头戴式显示设备品牌厂商产品布局现况

VR HMD型态	现有关键业者	未来（可能）竞争对手
Mobile VR	三星、LG、谷歌、小米、小宅VR、ZEISS、中兴、暴风魔镜、乐活家庭	华为、ASUS、苹果、HIC、ALCATEL
Standalone VR	Pico Neo、IDEALENS、微鲸VR、大朋VR、PPTV聚力、蚁视VR	谷歌、三星、暴风魔镜、Oculus、索尼、英特尔、ALCATEL、3Glasses
PC/Console VR	HTC Vive、FOVE、大朋VR、Oculus、微软、LG、Acer、Dell、HR、联想、ASUS、3Glasses、SONY、蚁视	Nintendo、XBOX、腾讯

资料来源：牡丹集团 IIS 整理，2017 年 5 月。

就目前 VR 产品的发展状况而言，市场上大量充斥着结合智能手机的简易型 Mobile VR 产品（专指纸板/简易塑料 VR HMD 产品，价格约在 10 美元左右），市面上的简易 Mobile VR 产品约有八成来自广州华强北，华强北是我国重要的电子产品商业地带，有"中国电子一街"称号，许多最热门的新兴消费性电子产品都会在此进行贩卖。就生产制造而言，此商圈地结合深圳、东莞等小型制造工厂的出货支撑，在电子零部件、生产制造和商圈铺货三者紧密结合下，消费性电子复制与出货速度快，当然 VR 产品热潮也在华强北快速发酵。

虽然华强北复制新兴消费电子速度快，但都是技术含量不高的产品，如简易 Mobile VR 产品。凭借体验性消费群体的消费动能，在华强北也创造出月出货最高达 30 万~40 万台的出货实力。当然这种现象不可能维持太长时间，VR 产品硬件技术不足与内容缺乏使该类商品很快失去一般消费者的支持，进而转向成为各企业送出的礼品或是免费赠送的商品，但是大量的产品出货仍需找到销售出口，在我国体验性消费热潮结束后，华强北出货转向东南亚、欧美等主要市场，就目前情况而言，约有七成以上的出货开始转向海外市场。对于华强北快速复制与出货的情况，广大一般性消费者接触的都是简易不含技术含量的 VR 产品，质量不佳的 VR 产品将使一般消费性市场换机需求降低，对未来 VR 产业发展是一大隐忧。

2. 总产量／总产值

2015 年全球 VR HMD 产业开始受到各大媒体与风险投资厂商的关注，而消费性电子大厂以及新创品牌出货时程也蓄势待发，随着关键厂商的巨额投入和新创厂商前仆后继地进入市场，使 VR 产业生态系统快速成型，其余消费性电子大厂对进军 VR 市场的态度，也从观望转变为积极切入，让 VR 产品更加多元且具备市场吸引力。就需求面角度，VR HMD 产品在 2016 年开始受到新兴科技爱好者、体验性消费者、重度游戏玩家以及企业市场等利基型消费群体关注，VR 产品利基市场消费力度初步浮现，推动全球出货呈现明显增长，2015 年全球 VR HMD 产量达到 60 万台，产值则是低于 1 亿美元，直到 2016 年全球出货将增长至 840 万台，产值将超过 9 亿美元（见图 8-2）。

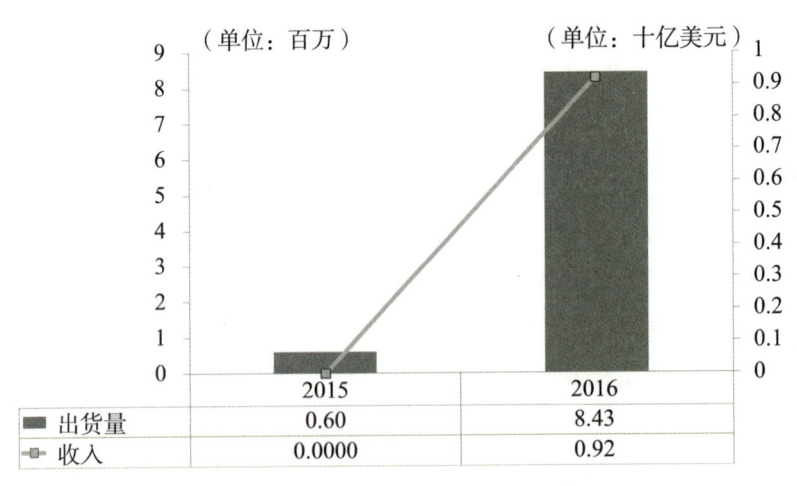

	2015	2016
出货量	0.60	8.43
收入	0.0000	0.92

数据来源：台湾资策会 MIC 整理，2017 年 5 月。

图 8-2　全球虚拟现实头戴式显示设备产量与产值，2015—2016 年

3. 虚拟现实头戴式显示设备大厂动态

（1）虚拟现实头戴式显示设备品牌商动态。

关键厂商 Google 与 Microsoft 宣布进军 VR 市场，为产业注入一股新势力，而 Valve 厂商积极拓展第三方厂商合作，让自有 Steam VR 平台有更多 VR 硬件厂商支持，而既有厂商 HTC Vive、Oculus 和 Sony，为了维持先进者优势，积极深化自有品牌差异化程度，两股势力让 VR 产业发展增添更多竞争动能。

① Google、Microsoft、Valve。

Google 正式发布 Mobile VR 硬件设备跟 Daydream 平台，并同时在全新操作系统 Android 7.0 Nougat 文件中，发布最新 VR Daydream 兼容性定义标准，如需具备双核心处理器、屏幕大小需支持 4.7~6 寸之间、分辨率至少 1080p、Frame rate 达 60 Hz、延迟性低于 3 毫秒等标准，目前 HUAWEI、ASUS、LG 等大厂，已经获得"Daydream Ready Smartphone"认证。Google 对智能型手机进行 VR 软硬件标准制定，无非是想成为主导 Mobile VR 标准发展的关键厂商，此举也成功吸引智能手机厂商加入，可以推测后续也将扩散到软硬件厂商并加入 Google VR 生态体系，为庞大的 Android 用户提供一致化的 Mobile VR 体验服务。

Microsoft 在头戴显示设备上的布局主要有混合现实（Hololens）与 AR/VR/MR 共同协作系统平台（Holographic），就在 2016 年 10 月 26 号的新品发布会上，Microsoft 正式宣布在 2017 年将与全球 PC 大厂联合，如 Dell、Acer 及 HP 等，推出平价 299 美元的 PC VR，拓展头戴式显示设备的产品线。Microsoft 对头戴式显示设备布局策略，可从 Enabling a World of Mixed Reality 广告中略窥一二，影片中强调 AR/VR/MR 共同协作系统平台（Holographic）的协作性质，各厂商的 AR/VR/MR HMD 都可在同一平台进行互动，如共同进行全景式室内设计，由此可以隐约推敲出 Microsoft 想要一统 AR/VR/MR 硬件标准以及共通平台战略。

Valve 是全球 PC Game 游戏平台领导厂商，旗下 Steam 游戏平台注册账号超过 1 亿用户、活跃用户超过 7500 万人，在 VR 产品布局方面，Valve 主要以经营 VR 游戏平台为主要营收来源，除了 VR 游戏平台，Valve 同时开发 VR 定位系统（Lighthouse），采取授权方式给合作的 VR 硬件厂商（HTC Vive 为第一个授权厂商），然而在 2017 年 GDC 展会上，LG 展出最新 PC VR 产品，同时搭载 Lighthouse 定位系统。就此观察，游戏平台厂商（Valve）不太可能独家授权定位技术给单一 VR 硬件厂商太长时间。简而言之，Valve 当然希望自有 Steam VR 游戏平台可有更多 VR 硬件厂商支持，由此扩大 VR 游戏平台的销售渠道。

② Oculus、HTC Vive、Sony。

Facebook 在 2014 年以 20 亿美元并购 Oculus 虚拟现实新创公司，让 Oculus 成为 VR 产业中大家所注意的关键厂商，在硬件 VR 产品布局上，Oculus 目前有 PC VR 产品（Oculus Rift 599 美元、Oculus TOUCH 199 美元）以及与 Samsung 合作开发的 Mobile VR（Samsung Gear VR 99 美元）两项产品；在软件平台部分，Oculus 主要支持两个平台，其一为游戏平台 Steam VR，其二为自有平台 Oculus Home。

观察 Oculus 硬件产品发展方向，在 2017 年第二季度初，Oculus 宣布捆绑销售优惠的资讯（Rift+TOUCH 共 598 美元），整体价格下降约 200 美元，对高端 PC VR 产品而言，这无疑是一个大幅度的降价促销、扩大市场占有率的销售策略，而在新产品的布局上，Oculus 预计在 2017 年第三至第四季度发布平价 Standalone VR 产品，综合判断 Oculus 产品发展策略，硬件产品拟以平价销售方式试图将 VR HMD 硬件扩展到一般消费者市场上；就软件服务而言，Facebook 在 2016 年开发者大会上宣布加码投资 VR 内容产业，投入金额约 5 亿美元扶植 VR 内容厂商，同时开发 VR 软件技术异步空间扭曲技术，降低主运算的负担，Oculus2017 年的整体发展方向将以平价硬件、多元 VR 应用和提升实用性为主轴，以扩大市场占有率为主要策略走向。

HTC Vive 是 HTC 和 Valve 两家厂商共同开发的高端 PC VR 产品，HTC Vive 为首家厂商采用 Valve Lighthouse 优质大范围定位系统的厂商，对用户而言，大范围与精准 VR 定位技术至关重要，主要在于使用 VR 的流畅感受度。由于 Valve 为目前市场上最优质的定位系统，这也进而让 HTC Vive 在 2016 年站稳领导者的地位，但这个产品差异化优势在未来将逐步被稀释，主要在于 Valve 正在加速开放 Lighthouse 定位系统给第三方厂商，在 2017 年 GDC 展会上，已经看到 LG 厂商发布采用 Lighthouse 定位 PC VR 产品。

由于核心定位技术受限于软件厂商，HTC Vive 开始聚焦周边配件（无线传输模块、头戴式耳机）创新，以维持最佳的 PC VR 体验以及 VR 生态系统布局（移动定位器），以维持得来不易的 VR 领先者地位。在市场策略部分，有别于 Oculus 推出平价化策略，HTC Vive 聚焦维持最佳 VR 产品体验的市场策略，在推广新品上更为谨慎小心，对此，HTC Vive 花更多资源进行品牌形象的建立、VR 多元应用投资与第三厂商的合作，如在我国市场的布局，HTC Vive 积极与深圳市政府、当地网络咖啡厅、电子商务厂商合作，以经营企业市场为利基点，深化一般消费者市场的品牌印象，这样的策略在 2016 年我国市场获得不错成绩，目前 HTC Vive 在我国高端 PC

VR 市场占有率维持第一的好成绩。

SONY PS VR 在硬件配置上，屏幕分辨率为 1920×1080（FHD）、刷新率达 120 FPS、产品视角为 100°，在追踪技术上面采用可见光主动式光学定位技术，追踪范围为 2.4m×1.9m。从硬件配置可看出 SONY PS VR 并不是走高画质、大视角、大范围追踪的产品路线，而是强调画面高刷新率（FPS 为 120）也就是 VR 画面的流畅性。虽然 SONY PS VR 内容数量不及 Steam VR 平台，但因 SONY 深耕游戏领域已久，无论是自有游戏的精致度，还是游戏内容的自制能力都具备高度竞争力，此外，目前全球 PS4 游戏机已经出货约 5000 万台，广大的用户基础让 SONY 进军 VR 市场更加得心应手。最后，SONY PS VR 以相对亲民的价格 399 美元（只包含 VR HMD、耳机以及相关线材，不包含 PS Move 与 PS Camera）切入 PC/Console VR 市场，主要的产品策略是锁定既有用户市场，以高质量的游戏内容，搭配高画面流畅性的 HMD，以高性价比的产品策略吸引客户购买。

整体而言，基于平价产品策略＋厚实用户基础，2016 年 10 月发售大约为期四个月，销售量已超过 90 万台，位居 PC/Console VR 出货之冠。

（2）虚拟现实头戴式显示设备芯片商动态。

① Qualcomm。

早在 2017 年 1 月 CES 展会上，Qualcomm 就正式发布最新的移动系统单芯片（System on Chip, SoC）Snapdragon 835 产品，然而 Qualcomm 为了争取产品最大曝光度，仍在 2017 年 MWC 展会上强调 Snapdragon 835 在智能型手机、AR、VR 上面的展示成果。Snapdragon 835 首度采用 Samsung 10nm FinFET 制程，让整体封装尺寸比上一代 Snapdragon 820 缩小约 35%，功耗方面减少约 25%，画面延迟为 15ms，比上一代快 3ms；最重要的是新增支持 AR/VR 产品设计，如在 SoC 上嵌入两块 DSP（Hexagon 682 DSP 与 All-Ways Aware DSP），部分支持约 30fps VR 影像运算以及提升捕捉加速感测和陀螺仪两种感测数据，在不额外安装外部定位基站条件下达到 6-DOF 定位效果。

在 2017 MWC 展会上 Qualcomm 展示最新 Snapdragon 835 VR 原型机（见图 8-3），结合手势交互大厂 Leap Motion 感测模块，现场展示 Snapdragon 835 VR 原型机呈现效果。就芯片厂商角度，无非是希望公布 AR/VR 硬件设计参考，让 OBM/ODM/OEM 厂商可利用原型机加速产品上市时程，进一步降低厂商进入 VR 产业门槛。

- Snapdragon 835
- Snapdragon 835一体机参考设计原型机
- OGN使用Snapdragon 835

资料来源：牡丹集团IIS整理，2017年5月。

图8-3　2017 MWC Qualcomm SoC 展出

② Samsung、MTK。

在2017 MWC 展会上，Samsung 最新移动系统单芯片产品展出采取闭门会议的方式呈现，全新的 Exynos 9 系列（8895）产品（见图8-5），采用自家10nm FinFET 工艺，相较于上一代产品，提高27%效能、功耗降低约40%，搭载 ARM 最新的 Mali G71 GPU 可支持智能型手机4K 影像显示、画面刷新率达120fps。

就 AR/VR 产品设计特点方面，双图形信号处理芯片以及更先进的多媒体编码单元，让 Exynos 8895 在 VR 视觉处理更优越，并同时达到6-DOF 定位效果。然而 Samsung 并没有像 Qualcomm 一样开放现场观众以及记者体验 Exynos 8895 在 VR 上的运行效果，也是同样采取闭门会议的方式，利用自行设计的 Exynos 8895 VR 一体机（原型机）展示给相关合作伙伴进行评估参考。

在 MediaTek 部分，也在2017 MWC 上展出最新支持 VR 功能的 Helio X30 产品（见图8-4），在 AR/VR 产品设计特点方面，MediaTek 强调在不使用双镜头的情况下，就可以达到6-DOF 定位效果，目前大多数 Mobile VR 或是 Inside-out tracking 的 VR HMD 产品要达到6-DOF 定位效果，基本上需配备双镜头进行外部环境观测，主要原因在于双镜头可以捕捉更多影像深度，使 VR 移动定位更为精准。而 MediaTek 最新 SoC 所主打的 VR 关键特点，就在于只需使用单镜头搭配 Helio X30 加上特殊算法，即可在2.5m×2.5m 空间范围达到6-DOF 定位效果。简而言之，未来只有单镜头智能手机，也可以同样拥有 VR 空间移动的效果。

资料来源：牡丹集团 IIS 整理，2017 年 5 月。

图 8-4　2017 MWC Samsung、MediaTek SoC 展出

（三）产业特性分析

1. 虚拟现实头戴式显示设备技术采用生命周期分析

从技术方面采用生命周期理论分析（Technology Adoption Life Cycle，TALC）将包括以市场需求、产品（软硬件）、内容、出货量等方面，观察 VR 产品目前处于 TALC 的位置。在需求方面，目前 VR 产品已经有新兴科技爱好者、体验性消费者、重度游戏玩家，以及企业市场等利基型消费者进场采购，这也带出一波 VR HMD 出货实际成绩。在产品方面，目前 VR HMD 产品不像智能手机、平板、计算机等产品，已经跨越产业鸿沟迈向相对成熟的消费性电子产品，这些产品有软硬件标准收敛的现象，目前 VR 产品仍处于硬件标准分散、软件平台四起的情况。在内容方面，目前 VR HMD 仍以游戏应用为主，其他非游戏应用如设计、电子商务、影视等多元应用仍在发展当中，简单来说，目前普及到一般消费市场的 VR 杀手级应用尚未出现。就全球 VR HMD 出货量，2016 年 VR HMD 产品出货约 800 万台，相较于智能手机、平板、计算机等，每年达到亿台的出货量仍有一定的差距。

综合上述判断，目前 VR 产品正面临迈向早期大众的鸿沟，无论是关键厂商（Google、Microsoft）还是既有领导厂商（HTC Vive、Oculus），在 VR 产品上都投入了相当多的产业资源，期望可以推动 VR HMD 产品迈向早期大众市场，即使有相关知名厂商进入市场，但消费者需求将是产品迈向下一阶段技术趋势的关键，可观察的重点有 VR 软硬件标准是否收敛？VR 内容多元应用与实用性是否提升（非游

戏 VR 杀手级应用的出现）？出货量是否有跳跃性的提升？

2. 虚拟现实头戴式显示设备产业供应链分析

就 VR 供应链角度，目前 VR 产品关键零部件有显示面板、系统单芯片等（见图 8-6），以下将对关键零部件进行产业供应链分析。

（1）显示面板（Display）。

目前高阶 PC VR 产品主要以 OLED 选择面板形态为主，主要在于成像反应速度快、对比度高、色域广和视角广等优势，与 TFT 面板相比，虽然 OLED 价格高于 TFT 面板，但是因为 VR 需要较高的画面反应速度，故领导品牌厂商还是大多选 OLED 作为 VR 显示面板。目前 OLED 面板的供货主要以 Samsung、Sharp 及 LG 为主，其中又以 Samsung 为 OLED 面板关键厂商，而 OLED 最终产品大致可分为智能手机、智能穿戴与 VR 产品（PC/Standalone VR）等，由于智能手机的 OLED 拉货需求飞快增长（制程良率提升、成本下降逼近 TFT 面板），智能手机几乎占满 OLED 的出货产能，进一步挤压到 VR OLED 面板的供货动能，现在 VR OLED 规格分散客制化程度高，造成现在 VR OLED 面板供货有紧缩的情况产生。未来随着相关厂商在 TFT 面板的成像反应技术提升，加上成本优势，OLED 面板厂商加入 VR 面板市场竞争，以及相关 VR 面板规格收敛，VR 面板供不应求的状态有望缓解。

表 8-2 虚拟现实头戴式显示设备关键零部件

关联产业	国际关键大厂
显示面板	Samsung、Sharp、SONY
系统单芯片	Qualcomm、Intel、Rockchip、Samsung、STM
3D音讯IC	Sonaptic
图像处理IC	Intel、Toshiba
时序IC	Synaptics
非光传感器	Invensense、Spansion
光传感器	AMS、Maxim
闪存	Microchip、Spansion
光学透镜	Goertek
PC主机	Lenovo、HP、Dell
PC显示适配器	Intel、NVIDIA、AMD
360度摄影机	GoPro、Nokia、Samsung、Ricoh
动作捕捉装置	Leap Motion、Noitom、Dexta、Robotics、Valve
晶圆代工	Samsung、Intel
整机ODM/OEM	Goertek
整机品牌	Oculus、Samsung、SONY

资料来源：牡丹集团 IIS 整理，2017 年 5 月。

(2) 系统单芯片（SoC）。

在主系统单芯片部分，受到智能手机厂商对 VR 产品规格布局（尤其是 Daydream）的驱动，国内外移动芯片厂商加速布局支持 VR 装置的移动芯片，如国际大厂 Qualcomm、Intel、Rockchip、Samsung、STM 以及我国台湾的联发科，都有针对 VR HMD 所强调的功能（画面刷新率、定位功能、感知数据捕捉等）进行优化。简而言之，当系统单芯片技术（CPU/GPU）效能不断提升，Mobile VR 与 Standalone VR 这两类产品在 3D Rendering VR 的效果也将有所提升，也将提供消费者更好的 VR 3D 效果体验，对于出货量增长也将会有一定助力。

（四）产业发展前瞻

1. 全球虚拟现实头戴式显示设备产业总产量/出货单价

台湾资策会 MIC 预估 2016 年全球 VR 装置整体出货量约为 840 万台，有望 2021 年出货量达到 1750 万台，市场规模将突破 14 亿美元，2016—2021 年市场出货量年复合增长率达 15%（见图 8-5）；Mobile VR 结合渗透率极高的智能手机，且具备价格购买吸引力，在 VR HMD 整体出货比重上，Mobile VR 成为出货主流产品，到中后期 Standalone VR 以及 PC/Console VR 这两类产品，会随着技术不断突破（如无线化趋势），促使价格下降、硬件规格提升、应用扩散等，预期整体出货比重在中后期会不断攀升。

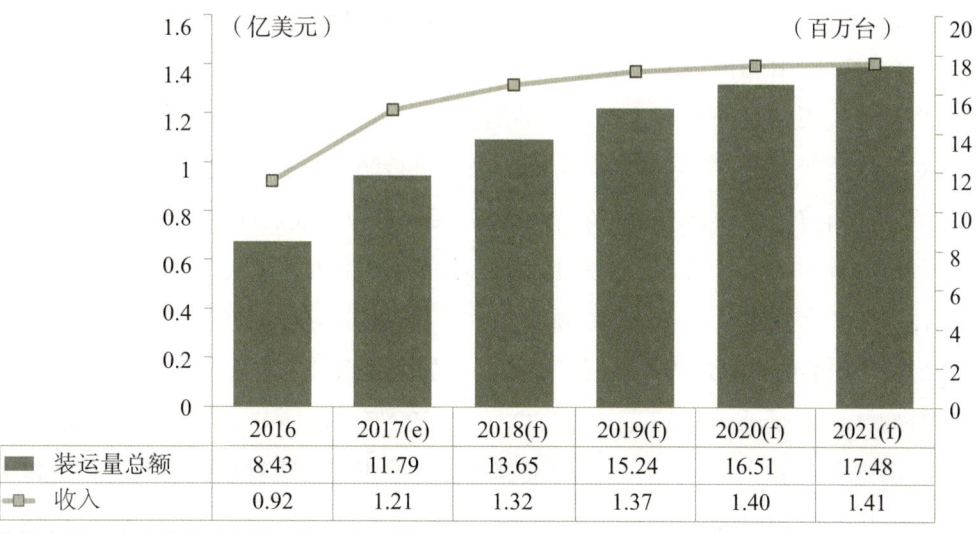

	2016	2017(e)	2018(f)	2019(f)	2020(f)	2021(f)
装运量总额	8.43	11.79	13.65	15.24	16.51	17.48
收入	0.92	1.21	1.32	1.37	1.40	1.41

数据来源：台湾资策会 MIC，2017 年 5 月。

图 8-5　全球虚拟现实头戴式显示设备产量与产值五年预测，2016—2021

2. VR HMD 产品发展趋势

（1）Mobile VR 为产品出货主流，设计强调舒适度与操作便利性。

Mobile VR 市场进入门槛低且具备价格优势，即使 Mobile VR HMD 的利润不高，但仍是智能手机大厂与新兴厂商切入 VR HMD 的首要市场，最重要的 Mobile VR 被视为智能手机的配件，这样的效果也让智能手机在产品规格另辟一个新的增长空间，未来可能会有主打 VR 的智能手机的出现，同时也将会带动 Mobile VR 产品出货量稳定增长。Mobile VR 产品（无论是卡榫式或外接式）属于智能手机配件产品，整体设计聚焦单手摇控器、手势识别、轻量化、高画质的发展方向，这样的设计主要是能够提升 Mobile VR 使用舒适度以及产品操作便利性。

（2）Standalone VR：关键技术有待突破，但未来市场需求性值得期待。

短期内 Standalone VR 市场增长性仍不明确，虽然产品主打使用便利与一机整合的产品亮点，但碍于硬件制造技术仍有很大的发展空间（如电池续航力、主芯片效能等限制）且内容质量不佳，以产品性价比而言，目前 Standalone VR 产品仍缺乏购买吸引力，但从长期来看，Standalone VR 市场发展仍值得期待。主要观察到主芯片厂商已经开始着手打造适合 VR HMD 的芯片，未来随着相关技术的突破，Standalone VR 有可能与 PC/Console VR 呈现互相竞争的局面，而 Standalone VR 产品设计差异化关键在电力续航、CPU 与 GPU 处理效能、大范围定位系统，三者之间的关键技术突破，都是朝向 PC/Console VR 性能逼近的关键指标。

（3）PC/Console VR：仍属于游戏利基市场，拓展多元应用刻不容缓。

PC/Console VR 目前仍属于游戏利基市场，由于 PC/Console VR HMD 的售价偏高，且须搭配高配置的桌面计算机，这样的购买成本粗估高达 1000 美元 ~1500 美元，目前对一般消费者而言，这样的售价如果只能进行游戏或是影视的虚拟现实体验，就算沉浸感再好，仍缺乏吸引一般消费者购买的动力，故短期内 PC/Console VR 仍以游戏玩家为主力消费者，而未来 PC/Console VR 产品的差异化关键在于，"眼球追踪技术""高画质""高屏幕刷新率""大范围精准定位系统""无线化"，这些将是未来产品的主流趋势，加深了虚拟现实的沉浸感、使用便利性与舒适度。

最后，无论是 Mobile VR、Standalone VR、PC/Console VR，合理硬件售价 + 多元的应用内容，永远是消费者注意的关键指标，故未来横跨软硬件或是自有品牌生态圈拓展将是在 VR HMD 市场胜出的关键。

二、服务器产业

（一）定义与范围

以硬件的观点来定义服务器,是指具备高度运算能力的主机,且能提供多台终端装置同时进行联机,并取用其上的资源及服务。服务器产业对于产品的定义大致可从四个方面加以分类并界定范畴,包括处理器架构、操作系统、外观形态,以及应用(见图8-6)。而处理器架构与外观形态则是目前服务器硬件产业使用最普遍的定义,以下就此两种分类方式描述服务器产业的分类范畴。

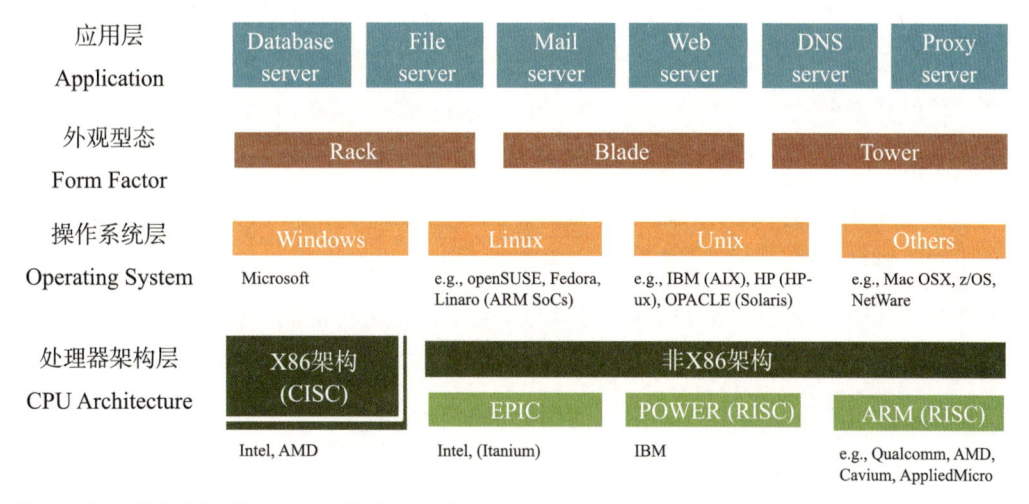

应用层 Application	Database server	File server	Mail server	Web server	DNS server	Proxy server
外观型态 Form Factor	Rack		Blade		Tower	
操作系统层 Operating System	Windows Microsoft	Linux e.g., openSUSE, Fedora, Linaro (ARM SoCs)		Unix e.g., IBM (AIX), HP (HP-ux), OPACLE (Solaris)		Others e.g., Mac OSX, z/OS, NetWare
处理器架构层 CPU Architecture	X86架构 (CISC) Intel, AMD	非X86架构				
		EPIC Intel, (Itanium)	POWER (RISC) IBM		ARM (RISC) e.g., Qualcomm, AMD, Cavium, AppliedMicro	

资料来源:牡丹集团IIS整理,2017年5月。

图8-6 服务器产品分类层次与范畴

1. 依指令集及采用的CPU区分

服务器若根据芯片设计及软件程序撰写方式的不同,可区分为"X86架构"与"非X86架构"。比较概括式的说法,"X86架构"服务器系统指以X86指令集架构为基础,并采用由Intel、AMD及其他厂商所生产的X86 CPU服务器系统,例如HP的ProLiant系列产品以及Dell的PowerEdge系列产品。

"非X86架构"指的就是X86架构以外的服务器产品,包括平行指令集(Explicitly

Parallel Instruction Computing, EPIC）、精简指令集（Reduced Instruction Set Computer, RISC）等架构，例如 IBM 的大型主机 Z、P 系列，Oracle 的 SPARC 等系列产品。

近年因为低功耗的需求，服务器厂商开始投入 ARM 架构的研究，希望利用 ARM 的低功耗特性解决数据中心面临的高耗能成本问题。HP、Dell 于 2012 年开始进行研发测试，2014 年也已有 64 位的产品问世。目前已投入开发的厂商日益增加，包括 AMD、Mitac 以及 Marvell 等厂商。

以全球服务器出货量的市场占有率作比较，"X86 架构"与"非 X86 架构"出货比重约为 99%∶1%。非 X86 架构服务器产品多属高端大型主机，多应用于关键应用服务，出货数量虽少，但价格与获利表现佳，美系与日系厂商多于本国进行研发、生产与制造，而国际品牌大厂多委托台湾服务器厂商代工的机种主要为 X86 架构服务器产品。

2. 依产品外观区分

若以外观形态主要可区分为"直立式（Tower）""刀锋式（Blade）"，以及"机架式（Rack）"三种形态。

直立式服务器（Tower Server）是指传统直立式服务器系统，可直接安置于桌面或地面，其长、宽、高等大小规格并无固定标准，另有厂商进行不同的结构设计，能将直立式服务器横放即可成为机架式服务器，而这类产品高度多超过 4U 以上（1U 高度为 1.75 英寸）。

刀锋式服务器（Blade Server）则是指以机架为标准，设计出可以容纳入机架的机箱，多个 Blade 服务器可如同插卡方式安装于机箱中，网络带宽及电力供应等资源则采用共享的方式，而目前对于机箱规格尺寸及所能容纳的服务器片数，业界尚无统一标准，因此各厂商的刀锋式服务器机箱，只能搭配自家品牌的刀锋服务器。

机架式服务器（Rack Server）专为计算机系统机房设计，其服务器的长、宽、高符合国际规格 EIA 标准。标准机架高度为 42U，内部可放置数台机架式服务器，单台服务器可有 1U、2U、4U 等不同高度的系统外壳设计，另外也有 3U、5U 等较特殊规格，而目前主流机种为 2U 机架式服务器。

高密度配置与共享基础设备设计是刀锋式服务器的特色，对于需要高运算效能的互联网厂商相当具有吸引力，然而因为初始成本预算较为高昂、外观未有统一标准且较占空间等缺点。自 2013 年开始，市场开始推出类似刀锋式服务器的高密度配置产品，称作节点服务器（Multi-node Server）。依外观区分属于机架式服务器，配置超过 1 片以上的主板，但无网络资源分配，可视为刀锋式服务器产品的变形。虽然单台机种的运算效能不及刀锋式服务器，但标准化规格易放置机柜内管理、初始购入成本较低，以及弹性扩充能力，目前市场接受度已经越来越高。

综上所述，传统"直立式"因为较为笨重、装卸不易且扩充性不佳，近年来已逐渐被"机架式"与"刀锋式"取代，目前"机架式"与"刀锋式"的市场占有率超过 75%，成为服务器外观区分形态中的主流。

（二）产业现况

2016 年公有云服务厂商仍具增长潜力，成为硬件出货动力。当 IT 基础设施可作为服务对外销售，使得企业现阶段的选项更为多元，且在面临新增需求时，在成本考虑下，采用公有云的意愿也大幅提升。因此，若以服务器市场业务来看，服务器品牌传统渠道市场的增长幅度，的确小于大型网络服务厂商的采购需求。

传统品牌厂商深知未来 IT 运算基础设施市场的变化，因此积极寻求转型。例如，HP 将公司一分为二，其中 HPE（Hewlett Packard Enterprise, HPE）专门负责企业解决方案，以此应对未来运算市场竞争；Dell 花下重金并购 EMC，未来云端运算、Mobile First、巨量数据、社交媒体或物联网，将全面改写底层架构到应用服务的面貌。

虽然上网应用蓬勃发展，然而现阶段在"运算"或"储存"可作为云端运算服务对外进行销售时，对企业而言，有较以往更为多元的运算方案可以选择。而且，现阶段环境竞争激烈，也使得应用服务需求市场快速增长，但陨落的时间也在加速，因此企业在高不确定性的环境下，具备快速部署与弹性扩充特质的云端运算服务方案，的确存有被企业所青睐的诱因。基于此，企业采购服务器模式已与以往不同，且随着 CPU 效能、虚拟化技术与时俱进，使得全球市场需求规模增幅不大，年增率为 5.4%，达 10607 千台（见图 8-7）。

观察公有云服务市场发展概况，Amazon 基于电子商务业务基础，得以不断扩充基础设施，而且拥有规模优势，并且针对 AWS（Amazon Web Services）公有云服务不断降价，而且现已位居公有云服务市场第一，并且遥遥领先其他厂商，如 Microsoft Azure、IBM 和 Google 等。观察 AWS 营收财报表现，2016 年统计近 122.2 亿美元，超越了 Amazon 创办人 Jeff Bezos 在 2016 年年初定下的 100 亿美元的目标，比 2015 年增长了 106%，可以说是 Amazon 目前最稳定也最重要的获利来源。公有云服务市场竞争特性还要根据服务提供商是否具备规模优势来定，而规模优势将来自该服务厂商有无其他网络服务的支撑，如 Microsoft 拥有 Office 360 或 Xbox 游戏服务，Google 则有搜索、Gmail 等诸多平台服务。上述公有云服务厂商在进行基础运算设施扩充时，并非仅以硬件设施采购为主，而是搭配软件方案解决，使得公有云服务厂商采购服务器的模式有别于一般企业，且因自身技术能力完善，完全无须品牌厂商的协助，而使得品牌角色逐渐弱化。

另外，当企业有公有云服务的选择时，也相对挤压采购品牌服务器的空间，因此也就相对弱化了品牌厂商的角色。就市场排名而言，最大的变化即在于联想收购 IBM X86 服务器业务后，排名随即攀升至第三名。然而，因为北美为全球主要区域市场，约占比四成六，因此名列前茅的仍为美系厂商 HPE 与 Dell。若单以全球服务器市场来看，品牌排名变化度较低，除了上述案例 IBM 将 X86 业务出售给 Lenovo，使其跻身前三大以外。从细分服务器的产品线来看，基于机房空间运用效率的考虑，服务器的外形也一直在演化，加上部分客户的需求倾向高密度（High Density），使得可模块组合的产品也成为服务器厂商的布局重点。另外，随着部分软件厂商理解客户可利用单一接口进行有效管理，而竞相推出以 X86 服务器运算为主，通过软件辅助可达成集运算、储存或网络功能等于一身的超融合架构。如此一来，也让服务器市场的竞争更为激烈，随着解决方案的提供，使有别于传统服务器品牌厂商加入供应行列，也让市场竞争场域更为扩大。因此，企业市场的确会基于信赖性考虑，习惯找有过合作的采购对象，也使得市场变化不大。然而，现阶段市场是直接出现新选项，因此过往的传统品牌厂商能否因应未来的竞争局面，也将深刻影响服务器代工业务发展。近年，大型网络服务厂商仍积极开拓应用服务，数据中心建设必不可少，仅是现阶段全球经济景气表现欠佳，是否会影响厂商投资意愿，也有待观察。

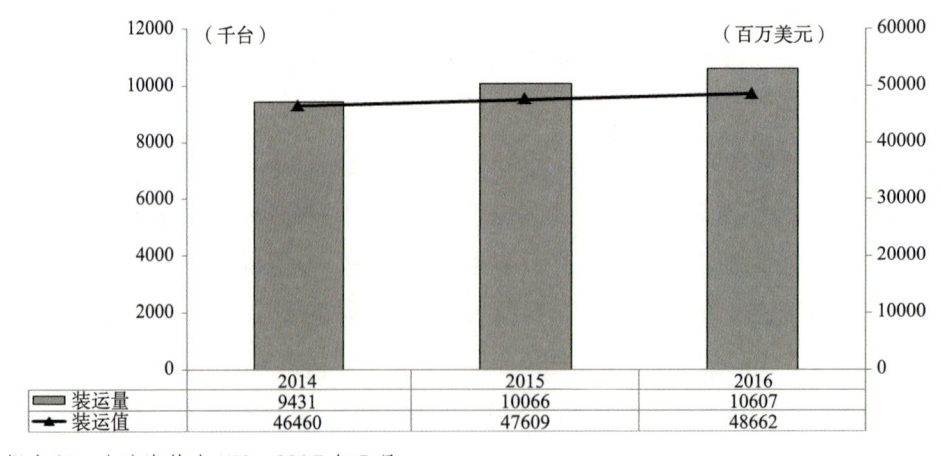

	2014	2015	2016
装运量（千台）	9431	10066	10607
装运值（百万美元）	46460	47609	48662

数据来源：台湾资策会 MIC，2017 年 5 月。

图 8-7　全球服务器出货量与产值，2014—2016

（三）产业特性分析

1. 服务器产业特性

服务器主要以商用市场为主，产品的销售与运维渠道较一般消费性电子产品的门槛高，因此 2016 年市场竞争态势较往年变化依旧不大，仍以美系品牌 HPE、Dell 两大服务器厂商所主导。而且，委外代工合作的对象也是以中国台湾厂商为主，随着品牌客户集中度高，连带着产业集中度也相对偏高。中国台湾的 ODM 厂商除了做笔记本电脑代工业务以外，也在寻求业务多元化发展的过程，部分厂商转向消费性电子产品，也有部分厂商仍以专注传统 PC 本业为主，然而服务器产业持续每年增长的趋势已吸引越来越多的中国台湾厂商投入与开发。

基于服务器单年总量规模及竞争态势变化不大的状况，产业竞争也显得较为稳定，呈现大者恒大的马太效应。但自 2015 年以来，基于 PC 市场需求呈现下滑态势，消费性电子产品的竞争门槛低，且加上关税相关问题，新兴国家以培养当地厂商为主要发展方向。因此，在业务拓展有限的情况下，且加上云端运算趋势发展，使部分 ODM 厂商开始布局服务器代工业务，例如，中国台湾代工大厂和硕与仁宝等。

然而服务器搭载的 CPU 仍以 Intel 为主导，并且平均每两年更新一次平台，在平台更新之际，导致品牌客户的委外订单分配提早规划，同时寻求同机种的代工厂商的第二来源。因此，代工厂商在品牌客户导入新平台之际，就必须提前争取，才有机会在当年度获得订单。

关于中国台湾服务器代工业务可分为两种模式，一是传统品牌客户代工订单，其业务性质偏向排单生产；若是承接大型网络服务厂商直接委托代工制造的订单，其业务性质比较偏向接单生产，性质可视同标案模式。现阶段，单家大型网络服务厂商的合作对象维持在 1~2 家，基于上述原因客户主要仍会以采购规模作为考虑，基于产品特性仍偏向客制化，而非以标准品的竞争模式，故大多没有增加供货商的动机。而且，以现阶段的发展态势，大型网络服务厂商如 Facebook、Amazon 或 Google，其采购的产品架构都不一致，如何与既有的传统品牌服务器业务进行区分，并多元化地为客户订制特殊客制化需求规格，此为服务器代工业务布局的关键。

2. 产业生命周期

移动趋势持续增长，带起云端服务需求，致使信息服务迈向多元化且普遍化。

因此，需顺应趋势提供网络服务的厂商，为能快速应对客户的流量需求，或是预先采购服务器，或是通过虚拟化技术进行扩充，或是因临时性需求向大型网络服务厂商采购公有云服务。

2016 年企业的 IT 支出比起 2015 年呈现增加趋势，只是增加的项目已不像过往以企业自行搭建硬件设备为主，而是通过公有云厂商取得服务。因此，左右服务器出货表现的将不只是传统品牌厂商，也来自大型网络服务厂商。然而随着软件定义一切（Software Defined Everything）的趋势发展，运算产业增长的动力已不局限于硬件，也有软件对整体方案的附加价值，形成了硬件品牌厂商不断寻求收购目标的主要背景。因此，若单从服务器的出货量来看，数量的增长幅度仅维持个位数的增长，在产业生命周期仍属成熟期。

3. 服务器产业价值链分析

服务器为商用产品，产业价值链厂商变化并不大，而且整体市场仍以美系品牌厂商为主，连带相关关键零部件也都与 PC 产品近乎一致。美系服务器品牌厂商，包括 HP、Dell 和 IBM 等，除了高端、大型主机产品仍维持自制之外，中、低端的 X86 架构服务器多委托中国台湾代工厂商生产制造，并以全系统（Full System）、准系统（Barebone）或主板（Server Board）等形式出货。

我国服务器品牌厂商，虽可倚赖我国庞大内需市场而快速崛起，包括联想、华为及浪潮等厂商，服务器出货量紧追美系品牌厂商。然而，现阶段企业运算市场涉及国家安全相关问题，国产品牌要走向西欧或是北美市场发展，将很容易面临信息安全管控问题，而使发展空间受限。现阶段我国大陆服务器品牌厂商，在主板设计能力上仍不及我国台湾地区代工厂商，因此并不排斥与我国台湾地区代工厂商合作。但相较美系与日系厂商而言，我国品牌客户多拥有系统组装产能，在政策与成本考虑之下，大多仅向我国台湾厂商采购主板，加上我国品牌的产品仍以直立式产品为主，因此其平均采购单价较低。服务器的产业价值链如图 8-8 所示。

第八章 重点产业趋势分析案例

上游

CPU	Chipsets	LAN Chipset	BMC
• X86构架：英特尔，AMD • Power构架：IBM • ARM构架：高通，Cavium	• 英特尔，AMD	• Avago, Realtek, 英特尔	• Emulex, Aspeed, Renesas, Nuvoton

DRAM Memory	HDD	SSD	RAID Controller
• 三星，海力士，美国美光，南亚，威驰中健，力晶	• WD, 东芝, Seagate	• 三星，海力士，东芝，美国美光，英特尔，闪迪	• Avago, PMC, Silicon, Image, Marvell

Power Supply	Chassis	Others
• Lite-on, 达美, AcBel, Etasis	• Ablecom, AIC, 勤诚, Advantech	• SCSI, BIOS, GPU, Flash Memory, Audio Chip, Gonnector

中游

Mainboard/System Maker
• 富士康，英业达，纬创，ACI, Quanta, MiTAC, 技嘉科技, MSI, Pegatron

下游

Brand (Enterprise Custromer)
• 惠普，戴尔，英特尔，华为，思科，富士通，NEC，甲骨文，IBM，浪潮，中科曙光

Private Label (Mega Data Center)
• Quanta (QCT), Wiwynn

资料来源：台湾资策会MIC，2017年5月。

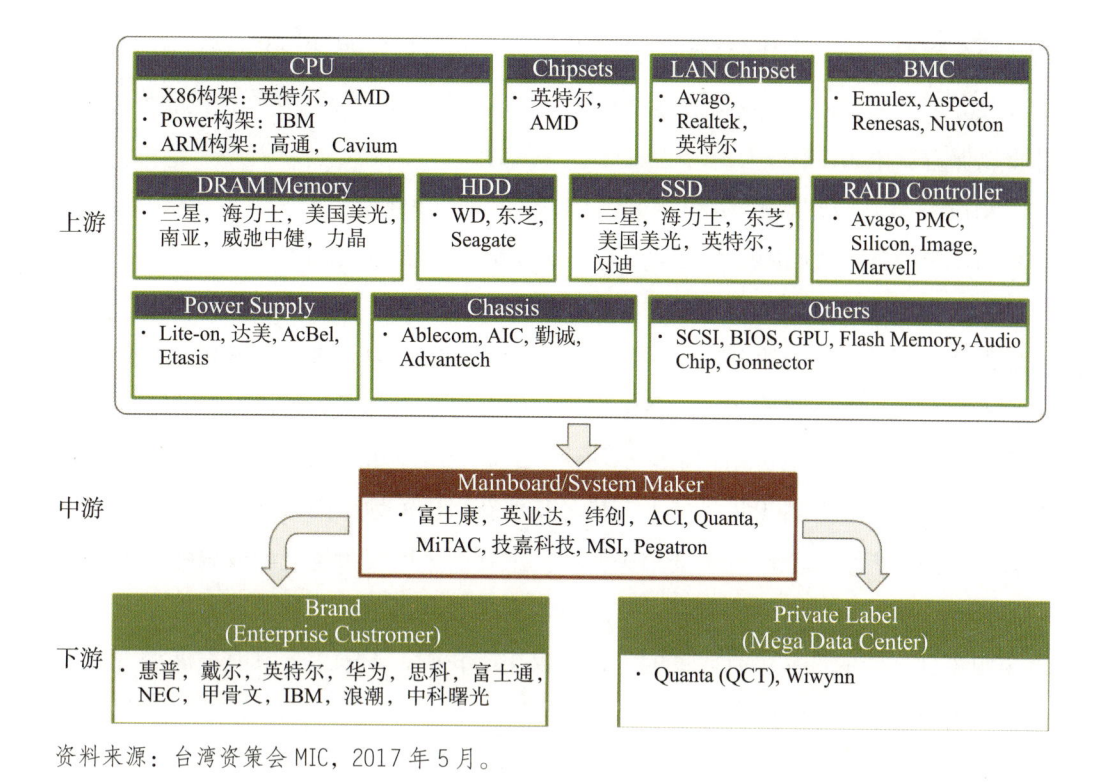

图 8-8 服务器的产业价值链

（四）产业发展趋势

1. 服务器产量产值预测

未来运算需求多元且弹性硬件设施需求仍具增长空间。在 Amazon 等厂商推出公有云服务之后，可谓重塑了运算市场，也直接对销售硬件产品的品牌厂商造成冲击。基于应用服务市场竞争激烈、加上产品生命周期短，企业将固定成本的投入转嫁给公有云服务厂商，可保有更弹性的经营空间。公有云有其增长空间，意味着传统品牌厂商的挑战性更大，现阶段的品牌厂商思维也不是直接与公有云竞争，而是以提供企业用户解决方案，来妥善管理传统 IT 基础设施乃至混合云的解决方案。

鉴于超大型网络服务厂商，如 Amazon、Google、Microsoft 等，除了具备各自原先的应用服务强项，在拓展服务方面也几乎无所不包，包含物联网、虚拟现实（Virtual Reality, VR）及人工智能等。因此，应用服务项目的增加，意味着将提高对硬件基础设施的需求。另外，现阶段企业对于运算方案的选择也不再只是忠诚于单一方案，

需视业务概况去做最合适的选择。这对传统硬件品牌厂商造成一定冲击，除了与公有云服务厂商共存外，更必须在运算市场建立起包括设备、服务等在内的整套方案，才得以保有竞争力。

2017年全球服务器市场出货量增长4.6%，约11104千台（见图8-9）。以区域市场的发展而言，我国因政策推动影响，市场增长动能最为强劲。

其次为美国市场，由于国际大型因特网服务厂商与大型企业仍多集中于美国，所建设的大型数据中心服务对象不仅局限于美国地区，而且包含全球其他区域的用户。未来公有云服务仍有望持续蓬勃发展，因此对于白牌服务器仍保有一定程度的采购需求，增长率预估可超越全球平均值。欧洲与日本市场因受经济趋缓影响，无明显增长动能，服务器出货呈持平态势。其他新兴国家地区因云端服务应用发展仍处起步阶段，但应关心印度市场相关发展。主要因为印度市场现阶段跟随我国市场发展模式，将会有跳跃性的发展。特别是印度企业利用电商平台，即有机会让印度市场购买到全球的产品；且印度的人口数仅次于我国，未来十分具有发展潜力，为新兴市场中需密切关注的市场。

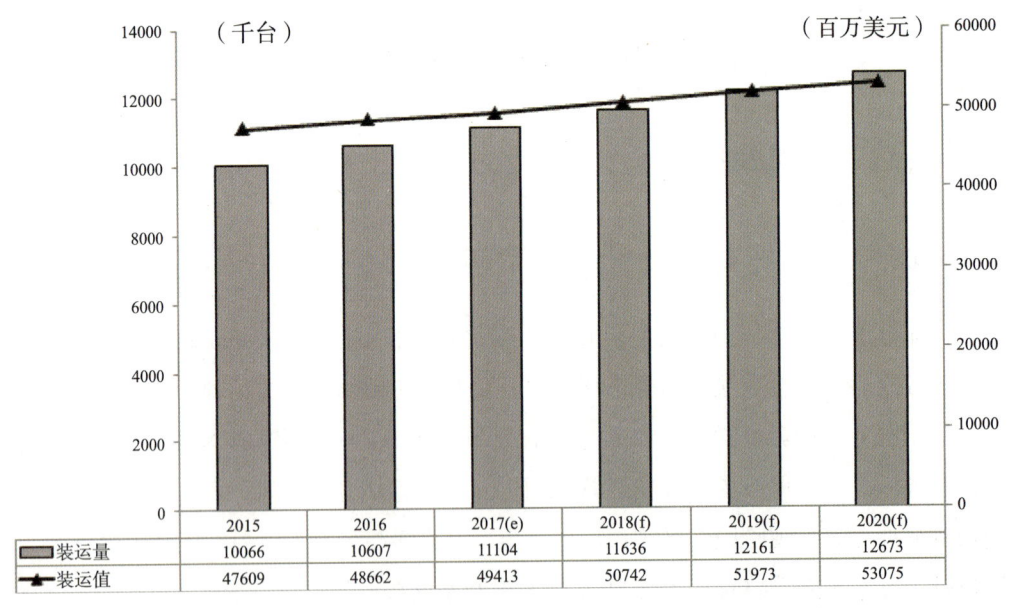

	2015	2016	2017(e)	2018(f)	2019(f)	2020(f)
装运量（千台）	10066	10607	11104	11636	12161	12673
装运值（百万美元）	47609	48662	49413	50742	51973	53075

数据来源：台湾资策会MIC，2017年5月。

图 8-9　全球服务器出货量与产值，2015—2020

未来，服务器市场发展趋势已非过往硬件厂商主导，例如，2016年Google正式布局商用企业用户的公有云市场等，基于Google在移动设备领域领先各厂商，将高度威胁其他云端服务商的地位。另外，社交媒体厂商 Facebook 挟带最多用户的优势，使其数据中心需求持续稳定增长，预估布局服务器厂商数量将比过往更多且影响力更大。

在运算需求日渐增长的未来，中国台湾厂商扮演全球服务器主要的代工角色，即便硬件市场配置会产生改变，无论是超大型网络服务厂商或是国际品牌厂商仍会以中国台湾厂商为优先合作对象。除了国内厂商多为自制自销外，中国台湾地区厂商在全球服务器产业代工龙头地位短期内仍不会受到影响。

未来左右产业发展的变量包含我国市场需求与产业的崛起。以现阶段而言，服务器产业链的确仍由美国厂商主导，从上游关键零部件至终端产品，也使得美国厂商仍保有最强实力。我国厂商现阶段在上游关键零部件掌握仍有缺口，但却也积极与美国厂商进行合作，如中科院集团的天津海光与美国 AMD 合资成立公司，由此提高在关键零部件的自主性。然以现阶段而言，中国大陆品牌在产品设计或制造上仍以与中国台湾地区厂商合作为主，但在以提高自主程度为目标的前提下，中国台湾地区厂商于未来仍会受一定程度的影响，尤其是在国内代工品牌影响力日趋增长下，将有更为激烈的动态局势。

一般而言，品牌代工出货与白牌服务器出货有望维持七比三的比例。然而白牌服务器需求虽大，但仍以 Amazon、Google、Facebook 与 Microsoft 的 Tier1 数据中心客户为主，占整体出货接近 9 成的比重。Tier2 数据中心客户因规模较小，对于软硬整合与售后服务的需求仍然很高，相较于渠道布局完整与软硬整合能力较强的国际系统品牌厂商，属后进者角色的台厂较难打入 Tier2 数据中心市场，故白牌服务器出货增长已不如过往强劲，呈现小幅增长的趋势。对代工业务而言，因受中国与日本客户策略性提高自制比重影响，中国台湾 ODM 出货量小幅减少。不同于传统三大品牌厂商的出货方式，我国品牌代工订单与白牌服务器订单多属标案性质，标案需求量较不稳定，且产品出货形态视客户与项目需求而定，使得服务器产业淡旺季界线渐趋模糊。

2. 产业链集中度仍高，既有格局能否突破要根据大型服务厂商采纳情况来定

服务器在处理器架构与个人 PC 一致，仍为 Intel 主导。但随着运算应用领域的快速发展，诸如人工智能或超级计算机应用等，都使服务器效能提升方式已不仅在于 CPU，也着重 I/O 效率的改善。特别是现阶段的数据格式以非结构化的数据为主，已开始结合 GPU 让运算更具效率。为能达到节能目的，也有少数厂商开始推出 ARM 架构产品。

但中长期内，整体产业格局仍将维持现状。然而服务器市场将会有别于以往的发展方向，即随着大型服务厂商跨领域发展日益普遍、在数据中心建设越发庞大之后，最适化运作成为该厂商最重要的经营课题，因此在具备规模优势与软件能力的条件下，打开客制化硬件规格的空间，过往一向标准化规格的运算市场将会有所改变。

三、大数据产业

（一）定义与范围

1. 资料的创造阶段

通过网络及智能移动设备所产生的数据资料（如 Email、交易记录及感应装置的启用等），或是实际行为所留下的纪录都会被视为数据的创造过程。

2. 资料的搜集阶段

运用各种软件平台如 NoSQL、Hadoop 及云端工具，来帮助企业搜集、汇总整理来自不同渠道的资料，以作为日后分析用途。

3. 信息的分析阶段

通过数据的探索，并将里头的数字概念化和系统化，以便发展出一套预测模型。

4. 商业化过程阶段

针对终端消费者的行为数据加以分析，作为后端情报决策的依据，预测模型便成为企业的数据应用策略基础，并可协助企业提供实时的最正确的消费者信息与服务。

由于大数据的发展将与云端运算彼此牵动，一个是平台，一个是应用。通过各式各样联网的智能终端装置（前台的智能手机、平板计算机等）搜集各式形态的数据与资料，再将庞大的数据与资料存放在云（后台的数据中心与众多服务器），通过此平台的数据创造、搜集、储存、萃取和分析等运算过程，最后形成应用决策。也正因为大数据具有多元、量大、快速等特性，数据来源往往不只来自一两个应用系统，而且数据格式众多，加上这些大量又复杂的数据，如何储存，然后进一步运算分析，甚至实时响应需求，都是产业发展与技术演进上的新挑战。以现有的 ICT 技术来看，云端的高性能及低功耗特性，是最理想的大数据处理平台。云端的技术架构与服务形态，相对比较有弹性。

（二）产业现况

1. 大数据与云端运算的关联

所谓大数据（Big Data），是指量大、复杂且超过一般软件技术所能处理的数据，其具有量大（Volume）、多元（Variety）、快速（Velocity）等特性。由于全球建立及复制的数据量连年倍速增长，全球的资料量从 2012 年的 2.8 ZB（Zettabyte），至 2020 年翻倍增长为 40ZB。数据量倍数增长的驱动力除了因特网外，还包括各种智能终端装置（如 PC、Tablet、Smartphone）及机器设备所产生的数据资料。"物联网"（包括感应装置、移动装置、穿戴式设备及嵌入式装置）的增加，能帮助厂商及政府公务部门拥有更多值得分析的数据，将大数据转化为商业生产力及竞争力。不论数据的形式是"结构（Structured）""非结构（Non-Structured）"或是"半结构（Semi-Structured）"，都要从数据（Data）转成有用的信息（Information），再变为有价值的情报（Intelligence）。

2. 国际大厂快速深化布局

由于国际科技大厂在产业生态体系内，从云端基础设备（服务器、储存设备、网通设备）到大数据分析软件（数据组织管理软件、数据分析探索软件、决策支持与自动化接口软件），再到专业顾问服务，国际大厂插旗布局颇深，并纷纷以并购或扩大产品线的方式，建立大数据分析（Big Data Analytics, BDA）技术的领先地位。如 IBM 并购仓储设备商 Netezza、跨数据管理系统搜索软件商 Vivisimo，并发展 BigInsight、Streams 及 Analytic Accelerators 等产品；HP 并购实时分析平台 Vertica；EMC 并购数据仓储厂商 Greenplum 及磁盘阵列厂商 Isilon，并与 VMware 共同合资打造 Pivotal 平台。

至于在产业生态体系内，也有部分国际大厂寻求水平整合以延伸产品与服务，包括 Oracle 的 Big Data Appliance、Big Data Connectors、Data Integrator、Exalytics 等产品；Cloudera 的大数据管理系统 Cloudera Enterprise Core、Data Integration 等产品；Hortonworks 的大数据管理系统 Data Platform 等产品；Software AG 的 Terracotta

BigMemory、webMethods 等产品；Microsoft 的 StreamInsight、PowerPivot 等产品；SAP 的 HANA、Sybase IQ、Sybase Event Stream Processor 等产品。

尽管大数据价值生态体系快速形成，且国际大厂积极布局，从硬件、软件、与服务三个方向各自切入，竞争相对激烈。但对我国厂商的启示则是，如何通过大数据的浪潮，趁势加速产业智能化、驱动产业创新优化、提升产业附加价值，并建立海量分析应用成功典范，进而孕育成新创公司。特别是串接大数据价值生态体系，聚焦重要应用，协助信息软件（新创产业整体应用解决方案公司）、顾问服务（专业顾问服务公司）等相关产业，结合软件产品与创新事业模式，带动信息服务及软件产业结构优化升级。

（三）产业特性分析

在盘点大数据产业价值链与能量之前，必须先从全球大数据市场规模加以分析，可以发现，对应大数据产业价值链的"搜集""储存""萃取""分析"与"决策"流程，2017 年市场规模排名前三名的次产业，分别是"决策"的专业服务、"分析"的应用及分析和"储存"的储存设备。而若从增长性分析，2016—2019 年的年复合增长率（Compound Average Growth Rate, CAGR）排名前三高的分别是"分析"的 NoSQL、"储存"的储存设备、"分析"的应用及分析。

解构大数据产业生态体系，从总体解决方案的"搜集""储存""萃取""分析""决策"流程，所分别对应的"环境感知、手持终端、社交媒体、机器设备""大数据库与数据处理软件""数学算法挖掘与压缩""分析模型专业分析""分析预测决策洞察"的价值链位置入手。进而盘点台湾地区产业在关键零部件与重要信息服务及软件的能力，可发现在"环境感知、手持终端、社交媒体、机器设备"部分，"手持终端整合制造能力"属于"强"；"物联网终端整合制造能力"则属"尚可"。

"大数据库与数据处理软件"部分，以硬件为主的"服务器"制造整合能力量属于"强"；然而在"大数据库"则显得很"弱"；在"数据运算"则为"尚可"；"软硬整合机"由于位于刚起步的初升发展阶段，需要软硬件整合，台湾地区有相对优势而且正在追赶中，能量属于"尚可"。

"数学算法挖掘与压缩"部分，"数学算法"，泛指"数据挖掘"及"机器学习"（Machine Learning），台湾在理论部分不强，但对照特定应用需求来调整算法的能力"尚可"；"特定算法芯片"，由于台湾地区尚未跨入，全球也属于早期探索发展中；"大数据压缩"则属能力"尚可"。

"分析模型专业分析"部分，由应用需求产出的"分析模型"，能力有待强化；"专业分析"，洞察力（Insight）发掘与应用领域相结合，能力有待强化。

"分析预测决策洞察"部分，"决策支持"能力属"尚可"；"用户接口（User Interface, UI）/经验（User Experience, UE）"能力"弱"；"顾问服务"能力"弱"（见图8-10）。

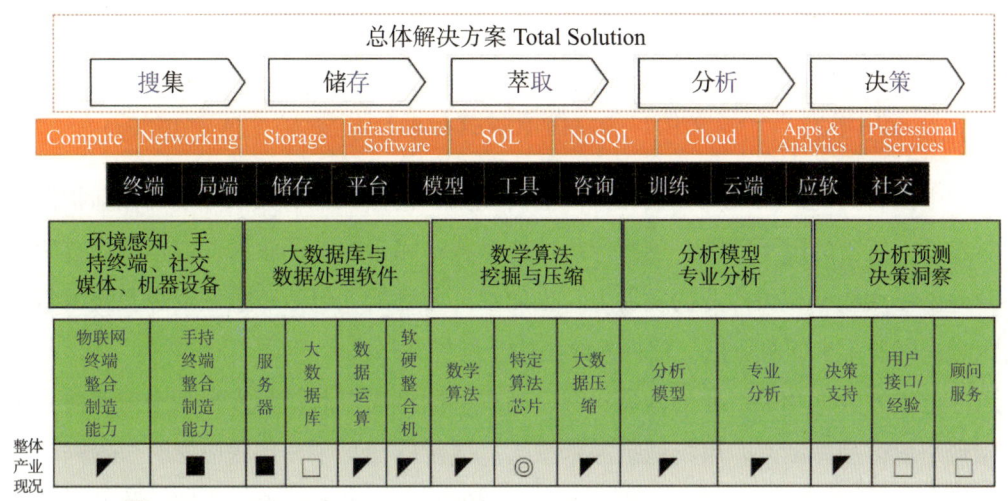

图8-10 中国台湾大数据产业价值链分析

资料来源：台湾资策会MIC，2017年5月。

（四）产业发展趋势

1. 网络应用不断渗透，万物联网为主要驱动力

前瞻整体产业发展趋势，分别对应大数据的未来发展应用，可发现在全球化风潮与网络化世界下，将加速智慧城市与智慧生活科技的实现，形成无所不在的联网生活，并将自动化、智慧化的概念具体实践于生产与服务的场景。而在跨领域科技整合、环保与精密制造、资源效能提升等趋势的引领下，节能永续的生活形态，能源的调控与管理普及，消费者洞察力的提升，创新的服务与产销模式出现，个人化的商品与服务普及信息遗产、生活履历、隐私与信息焦虑等问题，都可运用大数据与相关技术，发展智慧联网、智慧自动化、智慧生活和智慧城市等新兴科技服务业，进而重塑产业形态并创造台湾地区产业转型的新契机。

此外，面对全球人口结构的转变，预防医学、健康照护及个体化医疗需求的增加，运用大数据分析（Big Data Analytics, BDA）技术可加速新药、医疗器材开发，带来健康管理与诊治方式的改变。而区域经济新常态也将提升人流、物流、信息流的流通便利性，让 BDA 技术得以充分发挥。在未来气候变迁与灾害复合的大趋势下，极端气候与灾害的频率增加，也将产生气象预测、灾害模拟等运用 BDA 技术的需求；而伴随高龄社会与都市化所造成的冲击大幅增加，广布的监控与感知相关设备搭配 BDA 技术的应用，也将提升防灾、减灾、救灾的成效。

2. 善用地利与开放文化，构建价值系统与标杆

中国台湾地区发展大数据相关产业的优势，包括领先的数字环境，创新扩散成本较低；完备的电子制造，创新产品快速低廉；完善的电子政府，数据可靠透明公开等。在大数据相关产业的发展上，也面临部分挑战，包括跨领域资源及技术整合困难、资源不多而且分散、软件人才集中于硬件大厂。

至于大数据相关产业的发展机会，则有中国市场崛起，华人行为全球关注；中国台湾地区品牌渐兴，市场情报需求量大；气候变迁日频，预测应急时效提高；老龄社会来临，医疗照护商机大增；电子制造低利，转型升级迫在眉睫。除此之外，产业也面临国际大厂布局深及韩国集团掠夺竞争激烈等威胁。

3. 数据库结合云端服务，成为大数据储存主流

中国台湾大数据市场以大型企业的应用为主，延续对于商业智能与商业分析的应用。而数据驱动企业（Data-Driven Enterprise）的核心竞争力趋势方兴未艾，但对于非结构化的数据分析仍处于探索阶段，并持续探索行业最佳应用。

中国台湾大数据市场的规模呈现稳定的增长，2016 年达新台币 94 亿元，在 2019 年增长至 140 亿元。以增长率来看，2016—2019 年的年复合增长率为 14.3%，而其中服务与储存设备的年复合年增长率分别为 18.6% 与 17.4%（见图 8-11）。

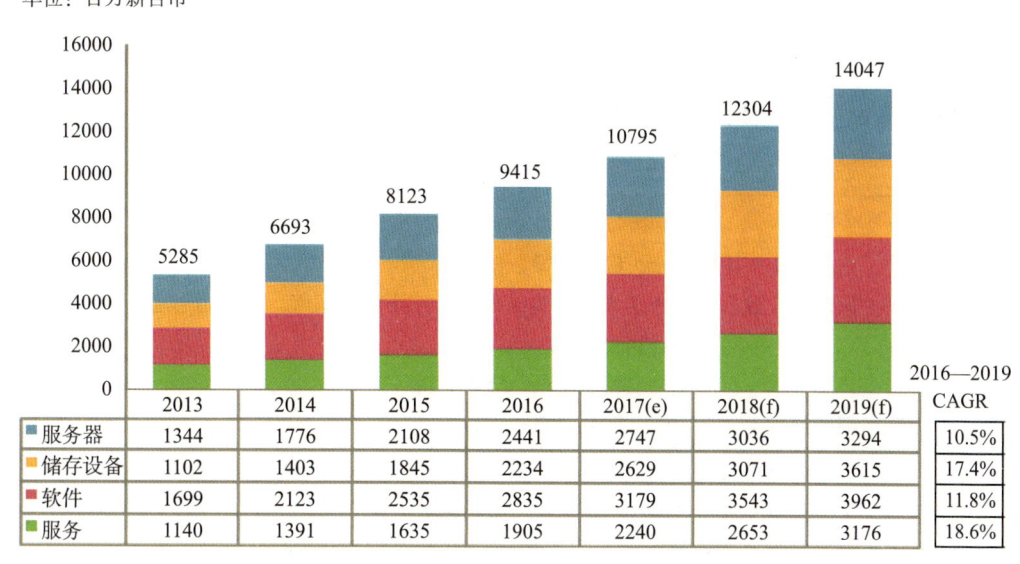

单位：百万新台币

	2013	2014	2015	2016	2017(e)	2018(f)	2019(f)	2016—2019 CAGR
服务器	1344	1776	2108	2441	2747	3036	3294	10.5%
储存设备	1102	1403	1845	2234	2629	3071	3615	17.4%
软件	1699	2123	2535	2835	3179	3543	3962	11.8%
服务	1140	1391	1635	1905	2240	2653	3176	18.6%
合计	5285	6693	8123	9415	10795	12304	14047	

数据来源：台湾资策会 MIC，2017 年 5 月。

图 8-11　2013—2019 年中国台湾大数据市场规模

随着企业数据快速扩充和大数据分析的挑战，储存容量的扩充与储存技术的突破更新，带给企业不小的压力，因此相较于自建数据库系统，企业采用云端数据储存，导入公有云数据库会是重要的选项。目前市场上提供公有云平台储存服务的，如 Amazon Web Service（AWS）中的 NoSQL 数据库服务，Citrix 公有云储存服务 Share File，都强调数据保密的功能。云端运算的出现改变数据储存的思维，有别于数据库系统需建在公司内部的传统概念，数据库即服务（Database as a Service）、整合平台即服务（Data Integration Platform as a Service）、数据库平台即服务（Database Platform as a Service）与数据质量软件即服务（Data Quality Software as a Service）等，以云端服务为概念的服务出现于市场，数据库结合云端运算服务，将是下一个商机所在。

4. 大数据分析应用市场趋势

数据是 21 世纪经济增长的新石油，也是驱动创新、成长与创造就业的新动能。在开放数据趋势带动下，各式以"数据加值应用"为要求的创新服务商机也顺势而起。各类服务厂商依据不同客户需求，导入各种新兴科技的应用将数据的附加价值最大化，提供各式各样的数据加值服务以满足客户需求，而这种以数据为驱动力所产生的经济价值，就被称为"数据经济（Data Economy）"。从应用的角度来看，各个行业运用大数据分析的需求各不相同，表8-3为各行业的大数据分析应用方向。不同行业的应用中也涉及传统的结构化数据、非结构化数据分析，但在大数据处理与分析的新概念与技术影响下，将有更多实现的机会与创新的应用方式。

表8-3 不同行业大数据分析应用方向

行业	应用方向
医疗	病历数据：医疗纪录、医疗影像数据 医药研究数据：临床结果、试验结果、医疗研究数据库、医疗用药法规数据库、新药销售预测 诊断数据：诊断纪录、用药纪录、成本分析 消费行为：用药习惯、购买习惯、运动纪录
金融	金融内稽：避免人为疏失或漏洞 风险分析：分析金融产品的风险、贷款乘数分析 顾客营销：分析顾客消费习惯、制定个人化金融产品与服务
制造业	研发：产品图形数据库、专利数据库、协同设计数据、创新研究数据库 运营：需求分析、需求预测与供应规划、供应链透明咨询、感测资料、小量外包
零售	客户营销：客户购物习惯、购物交叉分析、购物喜好、购物经验、店内行为分析 运营：定价、货品摆设规划、库存优化、运输优化 在线销售：社交信息分析、价格比较、在线零售
电信	客户电话记录、诈骗行为分析、电信服务客户分析与促销、网络分析与优化
公共领域	各式监控数据、医疗数据、税务数据、普查数据、地理信息、气候分析、经济分析

资料来源：牡丹集团IIS整理，2017年5月。

现今产业以服务当道，如何通过大数据在商务或生活实验场景进行构建，试验下一代的技术与创新服务，创造技术与新创应用的出口，以培育具有未来潜力的隐形冠军，可以参考国外的成功发展案例。而作为中国台湾地区产业结构主体的中小企业要如何善用低成本与创意优势，将企业日常运营数据，经产业专属的云端系统，通过大数据处理技术，快速产生有价值的数据，提供企业运营参考，才是导入大数据处理的最佳方式。大数据处理加上云端运用，通过多元的创新应用情境的试验，将可产生另一个全新的产业，相信这才是台湾大数据未来最重要的发展方向。不同行业大数据创新应用服务如表8-4所示。

表 8-4　不同行业大数据创新应用服务

产业	个案	应用服务
金融/信用卡	Xoom	替信用卡交易发展模型，诈骗的预警机制
金融/信贷	Experian	观察个人信用纪录以及税务数据，推测收入
	ZestFinance	分析传统信贷不佳人的纪录，判断是否提供小额贷款
金融/保险	Avita	以信用纪录和消费行为数据为指针，跳过验血验尿过程，进而预估收入
旅游	JetPac	使用者上传照片，进而对其提出旅行建议
	Google+ 西班牙银行 BBVA	利用关键词搜寻推出旅游业的业务预测服务
医疗/健康照护	Asthmapolis	气喘吸入器＋传感器，通过 GPS 追踪找出气喘发作的环境因素
	Intel/Basis Science	腕带监测器，判断心理压力大小
	Zeo	构建全球最大的睡眠数据库
信息服务	Pricestats	搜集 70 个国家的数百种零售商产品的价格，预测通货膨胀
	Swift	全球银行电汇系统，预测各国 GDP
广告/媒体	Prismatic	搜集网络上的内容进行排序；文本分析、用户喜好、社群人气与大数据分析
	Experian/Hitwise	搜寻流量下手，了解消费者喜好，提供营销人员

资料来源：Viktor Mayer-Schönberger and Kenneth Cukier，牡丹集团 IIS 整理，2017 年 4 月。

四、我国智慧健康产业

（一）我国智慧健康环境概述

1. 社会环境（Social）

（1）人口高龄化加剧。

根据世界卫生组织（World Health Organization, WHO）定义：65 岁以上高龄人口占总人口比例达 7%，称之为"高龄化社会"，我国已于 2000 年正式进入世界标准的高龄化社会。过去十多年来，我国高龄人口占比逐年攀升，截至 2014 年年底，65 岁以上高龄人口占比约 10%，总数高达 1.38 亿人（见图 8-12），也是全世界唯一高龄人口数量破亿的国家。我国法定退休年龄为 60 岁，按该标准老年人口数早已破亿，甚至即将迈入两亿，据国务院预测，60 岁以上的高龄人口数至 2020 年将高达 2.43 亿人，至 2025 年将突破 3 亿人。

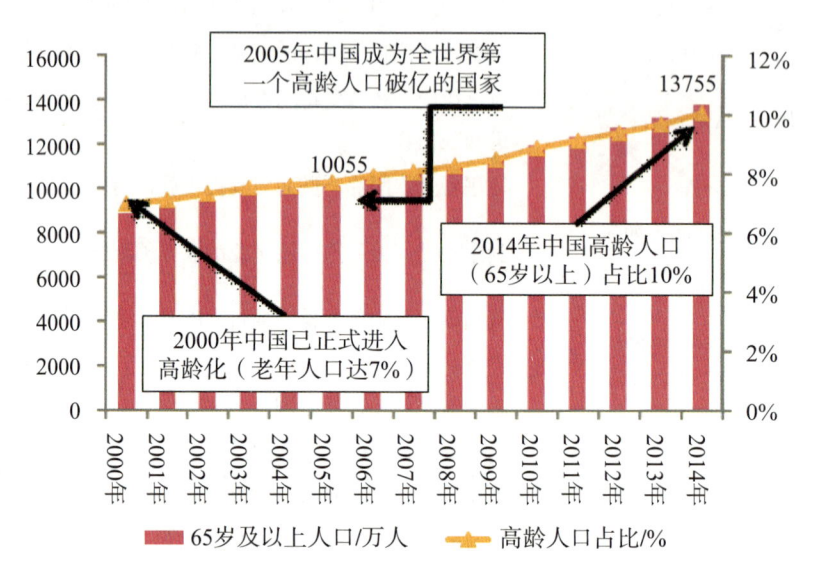

图中标注：
- 2005 年中国成为全世界第一个高龄人口破亿的国家
- 2014 年中国高龄人口（65 岁以上）占比 10%
- 2000 年中国已正式进入高龄化（老年人口达 7%）
- 数据点：10055、13755
- 图例：65 岁及以上人口/万人、高龄人口占比/%

数据来源：《统计年鉴》，2016 年 10 月。

图 8-12　我国高龄人口结构比例

此外，我国高龄化速度快，其高龄人口比例急速攀升，根据联合国预测我国自 2000 年进入"高龄化社会"后，仅花 35 年时间即进入"超高龄社会"，相较英、法、美等工业化国家来得快速许多。换言之，自现在到 2035 年我国的高龄化将进入急速发展阶段。在高龄人口多且又快速高龄化的背景下，我国将会面临诸多困境，全国老龄工作委员会办公室指出在高龄化过程中我国将因为国情因素面临特有的挑战，包含劳动力结构快速老化、未备先老、地区发展不平衡等问题。

表 8-5　全球主要国家人口老化速度

	7%	→年数	14%	→年数	20%	合计
法国	1864	115 年	1979	41 年	2020	156 年
英国	1929	46 年	1975	51 年	2026	97 年
美国	1942	73 年	2015	19 年	2034	92 年
中国	2000	25 年	2025	10 年	2035	35 年
日本	1970	24 年	1994	11 年	2005	35 年

数据来源：牡丹集团 IIS 整理，2016 年 10 月。

(2)健康医疗消费市场日益庞大。

伴随着人民收入的增长以及健康知识的不断普及,人们的健康意识正不断提高。据 2015 年人民日报调查结果显示,我国老百姓最感兴趣的话题前五位中,第一位就是营养与健康,82% 的人对营养与健康感兴趣;第二位是经济与社会发展,40%;第三位是环境与污染,37%。数据显示,我国老百姓对于健康问题的关注程度远超过其他方面的信息。

此外,从人口结构比例来看,目前我国以 40~50 岁壮年人口居多(见图 8-13),随着时间推移,原有的人口红利将逐渐转为人口负担,但同时这些高龄人口具备庞大的消费潜力。根据我国老龄科学研究中心预测,2014 年至 2050 年间,我国高龄人口消费占 GDP 比例将从目前的 8% 增加至 33%。而高龄人口对于健康医疗的需求相对较高,预期将同步提高我国整体健康医疗市场规模。

数据来源:美国人口调查局,《统计年鉴》,2016 年 10 月。

图 8-13 我国人口结构占比

(3)医疗资源分配不均与不足。

我国人口基数庞大,加上近年来高龄化问题严重,促使其对于医疗保健需求日益增长,根据我国国家统计局统计,2005 年人均卫生费用支出约 662 元人民币,到 2014 年增加至 2581 元人民币,近十年年复合增长率约 16.32%;但在卫生技术人员数量上,从 2005 年的 644 万人,增加至 2014 年的 1023 万人,年复合增长率仅约 5.81%,由此可见,我国医疗卫生资源明显严重需过于供。2005—2014 年我国人均卫生费用

支出和卫生技术人员数量增长率如图 8-14 所示。

数据来源：国家统计局，牡丹集团 IIS 整理，2016 年 10 月。

图 8-14　2005—2014 年我国人均卫生费用支出和卫生技术人员数量增长率

在资源分配上，由于我国幅员辽阔，城乡医疗资源差距很大，医疗资源集中在沿海城市，以每百人拥有执业医生数的角度观察，北京市 0.37，浙江省 0.26，上海市 0.25 为前三名。而云南省 0.15，江西省 0.16，贵州省 0.16 则为最后三名。另外，在三甲医院的数量分布上，三甲医院主要集中分布在中、东部地区，西部地区则资源匮乏。因此，在快速增长的需求与滞后的供给之间，形成庞大的需求。

（4）医疗体系存在诸多痛点。

我国医疗体系因资源的不足与不均，医院、医生和患者，三方均存在着诸多痛点（见图 8-15）。对医院而言，我国三甲大医院病患集中，处于超负荷运行状态，并非三甲医院缺乏优秀医生资源，缺少医疗资源，而是小病就往大医院跑，进而导致医疗资源浪费，运行效率不高。而对医生而言，低年资医生工作量大，收入低；高年资医生病患不匹配，经常需诊断医治慢性病或是感冒等疾病。而对患者而言，看病难、看病贵和用户体验差是明显痛点。

资料来源：牡丹集团 IIS 整理，2016 年 10 月。

图 8-15 我国医院、医生和患者三方痛点

在我国并非每家医院看病都非常难，而是三甲医院等知名大医院看病难。据我国卫生统计年鉴显示，2013 年三级医院有 1787 家，占医院总数的 7.2%，而诊疗次数却高达 12.4 亿人次，占医院总诊疗次数的 45.2%，这也意味着 7.2% 的医院承担 45.2% 的诊疗服务，显示出三级医院就诊人数多、就医难度大的问题。另外，26.2% 的一级医院却仅承担 6.4% 的诊疗服务（见图 8-16）。

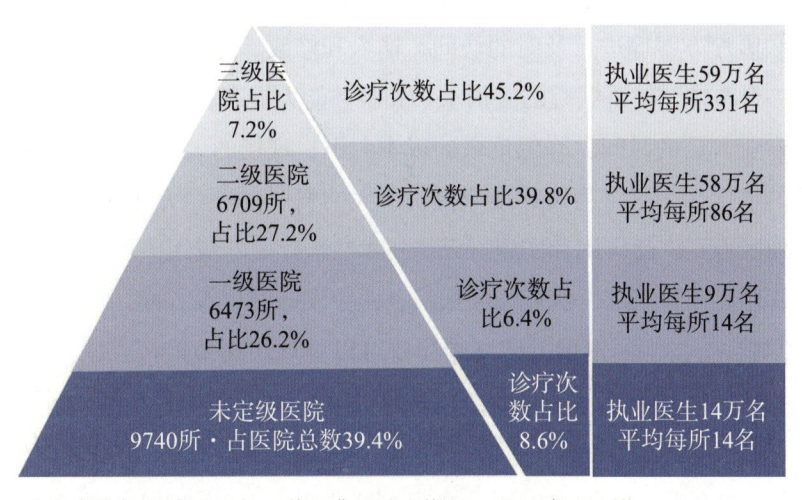

数据来源：卫生统计年鉴（2014），牡丹集团 IIS 整理，2016 年 10 月。

图 8-16 我国各级医院发展现况

2. 技术环境（Technological）

（1）端：传感器技术日益成熟。

随着物联网发展升温，传感器的重要性也与日俱增，需求也跟着水涨船高，应

用范围也随着社会的进步，不断扩展，尤其在医疗领域的应用也不断变得更加广泛。随着技术的发展，无线医疗传感器节点逐渐向多参数、智慧化、微型化、低功耗等方向发展，无线传感器网络也将逐渐被实际应用于医疗领域。

医疗传感器节点与监护基站组成个人／家庭或病房无线传感器网络，多个网络可以组成小区或整个医院监护网络，甚至更大范围的远程医疗监护系统。医疗传感器节点采集人体生理参数，并对采集到的参数简单处理后，通过无线通信的方式直接或者间接把数据传输到基站上。监护基站对资料进行进一步处理后转发给监护中心，由监护中心进行分析处理，并及时对病人进行信息回馈。监护中心还可以采用多种方式——因特网、行动网络等进行远程数据传输，与其他监护中心共享信息。目前应用于医疗行业的流量传感器、压力传感器、温度传感器的市场规模最大，传感器市场的增长也主要来自无线传感器、MEMS（微机电系统）传感器、生物传感器等新兴传感器。

（2）网：4G、Wi-Fi 技术普及。

随着医疗行业信息化水平的不断提升，医院已经可以通过医院信息管理系统（HIS）来及时更新患者数据。利用无线技术，医护人员可以在任一地点对患者信息、诊断报告和治疗方案等进行及时的访问、输入和修改，将医生、护士及相关管理部门协调为一个整体，使得医院的医护水平和服务能力提高，减少不必要的医疗事故，节省医护专业人员的时间，降低记录的成本。医护现场的无线技术应用是这些具体优势后面的催化剂，它将为医疗事业提供巨大的发展潜能。无线技术目前已经在许多国家和地区得到广泛应用和实施。无线技术在医疗中的应用主要表现在远程医疗、患者数据管理、药物跟踪、医疗垃圾跟踪、医疗设备管理等方面。

4G 和 Wi-Fi 技术的发展，使终端设备可以更加快速地连接互联网。截至 2015 年年底，我国网民规模达 6.88 亿人，全年共计新增网民 3951 万人，网络普及率为 50.3%，较 2014 年年底提升了 2.4%。我国手机网民规模达 6.20 亿人，较 2014 年年底增加 6303 万人。网民中使用手机上网人群的占比由 2014 年的 85.8% 提升至 90.1%，手机依然是拉动网民规模增长的首要设备因素。

（3）云：云计算与大数据发展快速。

在医疗卫生信息化建设中，云计算所提供的各种虚拟化服务可以解决现阶段所存在的问题。

①软件服务。对医院来说，目前云计算服务商所提供的软件服务几乎能够支持医院要完成的所有类型的医疗软件应用并可进行实时软件更新及在线维护。各医院

除了可以根据自己的需要订制不同的软件应用外，还可以分享由大量系统连接在一起所形成的基础设施。这种服务只在需要服务时才支付服务费用，从而降低现阶段医院在软件许可上的费用。该服务还能使医院信息化建设的技术标准得到完善与统一，以解决现阶段各医院信息系统良莠不齐、技术标准不统一等问题。同时，由于现阶段部分行业软件的安装运行需要较高性能计算机设备的支持，因此医院必须加大投入计算机硬件设备。该服务降低了对医院计算机设备的硬件需求，只需一台装有浏览器的笔记本电脑或者一部可以上网的手机，就可以通过各种软件应用高效、快速地获取相应的医疗信息。

②数据存储服务。由云计算服务商所提供的数据存储服务技术构建的医疗信息整合平台，将医院之间的业务流程进行整合，医疗信息资源在医院间得到必要的共享。特别是在查找和获得外部信息（如其他医院中的特色专科）和将病人在医院间转诊时，通过医疗信息整合平台，病人信息得到必要的收集和存储，并且相关信息将添加到电子健康档案中，其他医院如有需要，也相对容易提取资料。从而改变了医院以独立单位的形式管理，缺乏广阔的医院网络间充分利用资源的现状，使医疗信息资源和病人能够有效地在各个医院之间流动起来，从而改变因信息不能共享导致病人就诊和转诊时需要辗转于不同医疗机构，手续烦琐，重复检查，耗时、费钱、耗精力的现状，提高了医院管理病人在医院间转诊的效率。

③机器深度学习技术发展。近年来，深度学习已经在图像识别、语音识别等领域开始应用。目前深度学习技术应用最多的还是视觉领域，即对图像和视频的分析。在图像分析方面，比如人们熟悉的人脸识别、文字识别和大规模图像分类等，深度学习大幅提升了复杂任务分类的准确率，使得图像识别、语音识别以及语义理解准确率大幅提升。

例如，百度于2014年推出的"百度医疗大脑"，通过其自建的平台搜集累计数据，经过百度的资料挖掘技术，包含图像及语音分析、自然语言理解、大数据挖掘技术及机器学习算法，形成百度医疗大脑，为人类带来更加智慧化的医疗服务。

3. 经济环境（Economic）

（1）全球及我国总体经济环境。

根据国际货币基金组织（IMF）评估，2010年我国GDP超过日本，成为世界第二大经济体。据评估，按照目前国内生产总值（购买力平价）计算，我国即将超过美国，成为世界最大的经济国。而在全球经济增长率的预估上，我国的增长率虽有逐步放缓的趋势，但仍高于全球大多数国家。全球经济增长率如表 8-6 所示。

表 8-6　全球经济增长率

单位：%

	2014	2015	2016（e）	2017(f)	2018(f)
全球	3.4	3.1	3.2	3.5	3.6
发达经济体	1.8	1.9	1.9	2.0	2.0
美国	2.4	2.4	2.4	2.5	2.4
日本	0.0	0.5	0.5	−0.1	0.4
加拿大	2.5	1.2	1.5	1.9	2.1
欧盟地区	0.9	1.6	1.5	1.6	1.6
德国	1.6	1.5	1.5	1.6	1.4
法国	0.2	1.1	1.1	1.3	1.5
意大利	−0.3	0.8	1.0	1.2	1.0
英国	2.9	2.2	1.9	2.2	2.2
其他发达经济体	2.8	2.0	2.1	2.4	2.6
新兴和发展中经济体	4.6	4.0	4.1	4.6	4.8
俄罗斯	0.7	−3.7	−1.8	0.8	1.0
亚洲发展中国家	6.8	6.6	6.4	6.3	6.3
东盟五国	4.6	4.8	4.8	5.1	5.2
中国	7.3	6.9	6.5	6.3	6.1
韩国	3.3	2.6	2.7	2.9	3.1
印度	7.2	7.3	7.5	7.5	7.6
中东和北非	2.6	2.3	2.9	3.3	3.4
拉丁美洲和加勒比地区	1.3	−0.1	−0.5	1.5	2.1

数据来源：IMF，2016 年 10 月。

（2）全球及我国医疗卫生支出现况

我国每人每年平均医疗支出仅 419 美元、医疗支出占比仅 5.6%，人均医疗器材支出也仅 13 美元，相较欧美发达国家，在医疗卫生支出上排名相对靠后（见表 8-7）。

表 8-7 全球主要国家和地区医疗支出指标

	每人平均医疗支出/美元	医疗支出占GDP比例/%	每人平均医疗器材支出/美元
美国	9328	17.3	414
加拿大	5372	10.9	189
巴西	1051	9.2	28
挪威	8819	9.5	300
瑞典	5483	9.3	263
芬兰	4483	8.9	194
丹麦	6323	10.3	277
德国	5067	10.9	313
法国	5104	11.5	226
英国	3899	9.0	178
意大利	3084	8.7	165
日本	3747	10.3	221
韩国	2074	7.3	110
中国台湾	1419	6.3	75
新加坡	2613	4.9	95
中国	419	5.6	13
印度	66	4.1	3
印度尼西亚	104	3.0	2
越南	120	6.0	8
土耳其	565	5.5	34
澳大利亚	5847	9.6	212
俄罗斯	876	6.8	43

数据来源：WHO，2016年10月。

虽然我国在医疗卫生支出上相较发达国家仍有落差，但对我国自身而言，人均卫生费用及医疗支出占GDP比例的增长率每年均呈现稳定增长，未来仍具庞大增长空间（见图8-17）。

数据来源：《统计年鉴》，牡丹集团 IIS 整理，2016 年 10 月。

图 8-17 我国人均卫生费用和医疗支出占 GDP 比例增长率

4. 政策环境（Political）

（1）"健康中国"战略。

我国于 2016 年 3 月发布的《国民经济和社会发展第十三个五年规划纲要》（以下简称《纲要》）中首次提及将推进"健康中国"建设。继"美丽中国"之后，"健康中国"战略呼之欲出，并首度上升至国家级顶层战略。《纲要》主要从以下八个方面对推进"健康中国"建设提出具体要求（见图 8-18）。

资料来源：牡丹集团 IIS 整理，2016 年 10 月。

图 8-18 "健康中国"建设八大目标

①全面深化医药卫生体制改革：实行医疗、医保、医药联动，推进医药分开；全面推进公立医院综合改革，建立符合医疗卫生产业特点的人事薪酬制度；鼓励研究和创制新药，将已上市的创新药和通过评价的药品优先列入医保目录；鼓励社会力量兴办健康服务业，推进非营利性民营医院和公立医院同等待遇。

②健全全民医疗保障体系：提出健全医疗保险稳定可持续筹资和报销比例调整机制；健全重特大疾病救助和疾病应急救助制度；改革医保管理和支付方式，实现医保基金可持续平衡；探索建立长期护理保险制度，开展长期护理保险试点；完善医疗责任险制度；将生育保险和基本医疗保险合并实施。

③加强重大疾病防治和基本公共卫生服务：完善国家基本公共卫生服务项目和重大公共卫生服务项目，加强妇幼健康、公共卫生、肿瘤、精神疾病防控、儿科等薄弱环节能力建设；实施慢性病综合防控战略；降低人群乙肝病毒感染率，艾滋病疫情控制，肺结核发病率降至 58/10 万，基本消除血吸虫病危害，消除疟疾、麻风病危害；大力推进公共场所禁烟，深入爱国卫生运动和健康城市建设，加强国民营养计划和心理健康服务。

④加强妇幼卫生保健及生育服务：全面推行住院分娩补助制度，向孕产妇免费提供生育全过程的基本医疗保健服务；婴儿死亡率、5 岁以下儿童死亡率、孕产妇死亡率分别降为 7.5‰、9.5‰、18/10 万。

⑤完善医疗服务体系：优化医疗机构布局，加强专业公共卫生机构、基层医疗卫生机构和医院之间的分工协作；全面建立分级诊疗制度；加强医疗卫生队伍建设，实施全民健康卫生人才保障工程和全科医生、儿科医生培养使用计划；通过改善从业环境和薪酬待遇，促进医疗资源向中西部地区倾斜、向基层和农村流动；完善医师多点执业制度；全面实施临床路径；提升健康信息服务和大数据应用能力，发展远距医疗和智能医疗。每千人口执业（助理）医师数达到 2.5 名。

⑥促进中医药传承与发展：健全中医医疗保健服务体系，加强中医临床研究基地和科研机构建设；推广中医药适宜技术，推动中医药服务走出去。

⑦广泛开展全民健身运动：实施全民健身战略，实施青少年体育活动促进计划，完善青少年体质健康监测体系。

⑧保障食品药品安全：实施食品安全战略，完善食品安全法规制度，提高食品安全标准，实行全产业链可追溯管理；开展国家食品安全城市创建行动；深化药品医疗器械审评审批制度改革，探索按照独立法人治理模式改革审评机构；加快完善食品监管制度，加大农村食品药品安全治理力度，完善对网络销售食品药品的监管。

此外，《纲要》在提高民生保障水平相关篇章提出，展开应对人口老龄化行动，加强顶层设计，构建以人口战略、生育政策、就业制度、养老服务、健康保障等为支撑的人口老龄化应对体系。坚持男女平等基本国策和儿童优先，切实加强妇女、未成年人、残疾人等社会群体的权益保护。

"健康中国"事关我国13亿人口的"生、老、病、养"。健康是每个人成长和实现幸福生活的基础，人民健康更是国家富强和人民幸福的重要指标。因此，推进"健康中国"建设是我国实现2020年"全面建成小康社会"目标的基本要求。

十三五时期推进"健康中国"的主要目标，仍与十二五时期"新医改"所强调的深化医药改革大致相同。但若从市场的角度来看，在推进"健康中国"战略规划中，我国整个医疗卫生产业以及健康相关产业都将进入蓬勃发展期，且我国13亿人口的"生、老、病、养"都跟"健康中国"息息相关。因此《纲要》除了提及深化医改外，也提出坚持中西医并重、实施食品安全战略、医养融合等与健康有较大关系的推动建议。"健康中国"规划涉及的次产业如表8-8所示。

表8-8 "健康中国"规划涉及的次产业

构面	十三五全文提及的相关重点内容	相关产业
生	全面实施一对夫妇可生育两个孩子政策。提高生殖健康、妇幼保健等	母婴产业
老	推动医疗卫生和养老服务相结合	赡养照护产业
病	深化医药卫生体制改革，实行医疗、医保、医药联动，推进医药分开，实行分级诊疗，建立覆盖城乡的基本医疗卫生制度和现代医院管理制度。发展远程医疗。鼓励社会力量兴办健康服务业，推进非营利性民营医院和公立医院同等待遇	医疗器材产业、医疗服务业
养	坚持中西医并重，促进中医药、民族医药发展。实施食品安全战略	中药产业、食品业

资料来源：牡丹集团IIS整理，2016年10月。

（2）分级诊治制度。

我国卫计委于2016年8月发布《关于推进分级诊疗试点工作的通知》，确定北京市等4个直辖市、河北省石家庄市等266个地级市作为试点城市，重点做好以下几点提升：①基层服务能力。②推进家庭医生签约服务。③探索组建医疗联合体。④科学实施急慢分治。⑤加快推进医疗卫生信息化建设等工作。

①进一步提升基层服务能力。

加强基层医疗卫生机构和县级医院建设能力，围绕县外转出率较高的病种，加强适宜技术推广工作，提升县级医院疾病诊疗能力。通过组建医疗联合体、对口支持、医师多点执业等方式，鼓励城市二级以上医院医师到基层医疗卫生机构多点执业，或者定期出诊、巡诊，促进医疗资源向基层和农村流动，提高基层服务能力。提升基层医疗卫生机构中医药服务能力和医疗康复服务能力，加强中医药特色诊疗区建设，推广中医药综合服务模式，充分发挥中医药在常见病、多发病和慢性病防治中的作用。

②推进家庭医生签约服务。

落实《关于推进家庭医生签约服务的指导意见》工作要求，总结推广地方推进家庭医生签约服务的成熟经验，制定关于健全签约服务和管理的政策档案，建立健全全科医生制度。明确签约服务内涵和标准，规范签约服务收费，完善签约服务激励约束机制。签约服务费用由医保基金、基本公共卫生服务经费和签约居民个人分担。

③探索组建医疗联合体。

各省级和试点地市卫生计生行政部门要统筹规划，通过组建医疗联合体（以下简称医联体），逐步形成责、权、利清晰的区域协同服务模式，利用远程医疗等信息化手段，促进区域医疗资源共享和纵向流动，完善分级诊疗服务体系。在原有工作基础上，鼓励区域内按照就近、自愿原则组建医联体，避免跨省组建形式，在医联体内部建立责任分担和利益共享机制。在城市，鼓励有条件的地区建立以所有权为基础的资产整合型医联体，建立以资源共享、技术协作为重点的医联体。在县域，重点推进以县级医院为龙头，县乡一体化管理的医疗联合体。

④科学实施急慢分治。

以医联体为载体，日间手术为突破口，根据医联体内各医疗机构功能定位及其医疗服务能力，明确医联体内急慢分治服务流程。

a. 落实医疗机构功能定位。城市三级医院主要提供急危重症和疑难复杂疾病的诊疗服务；城市二级医院主要接收三级医院转诊的急性病恢复期患者、术后恢复期患者及危重症稳定期患者；三级中医医院主要是充分利用中医药技术方法和现代科学技术，提供急危重症、疑难复杂疾病的中医诊疗服务和中医优势病种的中医门诊诊疗服务；二级中医医院主要是充分利用中医药技术方法和现代科学技术，提供区域内常见病、多发病、慢性病的中医诊疗，危急重症患者的抢救、疑难复杂疾病向上转诊服务；慢性病医疗机构为诊断明确、病情稳定的慢性病患者、康复期患者、老年病患者、晚期肿瘤患者等提供治疗、康复、护理服务。

b. 建立医联体内医疗机构分工协作机制。超出医疗机构诊疗能力的患者，就近转至医联体内上级医院；对于诊断明确、病情稳定的慢性病患者、康复期患者转至下级医疗机构，为患者提供连续性诊疗服务。有条件的地区，在医联体内建立患者转诊中心，负责协调安排患者双向转诊服务。对基层中医药服务体系不健全、能力较弱的地区，要区别对待中医医院，将中医医院中医门诊诊疗服务纳入首诊范围，充分发挥中医医院的服务能力，满足人民群众首诊看中医的需求。

c. 逐步推进日间手术。以医联体为切入点，在三级医院及其协作关系的二级医院和基层医疗卫生机构间逐步推进分工合作的日间手术模式。三级医院逐步推行日间手术，优化诊疗服务流程，提高医疗服务效率，在保障医疗质量与安全的前提下，为患者提供高效的日间手术服务，将术后稳定康复患者转往二级医院和基层医疗卫生机构，建立术后患者随访制度，指导下级医疗机构做好患者术后康复，并为基层医疗卫生机构开通日间手术绿色通道。

⑤加快推进医疗卫生信息化建设，促进区域医疗资源共享。

加快建设区域性医疗卫生信息平台，逐步实现电子健康档案和电子病历的连续记录以及不同级别、不同类别医疗机构之间的信息共享。利用远程医疗等信息化手段促进医疗资源纵向流动，提高优质医疗资源可及性和医疗服务整体效率。发展基于互联网的医疗卫生服务，充分发挥互联网、大数据等信息技术手段在分级诊疗中的作用。探索设置医学影像诊断中心、医学检验实验室等独立医疗机构，实现区域资源共享。

（二）我国智慧健康产业现况与趋势

1. 我国智慧健康产业发展现况

智慧健康的定义与范畴。

智慧健康根据服务需求，包含智慧健促、智慧医院、智慧照护三个次产业，可以通过终端传感设备，将用户数据通过网络上传云端平台，便于三个次产业各自发展，彼此串联。

但若以解决方案的角度思考我国智慧健康产业范畴，根据不同解决问题的对象，所提供的解决方案与产品也有所差异，大致可将智慧健康产业分为以下两大输出模式（见图8-19）。

（1）B2B：主要需求为智慧医院，输出对象为政府及医院机构，提供医院在就业流程上的优化。对医院而言，主要简化行政流程，降低医院成本；对政府而言则提升分级诊治效率及减少资源浪费（信息孤岛）。

（2）B2C：智慧健促及智慧照护解决方案，输出对象为一般消费者。为消费者的"个人选择"行为，主要是解决消费者在慢性病管理方面的问题或是协助消费者增加健康促进效率等服务，并非"刚性需求"。

目前可发展之智能健康产品范畴

B2B（医院、机构）

痛点主要为：
1. 医疗资源供需不足、分配不均
2. 信息孤岛，信息封闭

解决方案需求：
1. 简化就医流程,降低人力负担
2. 平衡医疗资源分布、分级诊治等
3. 智慧医院、机构服务

B2C（一般消费者）
（主要锁定45岁以上）

需求主要：
1. 个人健体、饮食、睡眠等管理
2. 慢性病管理需求等

解决方案需求：
1. 实时的个人化管理建议
2. 智慧健体与照护服务

资料来源：牡丹集团IIS整理，2016年10月。

图8-19 从输出对象看智能健康产业范畴

以下将就智慧医院进行进一步分析。

2. 我国智慧医院发展现况与趋势

（1）产业概况。

从产业链角度来看，智慧医院产业链分为硬件设备、软件系统、应用服务三个环节（见图8-20），其中以云端架构的软件系统受益最大，硬件设备次之。

硬件设备	软件系统	应用服务
➤ 医电设备 ➤ ICT医疗设备 ➤ 医用感测仪器 ➤ 医材设备	➤ 医疗信息系统（医院信息管理、影像系统） ➤ 区域医疗信息系统 ➤ 健康管理信息系统	➤ 医疗诊断服务 ➤ 护理服务

资料来源：牡丹集团IIS整理，2016年10月。

图8-20 我国智慧医院产业链

软件系统方面：智慧医院最缺乏的核心环节在于软件，且考虑到医疗系统安全性和可靠性的问题，软件系统将首先考虑本土产品，多局限于医院信息系统，而进一步的进阶医疗信息系统则多掌握在国际大厂中。

设备方面：设备分为接口设备和核心设备，我国医疗器材厂商多集中在接口设备的供应上，核心设备还很少涉及，核心设备环节进口替代空间大，但技术掌握在国外，若要大规模发展还需时日，看好有技术与先发优势的企业。

（2）法规面。

如前面所述，智慧医院产业链大致分为硬件设备、软件系统及应用服务，因此在三个环节中，我国对于相关法规及其监管机关都各有其权责。另外，在外资准入方面，我国国家发展改革委、商务部共同制定《外商投资产业指导目录》《市场准入负面清单草案》，明确公告境内禁止和限制投资经营的产业、领域、业务。

我国在智慧医院建立中，医疗设备部分不论是外资进入或我国境内规范均较为严苛，特别在第三类医疗器材方面；在软件系统部分，考虑系统安全性和可靠性，目前仍未有相关明确的法律规范。但根据过去经验，我国在智慧医疗的法规认证，多以"国际标准"为主。而目前国际上针对医疗信息化在"信息安全防护"方面的认证，主要以美国制定的一部专门针对医疗信息交换安全的法案——HIPAA认证为主。而在人口信息标准方面，则以①FDA认证；②医学信息传输标准协议——HL7；③医学数字影像及通信相关协议——DICOM为主。

（3）需求面。

智慧医院在原有的数字医院的基础上，通过对医院信息系统（HIS）、实验室信息管理系统（LIS）、医学影像信息的存储系统（PACS）和临床信息系统（CIS）等信息系统的整合，实现病人诊疗信息和行政管理信息的收集、存储、处理、提取及数据交换。同时，创新性地以现代智慧移动终端作为切入点，让患者能够更多地参与到诊疗过程当中，实现从诊前到诊后的"一站式"服务（见图8-21）。

第八章　重点产业趋势分析案例

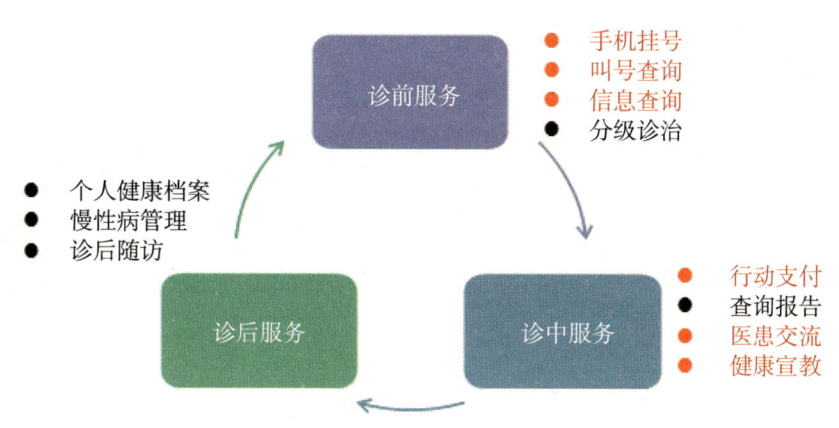

```
                   ● 手机挂号
         诊前服务   ● 叫号查询
                   ● 信息查询
                   ● 分级诊治

  ● 个人健康档案
  ● 慢性病管理
  ● 诊后随访
                                 ● 行动支付
         诊后服务   诊中服务        查询报告
                                 ● 医患交流
                                 ● 健康宣教
```

资料来源：牡丹集团 IIS 整理，2016 年 10 月。

图 8-21　智慧医院一站式服务

诊前服务：主要包括在线智慧分诊、在线预约挂号、诊前叫号查询和医院信息查询等功能。患者登录医院网站或打开掌上医院 APP，选择性别、年龄，然后根据人体模型选择不舒服的部位，比如，咳嗽可以点"胸部"，系统就显示出脓痰、干咳、咳痰等主要症状和伴随症状，并显示可能性疾病，推荐病人到相应的科室挂号。同时，患者还能快速方便地查询到各类健康信息，以及医院、科室和医生的全方面信息，方便患者选择。

诊中服务：利用掌上医院 APP、微信或支付宝服务窗口等，使用者可以轻松实现移动端缴费、查询报告单等功能。以往，患者为取检查检验报告单需要等候数小时，甚至数天时间，无形中增加了患者看病的时间和经济成本。现在，患者绑定就诊信息后可以直接在掌上医院 APP 或微信支付宝服务窗中查询各类检查检验结果。部分智慧医院甚至提供了患者诊后直接在 APP 上与医生沟通的功能，进一步减少患者不必要的奔波。同时，医生可以直接将各类预先整理好的疾病健康宣教资料推送给患者，提高了医患沟通的效率。

诊后服务：我国由于医疗资源分布不均衡和医院间患者信息交流不畅，造成了大型医院人满为患，小型医疗机构无人问津的局面。同时患者如果想知道自己的历史就医记录，除了翻阅一本又一本纸质的病历外，根本无从查阅。智慧医院的出现让患者可以通过手机应用查看个人曾在医院的历史预约和就诊记录，包括门诊或住院病历、用药历史、治疗情况、相关费用、检查单检验单图文报告、在线问诊记录等，不仅可以及时自查健康状况，还可通过 24 小时在线医生进行咨询。在健全个人电子健康档案的基础上，部分智慧医院利用区域医疗平台，可以实现远程会诊，双向转诊等功能。同时，通过整合各类智能终端设备，远程监测患者生理体征，实现慢病管理智慧化。

发展智慧医院大致可分为四个阶段，分别为第一阶段挂号、查询与支付，主要功能是患者可以通过APP预约挂到指定医院的号，并能够在线查询检验单，在线支付，获得就医指导，比如直接查询医院科室医生信息。第二阶段则是患者可以通过APP查看自己在医院的病历、住院期间的手术记录等相关功能，同时提供了病人的诊后随访功能。第三阶段则是利用信息化技术将医院信息连接起来，比如医院之间需要转诊，通过移动化的方式就能实现转诊病人信息，同时把远程病理、远程影像、远程超音波等与诊疗密切相关的业务整合，并能够与其他医院内部的HIS系统配合。第四阶段为智慧医院最终目的，每个患者都拥有自己的个人健康记录档案（PHR）（见图8-22）。

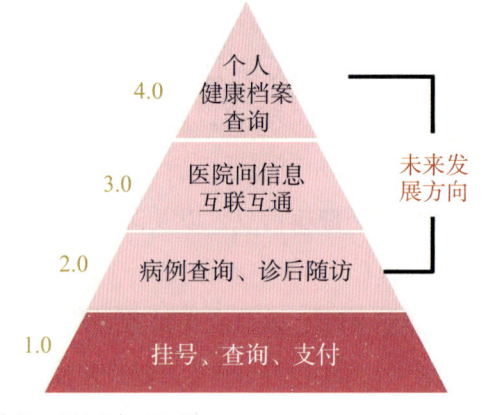

资料来源：牡丹集团IIS整理，2016年10月。

图8-22　发展智慧医院四阶段

目前，我国发展智慧医院仍处在诊前的移动支付阶段，而诊中的病历查询及诊后阶段，由于医疗信息化发展尚未完全且仍有诸多阻碍，因此无法完整实现智慧医院服务。发展阻碍主要为以下两点。

①难题1：区域医疗信息化发展步履维艰。

按照发展阶段顺序与普及程度，我国医疗信息化有三阶段：医院系统信息化、区域医疗信息化、健康管理信息化（见表8-9）。目前我国整个智慧医院的发展仍处在医院系统信息化的阶段，尚无法快速进入到区域医疗信息化，即医院信息互联互通的阶段。因过去医院信息系统属于医院独立操作系统，个别ICT厂商根据医院规模等需求量身订制，近年来虽然政府极力希望医院信息系统能区域联网，但由于大医院间系统封闭，不愿意开放，导致区域医疗信息化发展步履维艰。我国传统医院信息化示意图如图 8-23 所示。

表 8-9 智慧医疗三大领域发展重点与市场性

类型	发展内容	发展成熟度	目前市场规模	预计市场增长率
医院系统信息化	HIS 和 CIS	成熟度较高	70 亿元人民币	10%~15%
区域医疗信息化	主要为数据交换与共享,核心数据为个人电子健康档案	成熟度低	17.5 亿元人民币	20%
健康管理信息化	通过 Big Data、物联网、行动联网等对个人进行医疗服务	尚未发展	20 亿元人民币	无法估计

数据来源:WHO,卫计委,牡丹集团 IIS 整理,2016 年 10 月。

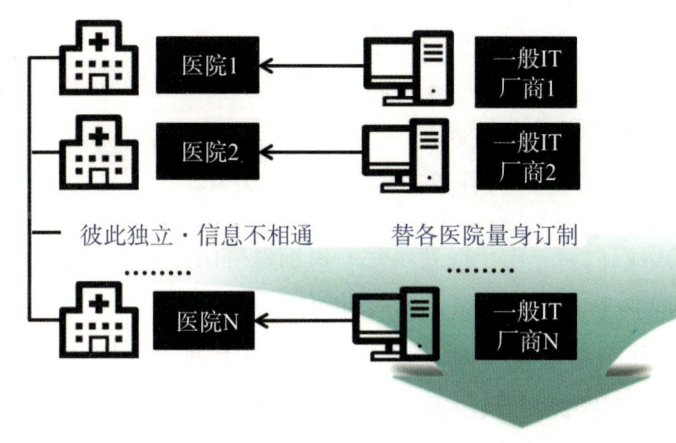

资料来源:牡丹集团 IIS 整理,2016 年 10 月。

图 8-23 我国传统医院信息化示意图

②难题 2:医院信息系统仍需升级及布设。

我国发展智能医疗的核心在于医疗信息化,建立基础数据库,促成数据库之间互联互通。观察目前医疗信息化数据,我国人均医疗信息化投入为 2.5 美元,远不及美国人均医疗信息化 85 美元,仅为美国的 3%,可见在医疗信息化的投入仍有所不足。

据我国医院协会信息管理专业委员会(CHIMA)统计,2015 年超过 60% 的大型医院已完成医院管理信息系统(HIS)搭建。据计世信息统计,自 2014 年我国院方大力推广电子病历系统建设后,中大型医院的信息化系统建设已逐步以病人数据和临床数据信息化(CIS)为重心,对电子病历系统(含 PACS、EMR)、建立移动医疗应用的方向进行投资。我国医院重点信息化系统投资情形如图 8-24 所示。

2014年我国医院信息化系统投资概况

系统	投资额/亿元人民币
PACS系统	37.4
区域卫生医疗信息平台	30.6
HIS系统	18.4
行动医疗	16.9
电子病历（EMR）	14.8
远程医疗系统	13.4
检验信息系统（LIS）	9.2
重病监护系统	7.8
网络建设与网络改造	6.7
系统安全	5
办公室自动化系统	3.4

数据来源：计世信息（CCW），牡丹集团IIS整理，2016年10月。

图8-24 我国医院重点信息化系统投资情形

但对于中小型的医院而言，由于经费不足，目前医院医疗资料的采集多以人工输入为主，对于基本医院管理信息系统（HIS）仍有庞大的需求。

观察我国目前发展智慧医院，对于一、二线城市大型医院信息化的需求为PACS、EMR、行动医疗、远距医疗等，主要是在系统上进一步发展智慧医院；而在三、四线城市的中小型医院则仍以HIS系统这类基本的医院信息系统为主（见图8-25）。

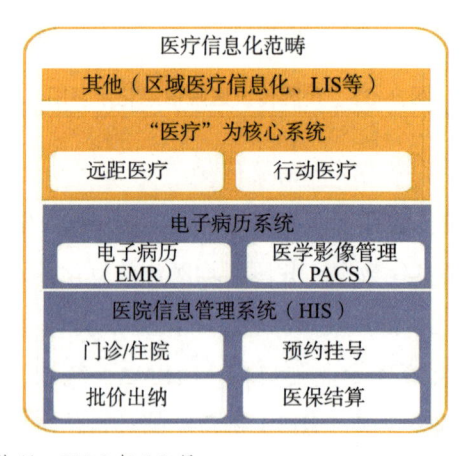

医疗信息化范畴
- 其他（区域医疗信息化、LIS等）
- "医疗"为核心系统
  - 远距医疗
  - 行动医疗
- 电子病历系统
  - 电子病历（EMR）
  - 医学影像管理（PACS）
- 医院信息管理系统（HIS）
  - 门诊/住院
  - 预约挂号
  - 批价出纳
  - 医保结算

资料来源：牡丹集团IIS整理，2016年10月。

图8-25 医疗信息系统范畴

（4）供给面。

目前投入我国的智慧医院厂商类型分为国际领导企业、我国本土龙头企业及互联网企业，相互竞合与我国的医院及地方政府合作。

① 国际领先企业。

代表企业：IBM、Intel、Dell、GE 等；竞争优势：先进的技术研发能力、雄厚财力、成熟的运营经验。据了解，跨国公司多与我国一、二线城市的三甲医院合作，主要原因是这类三甲医院具有医疗信息系统升级的需求，尤其需要"高技术"且"高质量"的解决方案，特别是医学影像存盘与通信系统（PACS）、电子病历（EMR）、行动医疗及远程医疗系统等方面，同时这类医院较有能力负担高价格的信息系统。跨国公司提供的智慧医院解决方案如表 8-10 所示。

表 8-10　跨国公司提供的智慧医院解决方案

公司	大类	项目	解决方案内容
IBM		医疗保健（IBM Health Care）	医院诊疗服务系统和管理系统的智能化；居民电子健康档案为核心的区域医疗服务系统的信息标准化和互联互通；面向居家养老、小区养老、机构养老，突出"医"和"养"相融合的养老服务智能化系统
		智慧养老	以老人为中心，协同式服务、整体化服务、按需服务和实时感知的智慧化养老照护系统。IBM 智能的养老服务系统是基于 IBM Curam 应用管理软件，来实现养老综合服务的软件平台
		RHIN 区域卫生信息平台	遵循先进的行业标准的 EHR 存储模型和访问模型，确保有效整合区域内卫生资源，并使其成为活档，有效服务于医疗卫生服务和决策管理
		医院系统集成与信息整合分析	为客户提供 ITSP 医院信息化战略咨询规划，对医院信息化进行顶层设计，设计并实施医院集成服务平台、临床数据中心和运营管理数据中心。建设实施医院综合运营管理分析应用平台（BI），建设临床科研分析应用平台
DELL	医疗保健提供商解决方案	医疗保健安全性	戴尔的医疗保健安全顾问和 Dell SecureWorks 可以确保您的电子病历数据的完整性、安全性和可用性。及时访问准确的医疗数据，并不会降低安全性
		EHR（电子健康纪录）优化和升级	利用优化和升级服务，对运营、技术和文化进行评估，根据工作流、任务和目标调整 EHR

续表

公司	大类	项目	解决方案内容
DELL	医疗保健提供商解决方案	医疗保健信息系统（HIS）专业知识	所有主要供货商在临床、财务和行政方面的医疗保健信息系统（HIS）应用程序（如Cerner、Epic、MEDITECH和McKesson等）都拥有丰富的实践经验。全面的咨询服务可推广到每一个运营和临床领域，全面覆盖从IT策略和管理到系统实施、优化、采用和支持等
		医疗保健信息系统(HIS)	戴尔提供全面的服务来管理、维护和支持医院信息系统。提供体系结构设计、实施服务、运行状况检查、集成和升级
		临床数据管理和集成	对各种来源的数据执行标准化和集成，减少大数据分析所需的时间，并利用强大的计算能力和安全的云存储增进协作。解决方案包括患者主索引、监管、数据集成、提取和清理等，并提供业界领先的安全保护
		人口健康分析	解决方案可吸纳来自多个内部和外部数据来源的数据，然后通过分析来确定患者群体的风险并加以分级；找出医疗护理的薄弱之处，并在病程的早期介入；从医疗的角度提出可行建议，从而改善治疗效果
		患者融入计划设计	帮助评估机构提高改进医患关系方面的能力，并提出方案建议。并协助设计实施一个让患者充分体验医院的尊重、倾听和关怀的计划，从而增强机构与患者之间的纽带并改善患者健康
		远程医疗解决方案	利用eVisit远程医疗和远程监控服务，在对每个患者而言最有效的时间和地点提供医疗保健服务。为患者就医提供方便，提升患者满意度，降低再次住院率，改进对患者的教育和指导方式，并提升护理者的工作效率
		移动医疗应用程序服务	通过患者的所有移动设备为在家中和在医院的患者提供信息和服务。帮助患者在多个平台上快速部署门户网站和应用，能够随时随地联系患者及其家属
		医患关系管理	跟踪患者的特征、偏好以及与机构的互动历史，对建立积极的医患关系至关重要。设计和实施订制的医患关系管理系统，有助于了解和尊重患者的个人需要及其家属的需要
		统一临床数据归档（UCA）	UCA从所有图像归档和通信系统（PACS）、临床应用系统和专用影像应用程序聚合临床数据。它可以实现各种专有格式的标准化，并支持整合多种临床数据。这可以消除专有孤岛，并且不再需要进行成本高昂且会中断临床工作流的数据迁移
	安全医疗保健云	私人诊所云	帮助私人诊所降低EHR的总体成本，消除昂贵的软件升级，并提供端到端支持

续表

公司	大类	项目	解决方案内容
DELL	安全医疗保健云	医院的云	与 Epic 和 MEDITECH 紧密合作,提供可达到供货商最佳实践标准的基础架构和服务。其中包括全包式灾难恢复解决方案和全年无休的支持
		云临床资料归档	云数据归档可提供快速检索、灾难恢复和随着需求变化而调整规模的能力。网络访问服务支持随时随地安全访问信息,为用户在下班时间远程查看信息提供支持
		电子医疗记录	适用于医院和医院附属医生的戴尔集成式 EHR 解决方案,可以简化 EHR 的采购、实施和采用,并可帮助医生满足"有意义的使用"要求
	医疗计划	集成护理管理	提供广泛的远程医疗自助服务终端和门户、远程监控设备、移动设备、护理管理平台和工具,以及全面的数据集成服务
		远程监控与护理交付	包括设备与患者监控,重要统计资料和药品摄入监控,通过 URAC 认证护士和医生提供的患者医疗保健支持,以及主动联络
		远程医疗	将符合 HIPAA 与 HITECH 标准的视频咨询、虚拟出诊、分诊和巡诊功能进行了独特的组合,能在大幅节省成本的前提下提供主要护理方法和初始诊断结果
		移动医疗	患者自助病历整合;支付技术实施;移动电话、平板计算机和可穿戴设备安全性;移动管理以及数据与分析技术实施和系统集成
		虚拟出诊和电话会议	通过远程双向 eVisit 虚拟视频咨询来诊断和治疗患者,从而节省资金,无须亲自上门便可远程诊治会员
GE		健康云(health cloud)	降低 IT 费用、增加员工生产力与病人治疗效果;并且允许装置互相链接、数据整合,用户可以实时管理
		Centricity Solutions for Enterprise Imaging	针对提升生产力、简化讯息取得、降低管理成本并提升效率等分别提出解决方案
		Centricity EMR	协助医师整合流动的电子病历,并对收益循环的管理提出建议
		CentricityPractice Solution	通过单一整合的组件,增强在临床与财务上的生产力
		Perinatal Software	由临床医师设计的系统,提供电子病例接口,方便实际的使用与研究

续表

公司	大类	项目	解决方案内容
Intel	行动医疗保健	医生与病患使用二合一装置咨商 PHT SitePad 系统	
		CareAlign Exchange 妥善保护医疗保健数据	

资料来源：各公司，台湾资策会 MIC 整理，2016 年 10 月。

②我国本土传统企业。

代表企业东软、万达信息、卫宁、银江、东华等；竞争优势：较强的研发及 SI 整合能力、价格与本土优势。此外，这些企业在过去信息化建设已与医院建立良好关系。据了解，我国本土传统厂商多利用价格及本土优势，提供智慧医院 1.0 版、基础医疗信息化系统（HIS、HMIS 等）这类基础支持医院的行政管理与事务处理业务，把提高医院工作效率的相关技术给中型医院。

根据《智慧城市期刊》统计排名，目前我国十大提供智慧医院解决方案的传统信息企业为：东软国际、万达信息、卫宁软件、银江股份、东华软件、创业软件、天健科技、用友医疗、华海医信、方正国际（见表 8-11）。

表 8-11　我国十大智慧医院企业综合竞争力排行榜

排名	企业	综合竞争力指数（10 分）	分项得分（10 分）				
			运营能力	解决方案	市场战略	创新能力	重点案例
1	东软国际	9.64	9.8	9.5	9.55	9.6	9.8
2	万达信息	9.62	9.7	9.8	9.4	9.7	9.5
3	卫宁软件	9.60	9.6	9.7	9.5	9.7	9.5
4	银江股份	9.56	9.6	9.6	9.5	9.6	9.5
5	东华软件	9.36	9.5	9.5	9.2	9.4	9.2
6	创业软件	9.12	9.3	9.1	9.1	9.0	9.1
7	天健科技	9.08	9.2	8.9	9.2	9.0	9.1

续表

排名	企业	综合竞争力指数（10分）	分项得分（10分）				
			运营能力	解决方案	市场战略	创新能力	重点案例
8	用友医疗	8.86	8.8	8.9	9.0	8.8	8.8
9	华海医信	8.72	8.7	8.8	8.7	8.9	8.5
10	方正国际	8.64	8.8	8.6	8.6	8.7	8.5

数据来源：《智慧城市期刊》，牡丹集团IIS整理，2016年10月。

五、半导体集成电路产业

（一）定义与范围

在整个半导体产业中集成电路是核心，集成电路是电子设备中最重要的部分，主要承担运算和存储等功能。集成电路产业链上、下游分布比较明显，上游主要以IC设计业为主，包含IP、EDA工具等，中游为集成电路的核心加工环节，主要为IC制造（晶圆加工），下游为IC封装及测试。集成电路产业链是技术密集型和资本密集型产业，行业集中度也是最高的。

（二）我国晶圆代工产业规模

1. 我国集成电路市场增长率优于全球

2015年全球集成电路市场受到PC产业以及智能型手机增长放缓影响，相较2014年仅微幅增长1.2%。2016年全球集成电路市场则在终端应用如PC持续衰退及智能型手机出货仅个位数增长等因素影响下，虽然非传统3C应用陆续出现增长动能，然而所占比重仍不高，故2016年全球集成电路市场预计仍将呈现衰退。

从全球不同区域市场发展来看，我国作为全球最大集成电路市场，虽然2015年全球其他区域市场规模增长率大幅下滑，我国集成电路市场增长率依旧高于全球（见表8-12）。相较2014年，2015年全球占比也从29.6%增加至30.4%，2016年预计全球占比仍将维持增加态势。

表 8-12　全球／我国集成电路市场产值

	2014 年	2015 年
全球集成电路产值（$B USD）	336	340
全球集成电路增长率	9.8%	1.2%
我国集成电路产值（$B USD）	99.3	103.5
我国集成电路增长率	13.0%	4.2%

数据来源：台湾资策会 MIC，2016 年 12 月。

2. 晶圆代工产业概况

（1）我国晶圆代工产值规模明显增长。

我国晶圆代工产业受惠终端装置的内需市场增长，再加上相关集成电路政府产业政策实施、厂商产能陆续扩充等因素影响下，造就了我国晶圆代工市场呈现明显增长。观察我国晶圆代工产业，2015 年产值约 31.62 亿美元，相较 2014 年增长近 9.1%。且在我国 IC 设计厂商的崛起下，我国晶圆制造产业形态也有所转变，从与国际 IDM 大厂合资代工模式逐渐转向以纯晶圆代工产业为主的模式。

2016 年我国 IC 设计厂商持续壮大，我国内需晶圆代工市场需求依旧旺盛。在政府政策方面，借补助芯片厂商，降低 IC 设计厂商在本地晶圆厂的投单价格，大幅刺激了芯片设计厂商在当地晶圆厂投片量；加上晶圆代工厂商中芯国际 28 纳米高阶制程产能开出、国际一线晶圆代工厂商成熟制程供不应求、部分 IC 设计客户开始转向中芯国际下单等诸多利多因素效益下，2016 年增长幅度相较 2015 年更是明显。观察 2016 年我国晶圆代工产值变化，可达 4052 百万美元，与 2015 年相较大幅增长 19.5%。从增长率来观察更能看出我国晶圆代工产业迅速增长及积极扩张的态势。

（2）我国晶圆代工产业规模全球占第三。

2014 年开始，我国有感 IC 自制率偏低，因此倾政府之力积极扶植厂商跨入晶圆代工产业，以提升国内 IC 自制比重与在全球市场地位。若以晶圆代工市场全球市占率来分析我国在全球的产业地位，2015 年我国晶圆代工产业产值占全球 7.8%，2016 年增长至 8.6%，位居全球第三（见表 8-13）。若进一步从营收及市占来比较我国与美国的差距，2015 年中国台湾地区晶圆代工产业依旧在相当程度上领先，中国已慢慢逼近与美国市占的差距。

表 8-13 中国晶圆代工产业全球地位

	产值（$M USD）	全球占有率	全球排名
2014 年	3109	7.6%	3
2015 年	3391	7.8%	3
2016（e）年	4052	8.6%	3

注：中国台湾与美国近年全球晶圆代工产业市占维持约 70% 及 10%。

数据来源：台湾资策会 MIC，2016 年 12 月。

（三）我国晶圆代工主要厂商动态

我国主要晶圆代工厂商目前以中芯国际及上海华虹所提供产能及技术能力最具影响力。其余如华润微电子、上海先进等厂商全球晶圆代工占比目前依旧小于 1%，目前对全球晶圆代工市场影响可说甚微（见表 8-14）。

表 8-14 我国主要晶圆代工厂商一览

2016 全球排名（e）	2015 全球排名	2014 全球排名	公司	2016 市占（e）	2015 市占	2014 市占
5	5	5	中芯国际	6.0%	5.1%	4.8%
10	10	9	上海华虹	1.5%	1.6%	1.6%
-	-	-	华润微电子	0.4%	0.4%	0.4%
-	-	-	上海先进	0.3%	0.3%	0.3%

数据来源：台湾资策会 MIC，2016 年 12 月。

然而随着亚洲在全球集成电路产业地位日渐重要，我国晶圆代工业者为了提高市场竞争格局，成为全球集成电路产业链一环，中芯国际、上海华虹、华力微电子及华润微电子等我国晶圆代工厂商在国家政策强力扶持下也逐渐取得一些进展。

1. 中芯国际复制台积模式，先进技术提升及差异化并进

中芯国际为全球前五大晶圆代工厂商，全球市占近 5%。受惠于我国政府大举扶持晶圆代工产业，在辅助政策及资金挹注下，中芯国际作为我国晶圆代工领导厂商，在先进制程开发上抑或是成熟制程/特殊制程产能所需设备、产线扩充都较为积极，也率先于 2015 年第三季投产 28 纳米先进制程开发，让中芯国际无论在技术发展或是营收方面，相较我国其他代工厂商有更显著的增长。

在投资并购方面，中芯国际与华为、Qualcomm 及比利时微电子中心（IMEC）共同成立的中芯国际集成电路新技术研发公司，合作开发 14 纳米制程；2016 年 6 月出资 4900 万欧元，收购意大利晶圆代工厂 Lfoundry 70% 的股份，所需经费上都得到了我国政府的帮助。

2014 年 8 月携手长电科技与 Qualcomm 成立的中芯长电，也于 2016 年年初完成 28 纳米晶圆凸块加工量产，2016 年 7 月更开始为 Qualcomm 提供 14 纳米晶圆凸块加工量产。中芯长电已具备每月 2 万片 12 寸硅片凸块加工的生产能力。中芯国际将晶圆制造产业链向后段延伸的需求，除在政府支持下为打造我国晶圆制造产业链外，更是为了能打进国际客户的供应链，提高在国际晶圆代工市场与领导厂商间的竞争力。

2. 上海华虹（华虹宏力）专注 8 寸晶圆特殊化制程代工领域

上海华虹由原上海华虹 NEC 和上海宏力在 2009 年决议合并，2013 年 10 月正式重组而成。华虹 NEC 最初为 NEC 制造 DRAM 晶圆，2003 年停止 DRAM 业务开始晶圆代工服务。上海宏力过去为纯晶圆代工厂，合并后共有 3 条 8 寸晶圆产线，月产能达 15 万片，主要客户有 Cypress 及同方微电子等公司。

两家公司未合并前都专注于开发嵌入式非易失性存储器（eNVM）及功率组件制程，在标准逻辑、eNVM、电源管理、功率组件、射频、仿真和混合信号等领域都具有制程平台，并持续投入开发 MEMS 制程解决方案。

此外 2016 年国务院政府工作报告及十三五规划皆明确提及将大力发展和推广以电动汽车为主的新能源汽车，加快建设城市停车场和充电设施，换言之来自混合动力汽车和纯电动汽车的马达逆变器将成为驱动 IGBT 发展契机。华虹深耕 FS IGBT 多年，在汽车电子代工方面很有经验（已通过 ISO/TS16949 认证及多 VDA 6.3 德国汽车质量流程审计标准），在未来我国新能源汽车芯片代工领域占有发展优势。

3. 华力微电子采取逻辑、NOR Flash 内存双代工并行的发展策略

上海华力微电子在 2010 年 1 月在上海张江高科技园区成立。由上海联和投资、未合并前的上海宏力半导体、上海华虹 NEC、上海华虹（集团）共同参与投资。华力微电子的成立主要来自国家 999 工程升级改造（12 寸集成电路芯片生产线项目）的建设和运营单位。该项目是国家级（电子信息产业调整和振兴计划）确定的重大工程，也是上海市推进高新技术产业化重大项目。拥有一条月产能 3.5 万片 12 寸晶

圆生产线，由华虹宏力提供厂房租赁。华力微电子以与 IMEC 等国家级集成电路研发中心的国际合作成果为基础，共同开发出 90/65/45nm 制程技术。涵盖 CMOS、数模混合 CMOS、RF、CMOS、NOR Flash 等晶圆代工服务。

华力微电子预计在晶圆代工市场上仍会采取逻辑、NOR Flash 内存双代工并行的发展策略。

4. 华润微电子提供我国最大规模 6 寸成熟制程晶圆代工服务

华润微电子为华润集团旗下负责集成电路业务投资、发展和经营管理的子公司。进一步细分，华润上华又为华润微电子旗下从事晶圆代工业务的公司，主要提供客户成熟制程晶圆代工服务，是目前我国规模最大的 6 寸晶圆代工厂商，拥有每月逾 11 万片 6 寸晶圆产能及 5 万片 8 寸产能。目前提供的晶圆代工服务有 BCD、Mixed-Signal、HVCMOS、RFCMOS、Embedded-NVM、BiCMOS、Logic、MOSFET、IGBT、SOI、MEMS、Bipolar 等标准及客制化制程。主要客户为我国数百家集成电路设计公司和我国前 10 大设计公司中的多家。

在市场规划上，深耕国内市场是华润上华的主要发展方向。随着国务院提出的七大战略性新兴产业与新兴集成电路市场需求，华润上华将透过既有制程能力进行重点布局，例如在电源管理、半导体照明、RF 应用、汽车电子、智能消费电子、物联网、智慧电网等领域，为国内客户提供多样化的制程平台解决方案。

（四）产业发展机会

1. 优惠政策带动政府民间晶圆代工产业投资热潮再起

国务院早在 2000 年 18 号文件（鼓励软件产业及集成电路产业发展政策）中，通过提供税收减免、投资优惠、进出口政策、支持研究开发、鼓励产业本地化等措施，在当时已经刺激了一波集成电路产业投资热潮。2014 年后，随着《国家集成电路产业发展推进纲要》的推出，及国家集成电路发展产业投资基金（以下简称大基金）的启动，加上地方基金的相继成立，让市场又燃起了对晶圆代工产业的重视与认可。而在 2016 年十三五发展规划中集成电路部分，更希望通过晶圆代工等 IC 制造产业的发展带动下，提升 IC 设计业、IC 封测、集成电路材料业和应用服务业的技术创新能力和核心竞争力，改善当前 IC 设计、晶圆代工委外设计生产制造的局面。

从大基金资金运用规划来看，有六成将用于晶圆制造产业，投资重点规划集中在目前几个主要的集成电路产业聚集区域。换句话说，不论是在先进制程技术的追赶，或是在成熟制程产能的扩充上，最终希望通过政策支持与扩大资金的陆续投入，达到刺激我国晶圆代工产业发展的加乘效果。

2. 资金与人才持续注入我国半导体产业

工业和信息化部、发展改革委、科技部、财政部等部门编制了《国家集成电路产业发展推进纲要》（以下简称《推进纲要》），并于2014年6月由国务院正式批准发布实施，并成立国家集成电路产业发展领导小组，由副总理层级担任小组长，层级之高前所未见。

《推进纲要》定出目标，要求到2020年产值年增长要超越20%，移动智能终端、网络通信、云端运算、物联网、巨量数据等IC设计技术达到国际水平，制造量产技术达到16/14纳米水平，封装测试技术达到国际水平。然而，《推进纲要》不只是目标宣示，更同时以"给人"又"给钱"的空前力度全面推进。

其中，最大的亮点在于2014年9月26日成立的国家集成电路发展产业投资基金，从原先规划5年投入1200亿元人民币之规模，持续追加至1387亿元人民币，投资省市涵盖北京、江苏、上海、湖北、湖南与广东等，超过18家以上企业，投资项目虽以IC设计为主，领域亦扩及IC制造、设备材料，乃至于面板上下游产能等，投资金额已超过300亿元人民币。

除此之外，在大基金带动下，各地方政府也热烈响应成立地方型"小基金"，包括北京、湖北、四川、安徽、上海与江苏等省市（见表8-15），规模已超过750亿元人民币，在中央与地方实际的资金引导下，除有望带动更多社会资本进入集成电路产业外，我国IC业者也将更有实力通过海外投资或并购，从而与国际大厂进行合作。

人才领域方面，《推进纲要》更明确指出应加强人才培养和引进力度，除积极建设示范性微电子学院及培养高端专业技术人才外，更加大海外高层次人才引进的"千人计划"中对集成电路领域的支持力度，同时持续扩大对外开放及鼓励国际合作，以大力吸引海外资金、技术及人才，同时，《推进纲要》也特别鼓励两岸集成电路在技术及产业上的合作。

表 8-15　我国集成电路地方扶植基金与政策

地区	资金/元	政策
北京	300 亿 +20 亿	设立集成电路产业发展股权投资基金，并下分为"IC 制造和设备、IC 设计和封测"两只子基金。此外也成立"北京集成电路海外平行基金"，投资规模达 20 亿元
湖北	300 亿	由武汉经济发展投资发起的集成电路产业基金，湖北省科技投资集团公司等多家公司参与。基金将重点投资 IC 芯片制造业，兼顾设计、封测
四川	100 亿~120 亿	省经信委和产业振兴基金合作筹建，其中政府出资 30 亿元，60% 的基金将用于支持四川省集成电路骨干企业、重大项目和创新实体的发展
安徽	100 亿 +5 亿	合肥成立用于扶持 IC 设计初创企业的 5 亿元天使基金，以及百亿规模的集成电路产业投资基金，用于实施产业垂直整合，打造面板、智能家电和汽车电子 IDM 项目
上海	100 亿	设立上海武岳峰集成电路信息产业创业投资基金。基金主要发起人包括上海市创业引导基金、上海嘉定创业投资、联发科、中芯国际、清控金融、美国骑士资本等
江苏	100 亿	无锡市推动设立集成电路产业基金，重点为集成电路全产业链的新兴产业并购与投资，主要包括海内外 IC 封测、设计、设备制造以及半导体分立器件等相关产业
南京	10 亿	成立浦口区集成电路产业基金，用于扶植初创企业。南京市预计要在 2020 年建成 3 个以上专业园区，培育 5 家产值超 10 亿元龙头企业
天津	每年 2 亿	制订集成电路发展的 3 年行动计划，在滨海新区设立每年 2 亿元额度的"IC 设计产业"促进专项资金，目标保持 30% 以上的产业年均增速，到 2017 年达到 280 亿元的集成电路产业规模
辽宁	–	40 家集成电路产业相关企业，与学校、科研单位共同表决通过省集成电路联盟章程，成立辽宁省集成电路产业联盟
厦门	–	继引进台湾联电共建 12 寸晶圆厂后，成立了厦门两岸集成电路自贸区产业基地，加强对台交流和合作

资料来源：各地区，牡丹集团 IIS 整理，2015 年 12 月。

3. 内需 IC 市场是未来我国晶圆代工产业增长引擎

持续增长的我国 IC 市场在 2015 年产值已占全球消费市场近 1/3，其中很大的支撑力是来自我国系统品牌厂商的全球出货量的攀升，其中主要的产品就是液晶电视及智能手机。

液晶电视产业中，我国面板厂产能不断扩充，带动了大尺寸液晶电视面板出货量，2015 年全球出货量约占全球逾 25%。而在当地面板业者出货量支持下，我国 IC 设计业者新相微、格科微等厂商纷纷涉足过去以台湾地区厂商供应为主的内需驱动 IC 市场。例如新相微电子成功打进京东方供应链，而京东方所生产的面板为我国本地电视品牌创维等业者采用。此外，我国智能手机品牌厂商全球出货量也增长至全球四成占比，2013—2018 年产量复合增长率更预计维持 10%。同样在智能手机本土业者出货量支持下，我国 IC 设计业者海思结合品牌业者华为在高中阶手机市场布局，近年也在手机等通信用芯片领域展现其价值。

这些持续茁壮成长的且集中在我国生产制造的品牌，无疑将为拥有地缘优势的我国晶圆代工产业发展，带来绝佳的发展机会。台湾地区晶圆代工厂商如台积电、联电、力晶等则提供系统业者关键零部件如手机处理器芯片、面板驱动 IC 等代工生产芯片。

4. 对内整合、引进外资与庞大内需推升我国 IC 设计能量

着眼于手机市场持续扩张，国企清华紫光集团在 IC 设计领域上，靠对内整合与引进外资不断扩张版图。在对内整合部分，清华紫光在 2013 年以 17.8 亿美元并购 TD-SCDMA 基频芯片供货商展讯（Spreadtrum），紧接着在 2014 年又以 9.07 亿美元并购无线射频芯片设计大厂锐迪科（RDA），试图通过展讯与锐迪科在技术及产品有效协同，提高自身在全球移动通信芯片领域的地位。

在引进外资部分，清华紫光也在 2014 年和英特尔（Intel）合作，Intel 注资 15 亿美元于清华紫光并持股 20%。清华紫光在 Intel 协助下，将增强宽带码分多址（WCDMA）与长期演进技术（LTE）通信制式实力，且不仅局限在智能手机芯片业务上，还包括 X86 架构处理器的授权，朝向 ARM 和 X86 架构处理器双线发展。

此外，Intel 也在 2014 年宣布与消费电子产品的 IC 设计公司瑞芯微（Rockchip）结盟，共同营销英特尔架构（IA）处理器及 3G 通信方案，并锁定市场庞大的白牌平板计算机市场。然而，我国 IC 设计业者早已凭着其快速、弹性等优势，通过英国 ARM 公司专利授权快速推出产品，瑞芯微、全志等陆制芯片在全球平板计算机处理器从 2010 年的 0.3% 市占率大幅增长至 27%，在 2015 年更取得了全球 1/3 的

市占率。

由于白牌平板市场为 IC 设计奠下良好基础，我国业者逐渐将目标转往手机芯片市场，其中我国 IC 设计厂第一大厂海思（HiSilicon），在其母公司系统大厂华为的扶植下拉动其高阶处理器之发展，分别在 2013 年与 2014 年推出两代极具成本优势的处理器，Kirin 910 与 Kirin 920，前者为首款自有整合基频应用处理器，后者为可支持 LTE Cat.6 的单芯片应用处理器，促成海思在 2014 年营收大幅增长 52.9%，达 32 亿美元。

第九章　竞争力分析系统设计与架构

　　互联网的快速发展，使得网络媒体成为继报纸、广播、电视后的"第四媒体"，具有快速传播、信息多元、互动性强等传统媒体无法比拟的优势。网络舆情主要通过各类新闻、博客、论坛、社交媒体等交互式网络应用传播，网民在各来源的浏览、发文、回复、转发等行为，凝聚为一股互联网中不可忽视的舆论力量，可以快速反映公众的意见与倾向。获得众人大量关注、互动参与的网络舆情具有相当大的网络热度，热度大的舆情可以对政府部门的施政与企业的决策造成极为深远的影响；短期热度不大但逐渐升温的舆情则可能对未来造成潜在的冲击，决策者可持续追踪其变化以提早未雨绸缪，降低可能的损害或抢先掌握有利的先机。

　　近年来，因为基于机器学习的数据挖掘技术蓬勃发展，可协助人类进行海量的数据分析，进而解决传统方法上单靠人力所无法处理的复杂问题。此类技术可用于工程、制造、生物科技、商业智能等广泛领域，其主要目的是从数字化的海量信息中，整合数学、统计学、信息论等学科知识，萃取数据的特征与模式，探索未知的知识并与决策制定相结合。尤其在互联网时代，各种来自互联网的舆情收集与分析，能使企业在情报收集、策略规划、外情监控等关键领域上发挥极大的作用，分析大量的文本信息后，可以得到各种来源的相依关系、行为、趋势，进而对未来的决策提供良好的预测基础，得到基于数据的合理解答与知识推论。

　　然而，来自互联网的大量信息也产生了信息过载的问题，远远超乎过去传统架构所能承载的能力，在处理数据量过大且属于形式复杂、非结构化的文本信息时，我们将无法使用过去的标准数据库系统（DBMS）与关系数据库（RDBMS）来进行分析，而须改用如全文检索、非结构化存储体等非关系数据库架构（NOSQL）来处理，才能适应实际运用的效率要求。处理大数据文本的挑战除了须能承载不断增长的海量信息，也必须在信息的获取、储存、提取、转换、分析与可视化等重要流程上，提供稳健而高效率的服务。

一、使用舆情系统辅助产业分析

为了将舆情数据用于产业分析的流程中,可先针对 ISVSA 产业分析模型架构,进一步分解为"议题制定、资料收集、清理仓储、搜寻检索、结构解析、分析归纳、洞见产出、价值体现、行动计划"的数据分析流程,并将各程序与系统整合(见图9-1)。

"舆情系统"可协助研究者预先收集、储备大量的数据,提供弹性而实时的检索方式,因而减轻在"资料收集、清理仓储、搜寻检索"阶段所必须投入的大量人力成本。然而,就产业分析的需求而言,舆情系统所提供的信息仍过于单纯,研究者往往需要针对需要的产业分析架构,投入大量的时间进行汇总整理、统计舆情分析结果,才能产出让人可直觉理解的可视化图表。因此"企业竞争力分析系统"的导入,则是以企业竞争力的分析架构,让研究者能将舆情分析的成果参数化、公式化,简化在"结构解析、分析归纳"所耗费的心力。

图 9-1 产业分析架构与舆情分析的关联

相对于传统依赖人工的产业分析方法,结合舆情数据与信息系统辅助的产业分析技术,具有以下优势。

（1）高效率：数据通过网络爬虫，预先从各方来源中自动收集信息后，输入搜索引擎内，文本数据可重复用于各种研究者的多元需求上，多名研究者也可共享一份索引库。通过全文检索引擎也可快速以各种文本检索逻辑条件，协助研究者以相似度排序，快速找到需要的研究资源，大量降低研究人员资料收集、汇总整理、寻找的准备作业的时间。

（2）全面性：系统收集内容涵盖各种产业分析常用的网络来源，用户通过单一界面的操作即可获得研究范畴中所需要的内容。过去通过人工收集网络资讯时，经常会有人为阅读、筛选文本时不小心误判，造成遗漏某些重要研究资源的状况。通过网络爬虫一举将所有的研究资源输入索引，并通过机器进行关键字比对，将可有效筛选出全方位的相关研究文本，降低人工阅读的误判概率。

（3）实时性：传统通过人工方式收集研究资料时，常常会因为人员管理的现实考量，极难完善精确定时、即时汇总整理的资料收集任务，造成研究人员即时处理资料的困境。通过自动化系统定期收集舆情信息，可立即将实时资讯更新于搜索引擎与数据库中，避免人工收集数据难以掌控的限制。

（4）精准性：传统上判断研究资料、清理、归纳都由人工一一逐字阅读统整，通过机器协助判读、分析文本后，可降低人为处理大量数据下因疲劳、怠惰产生的质量问题（如误判、比对错误、人工输入错字等）。

（5）兼容性：通过统一的舆情文本数据结构、主题归类、语义倾向判断，可将各种舆情来源的资讯兼容汇总整理。系统内收录的舆情数据可用于多种分析议题，可避免传统以人工针对特定议题收集数据后，难以重复再利用的浪费情形发生。

为了让网络舆情分析系统可投入商业化、经得起实战考验，在系统架构上无法使用传统的数据处理架构，而必须经由精密的系统规划与设计，整合非结构化数据库技术、调和供给端的网络爬虫与需求端的资料呈现，才能处理海量的文本分析任务。一般来说，舆情的处理与分析可分为"高并发网络爬虫、文本清理与结构萃取、平行化全文检索引擎、主题模型解析与筛选"四大模块，以及"舆情分析服务系统、舆情延伸分析系统"两项服务系统供研究者使用（见图9-2）。以下将针对此四大模块、两大系统的内容作说明。

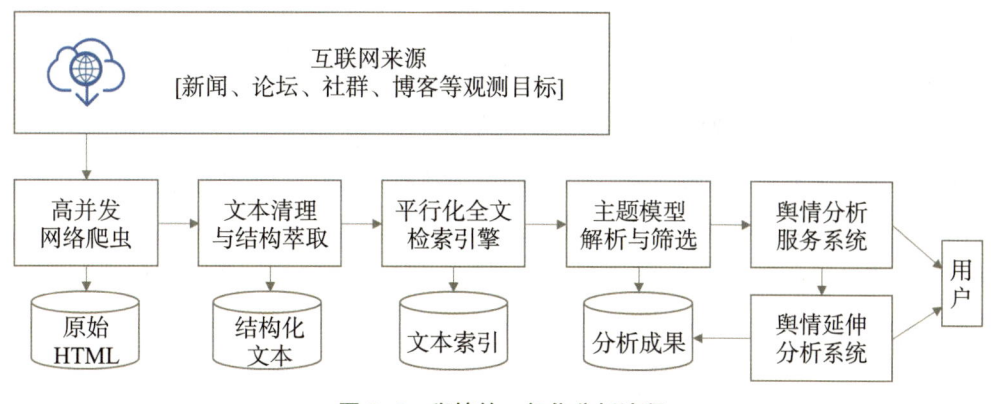

图 9-2　舆情的一般化分析流程

二、高并发网络爬虫

如果将互联网视为遍布地球的蜘蛛网，网络爬虫就是在网上自由穿梭爬取信息的蜘蛛。爬虫的基础功能包含了原始网页 HTML 内容的下载，以及对网页中对外联结 URL 的遍历，通过不断地延伸来爬取特定范围内的网页内容。网络爬虫的应用方向有很多，如网页内容变更识别、建立索引、链接验证、镜像网站等。

网络爬虫是舆情系统获得数据来源的核心组件，是整体数据分析流程的起点，爬虫的好坏影响了分析系统的整体性能，也会消耗大量的网络带宽。因此，为了高效、快速地获取信息，爬虫必须具备特殊的架构来优化获取信息的流程（见图 9-3）。

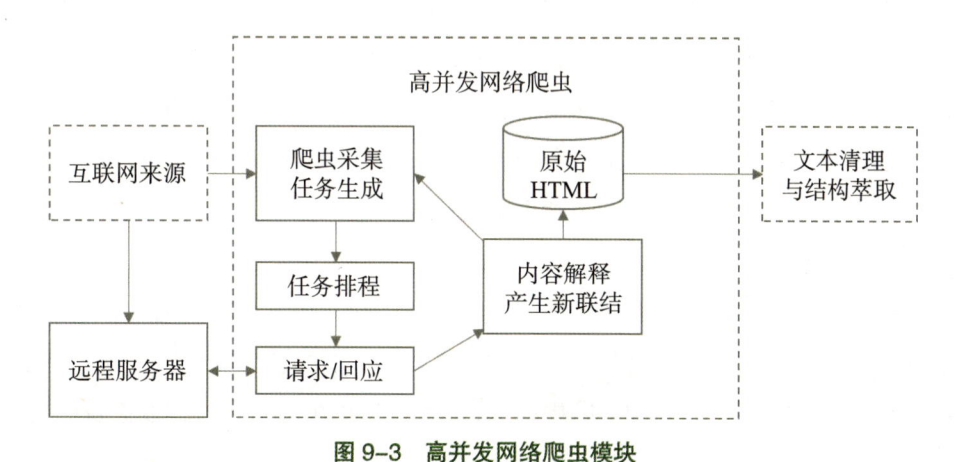

图 9-3　高并发网络爬虫模块

与通用的网络爬虫不同，舆情分析锁定了明确的特定来源，只关注特定网站页面内的特定内容。因而在启动爬虫前，必须先告知爬虫要爬取的网域与服务器，启动后爬虫才会到该网域内的特定网站中，爬取指定的内容以供后续分析使用。

选择特定网域后，通常会指定从特定的页面作为初始的爬取目标，此初始目标页面称为种子页面。从种子页面中，可解析出延伸列表或详细页面的联结，并生成爬虫所要采集的新目标，送入爬取任务的排程列表中。在排程模块内，系统会将所有相关的网络拓扑视为一张有向图，逐步在图中获取网页内容，并利用如深度优先、广度优先等爬取策略（见图9-4），分配各爬取任务的优先度。

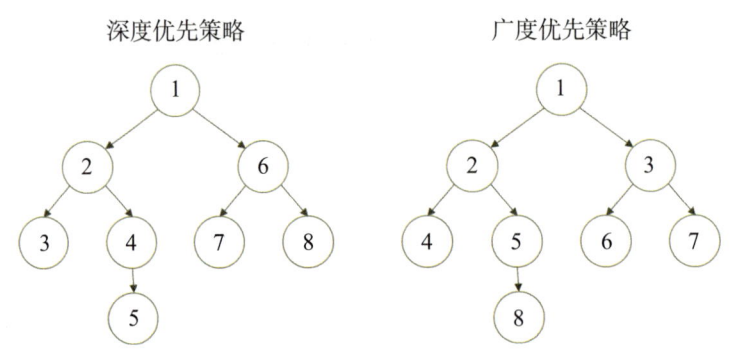

图 9-4　深度优先与广度优先爬取策略示意

不同的爬取策略，其适用的情境有所差异。以"深度优先"来说，爬虫会沿着获取结果 HTML 中的联结，持续往下深入探索，直到不能再深入为止，是一种在过去因内存大小限制较多而常用的爬取方法。此方法的优点是能遍历一个网站来源或深层嵌套的内容架构；缺点则是因为内容结构过深时，有可能造成在爬虫深入页面后，就再也无法跳脱出来的情况。"广度优先"在设计上是一种较有助于多爬虫平行化爬取的合作模式，也因为重要度高、相关性高的内容往往离列表初始网页较近，广度优先遍历是目前使用最广泛的一种爬虫策略。以一般常见的舆情来源来说，来源通常是属于如新闻、博客、论坛等内容型网站，其网页内容是属于相对扁平但同层级内专案数较多的结构，若同时考虑平行化爬取的执行效率，通常会推荐采用广度优先的爬取策略。

在排程队列中，必须保存"已访问"与"待访问"的页面链接纪录，通常以哈希表作为储存结构以增加检查效率。若"待访问"中的联结已在"已访问"记录中存在，则必须将此联结从"待访问"中移除，此举一方面可节省重复爬取浪费的资源，另一方面也可避免网络拓扑结构上存在的环状架构造成无穷循环的问题。

当有新的爬取任务加入至"待访问"队列时，连接池管理器会自动检查是否目前有闲置的联结访问资源，如果所有的可用联结资源都在忙碌中，且最大的联结资源数未达到时，管理器会自动新增一项联结资源。当达到管理器支援的最大联结数时，则管理器会暂存队列的任务，并持续检查资源是否忙碌，直到有空闲的资源让出时，即将暂存的联结排入联结访问中。

网络上的资源，通常是 Web 服务器上各种格式的文件，其中以网页 HTML 文本为主流。与 Web 服务器沟通一般须通过 HTTP 协议，能以 HTTP 协议进行沟通的 Web 服务器，也可称为 HTTP 服务器。HTTP 服务器上储存了各种网络数据，并且根据 HTTP 客户端的请求来提供数据，一般的客户端会是使用者常用的浏览器，打开网页的过程是浏览器通过网址 URL 和远端 Web 服务器发出请求，并获取 HTML 相关的图档、样式等资源，最后将获取的 HTML 文本转译为人类可阅读的视觉化内容。而网络爬虫也是 HTTP 客户端的一种实现方式，为的是模拟人类通过浏览器和远端 Web 服务器沟通的行为。

经由 HTTP 协议的请求与响应后，爬虫可将响应的 HTML 格式内容储存于原始 HTML 数据库内。在此阶段的内容解析工作，一般来说为求执行效率，只会做"联结提取"的解析。爬虫解析完 HTML 中的联结后，通过新联结产生新的爬取列表，加入爬取任务队列中启动新的爬取循环，直至列表内不再有任何爬取任务为止。

保存爬虫爬取结果的数据结构，通常包含网站联结、来源描述、网页内文等重要资讯，随系统规模与功能不同而可采取不同的保存策略。较小的爬虫任务，可能会是一个简单的内存队列；中型的爬虫任务可能会使用内存中的数据库，若内存放不下，可写入至硬盘内储存；真正大规模的爬取任务，则是利用服务器集群与分散的数据库来保存爬取结果。

通常爬虫所需要获取的内容都是静态页面，但近期已有许多网站的内容采用 JavaScript 技术来动态生成内容。对于单纯只下载静态 HTML 的爬虫而言，动态产生的内容是无法取得的，此时会需要"可模拟浏览器动态渲染页面"的进阶爬虫来进行解析，但此类爬虫所消耗的资源较大、执行效率较低、平行化爬取支持度较差，在爬取的成本上相对会高上许多。研究者若须爬取此类来源，必须仔细考虑其成本效益是否符合研究需求。

若只靠单一的爬虫程序，爬取网站时会需要耗费相当多的时间，若需要在短时间内爬取大量的网站，必须要依赖高并发的爬虫架构。高并发架构分为两种实现途径，一种为多线程架构，在单一机器上以多线程执行多只爬虫；一种为分布式架构，在不同的机器上同时爬取不同网站；多线程与分布式架构可同时实现，即于分布式架构中的每台机器上以多线程执行爬虫程序，即可提升爬取效率。

爬虫程序执行时主要消耗三种资源，即网络带宽、处理器、储存空间，三者都有可能成为执行的瓶颈，硬件架构上必须在成本与效率间取得良好的平衡，才能适应实际的爬取需求。

爬虫在执行过程中，不只消耗自身的资源，也会对远程服务器造成负担，由于服务器与网络带宽都是所费不赀的宝贵资源，内容服务商为求保护，通常会严密监控存取内容的使用者 IP 与对外流量。

爬虫以并发式架构大量获取内容时，常会被服务商认为是网络攻击或不正当的存取方式，并以封锁 IP 的方式来防御，造成爬虫无法顺利存取来源。因此网络爬虫在执行过程中，必须依循一定的伦理规范。实际上执行时，须尽量避免服务器的高峰时段，或以限制单一来源线程数、变动 IP、代理服务器等方式来取得内容。但若造成服务商运营困扰而被判定为干扰行为时，将可能导致法律的纠纷，此时建议应直接向服务商采购内容，寻求双方共赢较为妥当。

三、文本清理与结构萃取

网络爬虫的运作目标在于快速从来源中获取大量内容，因此执行过程中非常重视执行效率，通常不会在爬取的过程中处理复杂的内容解析工作，而是在爬取完后再进行文本清理与结构萃取的程序。文本清理与结构萃取模块如图 9-5 所示。

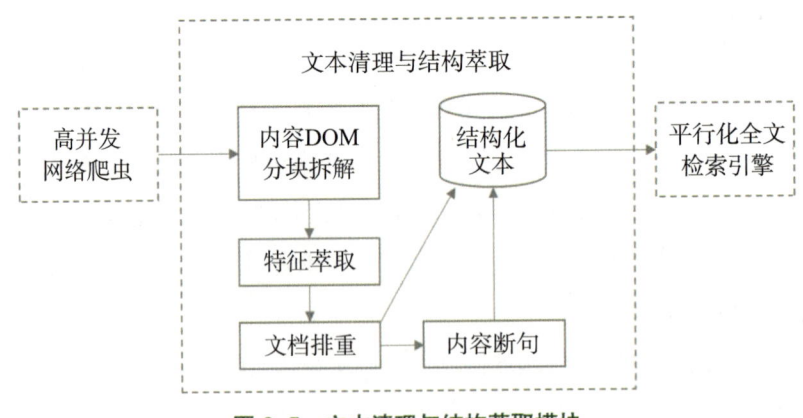

图 9-5 文本清理与结构萃取模块

在提取文本资讯前，首先要先识别网页的文本编码，有时也须进一步解析网页的语言。一项编码可能对应多种语言，如 UTF-8 编码可适用于中文、英文、日文等，是网络上使用最广泛的编码之一；一种语言也可能编码为不同的呈现方式，如简体中文也可编译为 GBK 编码。使用错误的编码解析文本，会产生大量的乱码资讯，造成无法阅读、分析的困扰。解析文本编码的方式有几种方案，①通过 Web 服务器回传的 HTTP 标头 Content-Type 中提取编码；②从网页中的 meta 标签中识别字符编码，若与 HTTP 不一致时，应以 meta 为准；③若 meta 标签与 HTTP 标头都无法判断，则以回传的二进制资料流格式判断，通过统计抽样与各种编码方式的特征作比对，推论出最可能的编码方案。

网络爬虫爬取的内容格式多为描述网页的 HTML（超文件标示语言，Hyper Text Markup Language，简称 HTML），原始的 HTML 内容若未经清理、结构化转译，则无法直接由人类或机器进行后续的阅读与分析。然而内容提供商在设计网页时，为了能够增加美观性与信息丰富度，会在网页中加入大量与主文无关的内容，如导览列、广告、互动信息、分享链接等信息，这些信息虽然有助于人们浏览网站，但也加入了许多不必要的噪声，给文本结构化与检索带来了困难。

网页设计者会根据人类的视觉认知，将一个页面拆解成多个区域模块，如导览区、推荐列表区、置顶通知区、主文区等，并以 HTML 格式这项浏览器通用的语法呈现。HTML 的结构是由文件对象模型（Document Object Model，简称 DOM）所组成的，DOM 为网页页面提供了阶层状的架构，不只描述了网页的内容，也描述了网页的布局。从 DOM 树中可以观察到，每个标记都具有特定的阶层与地位关系，而不同的标记具有不同的功能，有些标记只对视觉上有作用，有些则是网页的补充信息，有些则是描述对象之间的从属关系（见图 9-6）。

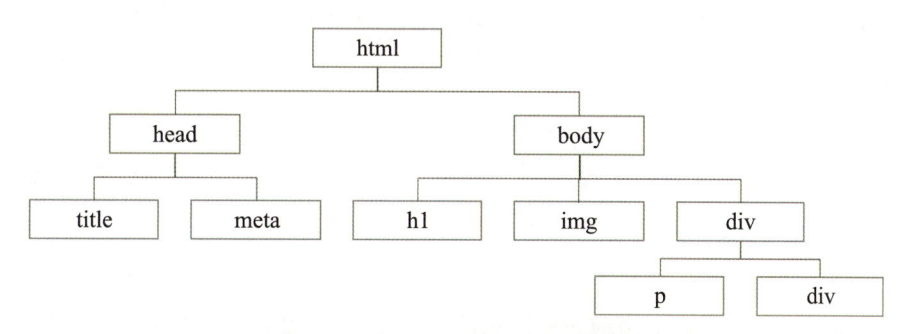

图 9-6　HTML 的 DOM 树结构案例

网站设计者在提供内容时，为求信息提供的效率与一致性，通常设计的 DOM 架构差异不会太大。因而在文本结构化的流程中，可以采用解析 DOM 架构的方式提取真正包含舆情信息的区域，进而过滤掉大量对后续分析无用的噪声，同时达成结构化与清理的目标。

常见的 DOM 筛选器包含以样式描述语法为基础的 CSS（层叠样式表，Cascading Style Sheets，简称 CSS）筛选器、将 HTML 视为 XML（可延伸标记式语言，eXtensible Markup Language，简称 XML）文件处理的 XPath 筛选器，以及将 HTML 视为长字符串做处理的正则表达式筛选器。各种筛选器具有不同擅长的情境，使用错误的筛选器可能引入过多噪声，也有可能剔除了真正有用的内容。实际操作上常会由具相当经验的工程人员针对特定来源网页作解析，依舆情内容的架构做适当的搭配组合，客制化内容筛选器，以解析出真实的舆情内容，并保持稳健的解析质量。

舆情来源具有实时性的优点，但变化快速的内容也会造成内容解析的困扰。由于文本的解析来自 DOM 架构的解构，若网站内容改版造成 DOM 架构变动，也可能会导致原先设置的筛选器失灵，导致舆情信息观测的遗漏。实际操作必须有专职的工程人员持续观测每次提取的信息是否正确，并在信息失准时实时因应与修复，以确保后续舆情分析的准度。

网络舆情中除了原生内容的产出之外，也必须考虑转载帖文的行为，一篇具有影响力的文章，往往会被转载到许多不同的网站中，以致在网络爬虫爬取文本时，会遇到许多 URL 网址不同，但实际上内容大同小异的状况。因此，网页内容的收录有必要按文本的相似度来排除相似的内容，也可称为"文本排重"。判断文本重复性的方法有很多，其中效率最高的是语义指纹方法。语义指纹会将一份文档依照其语义表达方式，转换为二进制的序列，通过比较此序列可以判断文档间的相似程度。

信息工程上若要判断任意序列重复性与否时，常会使用 MD5 哈希算法来将序列转换为另外一串二进制的序列值。但如果直接使用 MD5 算法生成语义指纹，若有两篇文本只有小部分内容不同时，其 MD5 值可说是天差地远的。这是因为 MD5 本身的设计是以安全性为出发点，输入值的微小差异会导致 MD5 算法的哈希值产生"雪崩效应"，每一位的差异，其散列结果会有一半以上的位会改变，这样的特性使得 MD5 算法不能直接作为语义指纹的产生方法。

为了解决这项问题，文本的语义向量会使用 SimHash 算法来产生。SimHash 是谷歌在 2007 年发布的指纹生成算法，被广泛应用于谷歌的亿级网页去重复任务中，是一种局部敏感哈希的算法。SimHash 的主要功用是降维，一段文本内容，无论其长度有多长，通过 SimHash 算法压缩后，会转换为可能仅有 32 至 64 位元的二进制比特序列，为每一个文本制作唯一的身份证，使复杂的数据可以用简单的序列来表示。

SimHash 算法会先提取文本内容的 N 项语义特征，通常会取为前 N 大的关键词；每个特征具有特定的权重值，通常取关键词在文档中出现的次数。将关键词经由 MD5 等算法取得哈希值后，将哈希值二进制值视为投票权，为 1 时加上该权重值，为 0 时减去该权重值，将 N 组哈希值与权重叠加之后，正值取 1 负值取 0，即可得到一组可以比较相似度的语义指纹（见图 9-7）。

语义向量的相似度计算方式，一般来说可使用海明距离来计算。海明距离是将两组长度相等的二进制比特序列逐个比特依序比对，计算其相异数。例如 10101 与 11000 的第二位、第三位与第五位不同，其海明距离就是 3。越相似的比特序列，其海明距离越小，海明距离为 0 代表两个序列完全相同。

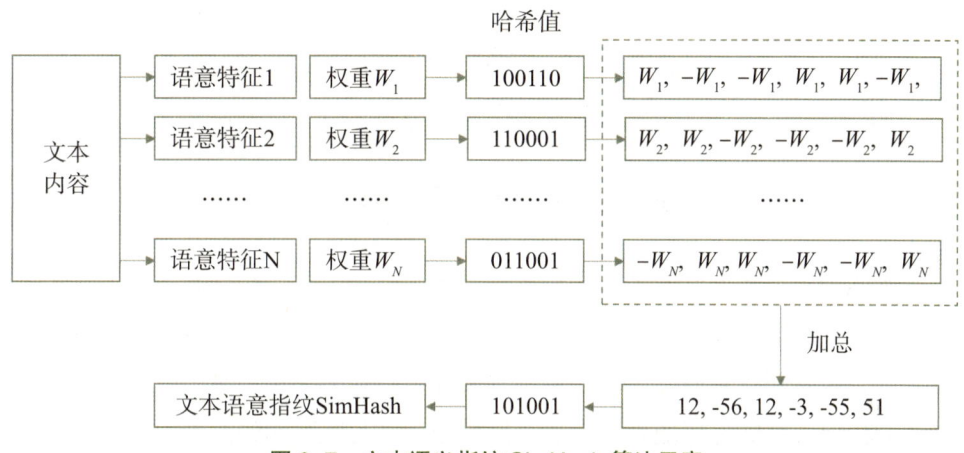

图 9-7 文本语义指纹 SimHash 算法示意

虽然利用文档排重技术，可将不同来源中相似的文档排除，但研究舆情时仍然可能会需要将不同来源中重复的内容，视为一种舆论扩散的重要指标。因此在实际操作上仍会将文档保留，而通过语义指纹来作为判断该篇文本具有多少扩散强度，以及扩散到哪些频道的重要参考。

四、平行化全文检索引擎

舆情信息以文本信息为多，然而在处理大量文本上，必须有良好的全文检索引擎作为核心服务，提供高效率、实时的文本检索以及弹性化的检索条件，以支持后续复杂的自然语言处理与舆情分析功能。

检索引擎是将信息通过特殊的结构重新组织整理后,让用户可以快速找到需求目标的一项自动化系统(见图9-8)。网络舆情浩瀚万千且缺乏统一的秩序,各种来源的文本犹如汪洋中四散的岛群,网站链接是小岛间互通有无的桥梁。通过搜索引擎则可针对用户的检索目的,提供最有效率的地图,让用户转瞬间跳至小岛上取得所需的资源。

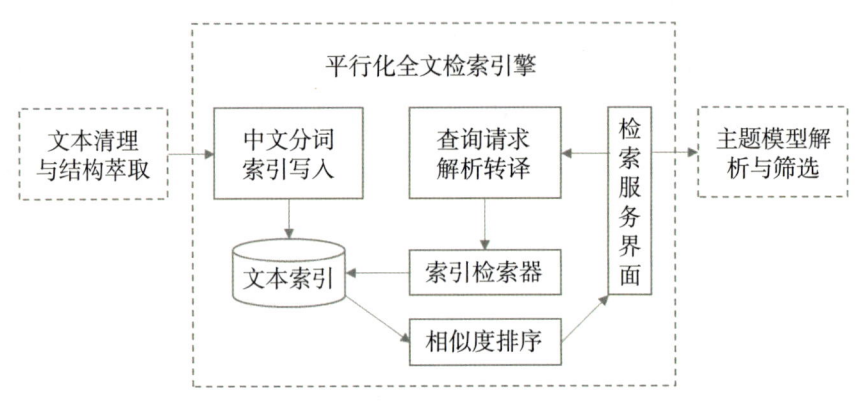

图 9-8　平行化全文检索引擎模块

传统的关系型数据库处理文字检索时,采用的是"循序扫描法",也就是将每一篇文本数据从数据库内提取出来,一一检查是否包含特定的词汇,若包含则选出该篇文件,接着扫描其他文件,直至所有文件被扫描完为止。对于数据量小、单一关键词的提取条件或许还能满足需求,但要处理来自互联网的海量舆情文本时,每次分析都要等待数小时,且无法针对相似度做排序,这些效能与效率上的致命问题,将无法满足研究者实际操作的需求。

从海量文本中提取特定信息,要如何提高效率?其实现实中我们也遇到过类似的问题,也已有了很好的解答。早在计算机发明以前,为了提高人们检索信息的效率,就已经出现了人工为图书所编辑的索引,具体案例是学生们常用的"字典",我们可以愚笨地将字典每页逐字看完,也可以通过拼音或部首来快速检字。字典中的拼音表、部首检字表,是一种预先建立的文本索引,通过预先建立好、已排序好的索引,可让我们快速查找到需要的内容,这种先建立索引,再对索引进行搜索的过程就是全文检索(Full-text Search)引擎的核心概念。

全文检索引擎是一种以词为核心的设计概念,其中以词为基础的文本联结关系又称为倒排索引(Inverted Index),索引中记录了所有文本所使用的词汇(词典),

并纪录这些词汇对应哪些文档（倒排项），以及在文档中的位置与出现频率（倒排列表）。当使用者需要查找特定的条件时，系统会将解析后的关键词作为查询条件，找出有哪些文档具有该关键词，累计关键词出现的次数，并依照统计的结果计算相似度，最后由相似度高至低依序提供给使用者。

建立倒排索引的过程，又可称为索引库的建立（见图9-9）。建立索引库是为了将文本内容以更容易检索的方式来储存，索引结构的好坏通常是影响检索效率的关键，必须满足容易实现、查找快速、空间占用低的要求。现行最有效的索引库实现方式，是将反向索引结构以"反向档案（Inverted File）"的方式写入硬盘中。反向档案是使用文件关键字为索引，文件作为索引目标的一种二进制结构。

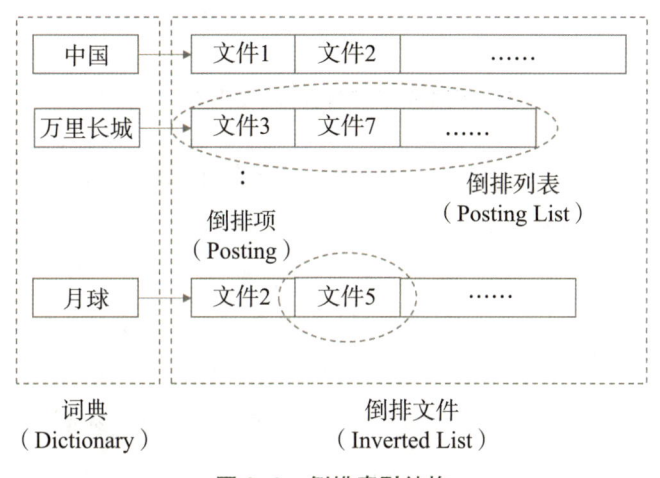

图 9-9　倒排索引结构

在建立索引前，必须先从文本中解析出关键词，才能获得对应的索引统计基础。在英文的句子中，因为单词之间本身就留有空白，只要利用空格符来划分句子，可以快速切分出句中的所有单词。但是处理中文文本时，汉字在书写时词与词之间不会留任何空白，在不具有天然分隔标记符下，必须要以有别于英文的处理方法。

将中文句子切分为单词序列，通常使用"词素解析分割法（Morphological Analysis）"与"N元分割法（N-gram Analysis）"，两种方法都能在全文检索引擎中实现，以下详述此两种方法并分析其优缺点。词素解析与N元分割法比较如图9-10所示。

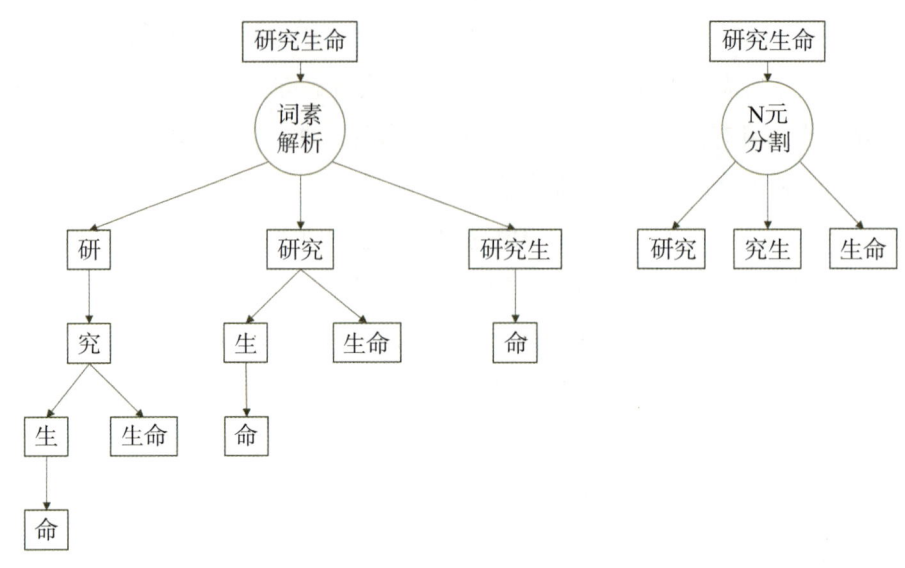

图 9-10　词素解析与 N 元分割法比较（N=2）

"词素解析分割法"是将句子切分为"词素"序列的方法，用于中文时常称为"中文分词"的分析方法。词素是人类语言中具有最小意义的单位，例如针对"研究生命"切分时，可以切分为"研究、生命"或"研究生、命"以及众多的组合方式。由于中文的语法非常复杂，歧义的可能性非常多元，一般会认为针对中文做正确的词素解析是非常困难的。近年在词素解析上，一般常用如隐藏马可夫模型、最大熵、条件随机场等机器学习的方法，先学习由人工切分的正确训练集，再由机器推理如何分割未知的句子。在大多数的情况下，中文分词的精确度和人类所认知的切分方式是一致的，但处理专业用语多、表达方式复杂、过度口语化等和训练集差异太大的案例时，精确度还是有可能大幅下降。

"N 元分割法"是一种不依赖语言的句子分割法，此分割法不考虑词汇是否具有意义，直接将句子分割成 N 个字构成片段的组合，每个片段称为一个 N-gram。N 的值通常取为 1~3，N=1 称为 uni-gram，N=2 称为 bi-gram，N=3 称为 tri-gram，例如针对"研究生命"以二元分割法切分时，可以切分为"研究、究生、生命"。N 元切割法在单词界线的判定较有限，因而无法精确找到如明确包含"研究生"的文件，结果可能会包含"研究、生活、生命"等非预期的结果。

倒排索引的建立会消耗大量的储存空间，索引中的词典大小会严重影响执行效率，为了解决这项问题，在实际操作时我们会发现并不是所有的词汇都是需要被储存的。有些词汇可能在所有文件内都会出现，消耗了大量的空间，却无法对检索带来实质的区隔效益，这类词汇应从索引中删除，以免形成无谓的浪费。

筛选出这些词汇的过程，称为"文本特征选取"，一般会使用"词频—逆文档频率（Term Frequency-Inverse Document Frequency，TFIDF）"来判断各词汇的重要性。词频代表词汇在特定文档中的出现频次，词汇在文档中出现的次数越多，代表词汇在文档的重要性越大。但文本有长短的分别，文章越长词频自然会越高，造成不同长度文本的判断基准会有所偏误，通过文本内所有词汇的总数可以将词频标准化。文档频率代表包含特定词汇的总文档数量，可通过总文档数标准化；逆文档频率是将标准化的文档频率倒数后取 Log 值，词汇在各文档间越普遍出现，逆文档频率就越小。将词频与逆词频相乘的结果就是 TFIDF，是一项同时平衡词汇重要性与词汇普遍性的衡量因子，TFIDF 越大，通常可代表词汇在文本中是必须被保留的重要特征。

在查询与检索的过程中，需要通过检索模型来将用户的"检索需求"对应至"倒排索引的筛选方式"，通常在全文检索上，会使用布尔检索模型来作为筛选文档的描述语言。布尔检索模型中主要由 AND（且）、OR（或）、NOT（非）三种逻辑运算符所构成，布尔逻辑运算符可将检索词以用户需要的方式组合为一体，构成机器可阅读、适用于倒排索引的逻辑检索语法。布尔逻辑运算符通常可用集合的概念来说明。

（1）AND：代表逻辑"且"，用以表示连接两个检索项回传结果的"交集"部分，例如检索同时含有 A 与 B 词汇的文档时，会以"A AND B"来表示。

（2）OR：代表逻辑"或"，用以表示连接两个检索项回传结果的"并集"部分，例如检索可能含有 A 也可能含有 B 词汇的文档时，会以"A OR B"来表示。

（3）NOT：代表逻辑"非"，用以排除不需要的集合，例如以"A NOT B"表示有包含 A 但不包含 B 的文档；也可以表示反向的集合，例如以"NOT A"表示所有不含词汇 A 的文档集合。

（4）小括号"（ ）"：将逻辑以类似四则运算的方式整合，括号内的运算会优先进行，并可视为一项集合。例如以"（大学 OR 研究所）AND（法学 OR 商学）NOT（外国）"来筛选出所有"本国的法商高等学院"相关文档。

在文本检索引擎获得用户的查询条件后，会回传大量的相关文件。这些文件必须经由相似度的高低来排序，才能符合使用者检索的期待，并提高获取结果的效率。对于搜索引擎而言，相似度的意义不只是找到相关的词汇，早期的检索引擎只能回传包含特定词汇的文本，但使用者在使用上发现，大量的文本不见得能解决真正想要解决的问题，而真正的解答，通常会具有相关词汇频率出现较多的特性。这样的特性在搜寻引擎中也可称为相似度，代表索引中的文本和检索条件中各词汇的关联程度。常用的关联度计算方法包含余弦相似度（Cosine Similarity）与Okapi BM 25算法。

在计算余弦相似度时，需要将文档与查询词汇映像到以单词为维度的向量空间上，每个文档会因包含词汇的词频差异，表示为不同的文本向量。文本与查询向量的余弦夹角越小，代表与查询的关联程度越高，即与查询越相似。

而Okapi BM25则是以概率模型为出发点，此方法认为"文件是否匹配查询结果是以词汇的概率分布所决定的"，根据单词出现的频率统计，可以计算出各文档与查询结果匹配的概率大小，概率越大则代表关联度越高。

检索引擎由于数据量大、演算复杂度高，是一项会消耗高度资源的系统。由于索引所占用的储存空间非常庞大，必须储存于硬盘的实体档案中，每次检索时都需要至硬盘内进行索引的查找，所以硬盘的写入与读取效率非常关键。实际操作上为了提供良好的互动效率，会使用快取架构将常存取的文本数据暂存于内存内，但若用户的检索方案异质性很高，快取所能改善的效率非常有限，建议还是采用固态硬盘作为存取硬盘，才是改善检索效率的根本。

检索引擎是舆情信息吞吐的窗口，通常必须同时响应大量用户的查询，尽管查找索引可以用多线程架构来处理，但在众多来源、海量的舆情信息下，单一的服务器通常会面临无法负荷的困境。因此，通过分散化架构将索引文档摆放于多台机器上，多台服务器都有检索引擎功能，由一台统筹服务器来分配用户的查找任务，让服务器间彼此备援，就算有特定服务器过度忙碌或死机时，用户仍可顺利查找到正确的舆情信息，才能确保整体系统运作的稳健性。

尽管目前已有许多成功的商业化搜索引擎，但由于执行原理、检索机制、储存架构的固有特点，搜索引擎仍存在一些缺点与不足。以目前的网络资讯发展速度来看，一个搜索引擎不可能涵盖所有主题的网站资讯。即使引擎包含的主题较为全面，但也由于主题太过宽广，很难将各主题相关资讯采集得既精细又专业；同时也会造成用户检索的结果中，包含了难以避免的大量垃圾信息；由于涵盖范围太广泛，在采集的储存容量、运算效能上也会造成大量的负担，降低即时性与回传速度。即使如百度、谷歌等优秀的搜寻引擎，在采集覆盖度、特定主题的资讯收集、资料库更新效率方面，均难以和完全针对主题客制化的搜寻引擎相比。

五、主题模型解析与筛选

全文检索引擎可以协助研究者快速找到期望的舆情文本，但处理海量文本时，只是以相似度排序并没有太大帮助，研究者不可能以人工阅览方式逐笔将所有的舆情内容观看完。因此在进入舆情分析前，系统应先对文本以符合人类认知的方式做初步的归纳，并进一步依情感的差异做分类，完成初步的文本综览分析。

主题模型是自然语言处理领域中比较特殊的一种技巧，它的思想和一般的机器学习概念有所不同，主题模型的主要目标是从大量给定文档中自动挖掘其隐含的主题，一般来说，主题模型的输出会是多个词的集合、各词汇属于各主题的概率，以及各主题在文件之间的分布状况。主题模型解析与筛选模块如图9-11所示。

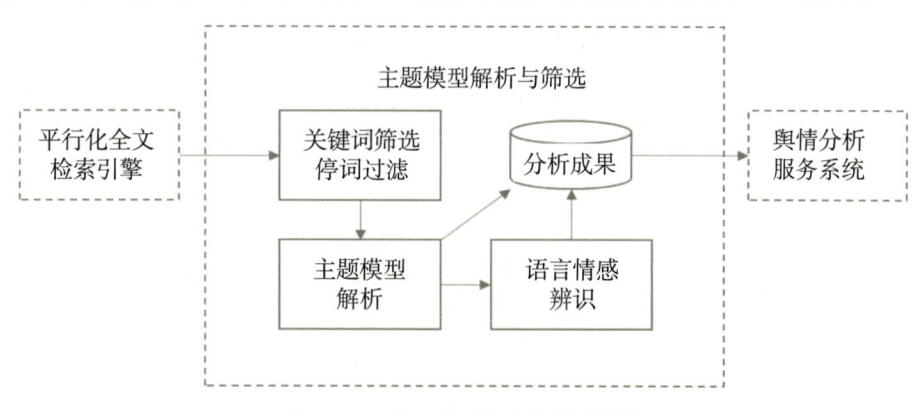

图 9-11　主题模型解析与筛选模块

在数据分析中我们常会需要使用"聚类"算法，以实现在非人为介入、无监督的情况下的自动归纳。主题模型也是一种非监督的算法，其主要目的是要将"字词-文件"的对应关系，拆分为"字词-主题""主题-文件"的两种对应关系（见图9-12）。

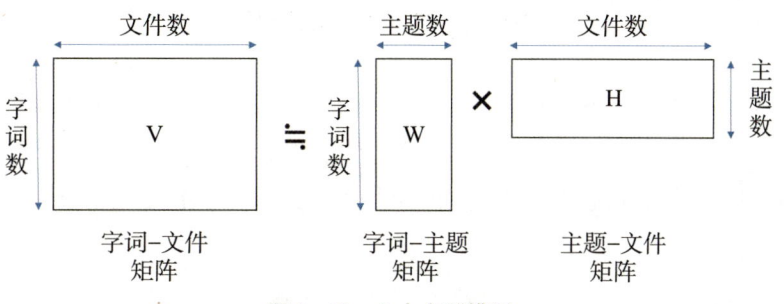

图 9-12　文本主题模型

机器学习中的聚类方法依赖数据间的距离关系，但通过距离并无法萃取出文本隐含的语义主题。将对应关系拆解出主题的过程，称为主题模型的建立，而主题模型顾名思义就是对文字中隐含主题的一种建模方法。在主题模型的观点中，一篇文本可能有多个主题（主题–文件），每个主题会有特定的字词出现概率（字词–主题），一篇文本是在特定的主题分布下所产生的，遣词用字的行为也可由主题所包含的字词概率所描述。

隐含狄利克雷分布（Latent Dirichlet Allocation，简称 LDA）是一种建立主题模型的算法，也是一种无监督的机器学习模型。LDA 假设每个文本中包含了多个主题，其中每个主题都是基于词汇的特定概率分布。在 LDA 的观点下，文档是一项基于贝叶斯概率的生成结果，其产出过程可视为一个概率的数学模型，并以概率的观点来看待一篇文章的产生（见图 9-13）。

（1）从狄利克雷比例分布参数中，取样生成文档的主题分布比例。

（2）由主题分布比例中，取样生成文档中特定字词的主题。

（3）从狄利克雷主题分布参数中，取样生成特定字词主题的字词分布。

（4）从字词分布中采样，生成最终的观测词。

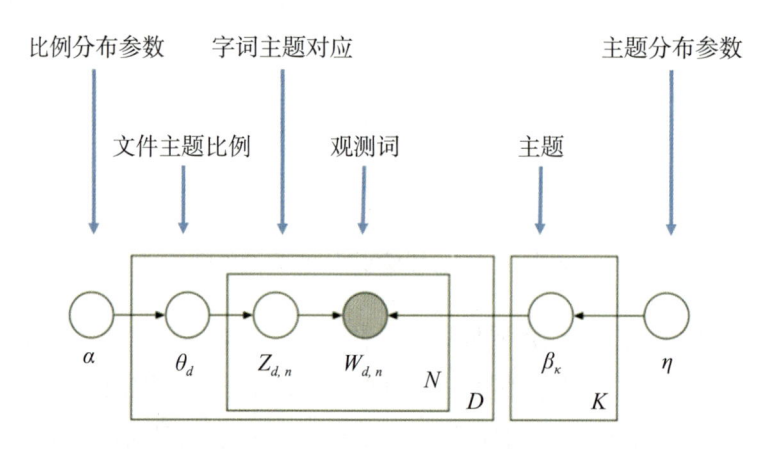

图 9-13　LDA 主题模型架构

在研究上，LDA 的狄利克雷分布有多个参数，每个参数的取值都是不同的。但实际操作上为求分析效率，不会对这些参数作准确的估计，大多会将这些参数取为同一数值，这样的分布通常称为对称的狄利克雷分布，虽非完美精准，但已可符合大多数的分析需求。

LDA 在聚类分析的过程中，主要是希望让主题–文档–字词的联合分布概率最大化，使用了变分法或 Gibbs 抽样技术，来试图找出对应概率最大的结果，不直接估测其分布参数，而是直接使其后验概率最大化。最后产出"主题由哪些字词所组成、各文件中有哪些主体、文件中各字词属于什么主题"三大结果。LDA 在分析上必须先指定须聚类的主题数，以确保可聚类出较精确的主题，若文本本身蕴含的主题数过少，则有可能会造成主题内词汇重复过多的状况发生，一般来说会先取固定的主题数再作参数的微调。

如何整合 LDA 与舆情分析流程，可参考以下的案例（见图 9-14）。研究者对五篇新闻运用 LDA 聚类法进行主题模型分析，可自动归纳出五项主题，右侧的主题列表中，包含了各主题所含有的字词；在最左侧的五个圆圈中，可以看到各文件中包含各主题的比例。由此我们可以用结果来设置五项主题所包含的关键词，以及每个主题归属各文本的概率高低。主题分析法可协助研究者快速了解目前收集的文本集合中，主要有哪些论述构面，并通过各构面主要的关键词组成，以总体观点来审视各主题的论述语义。

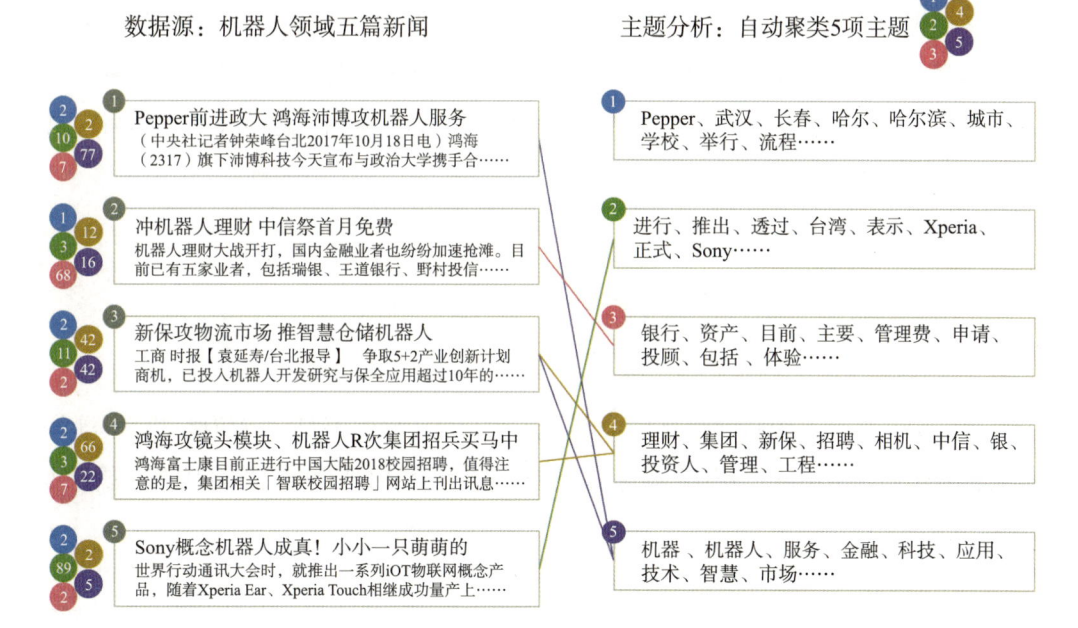

图 9-14 LDA 主题模型聚类结果

在情感辨识上，考虑到实际的成本与可行性，一般普遍使用的方法是基于辞典的情感识别法。此方法所需的基本处理模块与资源包含：①使用包含情感词、短语、俚语、组合规则的情感表达辞典；②处理不同语言与文句类型的语义规则，如转折语气、否定语气的界定方法；③情感聚合函数以及评价目标与情感词之间的句法关联组合。

辞典法在分析时，会在各文句中找寻可能的情感表达词，基于预先建立好的情感表达强度词库，依照正评、负评、中性做出评分，每个情感表达词可能同时有一个或多个情感属性，原则上每个正面情感可视为 +1 分，每个负面情感可视为 –1 分，中性词汇不带情感可视为 +0 分。在处理情感转换词部分，通常会预先建立代表文句情感倾向转换的词汇或短语，若检测到情感转换词、否定词、转折用法时，则算法会适度地调整权重计分方式，例如否定用法会反转情感倾向计分值，转折语气则可能会抵销前一句的情感倾向。最后算法会通过聚合情感计分函数，将整体文句的评分值进行汇总，以评估文句总体的情感倾向。情感聚合必须考虑情感词之间的文本距离，以语义统计来说，越远的词汇其关联性通常较低，其语义列计权重也应该较低。若最终汇总整理的结果为正，表示文句整体倾向为正面；反之若最终得分为负分，则代表其观点倾向为负面。

基于辞典的情感识别法相对简单而稳健，可通过调整情感表达的作用范围来微调语义辨识的成果，适用于一般情境中精确度要求不高的辅助判读。但人类的情感表达非常复杂，若有反讽、组合观点、新用语等状况发生时，容易产生辨识错误，此时可考虑运用句法依存解析、类神经网络、语义关系识别等进阶技术以提高辨识准度。

六、舆情分析服务系统

舆情分析服务系统将网络爬虫、内容清理、全文检索引擎、主题模型分析等各模块整合于同一系统内，让研究者可借由统一的管理界面进行舆情的观测与分析（见图 9–15）。

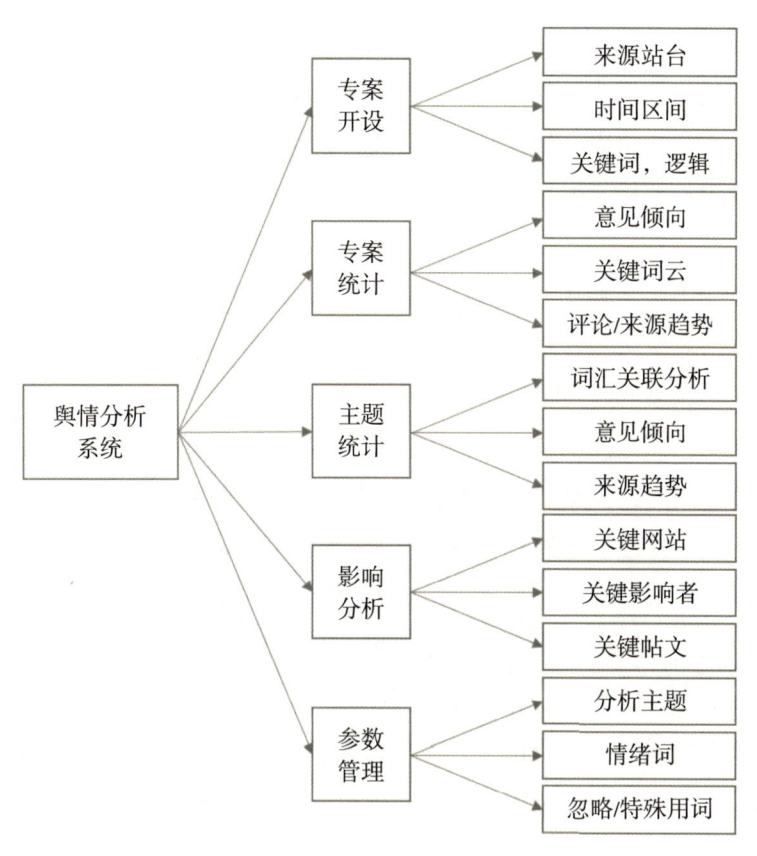

图 9-15 舆情分析系统架构

舆情分析系统以舆情专题为管理核心，起始于分析专题的开设，选定网络爬虫预先获取的来源网站，设置分析的时间区间，设置全文检索的关键词与布尔逻辑，即可提取大量的舆情文本，并以 LDA 主题模型进行分析。分析结果可于系统中通过视觉化的界面呈现，让使用者任意互动操作，达成切换检索区间、比较不同情感热度、了解整体词汇文字云、探索关键词的关联性等深入分析功能。除了观测专题整体的统计资讯，研究者也可针对 LDA 分析的各主题进行细部的挖掘，了解舆情中最关键的影响来源，甚至通过参数的设置，对主题分析词、情绪词、特殊用语进行微调，以优化舆情分析的结果，达成研究所需的目标。

七、舆情延伸分析系统：企业竞争力分析系统

仅有舆情系统所提供的信息，对研究者而言仍须投入大量的心力，才能将各舆

情专题的成果整合起来,并绘制为有意义的结果与报表,最后才能由此产出经营的洞见、规划适当的策略。为辅助用户达到此目标,必须在舆情系统上延伸出进阶的分析服务系统。竞争力分析系统是一种舆情的延伸分析服务系统,通过企业竞争力分析的产业分析架构,解析产业中的五种竞争力来源,衡量企业所处产业的竞争态势变化。

企业竞争力是一种相对的指标,必须有比较者作为基准进行竞争、比较才能显现出其意义。竞争力包含现在、过去与未来的预测,其测定也需要在指定的时间框架内与比较的竞争群体共同分析,以评价观测目标的价值。企业在经营上最在意的,不会是国家与国家之间的竞争,也不会花太多精神研究自己在非相关的营业范围是否有竞争力。因此,企业竞争力通常会将范围限制于企业相关的产业环境内。

为描述产业环境的竞争力关系,最著名的模型是迈克尔·波特(Michael Eugene Porter)的五力分析模型,五力分析模型将产业竞争的来源分为供货商、现有竞争者、购买者、新加入者、替代品五个方面。我们可通过整合五力分析与舆情观测的结果,进以观测产业中特定企业竞争力的评量结果。

为了将舆情系统内的分析结果整合至竞争力分析系统内,必须先将舆情系统的产出参数化,由于竞争力分析需要时间框架作为比较基准,可选择各专题中的舆情热度作为参数的来源(见图 9-16)。

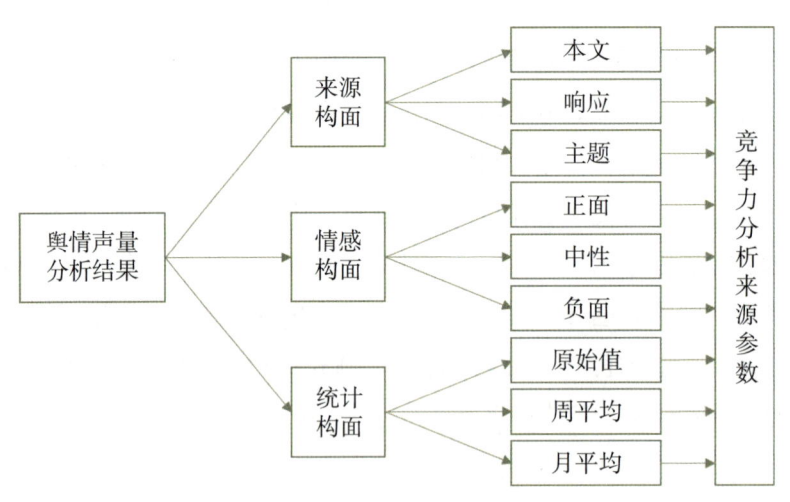

图 9-16 竞争力分析来源参数

在舆情系统中所获取的热度,是由舆情专案中的分析关键词与逻辑组合后,经由舆情全文检索引擎分析而来,通过主题模型分析后,也可获得各来源的热度值,因此在来源构面上，可分为舆情专案中的本文热度、响应热度以及各主题的热度值。除了来源构面之外，舆情系统中也通过情感语义分析，将热度分为正面、中性、负面的个别情感热度。热度可以直接获取原始热度值，但也可以经过初步的统计，来观测不同框架间的热度变化状况，例如通过 7 日、30 日的移动平均计算，来观测到周、月的中长期变化趋势。因此来自舆情的竞争力分析参数，可综合 3 种构面、27 种不同的组合方式，以满足研究者各种的研究需求。

在产业研究架构下，往往需要整合不同的舆情专题来源，由于来自舆情的参数都是以日为基准的时间序列值，我们可使用各种四则运算的设置，将各项参数用数学公式自由地整合在一起。一项公式可能用到多组来自不同舆情专题、不同情感的参数；专题的重要性不同时，也应该给予不同的权重值。因此"加权平均"以及"正负评互抵"的设计模式，是编写公式常用的方案。

企业竞争力分析系统和舆情系统架构相似，也是以专题的方式来管理各种分析的需求，专题式的分离架构，可让不同的分析情境共享分析资源，避免传统分析方法上必须全面重置、消耗大量时间与精力的困扰。

举例来说，若研究者在研究 A 企业时，建立了许多竞争者、供货商、购买者、新加入者、替代品的舆情专题，也基于这些信息完成了针对 A 企业的分析结果。不久后研究者也需要对 B 企业进行研究，且 B 企业与 A 企业在部分业务上有所重叠时，研究者不需要针对 B 企业从头全面建立新的舆情专题，可以利用 A 企业分析时所建立的结果，作为分析 B 企业的研究基础。研究者所累积的分析专题经验越多，能够分析的素材也就越多，达成资源重复利用、避免浪费、提升效率的正向循环。竞争力分析方案共享舆情参数模式如图 9-17 所示。

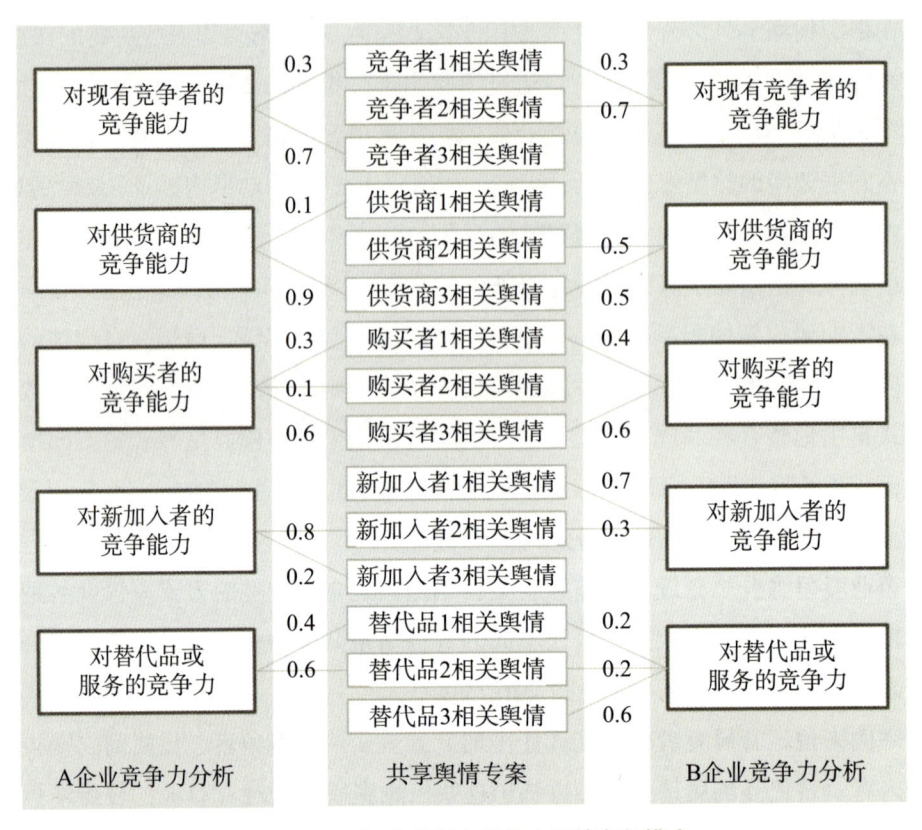

图 9-17　竞争力分析方案共享舆情参数模式

八、案例与研究分析

先前的章节中描述了系统设计的概念与架构，接下来将以实际的分析系统设计成果为案例，并将案例与设计架构互相对照。

舆情系统的根源是网络爬虫，系统内需要爬取的网站类型，必须包含新闻、博客、论坛与社交媒体资讯，以符合产业分析的研究需求。本系统通过高并发网络爬虫，每日通过多台服务器平行爬取 6 大类网站，提取结果包含数亿笔文本，涵盖内容足以进行详尽的舆情研究。网络爬虫爬取的舆情来源，如图 9-18 所示。

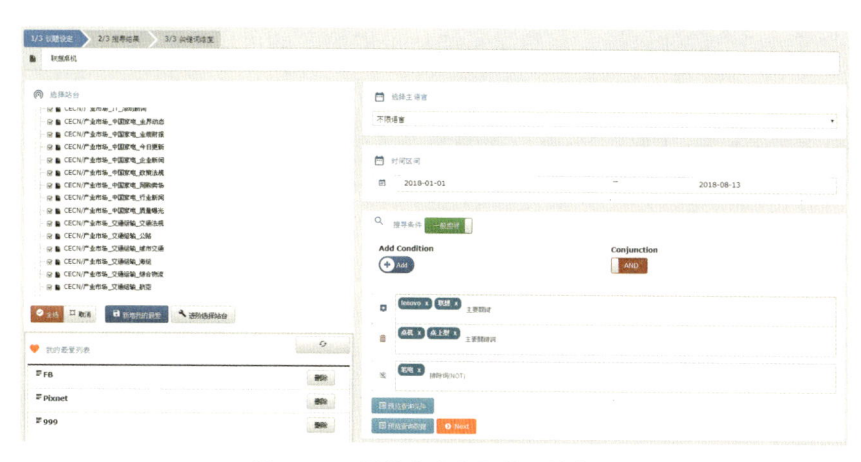

图 9-18　网络爬虫爬取的舆情来源

在资料清理部分，需要从适合人类阅读的网页内容，解析其 DOM 架构并通过解析器萃取内文。本系统针对每个网站来源详细分析其架构，客制化每个网站来源的 DOM 解析器。以 36Kr 来源为例，其 DOM 中的"h1"标签含有各篇文本的标题，在具有"textblock"CSS 类别的"section"区块中包含了内文，具有"author-panel"CSS 类别的"div"标签具有发文作者的相关资讯，可运用 CSS 筛选器或 XPath 筛选器提取此三个区块作为舆情文本来源，若此文本下方有回复内容时，也可一并提取作为此文本的相关响应，后续可延伸用以计算此篇文本的影响力。网络爬虫爬取目标原始网页，如图 9-19 所示。

图 9-19　网络爬虫爬取目标原始网页

257

为求舆情研究的兼容性，系统尽可能地提取完整的可研究资讯，可提取作者、标题、内文、发布时间等重要资讯，并滤除如导览列、广告、推荐内容等干扰分析的文本噪声。若同样以 36Kr 为例，顶端的导览列以及右侧的作者介绍、近期内容，对于舆情分析而言，并不是舆情分析的主要目标，反而会造成分析的干扰，须视为杂讯加以滤除。目标网页的 DOM 架构如图 9-20 所示。

图 9-20　目标网页的 DOM 架构

除了单向解析之外，为配合使用者实际的分析需求，在系统内进行分析时，可以针对提取的结果作进一步了解（见图 9-21），例如每篇舆情文本的详细资讯，以及发文所属的回复意见。若使用者认为需要获取更多原始文本资讯，除了检查经爬虫爬取、清理后的文本之外，也可通过界面，回到爬虫爬取的来源网址，检查最原汁原味的网页内容。以 36Kr 为例，由于网络爬虫考量研究者可能会有自己的分类方式，并不会将原文的文章分类进行提取，若使用者需要参考该文本的原始类别时，可连至原始网页内查询其分类方式，作为研究的参考资讯。

第九章　竞争力分析系统设计与架构

图 9-21　文本清理与解析后的结果

全文检索引擎是舆情系统分析的关键核心服务，必须同时具有分析弹性与执行效率。本系统投入多台服务器实现平行化全文检索服务，每台服务器都有彼此互相备援的能力，并由统一的主服务器针对负载进行效能分配，以确保使用者存取的即时性与稳定性。

全文检索的弹性来自各种筛选条件的组合，本系统以语言、时间区间来搜寻范围，并提供布尔逻辑的管理界面，使用者可通过直觉的互动方式建立复杂的提取逻辑，以满足在研究上的各种筛选需求。例如通过以下的设置（见图 9-22），针对 2018 年 12 月 21 日至 2019 年 3 月 21 日的舆情文本作分析，其相关关键词包含 iPhone、代工与供应商，组合逻辑为"iPhone 相关文本"与"代工或供应商相关文本"的交集，即代表通过搜索引擎提取此段时间区间内，iPhone 的代工厂、供应商的相关舆情内容。

图 9-22　全文检索引擎筛选参数管理界面

259

主题模型可对大量的文本数据作初步的归纳分析，让使用者有效降低文本阅读的成本，并可挖掘文本中难以观测的隐藏趋势。本系统使用 LDA 文本聚类分析技术，将文本归纳为至多 7 个面向，并提供使用者自由管理主题关键词的能力，以确保在聚类结果有所不足时得以自行补充，提高分析的质量（见图 9-23）。

图 9-23　LDA 主题模型聚类结果

主题与专案内的重要关键词，都可用关键词文字云来表述。让使用者能直觉了解各主题与整体专案的总体语义概况。以下列文字云为例（见图 9-24），可依照关键词分布推断，此文本集合是与苹果 /Apple 公司相关的产品，其主要市场为美国与中国，型号中可能有 plus，应是描述苹果公司的 iPhone；市场上主要重视的功能会是屏幕、电池、设计、镜头等零部件。

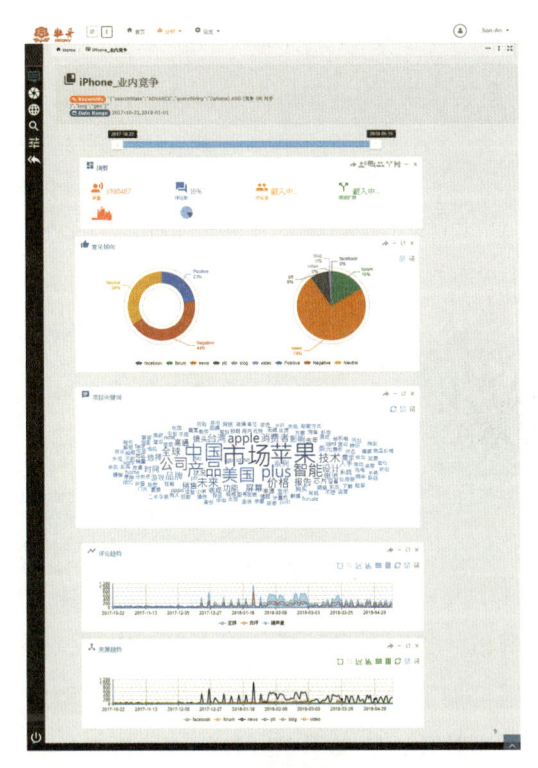

图 9-24　关键词文字云

舆情文本分析的结果是高度抽象的数值资料，必须通过视觉化的图表来呈现，才能让人了解其意义。本系统提供了专题总览的仪表板，以及针对各主题分析结果的主题总览仪表板（见图 9-25、图 9-26），其中的视觉化界面可让使用者自由操作，例如更换时间查看范围、放大查看特定线图、查看特定关键词之间的关系等，通过各种互动方式可从各种不同的面向来查看，探索舆情文本隐藏的抽象知识，构想出各种未曾思考过的洞见。

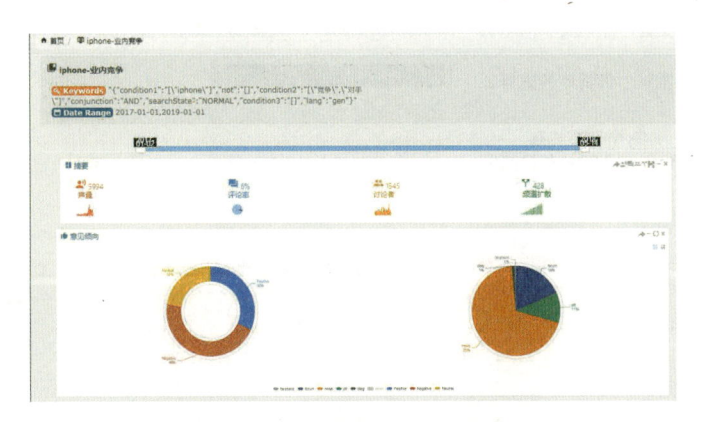

图 9-25　舆情专题总览仪表板

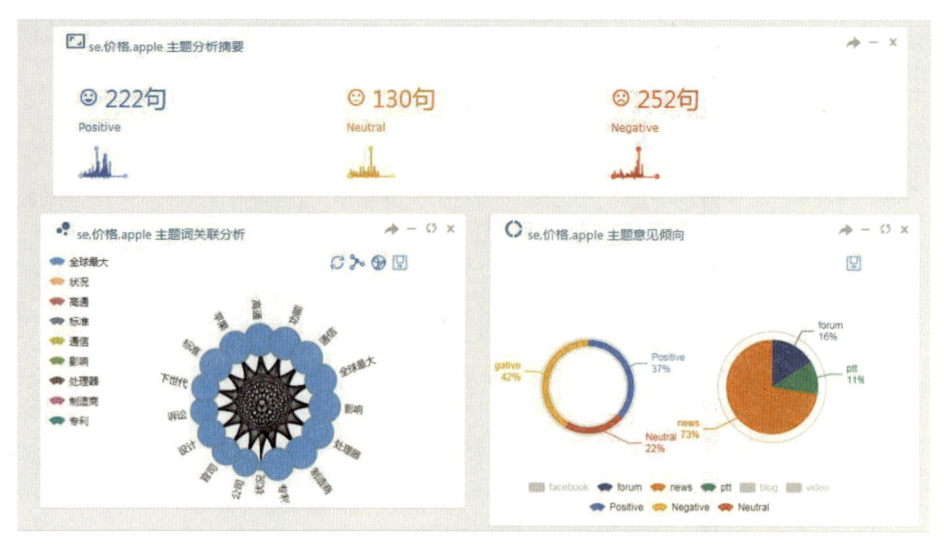

图 9-26　主题总览仪表板

舆情系统提供的资讯，其主要目的是描述、发现舆情，但实际操作时，仍需要将舆情系统提供的数据再加工，才能套用至特定的研究模型中。本系统将舆情系统内的各种热度时间序列参数化，定义了 120 种舆情分析参数组合，并提供整合公式的编辑界面（见图 9-27、图 9-28），让参数可使用各种四则运算的方式作整合，以应对实际的研究需求，达成整合舆情系统、自由化组合分析的功能。

图 9-27　舆情系统公式参数格式定义

第九章　竞争力分析系统设计与架构

图 9-28　舆情系统公式编辑界面

本系统提供符合企业竞争力分析架构的管理系统，使用者在建立舆情专题、选取参数、编辑公式后，即可将各种竞争来源的现况以图表视觉化的方式呈现。系统内也提供了多种红黄绿灯号区间的统计模型，用户可配合如产业生命周期等研究方法，选取最适合的灯号逻辑，达成持续观测与警示的作用（见图 9-29、图 9-30）。

图 9-29　竞争力总览仪表板

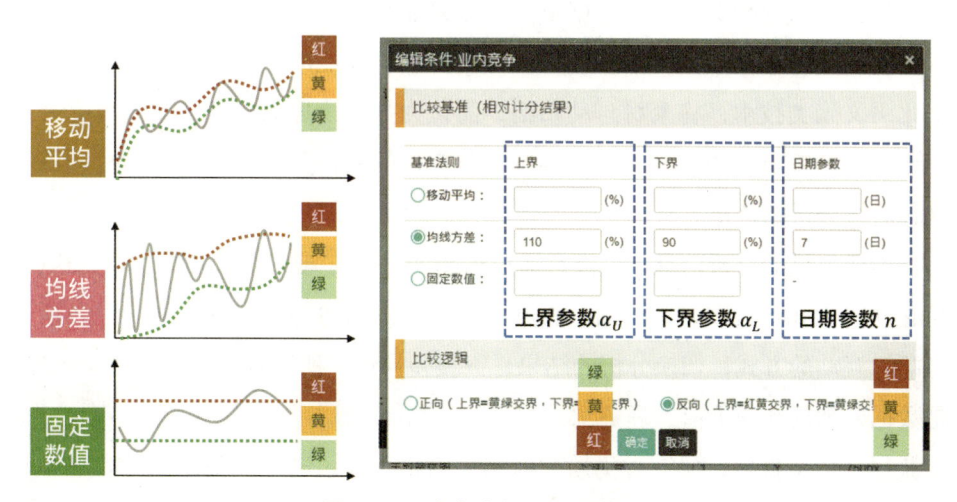

图 9-30　竞争力灯号区间说明

263

第十章　舆情分析系统功能漫谈

舆情数据的挖掘，是一种在茫茫数据大海中不断反复试错、修正来找寻解答的过程，研究者若使用传统方法，必须投入大量的人力不断重复进行统计、汇总整理信息，耗费的心力和时间成本不仅不符合经济效益，产出的质量也会受到人为错误所干扰。因此企业逐渐发现，通过投入信息系统来协助研究者，借以提高重要情报获取的效率，是现代舆情研究过程所必要的投资。

策略的制定需要"衡外情、量己力"，内部的信息系统必须足够健壮，让决策者能准确评出企业自身的能力与竞争力，但就算企业在内部运营上投入再多自动化资源，虽可获取即时的运营信息，对于外部环境可能还是一无所知。在互联网信息时代中，企业势必需要建立适当的舆情分析系统，进而获取外部环境中对企业经营的潜在机会与威胁，进而掌握发展良机、趋避各种经营风险。

舆情的收集与初步分析，是企业做出决策前获取外部参考情报的重要准备作业，研究者必须仔细思考期望得到答案的研究议题，设定解答可能落于数据来源范围。然而单纯找到来源，答案并不会自动出现，研究者更必须以自身所拥有的初步产业知识，依议题的特性设置对应的检索关键词，建立关键词与关键词之间的逻辑关联，试图从海量的舆情信息中过滤出对解决问题有帮助的基本素材。

得到初步的分析材料后，数据量往往还是非常庞大，无法独立一一阅览的大量文本会让研究者感到不知所措，此时机器可协助作智能的判断，以无须人工介入的自动化语义聚类技术，将素材自动归纳、简化为数个论述面向群，并以情感判读技术标记初步的正负评倾向，通过此类机器所提供的初步分析信息，让研究者可以有效减轻后续分析的负担。

机器所提供的分析信息，若没有通过适当的呈现方式，则无法让人体会其意义，因而必须使用如折线图、圆饼图、直方图等统计图表协助理解其价值，也必须通过各种即时互动的方式，切换分析的结果，突显差异性。所以各种可视化的呈现界面，也是数据处理后体现价值、理解意义上必备的功能。

获得分析情报后，研究者仍须判断结果的正确性，进一步验证分析结果和研究目的是否契合，而不是单方面地接受机器给予的资讯。若仍无法得到需要的解答，则须仔细分析其原因，通过修改系统的各项设置，在不断的反复修正中得到最优的结果。因此系统也必须提供良好的使用、互动界面，并具备稳定而即时的检索系统，协助研究者快速修改、获取、验证新的结果。

一、舆情系统功能总览

舆情系统包含了数据分析流程的"数据收集""储存""检索"以及初步的"分析"，在数据来源使用了网络爬虫，将多种研究者可能关注的舆情来源——收集，随后解析出对应的标题、内文、作者等信息，将结构化的信息内容储存于数据库内（见图 10-1）。

搜索引擎是舆情系统中最关键的一环，作为大量数据筛选、汇总统计的主干，不仅运算量最大、最消耗资源，响应速度的快慢也会大幅影响舆情研究的效率。因此，搜索引擎必须使用分布式架构，同时以多台服务器平行化检索，也必须同时提供备援功能，自动依使用量分配任务至闲置的服务器上，以维持系统的运作效率。

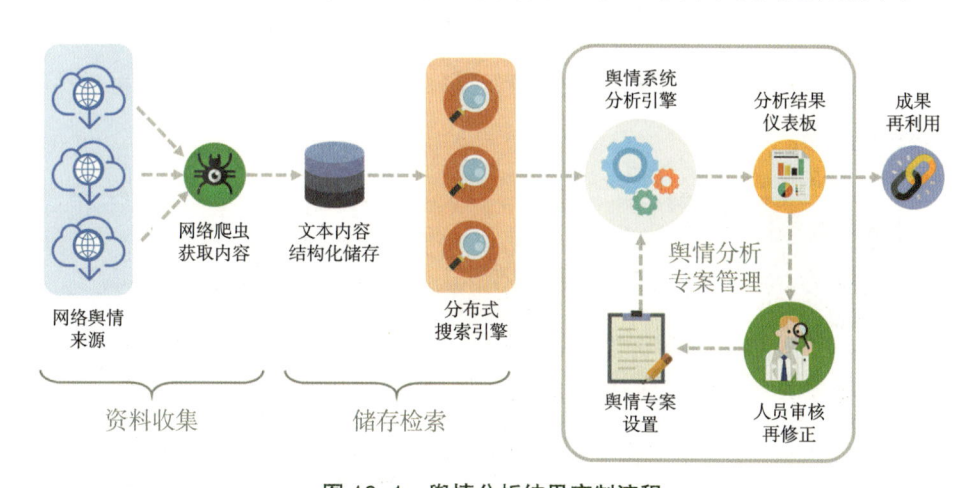

图 10-1 舆情分析结果产制流程

本系统于舆情分析部分是以专案作为管理基础，研究者经由新增专案、设置关键词筛选逻辑后，可经由热度预览、主题分析等开案三步骤，设置舆情分析专案的主要参数。设置完参数后，舆情系统会依参数的设置，自动通过搜索引擎获取使用者期望研究的舆情文本，自动归纳解析其主题构面，分析文本中的语义倾向。最后将分析结果以专案仪表板的方式呈现，让使用者可观测专案总体的现况、各主题的舆情强度。除了手动开设专案外，每日系统也会自动定时更新所有的分析专案，以确保研究者可获取最即时的分析结果，并持续追踪目前的舆情现况。

由于"网络爬虫收集、结构化文本、分布式搜索引擎"程序是属于系统背景运行的技术，不在使用者的管理范围内，以下将针对"舆情分析与专案管理"区域作说明，包含专案的开设、如何设置各种参数，以及如何解读仪表板中的分析结果。

二、舆情专案开设与管理

舆情系统以专案作为管理的主体，因此使用者登入至舆情系统后，首页中所显示的是专案（议题）列表（见图10-2）。列表中包含每个专案的总览摘要，最上方是使用者为专案所命名的专案名称，可便于辨识每一项舆情分析专案的目的，不至于混淆其分析结果。每一项专案都具有独立的关键词、检索逻辑等分析参数，以及对应的分析结果。

议题列表的右上方，可使用关键词检索相关的舆情分析专案，列表中会即时对专案进行筛选，列出仅专案名称包含专案关键字的所有舆情专案。若使用者分析需求较大时，列表部分可能较满，通过适当区隔命名以及专案筛选功能，可提高舆情专案的管理效率。

图10-2 舆情专案（议题）列表

在专案摘要区块中，显示了方便用户辨识的专案名称、专案中的检索条件说明（包含关键词、提取逻辑）以及舆情专案分析的时间区间，下方的两组按钮可进入分析查看仪表板与舆情专案参数的设置页面（见图10-3）。

iPhone_替代品

{"searchState":"ADVANCE","queryString":"(相机 OR 平板 OR 电脑)","lang":"gen"}

2017-10-22 ➡ 2019-01-01

分析检视　　设定调整

图 10-3　舆情专案摘要区块

点选"设定调整"按钮，可进入舆情专案的设置管理区域，于此可管理基本的专案（项目）名称，直接修改名称后点击"更新专案名称"即可顺利修改。使用者也可点击"删除项目"按钮，删除目前已不再需要的专案，以免占用不必要的资源以及视觉版面（见图10-4）。

图 10-4　专案更名、删除设置区域

三、关键词、逻辑与来源设定

点选置顶导览列的"新议题"选项，可进入舆情专案的新增管理页面。此管理页面可管理舆情分析的主要参数，包含专案名称、来源舆情网站、分析时间区间、舆情文本检索关键字、组合逻辑条件（见图10-5）。

图 10-5　建立新议题界面

建立议题时，首先必须对此舆情专案命名，请以研究的目的、对象、产品等命名法建立清楚明了的名称，方便后续管理时可轻松辨别不同专案的差异。请记得必须先命名好专案名称才能进入搜寻结果的显示页面，否则会跳出错误提醒信息（见图 10-6）。

图 10-6　项目名称设置

图 10-7 的网站选择区中，包含了各种预先由网络爬虫获取的各种来源，点击"+"按钮可展开该类型并显示所有网站，每个网站都具有不同的讨论主题，使用者可依研究的需求挑选真正需要的舆情来源，以免引入过多非相关的杂讯影响分析结果。目前系统内提供六大类的网站来源，其中以新闻资源（News）数据最为丰富，也是产业分析中最常使用的参考来源。

图 10-7　专案网站来源

舆情来源的内容可能会由不同的语言所构成，例如英文、简体中文、繁体中文等，使用者可依照自己的研究需求选取不同的语系，例如滤除英文以避免外国内容影响分析结果，或是仅观测繁体相关频道等。

舆情文本的资料量非常庞大，但一般研究时仅需要研究近期的舆情变化，若不规范特定的范围，将可能引入太多不必要的文本，反而造成系统分析效率不佳、浪费资源的状况，因此舆情专案需要指定特定的分析时间范围，以确保数据范围是有效可分析的。过小的时间区间可能不具有代表性，但过大的时间区间却会造成分析等待时间过久，因此建议研究者在分析时先选定较小的区间，确定设定无误后再将范围调大，以免造成不必要的等待。时间区间中的截止日期并不限于现在或过去，也可选择未来时间。若选择为未来时间，每日舆情系统将资料汇入时，将会一并更新所有未截止的舆情专案，使用者即可获取最即时的舆情分析结果，而不用在每次观测时手动启动分析。语言与时间区间设置如图 10-8 所示。

图 10-8　语言与时间区间设置

图 10-9 的搜寻条件区域，是舆情专案中最重要的核心，研究者须在此区块内设定分析需要的关键词与整合逻辑。关键词的设置可定义相关的文本，而整合的逻

269

辑则是相关文本集合的集合运算方式，如"且""或""非"等布林逻辑。

关键词字段可输入关键词组合，输入后按回车键即可新增关键词，若不慎输入错误，或想删除特定词汇时，点选该词汇右侧的"×"按钮则可以删除关键词，关键词的顺序不会影响文本回传结果的优先序。最下方的排除词字段，是布尔逻辑的"NOT"逻辑，定义了整体关键词的"减集合"，任何位于排除词内的关键词，都不会出现于搜索引擎回传的结果文档中。

图 10-9　关键词与检索条件设置区域

研究者的关键词组合方式通常很复杂，常会需要多元的组合方式，本系统可支援两层的关键词运算逻辑。左上角的"+"按钮可以增加关键词的组合字段，通过右上角的 AND/OR 切换按钮，可以组合出不同的检索条件，但仅限于两层的逻辑组合方式。使用者可点选图 10-10 的"预览查询条件"按钮，查看目前系统解析的检索条件。

图 10-10　不同 AND/OR 组合逻辑的条件生成结果

点选"预览查询数据"按钮，系统会将目前的检索条件传送于检索引擎，并回传小批量的检索结果，让使用者可预览查看目前条件下可获取的文本内容（见图 10–11）。仅有标题，资讯量不够时，使用者可点选各列文本最右侧的图示，即可查看该篇文本的完整内容。（见图 10–12）

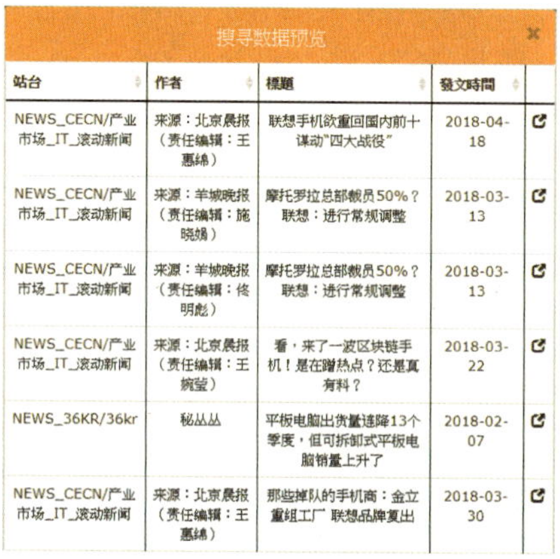

搜寻数据预览

站台	作者	標題	發文時間	
NEWS_CECN/产业市场_IT_滚动新闻	来源：北京晨报（责任编辑：王惠绵）	联想手机欲重回国内前十 谋动"四大战役"	2018-04-18	
NEWS_CECN/产业市场_IT_滚动新闻	来源：羊城晚报（责任编辑：施晓娟）	摩托罗拉总部裁员50%？联想：进行常规调整	2018-03-13	
NEWS_CECN/产业市场_IT_滚动新闻	来源：羊城晚报（责任编辑：佟明彪）	摩托罗拉总部裁员50%？联想：进行常规调整	2018-03-13	
NEWS_CECN/产业市场_IT_滚动新闻	来源：北京晨报（责任编辑：王婉莹）	看，来了一波区块链手机！是在蹭热点？还是真有料？	2018-03-22	
NEWS_36KR/36kr	秘丛丛	平板电脑出货量连降13个季度，但可拆卸式平板电脑销量上升了	2018-02-07	
NEWS_CECN/产业市场_IT_滚动新闻	来源：北京晨报（责任编辑：王惠绵）	那些掉队的手机商：金立重组工厂 联想品牌复出	2018-03-30	

图 10–11　搜寻结果预览窗口

确认检索条件无误后，即可点选“下一步”按钮进行初步的总体分析，搜寻结果会呈现热度、评论率、讨论者、频道扩散的预览信息。热度代表与检索条件相符的文本总数，其中包含原始发文与回复内容；评论率代表有多少发文是拥有评论内容的；讨论者代表发文与回复内容的不重复作者总数；频道扩散则代表这些网络舆情热度总共跨足了多少个舆情来源。若发现结果与预期不同时，请点选上一步按钮修改设置（见图 10–13）。

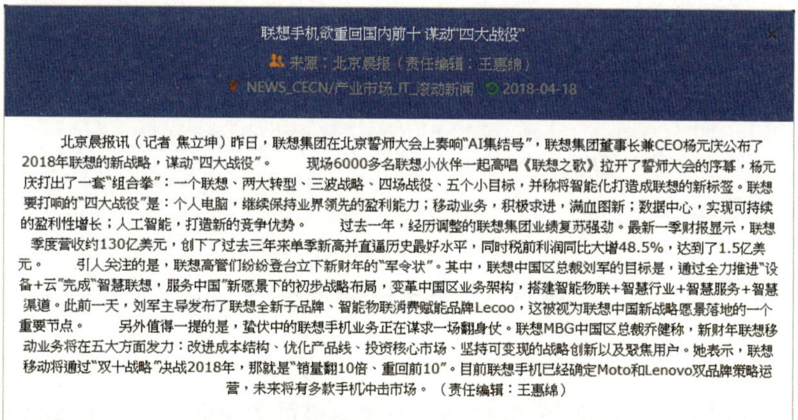

联想手机欲重回国内前十 谋动"四大战役"

来源：北京晨报（责任编辑：王惠绵）

NEWS_CECN/产业市场_IT_滚动新闻　2018-04-18

北京晨报讯（记者 焦立坤）昨日，联想集团在北京誓师大会上奏响"AI集结号"，联想集团董事长兼CEO杨元庆公布了2018年联想的新战略，谋动"四大战役"。　现场6000多名联想小伙伴一起高唱《联想之歌》拉开了誓师大会的序幕，杨元庆打出了一套"组合拳"：一个联想、两大转型、三波战略、四场战役、五个小目标，并称将智能化打造成联想的新标签。联想要打响的"四大战役"是：个人电脑，继续保持业界领先的盈利能力；移动业务，积极求进，满血图新；数据中心，实现可持续的盈利性增长；人工智能，打造新的竞争优势。　过去一年，经历调整的联想集团业绩复苏强劲。最新一季财报显示，联想季度营收约130亿美元，创下了过去三年来单季新高并直逼历史最好水平，同时税前利润同比大增48.5%，达到了1.5亿美元。　引人关注的是，联想高管们纷纷登台立下新财年的"军令状"。其中，联想中国区总裁刘军的目标是，通过全力推进"设备+云"完成"智慧联想，服务中国"新愿景下的初步战略布局，变革中国区业务架构，搭建智能物联+智慧行业+智慧服务+智慧渠道。此前一天，刘军主导发布了联想全新子品牌、智能物联消费赋能品牌Lecoo，这被视为联想中国新战略愿景落地的一个重要节点。　另外值得一提的是，蛰伏中的联想手机业务正在谋求一场翻身仗。联想MBG中国区总裁乔健称，新财年联想移动业务将在五大方面发力：改进成本结构、优化产品线、投资核心市场、坚持可变现的战略创新以及聚焦用户。她表示，联想移动将通过"双十战略"决战2018年，那就是"销量翻10倍、重回前10"。目前联想手机已经确定Moto和Lenovo双品牌策略运营，未来将有多款手机冲击市场。（责任编辑：王惠绵）

图 10–12　原始文本预览窗口

图 10-13　总体搜寻结果预览页面

四、使用语义聚类获取文本主题

通过总体的搜寻结果确认检索条件无误后，可进入关键词维度的分析界面。进入此页面时，系统会自动从全文检索引擎中获取所有相关的文本素材，并启动 LDA 算法对整体舆情解析出文本的主题模型（见图 10-14）。

图 10-14　关键词维度分析页面

LDA 的主题数越多，其运算时间就越长。考虑到使用者等待时间与执行负荷，系统会默认分析出 7 个主题，列出前 25 个概率最高的关键词作为该主题的语义组合，并将前三个关键词作为该主题的命名，方便使用者辨识各主题。但由于 LDA 是基于概率的主题分析模型，每次的分析结果不一定全然相同，关键词的组合方式可能也会有所差异，若研究者发现该主题模型可能不具代表性，可以选择回到上一步再重新执行 LDA。

LDA 的聚类结果在舆情系统中视为一连串的语义关键词集合，后续分析时，会将此组关键词作为专案关键词搜寻结果的筛选条件。若用户认为某些关键词不符合该主题，可以点选关键词右方的"×"将该词汇删除，也可以在空白处点选后自行输入期望的关键词。若发现整个主题都不符合研究需求，可以点选左侧数字上的"×"将整个主题与所有关键词删除。删除该主题后，使用者也可自行输入自定义的主题关键词组合，但最多不可多于 7 组。

五、舆情议题仪表板

在确认完毕关键词后，点选下一步即可进入舆情议题的总览仪表板页面（见图 10-15）。总览仪表板也可由首页中专案摘要部分的"分析查看"按钮进入。议题仪表板是整体舆情专案的总览页面，包含了此舆情专案中最重要的信息，并以图表与互动界面让使用者自由操作、研究其内容，进而获取更多舆情所包含的信息。

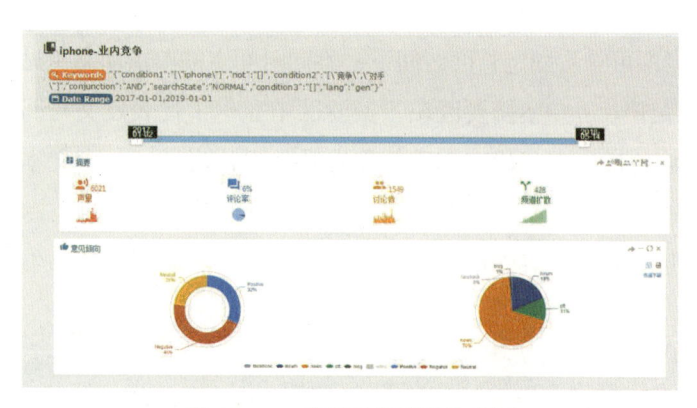

图 10-15　舆情议题总览仪表板

仪表板的左侧，是舆情专案的导览列（见图 10-16），使用者可自由切换以查看整体专案、主题意见、影响力分析等分析功能，不同的功能可用不同角度来观测舆情文本，通常最常使用的是整体专案仪表板、主题意见与影响力分析三大功能。若使用者对于目前专案设置不满意，也可点选舆情专案设置来调整如专案名称、关键词与逻辑、时间区间等各项舆情参数。

273

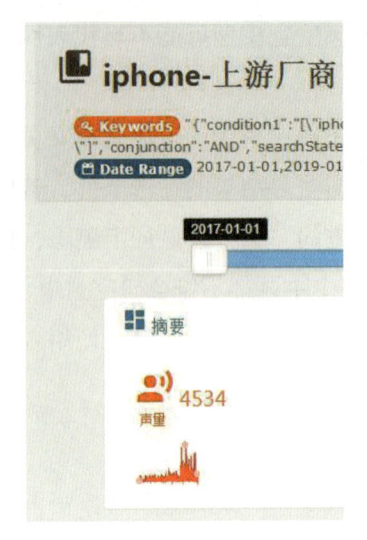

图 10-16　搜索结果预览页面

舆情系统在建立专案时可设置时间区间，在仪表板中也可自由查看特定时间范围的舆情资讯。总览仪表板页面中最上方的组件，是时间区间滚动条，拉动滚动条的左侧与右侧方块，可以改变目前专案总览中所有图表的计算区间，蓝色的范围代表了目前区间占所有数据范围的比例。拉动滚动条时，所有的图表都会实时更新，方便使用者快速查看现况；使用者也可拉动蓝色区块做滚动，拉动时蓝色区块的长度为固定值，使用者即可查看固定长度区间下，不同时间点的舆情动态（见图10-17）。

时间滚动条下方是专案摘要区块，摘要区中显示了代表发文与回复总数的值、回复占发文总数的评论率、代表不重复作者数的讨论者数、包含文本的频道总数，让使用者可快速了解整体舆情资料的组成面向。此总体统计信息与专案建立时的预览信息相同，但可通过拉动"时间区间查看滚动条"查看不同时间的统计值。

图 10-17　时间区间滚动条与专案摘要区块

意见倾向区块中（见图10-18），其左侧是三种语义情感的分布比例，右侧是目前所有文本在各舆情来源中占据的比例，可让研究者快速了解总体文本的分布现况。点选左侧环状图的特定颜色区块时，右侧的圆饼图会即时显示颜色区块的组成比例；点选右侧圆饼图特定颜色区块时，左侧的圆环图也会即时显示该区块的组成比例，方便使用者通过互动界面了解不同分析框架的舆情文本统计状况。

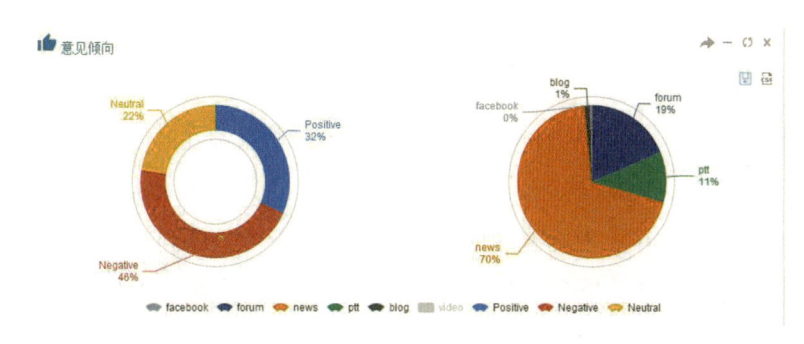

图 10-18　意见倾向圆饼图区块

专案关键词区块中（见图 10-19），统计了目前整体文本的所有词汇，并依照各字词出现的频率高低值，显示不同的字体大小。文字越靠近中间，代表其重要性可能越高。借由文字云的视觉化显示方式，让使用者可快速了解目前文本所叙述的词汇分布，字体较大的关键词可视为总体文本的主要语义组成，使用者阅读这些关键词时，即可大致了解目前舆情专案内所有文本所陈述的内容方向。

图 10-19　专案关键词文字云

评论趋势区块显示了三种情感语义在时间轴上的变化趋势，通常研究者会特别关注正评与负评的变化状况。点选图 10-20 下方的"正评、负评、总声量"图标，可以选择该数据序列是否要呈现于图表内，在正负评数据大小值差异较大时，可隐藏较大的数据序列，让数值较小的序列突显于图表内。右上方的选单列依次为放大特定区间的窗口选取器、切换折线图与直方图、切换堆叠显示或重叠显示的图示，以及最右侧的图档汇出与原始数据 CSV 导出功能。

275

图 10-20　评论趋势图

来源趋势模块（见图 10-21）显示的则是不同舆情来源在时间轴上的变化趋势，由于案例图中舆情的大部分来源于网络新闻，较少的其他来源常有变化不明显的状况，使用者可使用区域放大功能，或直接点选图表下方的序列名称，即可选择各序列是否要显示于图表中。若须还原区域放大的区间，可点击右上角的重整按钮重新读取数据，即可恢复预设的图表与序列呈现方式。

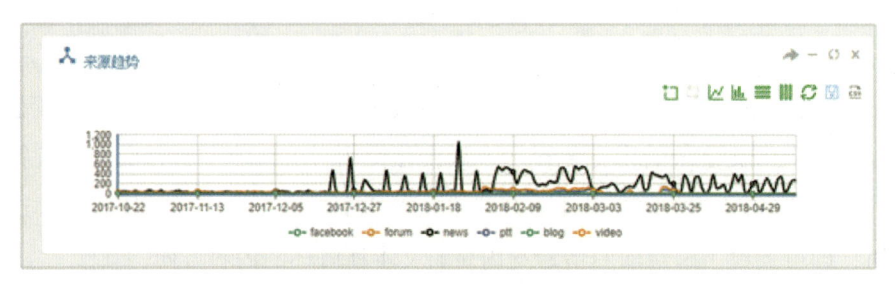

图 10-21　来源趋势图

六、舆情主题意见分析

舆情系统分析文本时，会一并用 LDA 解析出对应的主题模型，点击左侧专案导览列第二项的主题意见区，可以查看目前所有主题的总览统计仪表板，通过主题总览区域，可让研究者快速了解主题分布的现况，也可进一步深入了解各主题的详细资讯。

主题总览仪表板中的第一项组件是主题雷达图（见图 10-22），雷达图的各轴代表每一个专案中的主题，而雷达图中显示的是各主题内的正面与负面热度比例。主题雷达图可显示的轴数与专案中的主题数量上限相同，最多只能显示 7 组主题，若使用者将主题删除，雷达图所能显示的数量也会是删除后的主题总数。

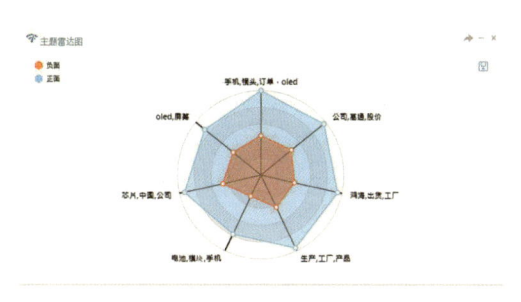

图 10-22　主题雷达图

主题趋势图（见图 10-23）显示了"归类于各主题的文本"在时间轴上的热度变化趋势，下方的时间区间滚动轴可以自由切换显示的时间范围。由于各主题的数值大小不一，常有可能造成数值较小主题变化被屏蔽的问题，此时可通过点击上方的序列名称来隐藏特定序列，或使用右上角的区域放大功能，查看特定的数值区间变化状况。

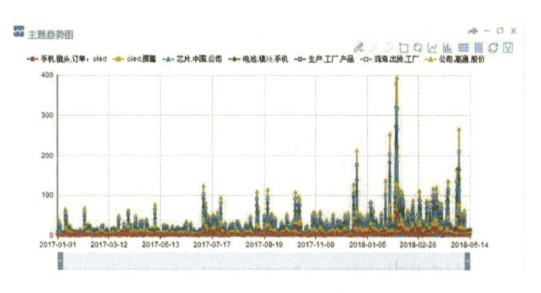

图 10-23　主题趋势图

主题总览页面可以链接至各主题单独的分析结果，在主题摘要区域（见图 10-24），显示了各主题的文字云分布状况，通过文字云字体大小越大、越往中央集中代表越重要的特性，研究者可快速了解各主题文本的内容概况。文字云上方的红绿横条图，呈现了正负评情感声量热度比例，主题名称的右方蓝色气泡区，则显示了该主题的总声量热度值，让研究者能快速了解各主题的初步概况。点击文字云或主题的标题，即可进入该主题的单独分析页面，了解更深入的主题分析资讯。

图 10-24　主题摘要区域

在主题仪表板中，首先呈现的是主题分析概要模块（见图10-25），直接显示了目前主题内的正面、中性、负面语句统计现况。

图10-25 主题分析概要模块

在图10-26中，主题词关联分析区域，是一个信息量十分丰富的视觉化组件。该组件借由关联分析算法统计后，呈现各关键词的关联性。圆圈的大小代表各关键词的热度值，不同的颜色代表了关键词最相关的主题。点击关键词代表的圆圈时，中央的关联网络会切换为仅显示与该词汇相关的所有关联词。通过关联分析的图像化显示，可让研究者快速理解词汇之间的关联性，进而从相近的语义中提取知识。左上方的主题序列名称，可切换为仅显示属于该主题的关键词组合，右上方的图示则可切换显示方式为力导图，以突显关键词之间的聚类情形，让使用者快速了解各关键词的相近程度与归纳结果。

右侧的主题意见倾向区域，分别显示了目前主题的语义情感分布比例，以及属于该主题所有文本的各种舆情来源比例，点选左侧环状图的特定颜色区域时，右侧的圆饼图会即时显示颜色区块的组成比例；点选右侧圆饼图特定颜色区域时，左侧的圆环图也会即时显示该区块的组成比例，方便使用者通过互动界面了解不同分析构面下的舆情文本统计状况。

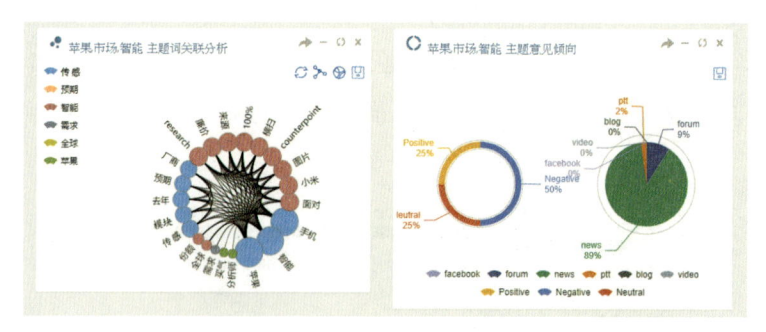

图10-26 主题词关联分析与意见倾向

主题来源趋势图（见图10-27）中显示了各舆情来源类别在时间轴上的变化趋势，研究者可借由下方的滚动条选取查看的时间区间。右上方具有切换图表格式、显示堆叠方式，以及图表导出的功能，若使用者认为柱状图视图较不清楚，可切换为折线图，或切换数据的堆叠模式，以查询不同的序列比较值。

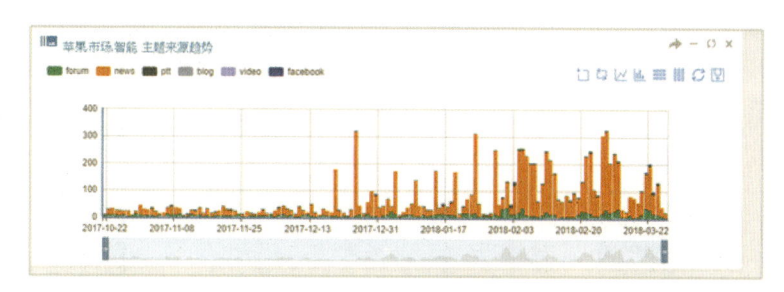

图 10-27　主题来源趋势图

主题意见汇整区（见图 10-28）是一项整合关键词的全文检索引擎，显示了各意见句的作者、意见倾向、来源与发文时间，研究者可自由筛选想要查询的关键词。右侧的合并重复意见句开关整合了文档排重功能，可排除语义相同的意见句；最右侧的图示可开启详细原文的查看视窗，并将该意见句以红色文字的方式标示于原文内，以方便使用者查看来源。

图 10-28　主题意见汇整区

七、舆情影响力分析与文章检索

图 10-29、图 10-30、图 10-31 左侧导览列的第三项是影响力分析，统计了目前舆情中重要的网站、作者与帖文，预设会依照影响力得分来作排序。以突显各网站来源、作者与帖文的影响力大小。影响力的大小是综合文本的热度值、扩散强度、评论比例

的汇整评分时值，因影响力的定义无法考量特定的立场，其数值大小值与正负评无关。

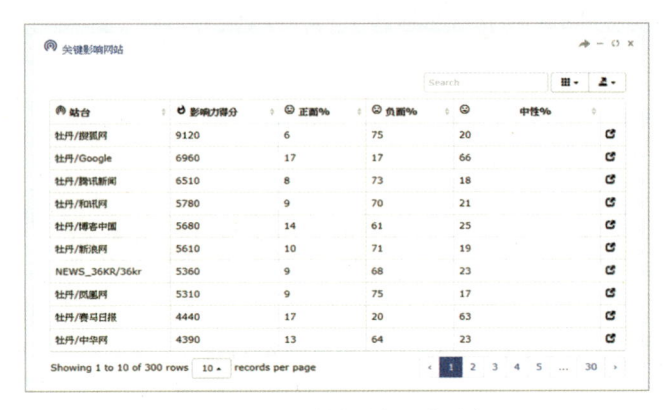

站台	影响力得分	正面%	负面%	中性%
牡丹/搜狐网	9120	6	75	20
牡丹/Google	6960	17	17	66
牡丹/腾讯新闻	6510	8	73	18
牡丹/和讯网	5780	9	70	21
牡丹/博客中国	5680	14	61	25
牡丹/新浪网	5610	10	71	19
NEWS_36KR/36kr	5360	9	68	23
牡丹/凤凰网	5310	9	75	17
牡丹/青岛日报	4440	17	20	63
牡丹/中华网	4390	13	64	23

图 10-29　关键影响网站列表

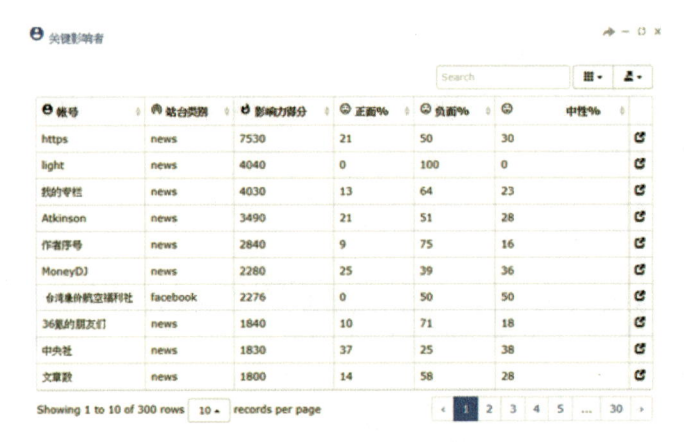

帐号	站台类别	影响力得分	正面%	负面%	中性%
https	news	7530	21	50	30
light	news	4040	0	100	0
我的专栏	news	4030	13	64	23
Atkinson	news	3490	21	51	28
作者序号	news	2840	9	75	16
MoneyDJ	news	2280	25	39	36
台湾廉价航空福利社	facebook	2276	0	50	50
36氪的朋友们	news	1840	10	71	18
中央社	news	1830	37	25	38
文章数	news	1800	14	58	28

图 10-30　关键影响者列表

标题	影响力	正负倾向
上星期透露风声的乐桃和香草两家航空公司，在这个星期终于由母公司全	1839	👎👍
"旅游到底是什么？" 八年前，第一次背包旅游的我，跑文找数据，	768	👍👍
【旅游情报】韩国最大地图网 Naver地图，现在手机app也有中	740	👐 --
【闲话家常】韩国三星 S9 推出期间限定款的 桃桃手机~限量50	691	👐 --
"之前看到有文章说，许多台湾人在做决定前，往往会看那件事的不可	531	👐 --
【机票促销】香港快运新年Mega最后促销!! 【搭乘期间】201	437	👐 --
[闲聊] 近五年外型最优异的一支手机是！	372	👍👎👍
别和他人争吵，别和自己争吵，别和命运争吵，无计较之心，心常愉悦	294	👍👎👍
【旅游情报】2018年韩国酒店退税再增加合作酒店！！出发前再确认	290	👍👎👍
[新闻] 独立游戏开发者：Steam上真的不好赚	280	👐 --

图 10-31　关键帖文列表

各网站、作者、文章列表均可针对各列作排序，使用者可由此查看影响力最大的网站来源、最有影响力的作者是谁、主要的影响力来自哪篇文章。图 10-32 最右侧的图示按下后可显示对应的详细舆情文本列表窗口，文本列表的最右侧图示可链接至原始文本内容。

站台	作者	标题	文章位置	意见倾向	发文时间
FB_马来西亚星洲日报	马来西亚星洲日报 Malaysia Sin Chew Daily	地点：鹅麦区双溪都亚通往乌鲁督的旧路 星洲日报 #sinch	主文	--	2017-12-30
FB_马来西亚星洲日报	马来西亚星洲日报 Malaysia Sin Chew Daily	公路自己发的电，不仅能在冬季消融积雪，还可以为配备无线充电设备的	主文	--	2017-12-29
FB_马来西亚星洲日报	马来西亚星洲日报 Malaysia Sin Chew Daily	条条大路通罗马，但不包括巴士…… #sinchew #星	主文	--	2017-12-24
FB_马来西亚星洲日报	马来西亚星洲日报 Malaysia Sin Chew Daily	"如果我们通往文明目标的路程有1万里路，我想可能我们走过的路还少	主文	--	2017-11-29
FB_马来西亚星洲日报	马来西亚星洲日报 Malaysia Sin Chew Daily	Treat or Trick~~ #星洲日报 #sinchew	主文		2017-11-01
FB_马来西亚星洲日报	马来西亚星洲日报 Malaysia Sin Chew Daily	大马电商业者受促，利用更多平台外销到中国。 #星洲日报 #sin	主文		2017-10-29

Showing 1 to 6 of 6 rows

图 10-32　文本列表窗口

八、分析主题与情绪管理

点选专案导览列的专案设定，可链接至该舆情专案的参数设置页面，参数设置主要包含了分析主题、情绪词与主题词、忽略词、特殊用语的管理。

在分析主题词区域，研究者可自由修改目前舆情专案内的主题模型，其设置方式与开设新舆情专案的流程相同。点击关键词的"×"可移除特定关键词，点击输入框的空白处可新增自定的关键词。左侧的主题名称可自由修改，也可点击意见维度的"×"，将整个主题与相关关键词全数删除。待修改完毕后，可点击下一步按钮进入情绪词管理界面（见图 10-33）。

图 10-33　搜寻结果预览页面

舆情系统使用的是基于词典的语义情绪判断算法，除了系统预设的正负评判断计分词库之外，使用者也可针对系统判断为模糊语义倾向的关键词，自定影响正面、负面判定的情绪词。系统在分析所有相关舆情文本后，会将潜在意见句中可能影响情绪判读的词汇列于左侧（见图 10-34），使用者可将该特定的关键词拖至正评区的蓝色区域上，或将关键字放置于负评区的红色区域上，即可在舆情系统的辨识引擎中，将关键词标示为正评词或负评词。整体专案参数保存后，设置完毕的情绪词将会影响正负评的判读结果，将位于语义模糊边界的文本定义得更清楚。通过情绪词的设置，研究者可优化情绪判读系统的最终产出，以使分析结果更加符合研究的需求。

图 10-34　情绪词管理区块

在"其他"模块中，研究者可依照设置说明，自行设置对立主题词、忽略意见词、专案特殊用词（见图 10-35）。对立词通常设置为与专案无关的公司、产品或竞争者名称；忽略意见词可设置无须在情绪倾向判断的词汇；特殊用词可视为组合词，无须分开断词的特殊词汇。通过设置微调，可提升舆情专案的总体分析质量。

图 10-35　主题词、忽略意见词、特殊用词管理模块

九、案例与研究分析

舆情系统可协助研究者定时预先获取舆情资讯，通过搜索引擎快速提取需要的研究素材，并以自动分析、视觉化图表来呈现分析结果，节省舆情研究时需要耗费的大量人工与时间。为展示舆情系统的实际功效，本节中将以简易的 iPhone 分析专案作为分析案例，展示舆情系统的实际应用情境。

首先在登入系统、进入议题列表后，点击"新议题"按钮，进入开设舆情分析专案的页面（见图 10-36）。

图 10-36　iPhone 上游厂商舆情专案设置

为了查看较偏产业面的舆情资讯，本范例着重于分析新闻、论坛与博客的舆论，避免来自社交媒体的干扰资讯。请在图 10-37 左侧的舆情网站选择区勾选此三类来

283

源，即可全选该分类中的所有来源；若只想查看该类别内的特定几项来源，须调整局部时，可展开列表再调整。

图 10-37　iPhone 舆情来源选取

本范例在语言的部分选择不限，尽可能包含更多的来源资讯，并同时搜罗简体与繁体资讯的内容。时间区间选择 2017 年 1 月至 2019 年 1 月，时间区间可包含未来的时间点，截止至该未来时间点前，系统会持续定期更新此舆情专案的数据与分析结果（见图 10-38）。

本案例以分析 iPhone 的上游厂商的关键词设置作例子，在第一栏关键词输入框输入"iPhone"，点击"+"按钮新增一栏，再输入"代工、供应商"，并将右侧的 AND/OR 布尔逻辑条件切换为"AND"条件。点击预览查询条件，即可得到"（iPhone）and（代工 or 供应商）"的关键词与逻辑设置，代表仅搜索"iPhone"相关文本与"代工或供应商"相关的文本之间的交集。

此设置可观察 iPhone 上游的简单概况，可以看到 iPhone 相关的代工厂与供应商资讯，但若有新闻仅提及公司名称但未提及代工或供应商关键词时，该篇文本将不会在可分析的范畴内。因此在实际操作设置时，会加入更精细的产业分析情报，例如指定特定的供应商、指定特定的零部件分别开设舆情专案，并参考各零部件与原料的比例来决定关键词的选择方式，以尽可能包含准确的舆情分析文本内容。

图 10-38　iPhone 舆情关键词与条件设置

设置完毕后点击下一步按钮，片刻后即可获得 iPhone 上游厂商的热度统计概况，由于上游厂商多为 B2B 产业，在网络的舆情资讯相比消费性产品较少，评论率也相对低，这是分析非消费线产品或厂商的正常现象（见图 10-39）。

图 10-39　iPhone 舆情总体检索结果预览

点击下一步可进入主题分析步骤（见图 10-40），经由 LDA 进行主题分析后，可解析出"订单 / 苹果 /OLED、台积电 / 苹果 / 处理器、公司 / 消息 / 工厂、营收 / 苹果 / 代工厂、鸿海 / 苹果 / 代工厂、苹果 / 印度 / 生产、苹果 / 高通 / 代工厂"共 7 个维度。

图 10-40　iPhone 舆情主题分析关键词

经由 LDA 主题模型归纳后，可由目前的舆情观察到，苹果的 iPhone 主要的关键零部件是"OLED、处理器"，OLED 的主要厂商是三星，处理器的厂商是"台积电、三星"，组装代工是由鸿海所提供，其专利和美国的高通有密切的关系，代工地点来自中国台湾地区，但也同时有印度的生产线。就算是对于智能手机未曾研究过的使用者，也能从 LDA 初步的归纳结果中看到端倪。点击下一步按钮，即可进入专案总览仪表板。

进入专案总览仪表板后，可以发现到苹果 iPhone 的上游厂商，其声量热度大部分都是正面的，在声量来源部分则主要以新闻为主，论坛与博客则相对较少，和一般 B2B 上游厂商舆情大多只有产业相关新闻的态势相符（见图 10-41）。

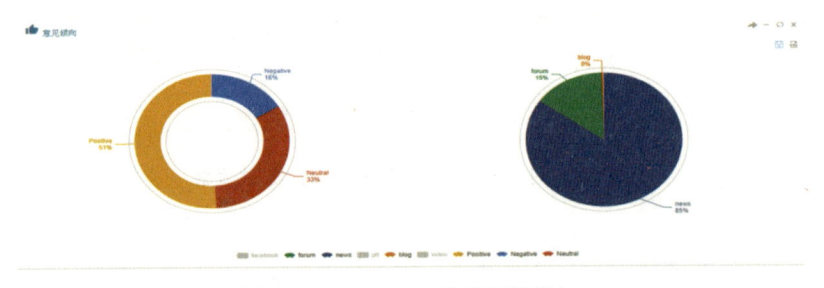

图 10-41　iPhone 舆情意见倾向

从舆情评论趋势图（见图 10-42）中，可以看到在 2017 年 9 月 12 日有很明显的声量高峰，研究者可针对此时间点做详细的查看，观察各来源中的原始文本，以确认在舆情上有什么剧烈的变化。使用者也可观测如正评高峰、负评高峰等时间序列特征点。

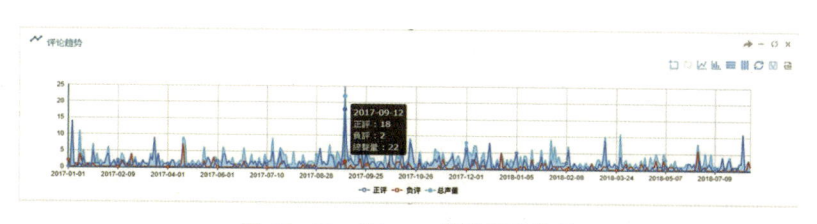

图 10-42　iPhone 舆情评论趋势

为观测此时间点详细资讯，请点击右上角的选取框，将 2017/9/12 该区域局部放大，以观察其详细变化状况，并方便鼠标点击（见图 10-43）。

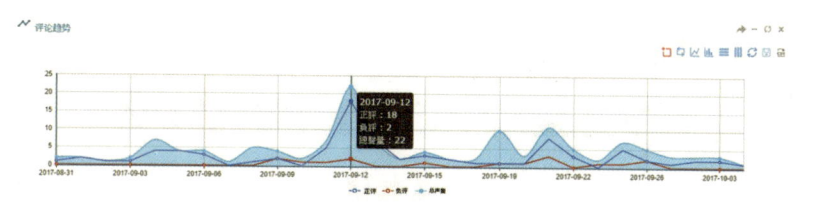

图 10-43　iPhone 舆情评论局部趋势

鼠标双击该时间点曲线后，系统会弹出舆情来源窗口，显示对应的网站、作者、标题、文章位置、意见倾向与发文时间。使用者可点击最右侧的图示，查看该篇文本内的详细原文，以观察各文本的详细资讯（见图 10-44）。

图 10-44　iPhone 舆情评论研究窗口

原文弹出窗口中，会显示该篇舆情的标题、作者、网站来源、发布时间，以及纯文本的原文内容，若需了解其原始资讯或获取更多细节，点击标题可跳转至网络爬虫撷取时的原始来源网页（见图 10-45、图 10-46）。

图 10-45　iPhone 舆情原始文本窗口 　　　　图 10-46　iPhone 舆情原始网页

除了专案整体分析外，我们也时常需要针对各主题详细解析其内容，在主题总览仪表板中，可以查看各主题的文字云，研究者可针对最有兴趣的主题了解其统计现况。例如我们可观测特定"公司，消息，工厂"相关的主题资讯（见图 10-47）。

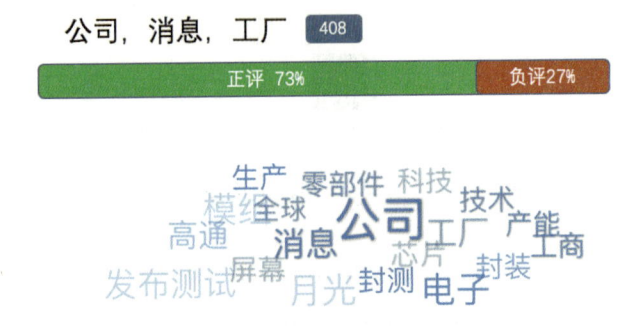

图 10-47　iPhone 主题分析文字云

文字云只能观察到关键词的重要性分布状况，通过主题意见句汇整列表则可观察到主题内所有详细文本的作者、意见、倾向、来源与发布时间。点击（图 10-48）右方的图示，可以研究各意见句的相关详细全文，也可跳转至该文本的原始来源网页。

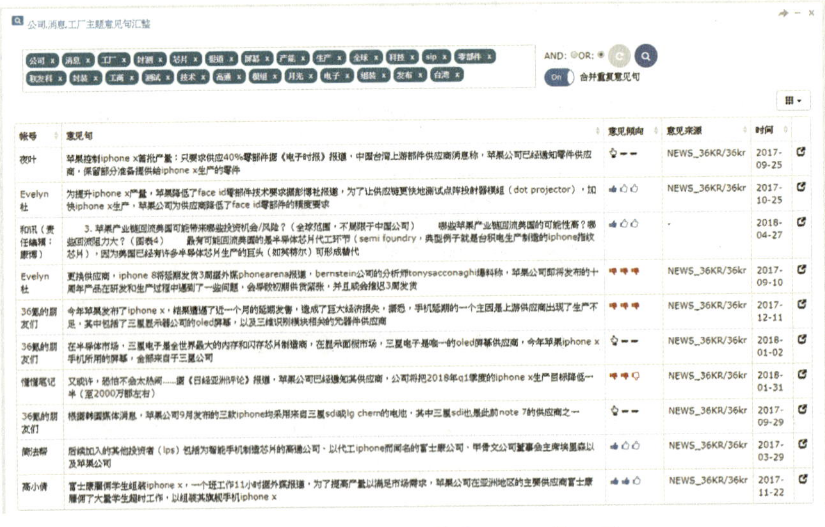

图 10-48　iPhone 舆情意见句汇整区域

关联分析是主题分析功能中的一大特色，主题关联可以使用和弦图（见图 10-49）来观测各关键词的重要性与词汇间的关联性；点击右上角的"力导向图"图示，可以将和弦图转换为力导向图（见图 10-50），通过力导向图的呈现，研究者可快速观察到关键词间的归纳状况，进而了解哪些关键词或主题是最为相近的。例如"三星"与"OLED""屏幕"在图上极为接近，代表三星和 OLED 与屏幕的生产极为相关，应是 iPhone 在零部件上的主力生产厂商之一。

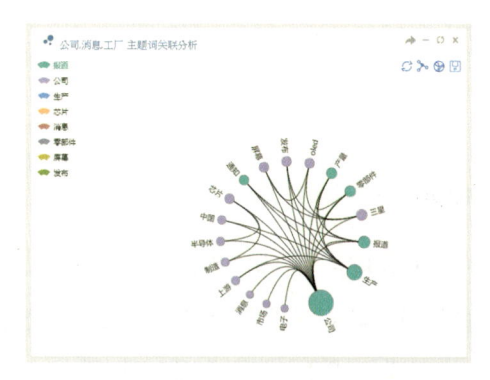

图 10-49　iPhone 主题词关联分析和弦图　　图 10-50　iPhone 主题词关联分析力导向图

关联分析也可针对特定词汇显示，如点击"三星"后，可观察到三星这家公司负责以 OLED 技术来生产 iPhone 的屏幕（见图 10-51）。我们也可针对主题来观测关联性，点击左侧的"屏幕"主题，同样可了解屏幕的生产技术为 OLED，主要生产厂商为三星（见图 10-52）。若使用者希望回复至初始显示状态，可点击右上方的"刷新"图示，即可恢复初始的和弦图。

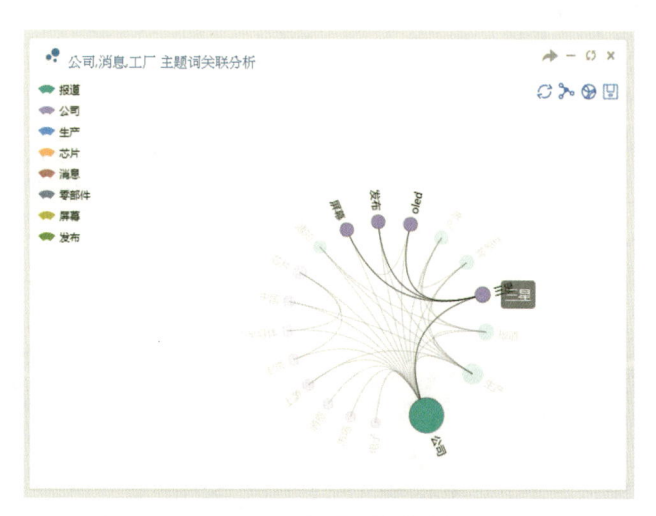

图 10-51　iPhone 主题词关联分析——三星

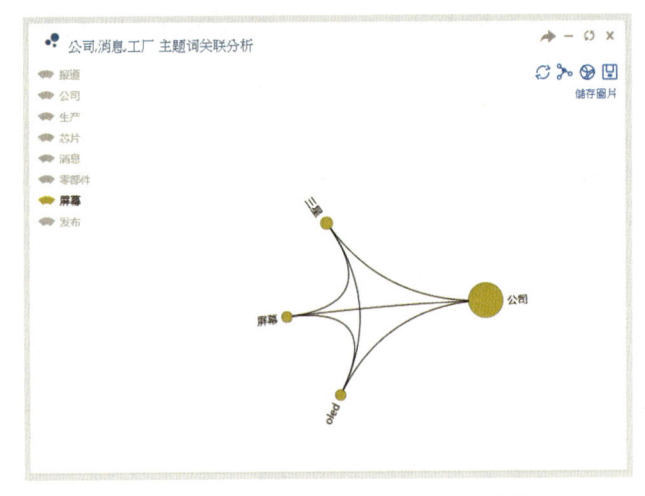

图 10-52　iPhone 主题词关联分析——屏幕主题

通过此舆情系统的案例，我们可观测到关于 iPhone 上游厂商的粗略资讯，例如 iPhone 上市前因市场对发布会创新程度的疑虑，将可能造成上游厂商的运营风险。其上游厂商在面板采用 OLED 技术，制造商为三星，代表 OLED 对 iPhone 的创新加值可能有限，而 iPhone 上市后若销量不佳，恐怕也会影响三星的运营业绩。若研究者需要更深入的资讯，则可有针对性地加入更多厂商资讯、更多零部件等进行挖掘。

第十一章　企业竞争力分析系统功能漫谈

在先前的章节中，我们已了解如何使用舆情分析系统来收集网络舆情，并且在机器与算法的辅助下，运用系统获取基本的分析信息，例如观测热度变化的特征，钻研其原因、挖掘其关键词的关联性，并可从舆情中了解初步的资讯，就算是不具产业知识，也可观察到许多值得深思的议题。

但在实际做产业分析时，往往舆情系统提供的信息，对于评估企业竞争力的态势仍是不足的。以企业竞争力模型的需求来说，竞争力面向五个方面，各个方面可能有各自的重要观测对象；每个对象都需要对应的舆情分析专案来持续观测；观测的方向也不一定是总体的热度，而是特定议题的正负评热度；各个专案的重要性、权重也有可能需要高低的区别。这些分析上的需求，往往无法单纯靠舆情系统独立完成。

因此，在进行如竞争力分析的舆情监测任务时，我们势必要有能力整合多项舆情专案、提取特定专案的主题面向与正负评声量，甚至是自由地组合各种参数、四则运算来自定义公式，让系统实时计算出我们所需要观测的数值与变化趋势，并使用可互动的图表式界面，直觉而自由地在各种时间框架、缩放层级中查看我们希望观测的重要指标变化状况。然而，这些功能并不在舆情系统的架构范畴内，也因其整合分析需求的独特性，应以独立的"企业竞争力分析系统"来协助使用者进行分析。而在进行竞争力分析的多专案整合时，研究者也会需要对舆情系统进行详细资讯的探查，两项系统各有其擅长领域，必须相辅相成才能同时满足使用者在不同任务上的需求。

本章将介绍企业竞争力分析系统，将舆情系统所获得的基本分析信息，通过研究者挑选参数、设计运算公式、选定变化的灯号区间，产出在各种竞争面向的可视化呈现结果，并以"先介绍功能、后举例说明"的方式做陈述。

一、竞争力总览仪表板

在实际了解系统如何操作前,我们先初步了解企业竞争力分析系统最终的产出,也就是"竞争力总览仪表板"(见图11-1)。总览仪表板的目的在于以直觉化、图像化的界面,以量化的数值辅以时间轴的变化,描绘出企业身处产业环境中的五种竞争力来源。

总览仪表板遵循了企业竞争力模型的架构,每个竞争力来源都在企业身处的竞争环境,与经营绩效相关的若干个舆情分析专案,在竞争力分析平台的整合下,汇总整理为视觉化图表。研究者可以通过与图表的互动,探索各时间框架与区间下,不同竞争力变化的态势,曲线变化的态势必须有比较基础才能彰显意义,竞争力分析平台也可让使用者自行定义红黄绿的时间序列灯号区间,让人一目了然了解竞争力强弱对企业的警示程度。

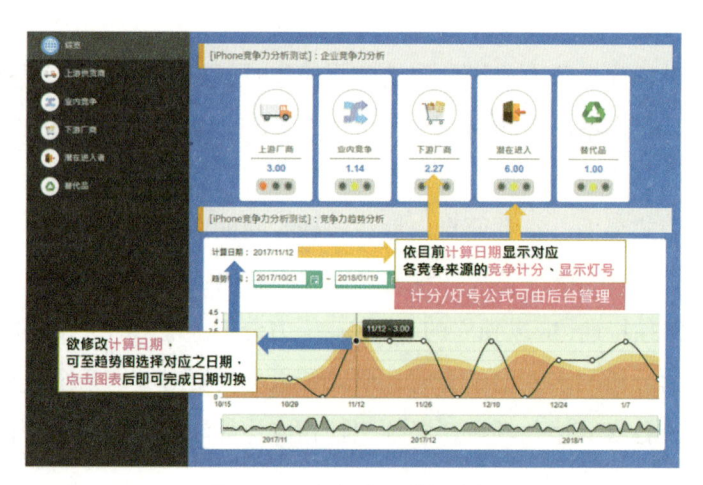

图 11-1 竞争力总览仪表板

在仪表板的上方呈现了五小块区域,各区域显示了竞争力来源名称、竞争力强度值与显示灯号,分别代表了企业身处产业中五种竞争力来源的强弱,数值部分代表了目前"计算日期"下竞争力曲线的大小值,其数值是由各竞争力来源所关联的舆情专案。通过竞争力分析系统,研究者可将舆情系统的产出结果参数化,并自行定义计算公式,将舆情结果以不同权重、不同语义倾向、不同主题的组合方式进行汇总整理,最后以数值的方式做呈现。数值下方的红、黄、绿灯号,则代表了目前产业中竞争力强弱对企业的威胁性，通常以绿灯代表有利；黄灯代表居中；红灯代表对企业不利的情势，使用者可一眼了解在特定时间点下五种竞争来源的情况（见图 11-2）。

图 11-2　竞争力分析模块

竞争力分析模块的五项子模块虽然可一次呈现五项来源的总览，但只能显示单一日期时间点的现况。若使用者需要观察更多时间点时，可在图 11-3 下方的竞争力趋势分析图中，点击黑色曲线上想观测的时间点，即可改变目前所要呈现的计算日期；上方的竞争力分析模块，也会实时更新新的计算日期中各竞争来源的对应竞争力计算结果，并显示对应的红、黄、绿灯号条件。

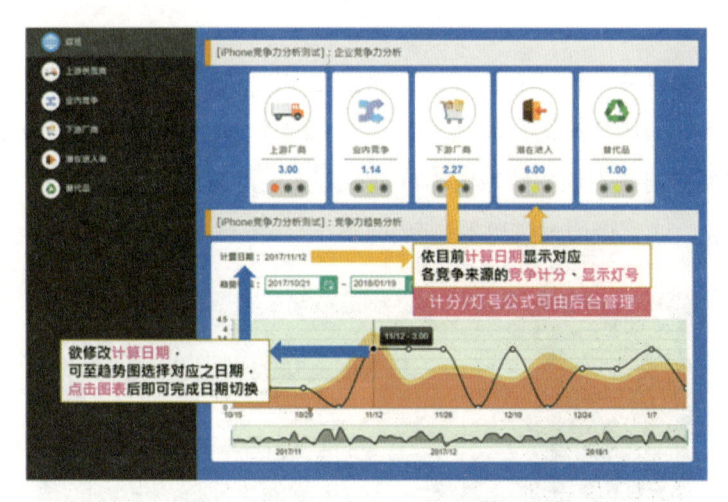

图 11-3　于仪表板中切换计算日期

除了综览目前的企业竞争力态势外，研究者通常也需要依靠各竞争力来源，查看各竞争来源所属的舆情专案细节。因此，图 11-4 左侧的导览列中细分了从上游供货商到替代品共五种竞争力来源的详细查看页面，研究者可自由将该竞争来源中，所属的舆情专案图表嵌入至该页面内，其对应的图表数量、类型、显示尺寸都可自由设置，而图表本身也具有各种互动功能如时间区间切换、图表变换、导出 CSV 与图文件等，方便研究者在仪表板中快速了解其竞争力现况，或能快速汇总整理结果产出与企业运营相关的报告。

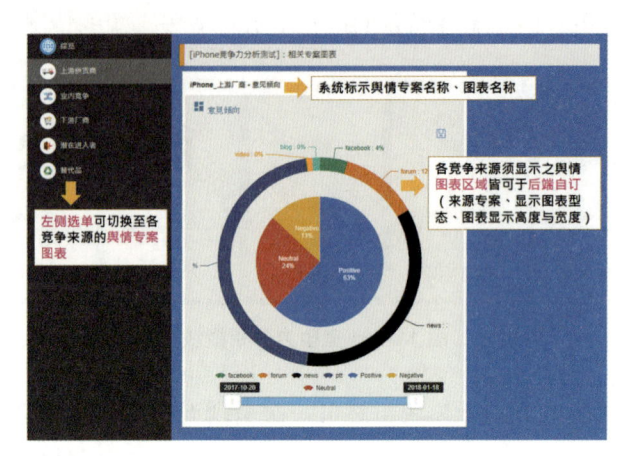

图 11-4　仪表板各竞争来源相关舆情图表

二、竞争力评分趋势图

初次进入竞争力分析仪表板时，系统会先读取相关舆情专案的分析信息，并基于各舆情专案的回传数据，自动运算各竞争力的计分结果，绘制评分趋势图（见图 11-5）。若因网络连线不佳导致数值等待过久毫无动静时，请点击"关闭"接着点击"更新"重新读取，或直接通过浏览器刷新页面。

图 11-5　评分趋势图读取中界面

评分趋势图中包含了对时间框架缩放、改变数据时间范围、切换竞争来源三大功能。在预设状况下，趋势图会以整体时间范围作为显示框架，若用户希望以更小的区间作为查看区统计单位时，可以在趋势图表上直接使用鼠标滚轮切换显示时间框架的缩放精细度，或拖拉下方预览绿色方框的左右边界，来选取特定的查看范围。

第十一章　企业竞争力分析系统功能漫谈

除了缩放外，研究者可直接以鼠标左右横向拖拽图表区域并放开，或直接拖拽下方的绿色预览方框，放开后即可切换至不同的时间范围中（见图11-6）。

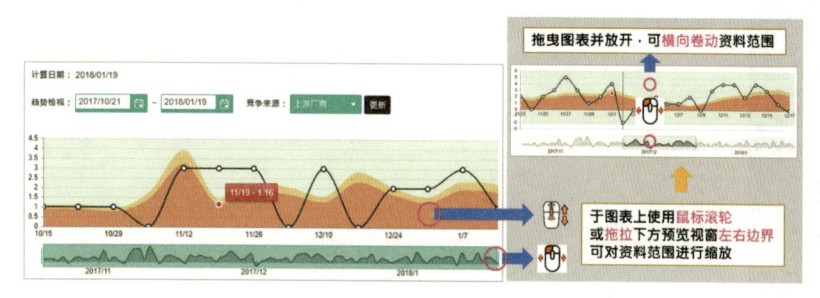

图 11-6　使用鼠标操作评分趋势图

为求系统的执行效率与界面的互动易用度，系统不会将所有的历史数据全数读取至图表中，以免等待过久、获取过多无用的信息，因此系统默认只会读取距系统当下时间往前三个月时间范围内的所有数据。使用者可点击日期选择框更换数据时间范围，并点击更新按钮读取数据。已读取的范围是图表查看范围的最大上界，此时间范围必须落在对应舆情专案的时间区间内，否则无值的资料都会以补零方式来处理（见图11-7）。

图 11-7　更改评分趋势图的时间区间

若使用者发现舆情数据显示不正确，大部分数值都为0时，应是舆情系统专案内未有资料可回传，若专案设置都正确的状况下，大多是因为舆情专案的时间区间有误。使用者可至舆情系统内，进入该项竞争力来源相关的专案内，检查设置的时间区间是否正确无误，若有需要修改，则可至舆情系统的"修改搜寻条件"页面内，修改舆情专案分析的时间区间范围，若舆情专案仪表板内已可观测到更新结果，竞

295

争力分析系统部分即可恢复正常（见图 11-8）。

图 11-8　修改舆情项目的时间区间

在读取舆情系统相关专案数据时，为求使用趋势图显示界面的实时互动性，系统会将上游厂商至替代品所有五项竞争来源的数据全部读取至图表内。研究者可通过竞争来源下拉菜单来实时切换显示的数据来源，不用重新读取资料来源即可切换至该图表，观察各种竞争来源的不同变化趋势与灯号区间（见图 11-9）。

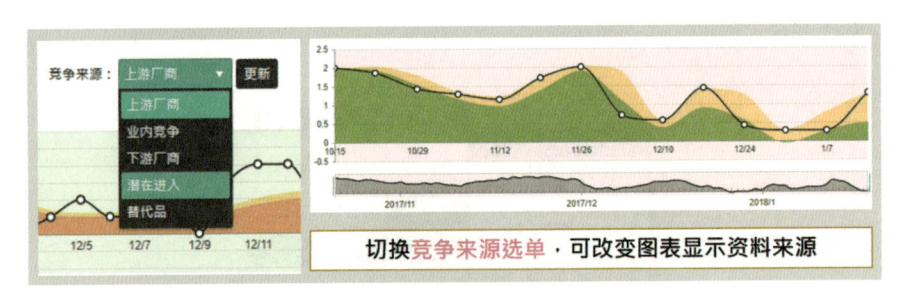

图 11-9　更改评分趋势图的竞争力来源

三、竞争力分析专案开设与管理

在企业竞争力平台中的导览列中，共有三项主要功能，即专案列表、建立专案与用户手册。"专案列表"会列出使用者所有企业的竞争力专案，是使用者新增、删除、编辑、查看竞争力分析专案的主要入口；"建立专案"可直接新增企业竞争力分析专案，而不用先行进入专案列表中，属于直接建立专案的捷径；点选"用户手册"可直接下载 PDF 版的用户使用说明手册，作为实时的用户帮助，手册内容涵盖所有竞争力分析平台的使用功能（见图 11-10）。

第十一章　企业竞争力分析系统功能漫谈

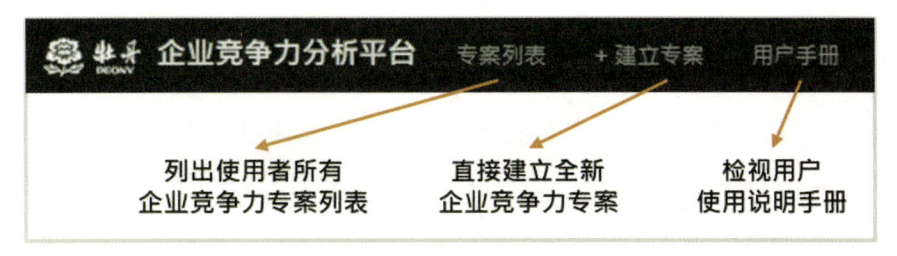

图 11-10　竞争力分析平台导览列

进入专案列表后，可看到目前使用者的所有专案列表，使用者可在列表中新增、编辑或删除特定的专案，或点击此列表中右侧的"检视"按钮，即可链接至特定专案的总览仪表板。若需要管理特定专案，使用者可先点击要修改的目标，使其变成反白的状态，再点击列表上方的"编辑"或"删除"按钮。若使用者需要新增竞争力分析专案时，可点击左侧的"新增"按钮，或直接点击最上方导览列中的"建立专案"，进入全新竞争力专案的编辑页面（见图 11-11）。

图 11-11　编辑竞争力分析项目

进入编辑或新增专案页面时，系统会先引导使用者进入读取等待页面，读取对应的专案设置，若使用者因网络连线不佳，导致等待过久迟迟无法看到读取成功页面时，请以浏览器的"刷新"功能刷新页面，重新读取专案设置。

图 11-12　竞争力分析读取页面

竞争力分析专案的管理页面主要由竞争力专案基本设置、竞争力分析计算公式、相关显示图表三大块功能构成。"竞争力专案基本设置"区域中包含了专案名称与

297

专案描述的管理，专案名称长度为 100 字内，名称可自由定义、不限制同名专案，但命名时建议使用者须尽量避免重复命名的状况，以免后续管理时难以辨识名称相同的专案内容（见图 11-13）。专案叙述的长度不限，建议用户可尽量填写详细信息，以方便后续管理多项专案时得以区分应用方法、显示灯号、设置原则等不同处，也可从旧专案中学习设置原则。

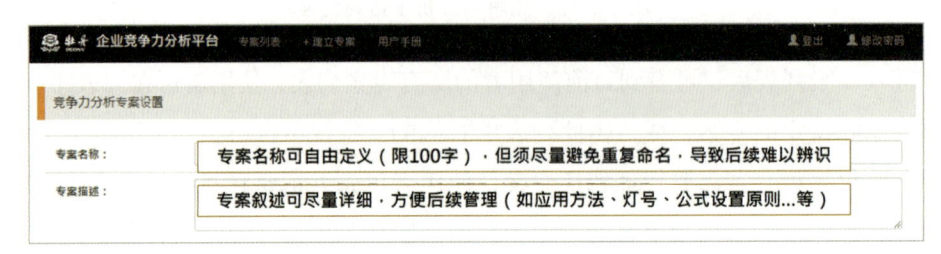

图 11-13　竞争力分析专案基本设置区域

"竞争力分析计算公式"区域是与舆情分析系统串接的关键，此区域包含了五种竞争来源对应的计分公式与灯号交界条件设定，点击右方的"编辑"按钮即可开启计分公式与灯号交界条件的编辑窗口，我们将在后续的章节中详述其设定方式（见图 11-14）。

建立竞争力分析专案是一项需要不断修正微调的过程，在公式和灯号交界条件设置完毕后，使用者会需要实时预览目前设置经过系统转译、运算后的呈现状况，以确定与舆情系统内各专案串接的状况，并确认计算结果是否有所偏差、灯号显示逻辑是否正确、交界区间变化是否过慢或过快等设置是否正确，若使用者发现有误，认为有修改的必要时，也可以实时编辑对应的公式和灯号交界条件，重新点击"更新"按钮，重新读取趋势图预览新的计算结果，而不用重复存档、不断切换至仪表板确认结果，进以加速分析结果的调校效率。

图 11-14　竞争力分析计算公式编辑区域

第十一章　企业竞争力分析系统功能漫谈

趋势图预览界面的使用方式与竞争力分析仪表板相同。点击黑色曲线时，系统会实时切换，计算日期，并显示该日期对应的各竞争来源计分结果与显示灯号、交界条件。若使用者需要修改资料的时间范围，可点选趋势审视的时间范围框，选定区间后重新读取。若需要切换显示的竞争来源，可直接在竞争来源下拉菜单中直接切换显示图表，而不需点击更新按钮重新读取数据（见图 11-15）。

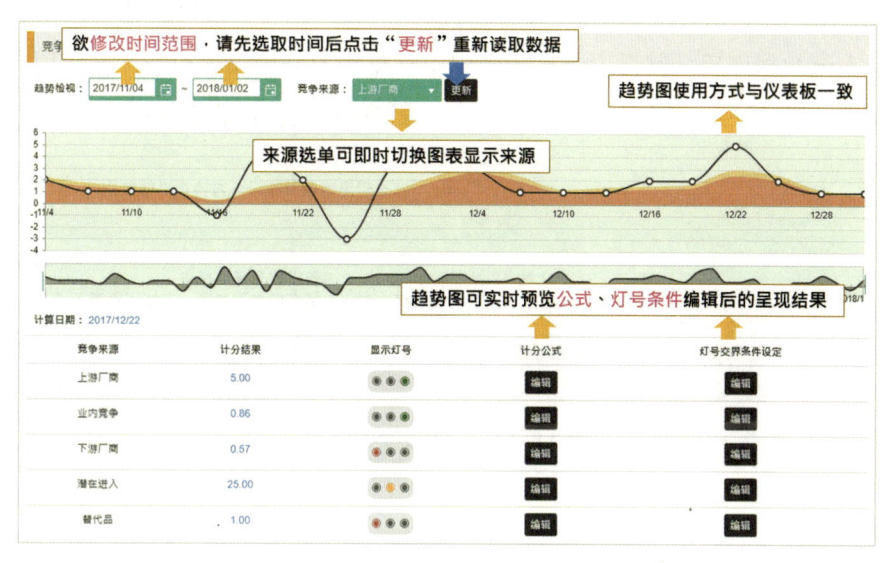

图 11-15　竞争力分析趋势图预览

"相关显示图表"区域可以管理仪表板中，各竞争来源详细页面所要显示的舆情专案图表，包含图表在仪表板中的显示顺序、显示尺寸、专案来源等细项，使用者也可直接点击右方的"预览"按钮，通过预览呈现的结果、反复调整其设定值，以达到正确的显示逻辑（见图 11-16）。

图 11-16　相关显示图表编辑区域

在三大项专案设置区域均确认完毕后，使用者须将结果写入至数据库内。写入

299

界面位于专案管理页面的最下方，点选"储存"按钮即可储存所有设置内容。使用者可能在设置完毕后发现结果并没有比最初的设置更好，或是发现有不慎改错的状况时，可点击"回列表"放弃修改结果回到专案选择页面（见图11-17）。

请使用者管理专案时务必注意，任何竞争力分析专案内的修改内容，都是暂存于网页中的结果，必须经由"储存"程序，设置结果才会写入至数据库内。任何重新整理、上/下页、关闭浏览器等离开页面的行为，都会造成暂存设置的遗失。唯有在写入至数据库后，其设置结果才会应用于竞争力分析仪表板内，若使用者多开页面发现设置结果未实时应用于仪表板时，请记得检查设置有无储存。

图 11-17　专案设置的储存

四、舆情联结与竞争力公式编辑

竞争力分析系统可整合来自舆情系统的分析结果，舆情系统的分析结果在竞争力分析系统中以"参数"的方式做统称，由于竞争力分析系统可直接存取舆情系统的底层 API，相较于舆情系统内的图表界面，能获取的分析结果与变量更为丰富，能让使用者得到更细致的舆情分析结果。竞争力分析系统对舆情系统的参数定义具有特定的格式，其参数格式由"来源码、情感码、预处理码、专案码"四组编码依序构成。以下针对此四种编码类型详述其意义，如图 11-18 所示。

（1）来源码：舆情系统的数据来源自网络舆情发文与相关的响应内容，系统可针对发文或响应的类型统计个别的声量大小，发文数、响应数与两者的总和，均可作为不同的来源类型。除此之外，舆情系统也提供主题分析、自动归纳的功能，经由舆情系统的 LDA 算法分析处理后，也可将舆情文本归类为至多 7 个主题集合，其中每个主题也可视为是一种来源类型。

（2）情感码：当舆情文本进入舆情系统时，会使用基于辞典的情感倾向辨识算法，将文本判别为正面、负面、中性三种语义倾向类型，可作为文本作者撰文时所表达情绪的一种参考值。研究者可单独观测正面资讯，也可仅观测负面声量趋势，以达到不同的分析目的，例如观测竞争者时其正面资讯可能对企业是不利的，而竞争者的负面资讯也可能是企业发展的潜在机会。

（3）预处理码：使用最原始的声量值，可以看到最为即时的变化趋势，但容易受到短期的突发事件干扰，无法了解长期的竞争力走势；使用周平均、月平均的预处理算法后，可将时间序列以7日、30日作移动平滑化，让研究者可以观测到中期、长期较为平缓的声量趋势变化，但也可能会错失舆情事件的短期影响，造成无法因应先机的问题。研究者可权衡两种方案的利弊，选择要观测长期变化或短期波动。

（4）专案码：竞争力分析系统中每项参数都源自一个舆情专案，利用专案码的标记，使用者可辨识各参数的来源专案，避免专案来源错误，导致分析结果错乱。为方便使用者辨识，由系统动态标记流水号，若有新增、移除舆情专案的状况，其专案码可能会改变，使用者须额外留心。

图 11-18　舆情系统公式参数格式定义

以各来源码、情感码、预处理码做排列组合，每个舆情专案可分支为 120 种参数（10×4×3=120），大量的参数组合方式，可协助研究者达成细致的竞争力分析，使用者可从格式定义表中选择适合使用的参数作为编辑特定竞争来源公式的分析素材。舆情系统公式参数格式定义如表 11-1 所示。

表 11-1　舆情系统公式参数格式定义表

类别	编码名称	英文编码	编码意义
来源码	总文本数	ALL	发文的总声量值,包含原始发文数和回应数的总和
	原始发文数	ORI	仅包含原始发文数,不包含回应数的声量值
	响应数	CMT	仅包含回应数,不包含原始发文数的声量值
	主题声量	TP1~TP7	经由舆情 LDA 算法归纳的主题声量(最多 7 个主题)
情感码	所有情感	ALL	所有情感归属的总和,含正面、负面、中性的所有文本
	正面情感	POS	经舆情情感辨识的正面文本数
	负面情感	NEG	经舆情情感辨识的负面文本数
	中性情感	NUT	经舆情情感辨识的中性文本数
预处理码	原始资料	RAW	未经平滑处理的原始声量值
	周移动平均	MA7	以周为时间单位的声量值移动平均结果
	月移动平均	MA30	以月为时间单位的声量值移动平均结果
专案码	舆情专案编号	P1, P2, ...	标示此参数源自哪个舆情专案,编号为系统自动标记的流水号

了解各舆情参数的定义后,我们将介绍如何选取需要的参数,生成公式的编辑功能。点击"竞争力分析计算公式"区域中,特定竞争来源"计分公式"字段中的"编辑"按钮,即可开启竞争力分析计算公式编辑窗口(见图 11-19)。

图 11-19　开启公式编辑窗口

开启公式编辑窗口后,由于每项参数都来自特定的舆情分析专案,须先选取使用者指定的舆情专案来源。点选专案列表中特定的专案名称后,系统会跳出读取中窗口,并自动读取此专案相关的文本主题,以及对应的参数列表。文本主题列于中央的议题列表，参数列于右侧的参数列表，以供用户选取需要的参数组合方式（见图 11-20）。

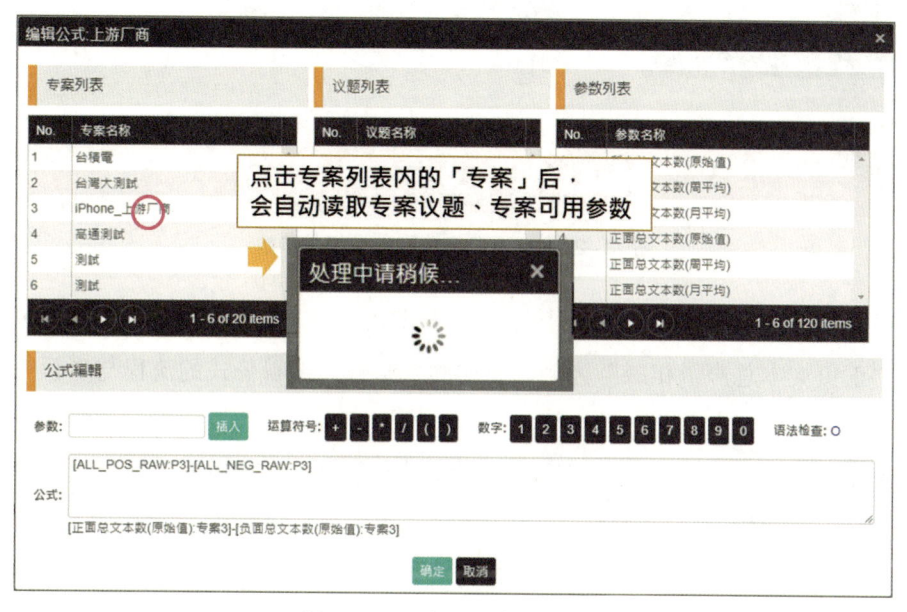

图 11-20 选取舆情系统参数

在未选取特定主题的状况下，默认呈现的参数是来源码为"总文本数、原始发文数、响应数"的 36 组"专案整体参数"。若使用者需要选取文本主题的相关参数，可点选中央列表的特定议题，右侧的参数列表即会显示此议题相关的 12 组"议题相关参数"，方便使用者挑选适合的参数（见图 11-21）。

图 11-21 点击议题选取对应议题相关参数

议题参数有时并不如专案整体参数有用，主要看研究者的分析需求。若使用者需要重新选取专案整体参数，可再点选一次左侧专案列表中的目标专案，此时右侧的参数列表会自动切换回 36 组的"专案整体参数"（见图 11-22）。

图 11-22　点击专案选取专案相关参数

用户找到符合研究需求的参数组合后，即可将该舆情参数插入至公式中。以下以"正负文本总声量相减"为例，简述插入参数、编辑公式的流程与步骤（见图11-23）。

①点击左侧列表中的舆情专案3，右侧列表会列出专案相关的参数，以供使用者找寻第一项参数。

②点击右侧列表中的"正面总文本数（原始值）"参数。

③"公式编辑"标题下方的"参数预览框"，会即时显示此舆情参数的代码（[ALL_POS_RAW:P3]）。

④点击参数预览框右侧的"插入"按钮，即可将此参数插入至公式编辑栏内。

⑤公式编辑字段内会填入参数代码（[ALL_POS_RAW:P3]），无须使用者手动输入。

⑥点击"插入"按钮右方"运算符号"中的减号"-"，将减号插入公式编辑栏的（[ALL_POS_RAW:P3]）参数后方。

⑦点击左侧列表中的舆情专案3，右方列表会列出专案相关的参数，请使用者找寻并点选"负面总文本数（周平均）"。

⑧新参数自动更新于"公式编辑"标题下方的"参数预览框"（[ALL_NEG_MA7:P3]）。

⑨点击"插入"按钮，将参数插入公式编辑栏内。

⑩公式编辑区域将显示"[ALL_POS_RAW:P3] - [ALL_NEG_MA7:P3]"，公式栏下方显示"[正面总文本数（原始值）：专案3]-[正面主题3声量（周平均）：专案3]"的自动解析结果。

⑪点击"确认"按钮储存公式，即可完成此竞争来源的竞争力分析公式编辑。

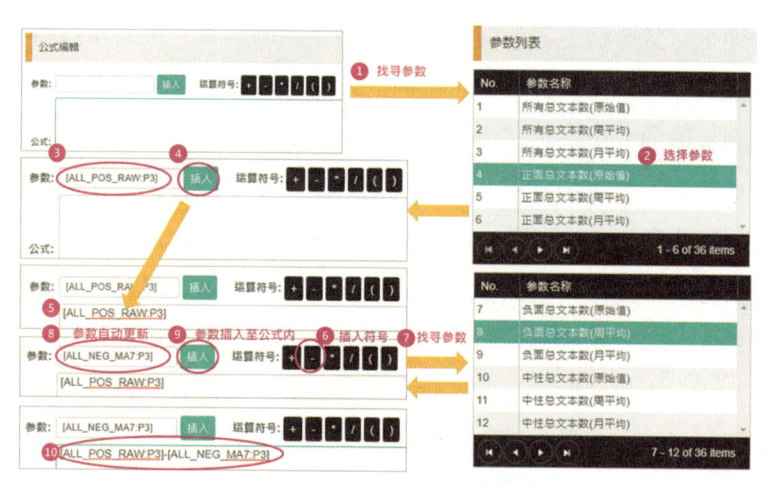

第十一章 企业竞争力分析系统功能漫谈

图 11-23 插入参数至公式字段中

除了简单的运算公式外，使用者也可整合各种参数与四则运算逻辑，组合出复杂的运算公式。以加权平均为例，研究者可组合如"（（[正面总文本数（原始值）：专案3]－[负面总文本数（原始值）：专案3]）×2＋（[正面主题3声量（周平均）：专案3]－[负面主题3声量（周平均）：专案3]）×3）/5"的复杂逻辑，来调整不同参数间的权重。公式编辑区右上方的"语法检查"区域，会自动检查目前用户输入的组合语法是否有误，若符合机器运算的运算语法，此区域将显示"O"，反之则显示"X"以提示用户（见图11-24）。

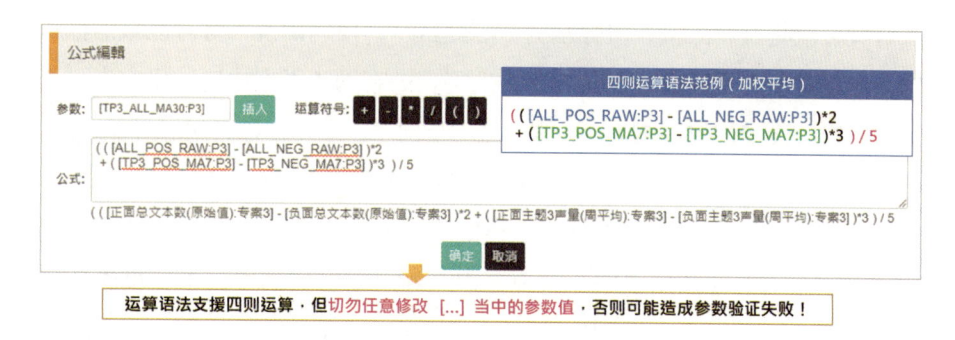

图 11-24 使用四则运算方式编辑公式

五、显示灯号与交界条件逻辑

每个舆情参数都是一项时间数值序列的代称，在选择舆情系统参数、设置整合的公式后，即是对各舆情专案的时间序列作一系列的运算，最后可以得到一条随时间而变化的数值序列。但仅拥有一个随时间而变化的数值，对企业经营上并没有太大帮助，因为数值的分析必须经由比较而产生意义，有比较才有高低差异的区分，也才能对企业的竞争力态势有所了解，进而判断对企业经营的影响。因此，要得到企业竞争力的延伸洞察，势必要先定义此数值曲线的比较基础。

在竞争力分析系统中，定义了能与竞争力曲线比较的上界与下界，以辅助判断舆情变化的意义。通过两条界线将趋势的变化划分为三个区间，即可分为"超出上界区域""介于上下界间区域"与"低于下界区域"。但数值相对交界的高低在不同情况下有不同意义，为求直观呈现，可对这三个区域定义红、黄、绿三种灯号，红灯区域可代表对企业经营是不利的，必须严密审视外界对企业的威胁；绿灯区域代表对企业经营是有利的情势，可以仔细探寻外界对企业的机会；黄灯区域代表竞争情势居中，外界的变化并不是很剧烈，可暂时先将心力投注于其他更有意义的地方，但短期区间的区间与灯号标示，无法对长期的趋势作比较，研究者还是应观察数值的大小值来作判断，以确认各竞争来源的绝对强度比较。

尽管"黄灯区"和"介于上下界间区域"的对应关系是确定的，"超出上界区域"与"低于下界区域"并不一定可标示为红灯或绿灯。例如，替代品在某些优势上大受市场欢迎，若我们观察其正面声量的变化趋势，其"超出上界区域"对我方就是不利的因素，应标示为"红灯区"；但若我方下游产业产品热卖大受欢迎，其"超出上界区域"对我方就是有利因素，应标示为"绿灯区"，换句话说，灯号区域的标示与显示逻辑，应以竞争力目标曲线变化对于企业经营的有助于否来决定，研究者可于灯号交界设置窗口内设定比较逻辑为"正向"或"反向"，来设置各区间灯号显示的顺序。

除此之外，上下界的定义也不一定是固定的数值，产业的竞争态势是持续变动的，其上下界范围在实际应用上，也应该随竞争态势的剧烈与否而变动，变动的方式，应依照竞争力曲线的历史变化状况而定。在时间数值的统计上，也必须考虑统计的时间区间大小，越大的时间区间，可以看到更长期的缓慢趋势；越小的区间，则较容易观察到短期的快速变化。不同的区间设置方式，会影响竞争力曲线跨越区间的剧烈程度，同时也代表了灯号的变化频率，通常来说，数据变动幅度小的曲线，我们会希望灯号变化大一些，以免遗漏了重要的信息；数据变动幅度大的曲线，我们则会希望灯号变化可以小一些，以免观测到过多的噪声，端看用户需要观测的需求而定。以下将介绍竞争力分析系统使用的上下界逻辑，以及对应的设置方案。开启灯号交界条件窗口如图11-25所示。

图 11-25　开启灯号交界条件窗口

点击"竞争力分析计算公式"区域中，特定竞争来源"灯号交界条件"字段中的"编辑"按钮，可以开启灯号条件的编辑窗口。窗口中有"移动平均"、"移动方差"、"固定数值"三种交界条件，其数学定义、计算公式与各参数字段的定义如图 11-26 所示。

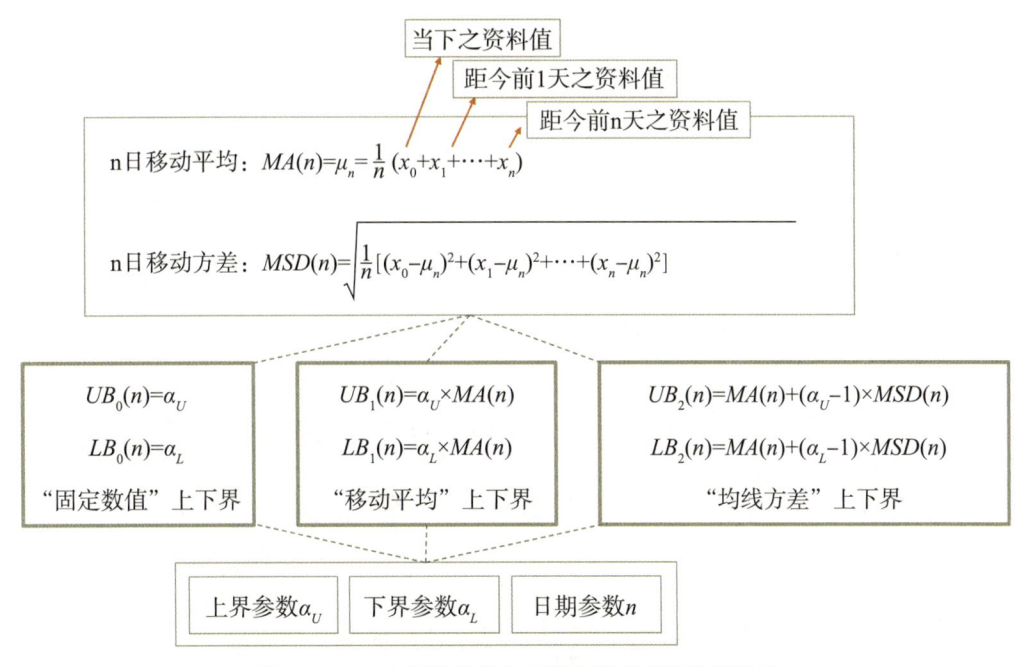

n日移动平均：$MA(n) = \mu_n = \frac{1}{n}(x_0 + x_1 + \cdots + x_n)$

n日移动方差：$MSD(n) = \sqrt{\frac{1}{n}[(x_0-\mu_n)^2 + (x_1-\mu_n)^2 + \cdots + (x_n-\mu_n)^2]}$

$UB_0(n) = \alpha_U$
$LB_0(n) = \alpha_L$
"固定数值"上下界

$UB_1(n) = \alpha_U \times MA(n)$
$LB_1(n) = \alpha_L \times MA(n)$
"移动平均"上下界

$UB_2(n) = MA(n) + (\alpha_U - 1) \times MSD(n)$
$LB_2(n) = MA(n) + (\alpha_L - 1) \times MSD(n)$
"均线方差"上下界

上界参数 α_U　下界参数 α_L　日期参数 n

图 11-26　上下届参数与三种交界条件的数学关系

移动平均是时间序列分析上常用的分析技巧，常被称为是所有时间序列指标的根源。n日移动平均是将当下的序列数值，与过去固定天数（n）的历史数值加总平均，数值平均可消除短期的波动行为，仅强调中长期的数值趋势。

移动方差是移动平均法在统计学上的一种延伸方式，在统计学中描述数值的特征除了计算数值平均外，其标准方差也是重要的统计量。统计方差描述了数值间变异的平均程度，方差越大代表数值间的差异越大，反之越小则代表数值间越趋于一致。应用时间序列分析时，可将当下序列值与过去固定天数（n）的历史数值一同计算方差，称为 n 日移动方差，可描述当下数值曲线在过去特定时间区间的波动状况。

时间序列数值的变化，可以简单地解释为"平均值的高低走势"与"数值波动的幅度"，对应于统计学中的"移动平均"与"移动方差"两种数学意义。在"固定数值"方法中，上下界的值是固定的，只与上下界参数有关，与时间无关。"移动平均"方法的上下界会随数据变化，但区间变化不受影响。"均线方差"方法的上下界会随数据变化，区间变化也会随数据的波动增大而随之放大。三者的示意图如图 11-27、图 11-28 所示。

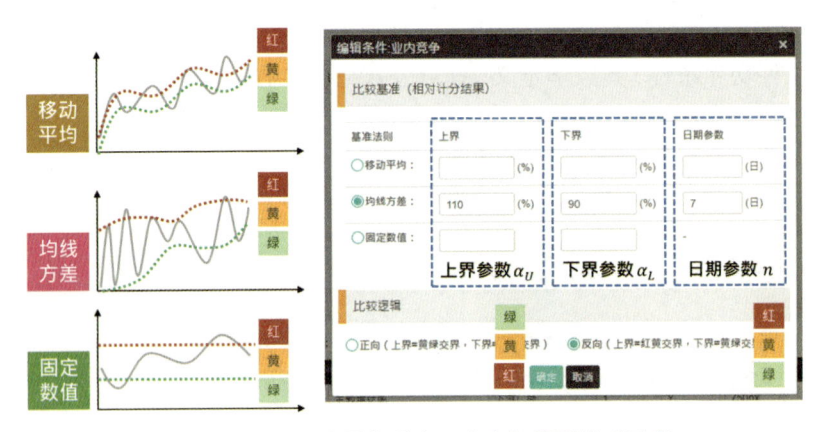

图 11-27　灯号交界条件窗口内容与模型关系示意

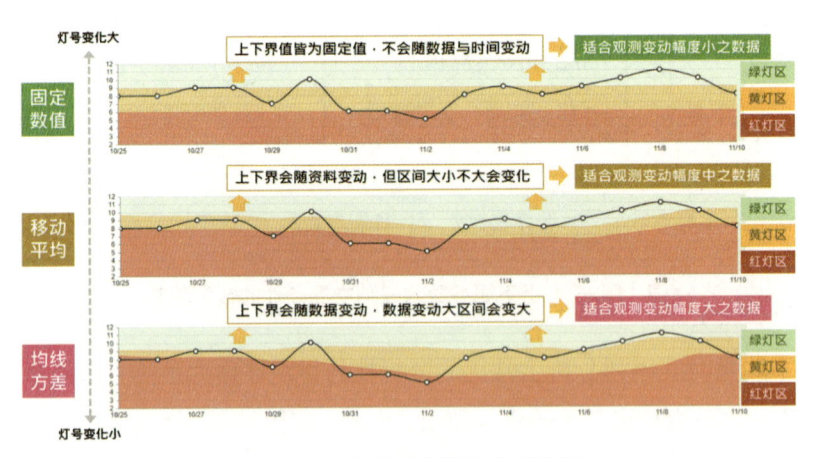

图 11-28　各种区间基准法则比较

上下界的参数大小虽可自由设置，但使用者还是需要有一般的基准值，通常在设置上会以上界 110%、下界 90% 作为设置基准，若研究者发现变化过大或过小，可再另行调整。上下界的灯号定义，由上而下可分为"绿灯区 – 黄灯区 – 红灯区"与"红灯区 – 黄灯区 – 绿灯区"两种方案，可于窗口中的比较逻辑选项来切换。日期参数的大小值，是移动平均与移动方差中的统计时间范围（n），日期参数越大，代表上下界的变动越平缓，反之参数越小则代表上下界变动越剧烈，一般来说日期参数以 7 日为基准。图 11-29、图 11-30 列出不同日期参数的影响。

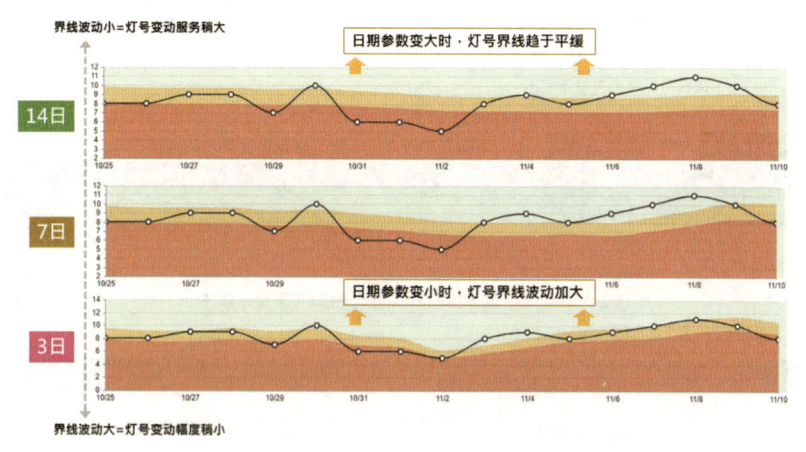

图 11-29　"移动平均"上下界不同日期参数比较

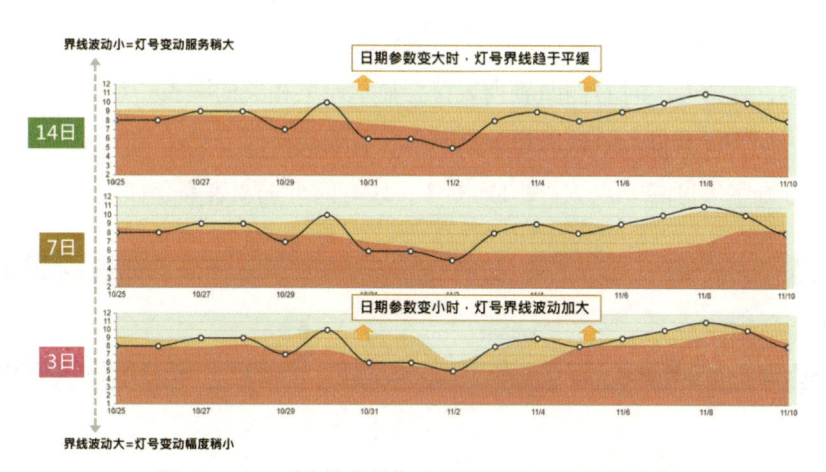

图 11-30　"均线方差"上下界不同日期参数比较

六、竞争力详细页舆情图表编辑

使用者在"相关显示图表"区域中，可以将舆情系统中既有的互动分析图表和竞争力分析仪表板做链接，快速地了解舆情系统中的变化状况。在来源下拉菜单中，可以切换不同竞争来源，代表了竞争力分析仪表板中各"竞争来源分区"所显示的图表内容（见图11-31）。

仪表板中的舆情图表有不同的重要性与优先度，因此有必要设置图表显示顺序，若使用者需调整图表的呈现顺序，可先选定图表显示的竞争来源切换图表列表，并于图表列表中点选要调整的目标图表，再点选上下按钮来切换其显示顺序。

图11-31 舆情系统相关显示图表编辑区域

点击"新增"按钮，或先选中目标图表后按"编辑"按钮，系统会跳出图表编辑窗口，专案、议题、图表列表使用方法与公式编辑窗口类似，首先请先点选图表的来源舆情专案，点选专案时右侧图表列表仅会显示专案相关的图表，点选中央议题时，右侧的图表列表仅会显示该议题相关的图表，若要切换回专案相关图表，请重新点选左侧的目标专案（见图11-32、图11-33），所有的可选图表列表如表11-2所示。

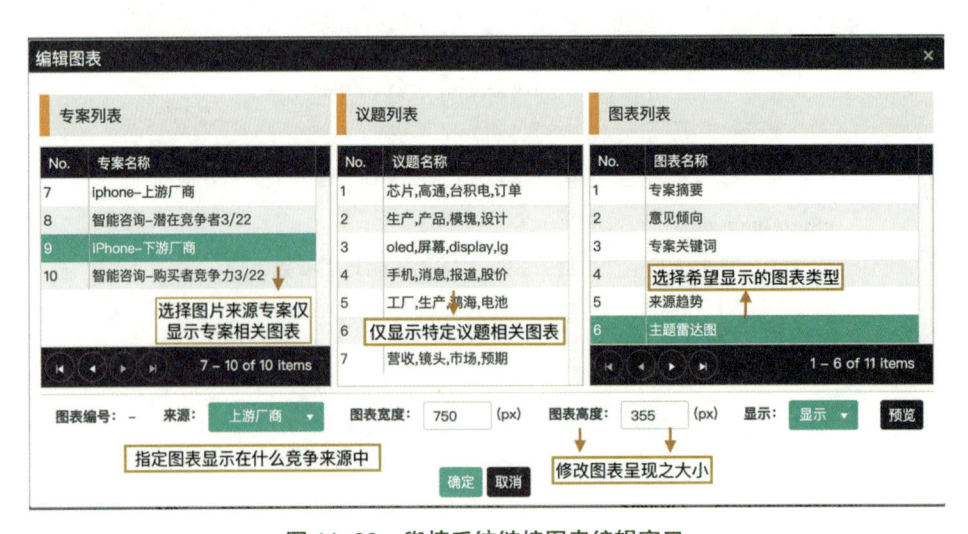

图11-32 舆情系统链接图表编辑窗口

第十一章　企业竞争力分析系统功能漫谈

图 11-33　选取专案／议题相关图表

图表编辑区域可设置图表的排版方式，包含选定图表所要显示的竞争力仪表板分页，也可修改图表所要呈现的版面大小。若要暂时隐藏图表，使用者可在右侧的显示选单中，将图表设置为隐藏，待后续需要重新显示时，再将图表设置为显示模式。

图表编辑区域是竞争力分析专案的最后一项设置区域，所有设置区域都确认完毕后，请记得储存专案，储存后即可于竞争力分析仪表板中查看链接的图表，图表显示顺序为由右至左、由上而下排列，舆情系统内的图表互动功能，也可在此仪表板中自由操作，方便研究者即时分析。

表 11-2　舆情系统可链接图表列表

图表名称	预设宽度	预设高度	预览查看
专案摘要	500px	220px	
意见倾向	550px	630px	
专案关键词	500px	330px	

311

续表

图表名称	预设宽度	预设高度	预览查看
评论趋势	850px	250px	
来源趋势	850px	250px	
主题雷达图	750px	355px	
主题趋势图	750px	340px	
主题摘要	1000px	985px	
关键影响网站	1000px	640px	
关键影响者	1000px	640px	
关键帖文	1000px	640px	
主题 1~7 主题分析摘要	350px	520px	
主题 1~7 主题词关联分析	500px	370px	
主题 1~7 主题意见倾向	700px	520px	
主题 1~7 主题来源趋势	700px	235px	

七、案例与研究分析

前文主要介绍了竞争力分析系统的使用功能，但实际运用时研究者可能仍无法马上理解如何应用于企业的运营上，因此以下我们将以实际的案例来演示竞争力分析系统对特定企业的应用，让研究者了解如何结合系统的设置方式与商业逻辑，案例企业是以生产个人计算机起家的宏碁集团。

宏碁集团在运营上分为两大事业单元：一是新核心事业（New Core Business），致力于个人计算机相关的 IT 产品的研发、营销、销售与服务；二是价值创新事业（New Value Creation Business），包含 BYOC 云端服务事业单元，以及电子化事业服务单位。在此将以企业竞争力架构结合产业分析逻辑，分析宏碁在个人计算机产业的五大竞争来源，并详细说明舆情系统、竞争力分析系统的实际设置方式。

在进行企业竞争力分析前，依照产业竞争力分析架构，须先对目前企业位于产业的竞争结构有初步的认知，即对"现有竞争者""供货商""购买者""新加入者"与"替代品"五大竞争来源，分析其关键影响因素，作为后续具体分析、舆情系统专案设置与链接的参考。以下以宏碁集团位于台式机产业的数项关键影响因素为例，并针对各竞争力来源详细说明（见图 11-34）。

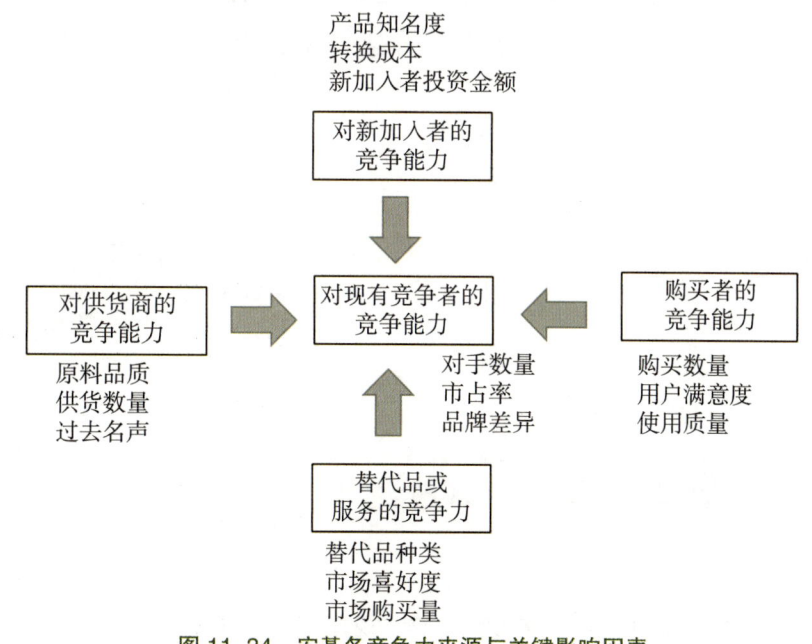

图 11-34　宏碁各竞争力来源与关键影响因素

首先在"现有竞争者"部分，应先了解宏碁的台式机在产业内有多少对手，以及各对手之间的相对强弱关系，我们可收集目前业界现有各竞争者的市场占有率，作为设置舆情与竞争力分析设置的参考。以下列出宏碁的主要竞争者、出货量、市场占有率与增长率（见表11-3）。

表 11-3　2017 年台式机全球市场占有率

公司名称	英文名称	2017 出货量/K	2017 市占率/%	2016 出货量/K	2016 市占率/%	年成长率/%
惠普	HP	55162	21.0	52734	19.5	4.6
联想	Lenovo	54714	20.8	55951	20.7	−2.2
戴尔	Dell	39871	15.2	39421	14.6	1.1
苹果	Apple	19299	7.4	18546	6.9	4.1
华硕	Asus	17967	6.8	20496	7.6	−12.3
宏碁	Acer	17088	6.5	18274	6.8	−6.5
其他	Others	58435	22.3	64683	23.9	−9.7
总数	Total	262536	100	270105	100	−2.8

数据来源：Gartner。

掌握竞争者于产业中的数量与市场地位后，即可对竞争者们一一建模，以力求细致而精确的分析。因此我们可针对各竞争者建立各自的舆情分析模型，并以各竞争者的市场占有率作为竞争力分析系统引用各舆情项目变量的比重设置（见图11-35）。

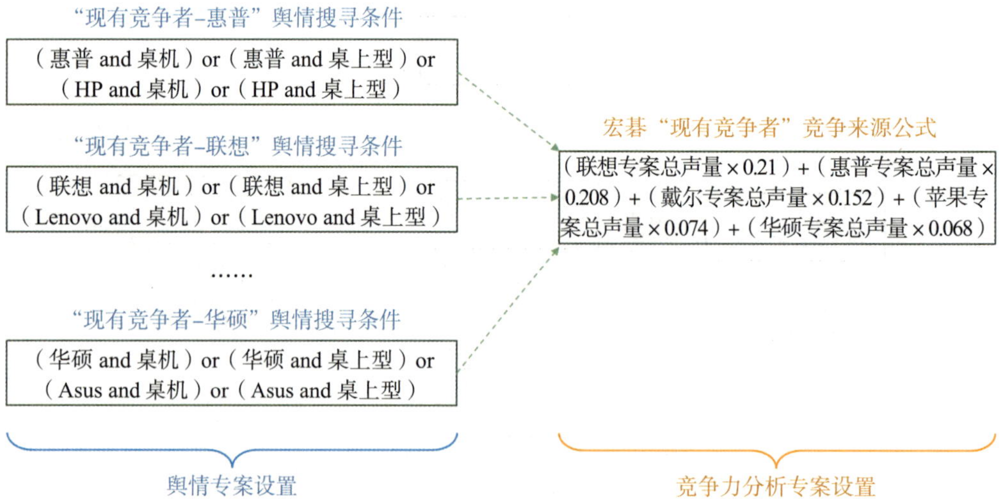

"现有竞争者-惠普"舆情搜寻条件
（惠普 and 桌机）or（惠普 and 桌上型）or
（HP and 桌机）or（HP and 桌上型）

"现有竞争者-联想"舆情搜寻条件
（联想 and 桌机）or（联想 and 桌上型）or
（Lenovo and 桌机）or（Lenovo and 桌上型）

……

"现有竞争者-华硕"舆情搜寻条件
（华硕 and 桌机）or（华硕 and 桌上型）or
（Asus and 桌机）or（Asus and 桌上型）

宏碁"现有竞争者"竞争来源公式
（联想专案总声量×0.21）+（惠普专案总声量×0.208）+（戴尔专案总声量×0.152）+（苹果专案总声量×0.074）+（华硕专案总声量×0.068）

舆情专案设置　　　　　竞争力分析专案设置

图 11-35　宏碁竞争力专案"现有竞争者"来源设置

在分析"新加入者"时，我们可先收集近期产业中的重要新闻作为情报来源，例如 CNET 发布了 NAS（Network Attached Storage，网络附属存储装置，简称 NAS）未来可能进军台式机市场的情报（见图 11-36），由此我们可将网络附属存储装置作为新加入者来进行竞争力分析（见图 11-37）。

图 11-36　NAS 可能成为桌面计算机的替代品（数据来源：CNET）

产业的新加入者可能很多元，但台式机已是成熟迈入衰退的产业，对新加入者的诱因较低，在此可简化分析复杂度，仅将网络附属存储装置作为新加入者的主要来源。通过外部情报来源，我们可收集网络附属存储装置的制造商与市场占有率信息，作为设置舆情与竞争力分析设置的参考（见表 11-4）。

表 11-4　2017 年网络附属存储装置全球市场占有率

公司名称	英文名称	市占率/%
群晖科技	Synology	20
希捷	Seagate	18
友讯科技	D-Link	17
西数	WD	12
巴比禄	Buffalo	10
华芸科技	Asustor	8
其他	Other	15
总数	Total	100

数据来源：台湾资策会 MIC。

掌握网络附属存储装置制造商的数量与对应的市场地位后，我们可比照业内竞争的设置方法，针对各厂商建立各自的舆情分析模型，并以其市场占有率作为竞争力分析系统引用各舆情项目变量的比重设置。

"新加入者–群晖"舆情搜寻条件
（NAS）AND（群晖 OR Synology）

"现有竞争者–希捷"舆情搜寻条件
（NAS）AND（希捷 OR Seagate）

……

"现有竞争者华芸"舆情搜寻条件
（NAS）AND（华芸 OR Asustor）

宏碁"新加入者"竞争来源公式
（群晖科技专案正评数×0.2）+（希捷专案正评数×0.18）+（友讯专案正评数×0.17）+（西数专案正评数×0.12）+（巴比禄专案正评数×0.10）+（华芸专案正评数×0.17）

舆情专案设置　　　　　　　　　竞争力分析专案设置

图 11-37　宏碁竞争力专案"新加入者"来源设置

"替代品"部分，由于替代性是基于购买者的认知，在现今科技蓬勃发展、产业竞争激烈的态势下，常常会有无法预期的跨产业替代行为，造成研究者往往很难从次级研究报告中获得完全准确的替代品信息，反而必须通过创意思考法从使用利益的角度去构想。经过简易的内部问卷调查方式构想后，本案例获得了"Android 计算机、笔记本电脑、变形笔记本、智能型手机、树莓派 Pixel、AIO/All in One、迷你计算机、平板计算机、电竞笔记本、云端操作系统、取代桌上型记算机、取代桌机"等替代品关键词（见图 11-38），这些关键词也可整合舆情系统架构，作为竞争力分析的来源。

图 11-38　台式机替代品构想文字云

以问卷调查收集完关键词后，为避免小样本造成的偏差，我们不刻意区分关键词的重要性，所有关键字都视为同样的权重，因此在舆情系统中不用特意分为多个舆情专案，仅须将所有关键词以 OR 的方式组合为一项舆情专案。在竞争力分析系统中，我们使用的公式是"总声量正评数 – 总声量负评数"的观测模型，借以观察在替代品中正面/负面抵消后的"净正面声量"变化，如图 11-39 所示。

"替代品"舆情搜寻条件
Android 计算机 or 智能型手机 or 迷你计算机 or 电竞笔记本计算机 or 电竞笔电 or 笔记本计算机 or 笔电 or（树莓派 and PIXEL）OR 平板计算机 or 云端操作系统 or 变形笔记本 or 变形笔电 or（AIO or All-in-One）or 取代桌面计算机 or 取代桌机 or 取代 PC

宏碁"替代品"竞争来源公式
（替代品专案正评数–替代品专案负评数）

舆情专案设置　　　　　竞争力分析专案设置

图 11-39　宏碁竞争力专案"替代品"来源设置

在"购买者"来源中，研究者观测的主要是来自下游客户所认可的服务质量，以及目前客户对产品的满意度。因此以宏碁台式机产品为例，经由台式机作市场调查后可得知，其客户关注的主要是"系统质量、服务质量、营销与口碑"三个方面，对应的子项是 CP 值、效能、店面服务、售后服务、品牌忠诚度、口耳相传几项效益。然而效益本身是抽象的概念，不能直接作为舆情的关键词，但舆情文本中会转化为各种叙述效益的关键词。因此，针对这些效益方面，我们可以延伸思考在舆情中可能出现的描述关键词。例如，店面服务可能是店员说明清楚；售后服务可能是服务好、服务不错；口碑效益可能是会再买、推荐等。通过这些转化后的关键词，我们即可将效益转化为可用于舆情系统内的关键词设置（见图 11-40）。

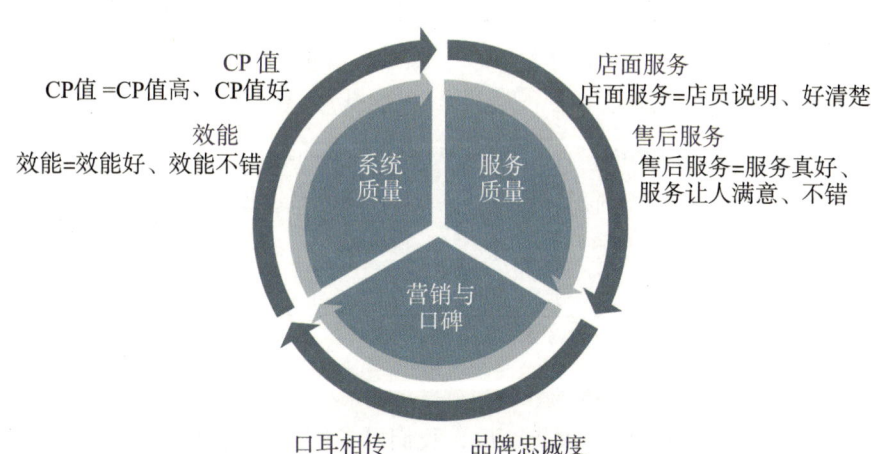

CP 值
CP 值 =CP 值高、CP 值好

效能
效能=效能好、效能不错

店面服务
店面服务=店员说明、好清楚

售后服务
售后服务=服务真好、服务让人满意、不错

口耳相传
口耳相传=推荐我买、劝败

品牌忠诚度
品牌忠诚度=会再买、已经买过一台、之前用过

图 11-40　台式机使用者关注面向

317

在此案例中，购买者的设置方式和替代品类似，不刻意区隔各方面比重，但研究者若有更详细的市场调查情报，也可对不同方面设置舆情专案，并设置不同的权重（见图11-41）。

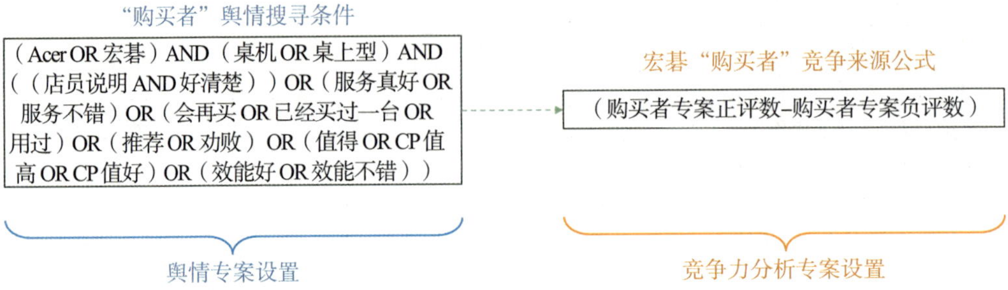

"购买者"舆情搜寻条件

（Acer OR 宏碁）AND（桌机 OR 桌上型）AND（（店员说明 AND 好清楚））OR（服务真好 OR 服务不错）OR（会再买 OR 已经买过一台 OR 用过）OR（推荐 OR 劝败）OR（值得 OR CP 值高 OR CP 值好）OR（效能好 OR 效能不错））

宏碁"购买者"竞争来源公式

（购买者专案正评数-购买者专案负评数）

舆情专案设置　　　　　　　竞争力分析专案设置

图 11-41　宏碁竞争力专案"购买者"来源设置

要取得"供货商"的信息则相对容易，若研究者身处于标的企业内，可汇总产品的采购来源，取得企业自身的"物料清单比重表"。若研究者不在标的企业内，也可通过产业调查报告，获得产业总体的物料清单比重表来估计企业的现况，物料清单比重表中具有零部件类别、物料比重、来源厂商等参考信息，如表11-5所示。

表 11-5　台式机物料清单比重表

零部件类别	英文名	物料比重/%	来源厂商
处理器	CPU/GPU	28	Intel、AMD、英伟达
主板	MB	20	鸿海、技嘉、微星、纬创、和硕等
硬盘	HDD	12	东芝、西数、希捷、三星等
机箱	Casing	10	鸿海、富骅、迎广、勤诚、嘉田等
转接器	Adapter	6	立讯精密、德润等
内存	DRAM	6	三星、Ramaxel、海力士、金士顿等
电源供应	Power Supply	4	Lite-On、台达电、康舒、群光电、全汉等
其他（操作系统）	Others（OS）	14	微软等
总量		100	

数据来源：台湾资策会MIC，2019年3月。

掌握物料的比重与对应的供货商后，我们可参照业内竞争的设置方法，针对零部件建立个别的舆情分析模型，并以其物料占比作为竞争力分析系统引用各舆情项目变量的比重设置。宏碁竞争力专案"供应商"来源，设置如图11-42所示。

第十一章 企业竞争力分析系统功能漫谈

"供货商–处理器"舆情搜寻条件
（处理器 or CPU or GPU）and（Intel or AMD or 英伟达）

"供货商–主板"舆情搜寻条件
（主板 or MB or MotherBoard）and（鸿海 or 技嘉 or 微星 or 纬创 or 和硕）

……

"供货商–电源供应"舆情搜寻条件
（电源供应 or Power Supply）and（Lite-On or 台达电 or 康舒 or 群光电 or 全汉）

宏碁"供货商"竞争来源公式
（处理器正评总数×0.28）+（主板正评总数×0.20）+（硬盘正评总数×0.12）+（机箱正评总数×0.1）+（转接器正评总数×0.06）+（内存正评总数×0.06）+（电源供应正评总数×0.04）

舆情专案设置　　　　　　竞争力分析专案设置

图 11-42　宏碁竞争力专案"供货商"来源设置

各竞争力来源公式设置完后，仍需要设置竞争力分析的上下界区间，除了通过研究者依资料特性不断反复调整外，也可配合产品所属的生命周期，利用不同时期需求变化幅度的差异，来选取较适合的上下界条件。在产业的萌芽期，产业内的变化通常是相对缓慢的，可使用移动平均法来观测；在成长期的产业变化通常较大，可视情况改用均值方差来过滤过多的短期杂讯；成熟期时通常产业已少有变化，此时可使用移动平均或固定数值法，观测偶有的突发事件；若进入衰退期，产业通常会有大量的并购与退出事件，此时可考虑改用移动平均或均值方差来过滤过于剧烈的事件变化（见图 11-43）。

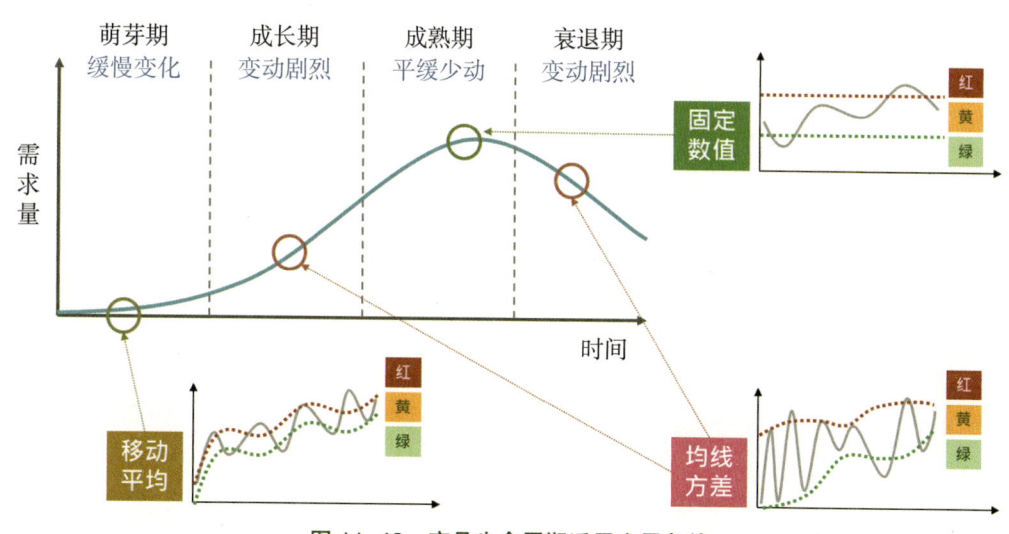

图 11-43　产品生命周期适用交界条件

在竞争力分析系统依前述内容设置完毕后，即可获得属于该企业的竞争力分析仪表板，只要舆情专案的时间设置正确，竞争力分析仪表板将可持续呈现每日即时的舆情变化资讯，研究者可通过仪表板快速了解竞争力相关舆情的变化态势。灯号与趋势有变异时，也可立即切换至该竞争来源页面查看对应的舆情图表，若需要做细节了解时，可切换回舆情分析系统内，了解相关舆情专案的变化，进而了解原始文本、相关回复的舆情细节，调查舆情变化的真正原因。

第十二章　结论与展望

一、产业分析服务与顾问行业将蓬勃发展

产业分析服务与顾问行业的主要工作是分析与预测国际形势与国家政策对产业的影响、市场供需变化、产品价格与规格变化、技术发展变化，以及供货商竞合关系、渠道、消费者行为等智能型工作者，即扮演"政府的智库、企业的顾问"角色。

产业分析的主要功能就在于"提升企业运营决策的质量"，即对产业的结构、产业的市场与生命周期、竞争态势、发展趋势、价值链以及产业关键成功要素进行了解探讨，借由理论模型的分析结果，全面且精确地解读产业内的各个竞争者，进而提升企业的竞争力。

所以，企业要提升竞争力，必须掌握内外部环境的变化，并进行分析，使所拟定的策略更具合理性与可行性，从而提升竞争力。因此产业分析与企业竞争力分析就是必需的能力。

21世纪是个跃进的时代。企业成功法则不断被翻新和改写，竞争环境与趋势迅速变化，个人与组织都必须适应转变，实时培育多元特质、强化核心竞争力，不断学习成长，才能在瞬息万变的竞争环境中，适时构建竞争基石。而且全球经济的发展已朝向知识经济时代，全球化的产品、产业、技术变化迅猛，创新能力也日益重要，因此以知识服务为主的产业分析服务与顾问行业的重要性将更加突出且快速发展。

二、竞争力分析架构有助企业厘清核心竞争力，达到事半功倍之效

工欲善其事，必先利其器。本书读者若能善用竞争力分析（五力分析）架构，无论是确立研究主题、厘清主题报告架构乃至信息收集皆有事半功倍的效果。通常

在着手进行产业分析的初始阶段,会先收集主要代表性业者相关资料,并会先从代表性业者的基本背景进行了解,如财务状况、业务概况、主力产品、主要客户或主要市场等相关信息。

在收集业者本身相关资料后,从中归纳分析该业者在产业中的相对定位,如竞争者数量(即可判断该产业的进入门槛)以及竞争者为谁?通常在理解产业的进入门槛后,或已可协助判断该产业的特性,亦可掌握该产业分别对上游或下游的谈判力量为何?通常该产业呈现寡占或独占的状况,无论对上游或下游都意味着谈判力量较大;反之,若参与该产业的业者呈现众多的状况,则谈判力量就相对小。因此,从事产业分析的关键就如同认识朋友一般,理解该人是否值得信任,通常会从先掌握个性入手,而分析产业也是必须先掌握其产业特性。产业特性的拿捏不外乎是掌握围绕在业者本身或是周边的信息,如生产、销售、人事、研发或财务相关数据和对其进行抽丝剥茧的结果,而竞争力分析架构则是有助思考与厘清业者自身相关信息的参考架构。

至于PEST则是透过政治、经济、社会或技术等环境变量去理解产业趋势发展,重点是如何将外界环境变量与产业趋势建立链接。因为,PEST的分析重点应是对产业未来发展状况的判断或是影响现阶段产业发展的外在变量,也属产业分析重要的一环。

三、企业竞争力分析系统可以随时掌握竞争动态,提升决策的效果和质量

本书所介绍的企业竞争力分析系统,可观测产业环境的变化,解析竞争对手的动向、观测替代产品的威胁,反映产业瞬息万变的情势,来随时掌握竞争动态。并预知市场需求的改变,探寻机会,以规划企业中长期的发展蓝图,制订发展策略。

一般来说,产业分析使用的结构化的信息,多为来自政府统计、产业报告、市场调查、公司内部数据等统计数据,企业可基于这些参考来源,辅助决策者消除各种关键情报的不确定性,进行更贴近事实的理性判断,回避诡谲多变的市场风险。

然而,获取这些情报需要企业投入相当规模的资源,无形中也造就了新创事业与大企业面对风险的差距。以统计学的角度来看,这些新加入的情报,等同于统计推论上的先验信息,在统计模型中加入充分的先验条件,可有效增加模型的预测

准度。

本书的竞争力分析模型也是基于类似的概念，在先前提到的案例中，以产业报告、公司内部采购信息作为参考基准，进而推导出竞争力分析的参数与计算公式，但这些信息在公式中的影响是静态的固定数值，在产业环境的变动之下，这些参数的准确度只能维持一段特定的时间，随着时间的推移，模型有可能会慢慢偏移产业的情况。

目前，本平台的数据来源是源自非结构化的网络舆情文本，并未整合实时更新的结构化统计数据，也代表分析者必须依情势的变化而随时调整模型，造成分析与使用上的不便。因此，未来本平台将逐步加入如政府发布的总体统计、产业内的各种调查等数据，并确保实时更新适应局势变化，并将这些数据转换为公式内可直接使用的变动参数，以提升竞争力分析模型在实用上的可靠度、准确性与便利性。

虽然本书涵盖的竞争力分析模型，主要是以五力分析为主要架构，借由舆情将产业内的"业内竞争、上游厂商、下游厂商、潜在进入者、替代品"共五个方面的影响力，转化为可量化的数值与公式，但此方法并不限于五力分析架构，也可用于其他产业分析模型架构。以PEST分析为例，分析者可将相同的整合架构比照套用，针对特定产业的"政策、经济、社会、科技"四大议题进行细分，依照各方面的主要影响因子，定义对应的关键词与逻辑关系，同样可将此架构扩展至PEST模型，将模型量化为指针，进而应用于协助企业制定重要的相关决策上。

附录　产业分析师技能培训课程简介

观察预测产业趋势有一定的方法，这些方法我们就称为产业分析的关键技能。学会产业分析技能，不但可以强化个人的逻辑思考与洞见信息能力，而且还会让个人的职业生涯发展产生正向创造力。为什么？因为运用产业分析技能，解读或搜集正确的数据信息，经由系统性发散与逻辑性收敛的脉络思考过程，所撰写完成的报告或计划书，结论会具有较高的说服力，若能够更进一步协助决策者洞察风险，对个人与组织的未来发展，会产生相互依附的正向力量。

学会产业分析的方法，除了了解本身所属产业的未来发展趋势，同时也能通过系统性的思考架构，剖析自己的优势、劣势、机会与威胁。唯有先了解自己的职业生涯发展方向，才能掌握职场的发展契机，为自己开创更宽广的职业生涯，面对转换跑道的关键时刻，才会更有信心为自己做好判断与决策。

合计 60 小时学程课程：

NO.	课程方向	课程主题	时数
1	确立问题	产业分析的逻辑思考	6
2	搜集资料	产业分析的资料搜集技巧	3
		市场调查与数据分析	3
3	分析解读	产业分析的模型应用	12
4	分析解读	数据判读解析与决策	12
5	推论预测	市场规模统计与营销应用	6
6	推论预测	市场规模预测与评估	6
7	观测瞭望	企业竞争策略观测与剖析	6
8	呈现表达	产业分析的简报制作与表达技巧	6

• 专业证书：修毕 60 小时课程，核发"产业分析师技能"证书。

一、产业分析的逻辑思考

21世纪的职场竞争力,除了需拥有解决问题(Problem Solving)的能力外,懂得问"对的问题"(Problem Finding)更为重要。当信息排山倒海,数据唾手可得,每个人随手都可百度的时候,清楚的逻辑思维才是让您胜出的秘密武器。

本课程为产业分析关键技能的第一课,培养您"问对问题、找对答案"的能力,通过产业分析的逻辑思维,学习拟定问题、解析架构、分析推论,以及归纳建议。所谓"知己知彼,百战百胜",当您学会产业分析的逻辑思维时,便能剖析企业本身有限的实力,并应对对手的可能行动,进而协助企业提升运营决策的质量。

学习效益
- 掌握议题选择、架构解析、逻辑推论、分析归纳等技巧。
- 能活用逻辑思考能力,拟定更具合理性与可行性的企业策略。

课程内容

主题	大纲	时数
产业分析的逻辑思考	·产业分析如何协助企业决策 ·研究主题的选择 ·解析题目的架构 ·段落逻辑与推论 ·细部分析与归纳 ·结语与策略建议	6小时

二、产业分析的资料搜集技巧

全台湾一天要喝掉多少啤酒?电动车的全球市场有多大?企业常常面临类似的问题,而想要进行分析、预测、拟订战略之前,搜集必要的资料是至关重要的。资料搜集是做产业分析的基本功夫,基本功没有练好,就算逻辑再强也无从发挥。本课程涵盖常用的初、次级资料搜集渠道、特性与限制,凡是问卷、访谈、观展,以及新闻解读与读懂财报等观察技巧,都在本课程中一次教授。此外,本课程也教授您如何进行市场调查与运用大数据分析市场数据，通过实例演练，让您练就一手资料搜集的好功夫。

学习效益

· 掌握常用的初、次级资料渠道，了解其特性与限制。

· 针对企业面临的问题拟定并执行数据搜集计划，获得优质数据供后续使用。

课程内容

主题	大纲	时数
产业分析的资料搜集技巧	· 搜集产业数据的基础观念 · 数据搜集流程与步骤 　■ 界定分类 　■ 构建资料架构 　■ 搜集资料 　■ 总结与经验累积 · 结论	3小时
市场调查与数据分析	· 数据搜集 · 市场调查规划 · 数据分析 · 资料解读 · 数字经济时代的消费者行为	3小时

三、产业分析的模型应用

　　您的 SWOT 分析沦为公司工具摆设吗？分析完产品所处阶段，却不知道下一步策略是什么？BCG 矩阵的策略思维是什么？将这些耳熟能详的名词堆砌起来，就是一篇产业分析报告了吗？产业分析的各种"模型"，其实是复杂世界的简化结果，能够帮助您系统化的思考问题，运用不同的模型，就像是变换不同思维的帽子，能够训练自己从不同的角度来解析产业现象。本课程涵盖多元而完整的模型，是产业分析关键技能的基本元素。通过生活化的实例演练，您更容易掌握模型运用的技巧并了解其限制，发展个人敏锐准确的分析能力。

学习效益

· 灵活运用产业分析模型，了解实务操作的特性与限制。

· 针对企业面临的问题，能运用合适的模型来分析数据，并形成决策建议。

课程内容

主题	大纲	时数
产业分析的模型应用（上）	・产业分析思维与层次介绍 ・产业分析模型理论与实操 　■五力分析 　■价值链分析	6 小时
产业分析的模型应用（下）	・产业分析模型理论与实操（续） 　■BCG 矩阵分析 　■策略群组分析 　■SWOT 分析 　■产品生命周期 　■蓝海策略	6 小时

四、数据判读解析与决策

各单位对于未来市场的预测南辕北辙，相信主力厂商的看法就对了？还是多看几家研究机构的数字再计算平均？大数据时代，企业除了需要数据科学家，更需要能够判读数据的决策经理人，在繁杂的数据里反复推敲以形成运营决策，是每一位专业经理人都需要培养的能力。本课程要与您分享判读产业数据的技巧，借由数据判读的经典案例，让您获得"前事不忘后事之师"的效果。未来再度面对拟定运营策略的关键时刻，能够轻松解读产业数据，研究拟定适当的决策。

学习效益

・增进对数据资料的敏感度，培养判读与解析能力。

・从案例研讨掌握资料判读技巧，并能运用在自身产业之中。

课程内容

主题	大纲	时数
数据判读解析与决策	・产业分析的新思维 ・数据与决策的互动关系 ・资料预判与案例探讨 　■案例一：数据南辕北辙 　■案例二：产业趋势是主力厂商说了算？ 　■案例三：产业前景探讨 　■案例四：市场预测变幻莫测？ 　■案例五：新兴产品一定红？ 　■案例六：产业的核心 ・资料整理分析 ・结论	12 小时

五、市场规模统计与营销应用

一份完整的营销企划案必定包含市场规模的估算。然而，潜在市场、有效市场、目标市场、渗透市场，您知道要分析的是哪种市场吗？有哪些是重点方向？分析数据该如何结合营销策略？本课程带领您深入了解市场规模统计方法，学习从需求端（市场）与供给端（厂商）交互评估市场规模，并运用分析结果进行产品市场区分，继而选定目标市场与定位。本课程同时辅以科技大厂的案例分析，帮助您活学活用，快速培养市场分析能力。

学习效益

- 明确掌握市场定义与范畴，避免含混不清而造成营销资源浪费。
- 灵活运用评估技巧，结合多种方法进行分析，依据结果拟定营销策略。

课程内容

主题	大纲	时数
市场规模统计与营销应用	・何谓市场规模 ・市场规模统计方法 ・产品市场区隔 ・目标市场选择与定位 ・总结	6小时

六、市场规模预测与评估

市场规模预测为企业决策的基础，无论整体发展策略或年度运营计划，凡是预算规划、人力需求、产品开发、生产计划、营销策略、投资评估等决定，都必须以准确的市场预测为前提。本课程培养您正确的预测观念，介绍常用的定性、定量预测方法与软件操作，以及这些方法背后的假设条件、应用特性与注意事项。当您熟悉并活用这些方法，便能提高市场预测的准确度，协助企业有效运用资源，拟定合适的策略。

学习效益

- 确认市场规模预测的目的、评估成本效益。
- 灵活运用既有的预测信息及基本信息，依据结果拟定企业策略。

课程内容

主题	大纲	时数
市场规模预测与评估	・市场规模预测基础观念 ・市场规模预测方法介绍 ・市场规模预测方法实作 　■指数平滑法 　■线性回归法 　■成长曲线法 　■巴斯（Bass Diffusion Model）扩散模型 　■情境分析预测方法介绍 ・结语	6小时

七、企业竞争策略观测与剖析

产业是厂商的集合，厂商的策略与行动构成了丰富的产业竞争动态。通过观察与剖析标杆企业的策略布局，不仅能够作为参考标杆，也可以通过形、势、策的步骤来观察产业的发展趋势，以及潜藏的新事业机会。本课程涵盖观察标杆企业发展策略的主要结构与分析方法，包含发展历程、经营绩效、产品策略、核心能力或资源以及运营模式等，辅以案例解说，帮助您掌握标杆企业从过去、现在到未来的可能变化，能对于标杆企业的策略内涵，获得更深层的体会与解读。

学习效益

・掌握分析企业策略的项目与技巧，能够构建企业发展过程、定义策略转折点。
・综合活用相关产业分析技能，演绎或推论标杆企业未来的发展策略与布局。

课程内容

主题	大纲	时数
企业竞争策略观测与剖析	・数字经济：挑战及新商机 ・数字转型挑战下的企业竞争策略与思维 ・企业竞争策略的基本概念 ・产业分析的几项关键技能 ・形、势、策架构下的产业及企业发展议题及案例 ・标杆企业策略布局的观察与分析 ・企业个案观摩与解析 ・结论	6小时

八、产业分析的简报制作与表达技巧

这场简报的面向对象是谁？这些图表应该如何呈现？好不容易找到关键数据，要如何在简报上聚焦表达？临时被要求缩短简报时间，该如何应变？搜集产业信息及分析的过程，经常会产生大量的图表信息，数据呈现、简报布局、口语表达都必须经过适当的呈现，才能达到事半功倍的效果。

学习效益

- 掌握产业分析的简报陈述逻辑，避免内容庞杂失焦，有效传达分析结果。
- 培养沟通表达能力，能用清晰易懂的方式上台简报，建立个人专业形象。

课程内容

主 题	大 纲	时数
产业分析的简报制作与表达技巧	·制作简报前的逻辑思考 ·产业分析的表达与视觉沟通 ·说故事创造沟通力 ·简报制作的六特质六原则	6小时

后 记

当今世界正处于百年未有之大变局。在这样前所未有的复杂形势下，如何借势、谋势、成势，进而塑造核心竞争力，不断进入竞争的新蓝海，这是企业面临的重大课题。

著名管理学家、逢甲大学教授许士军在本书的序中谈到，"企业已不再生存在某种产业的界限内，而必须在一种生态世界中创造本身之生存价值。这种转变，使得企业必须面对一种迥然不同的环境谋求生存和发展"。许士军教授的看法，恰恰是今日中国大多数企业的实践。在一个"生态共同体"中，如何谋求生存和发展？这种迥然不同的环境，就是平台化的跨界融合和渗透。单一的产品和服务时代已经结束了，多元开放共享的生态发展时代已经来临，泛在、群智、绿色，一切以人为中心，已经不是一句口号，而是生态共同体的新发展模式构建必须遵循的努力方向。同时，这也不仅仅是一种企业价值观和企业经营哲学，更是至关重要的企业核心竞争力。

"从企业战略到商业生态系统，代表着战略制订者在不断地改变看问题的视角""如今的企业经营者需要更加合理有效地结合企业战略、商业模式及商业生态系统三个维度进行分析，才能全面了解包括产业及企业在内的核心竞争力，提出实际有效的战略方针。"这也从一个侧面说明了"企业竞争力"才是企业进行决策和判断的关键。

本书对于企业竞争力的研究和系统建设，是基于经典企业管理理论知识的一次创新尝试与阶段性成果，未来在实际应用中，非常有必要结合大数据、人工智能产业的发展，对书中的分析方法和线上系统进行持续的完善，在此过程中，我们也十分欢迎各界人士的加入和探讨。

本书是2018年第二十一届京台科技论坛确认的台湾电机电子工业同业公会和北京牡丹电子集团有限责任公司合作项目的重要内容，经过一年的努力，本书终于正式出版。

本书在编著过程中，广泛组织了产业分析、战略分析、数据技术等领域的专家学者开展深入的探讨，得到了海峡两岸有关智库、企业界的很多同人、朋友的帮助。

他们中有思想深邃的学者顾问、行业的技术专家、经验丰富的企业管理人员和资深的产业分析师。他们结合自身多年的从业经验，从不同角度提出了关于提升企业竞争力的重要意见和建议，在此表示衷心的感谢。

感谢张爽、胡显维、白旭、孔庆成、马宝龙在本书编著过程中所做出的努力。感谢韩璐、梁宵月、庄宇辰、刘文婷、田继华、周晓蕾、盛天启、苏城育、周思丽、李倩、樊凯等多次参与本书的校对。感谢傅泓、张洪涛、刘苗苗等提供的技术支持。感谢企业管理出版社徐金凤编辑等为本书审核、校对、排版和出版所做出的贡献。

由于时间有限，本书内容还存在很大的改进空间，欢迎读者朋友在阅读完本书后，不吝指正。

王家彬　邱全成
2019 年 6 月